信仰

周恩来岭南纪事

THE STORY OF
ZHOU ENLAI
IN LINGNAN

周晓瑾 著

广州新华出版发行集团
广州出版社

图书在版编目（CIP）数据

信仰：周恩来岭南纪事 / 周晓瑾著. —广州：广州出版社，2023.2
ISBN 978-7-5462-3291-1

Ⅰ. ①信… Ⅱ. ①周… Ⅲ. ①周恩来（1898～1976）—生平事迹 Ⅳ. ①K827=7

中国版本图书馆CIP数据核字（2022）第218440号

信仰——周恩来岭南纪事
XINYANG ZHOU ENLAI LINGNAN JISHI

项目策划 朱小燚 刘炬培
项目统筹 杨 斌 刘景明
项目执行 柳宗慧 李良婷
出版发行 广州出版社
（地址：广州市天河区天润路87号9楼、10楼 邮政编码：510635
网址：www.gzcbs.com.cn）
特约编辑 梁江南
责任编辑 刘宗贵 霍婉兰 李 珊
责任校对 李少芳 王俊婕 窦兵兵
装帧设计 紫上视觉 刁俊锋+黄隽琳
印　　刷 广州市快美印务有限公司
（地址：广州市白云区广从五路410号 邮政编码：510545）
规　　格 787 毫米×1092毫米 1/16
字　　数 544千
印　　张 31
版　　次 2023年2月第1版
印　　次 2023年2月第1次
印　　数 1—5000册
书　　号 ISBN 978-7-5462-3291-1
定　　价 85.00 元

发行专线：（020）38903520 38903521

序

李海文
中共中央党史和文献研究院原研究员

《信仰——周恩来岭南纪事》作者周晓瑾的曾祖父周贻谦，是周恩来的三伯父，也是他，带着12岁的周恩来离开淮安驸马巷，到奉天省银州（今辽宁省铁岭县）银冈书院读书。1946年，周恩来回顾自己成长过程时说："12岁的那年，我离家去东北。这是我生活和思想转变的关键。没有这一次的离家，我的一生一定也是无所成就，和留在家里的弟兄辈一样，走向悲剧的下场。""我在铁岭入了小学，六个月后又去沈阳入学，念了两年书。从受封建教育转到受西方教育，从封建家庭转到学校环境，开始读革命书籍，这便是我转变的关键。"周贻谦资助过周恩来上学。当周恩来在天津遇险时，周贻谦赶到车站，尽力掩护，帮助他脱险。

周晓瑾的祖父叫周恩彦。1938年，周恩来去武汉时，看望了堂弟周恩彦，两人畅谈尽兴。周恩来的生父周贻能、邓颖超的母亲杨振德，在汉口周贻谦家住过。八路军办事处曾将一部电台放在周恩彦家中。日军入侵，百姓南撤时，周恩彦一家曾在桂林八路军办事处小住。

周晓瑾的父亲周保常，在新中国成立前就参加了中国人民解放军，在原广州军区工作。周恩来、邓颖超到广州开会时，周保常全家常常去看望他们。作者小时候与周恩来、邓颖超有过接触。

1978年春，周晓瑾考入北京广播学院（今中国传媒大学）。在北京读书期间，她去西花厅看望过邓颖超。邓颖超关心她的学习、婚姻和工作，1990年还在西花厅接待她，对她谆谆教导。她还和周恩来的同胞弟弟周同宇一家有过来往。这种来往一直保持到邓颖超和周同宇、王士琴夫妇病逝。由此，她和邓颖超身边的工作人员，特别是邓颖超的秘书赵炜、卫士长高振普都很熟悉。从这点讲，她也算是这段历史的当事人。

周晓瑾毕业后回到广州，在广东电视台从事记者工作，利用到各地采访的机会，寻访周恩来在岭南的革命事迹。她退休后更是全力以赴做这项工作，历经六年，沿着周恩来在岭南革命的足迹，记录亲历者、幸存者和党史专家的口述，查阅史实，挖掘独家资料，经过整理、思索，以第三代人对第一代人的理解，以“我”的独特之视角，写出周恩来在岭南革命的经历——《信仰——周恩来岭南纪事》。这在研究周恩来的著作中尚属首次。

本书内容描述的时间跨度长，从1924年周恩来第一次到广州，至1972年身患癌症最后一次陪外宾视察广州。其所涉及的面广，深入描述了周恩来在组建军队、主政东江、政治思想、农民运动、经济建设、知识分子问题等重大问题上的理论与实践探索。这些思考、实践、探索对我们今天仍然有实际意义。

作者是资深的记者，文笔流畅，朴实动人。她在做了大量思考后，深入浅出地写出那一代人的奋斗、思考、探索，当中有胜利的欢乐，也有失败的痛苦。由此，本书探寻了那一代知识分子成长为中共杰出领导的原因，揭示信仰所产生的环境及其深厚力量，特别从周恩来在岭南多次遇险中，看出其共产主义理想信念“愈挫愈坚”。如1925年至1932年，周恩来在广东遇险多达6次：棉湖之役九死一生、沙基惨案血中撤出、八二四宵禁险遭枪击、“中山舰事件”后被蒋介石软禁、南昌起义部队在普宁莲花山遇袭、陆丰黄厝寮村带病冒死抢渡香港。1931年顾顺章叛变后，周恩来沿红色交通线（上海—香港—汕头—大埔）转移，化险为夷。他是两次粤港营救（1941年、1948年）共上千文化人、民主人士等的总指挥。他险些在参加万隆会议途中遇特务制造的“克什米尔公主号”爆炸。1962年的广州会议，他为知识分子“摘帽”……

周恩来最喜欢长征组歌的一句话：“革命理想高于天。”不论革命力量多么弱小，白色恐怖多么残酷，对敌斗争多么激烈，政治局势多么复杂，党和国家事业面临的挑战多么严峻，担负的责任多么艰巨，个人的处境多么困难，他都始终坚守共产主义的信仰和旺盛的革命精神。习近平总书记在纪念周恩来同志诞辰120周年座谈会上深情地说：“周恩来，这是一个光荣的名字、不朽的名字。每当我们提起这个名字就感到很温暖、很自豪。周恩来同志在为中国人民谋幸福、为中华民族谋复兴、为人类进步事业而奋斗的光辉一生中建立的卓著功勋、展现的崇高风范，深深铭刻在中国各族人民心中，也深深铭刻在全世界追求和平与正义的人们心中。”

本书作者是位女性，文笔细腻。作品本身有较高审美价值，展现出周恩来的革命情操和人格魅力。“黄埔男儿：浩然一气充天地”“邓颖超泪别丈夫：情长纸短，还吻你万千！”“刑场婚礼：壮士头颅为党落”“周恩来和叶剑英：同道相益乃君子”……这些标题，情真意切，真实感人。

本书一方面重视史料的搜集提炼，抢救了一些即将消失的珍贵史料，另一方面从众多人们熟知的史料中，挖掘出有益的精神养料，颇有哲学的思考。全书内容感人，让读者有身临其境的感觉，是进行爱国主义教育的一本好书。

我相信本书的出版，对于践行中共二十大精神，弘扬以伟大建党精神为源头的中国共产党人精神谱系，用好红色资源深入开展社会主义核心价值观宣传教育；对于落实习近平总书记提出学习周恩来“六个杰出楷模”精神，奋进新征程，建功新时代，具有现实的积极意义。

目录

第一章

执教 | 广州军校路170号

立天下之正位，行天下之大道。得志，与民由之；不得志，独行其道。富贵不能淫，贫贱不能移，威武不能屈，此之谓大丈夫。

——《孟子·滕文公下》

我寻访的第一站——黄埔军校，是1924年周恩来执教的地方。

2014年夏的一天，我乘车抵达长洲小岛。它地处广州市东部千年名圩鱼珠对面的江心，岛上山峦起伏，树木葱郁。沿着珠江边，我寻到长洲军校路170号，其门额上横书六个苍劲矫健的大楷——陆军军官学校。黄埔军校，名闻中外！它与苏联伏龙芝军事学院、美国西点军校、英国桑赫斯特皇家军事学院同享盛誉。在近代中国历史上，它培养出一批国之柱石。国共的两次合作，都与这所军校息息相关。

校门口有两棵百年榕树，盘根错节，抱团相拥，高大罕见。1938年秋，日本侵略者军机轰炸长洲岛，黄埔军校本部被击中，一时间残垣断壁，一片凄惨！两株古榕正是见证者。如今，这两棵百年榕树，历经风霜，依然挺立……

我登岛之时，正是6月16日。虽正值高温酷暑，黄埔军校旧址纪念馆却人流不息。军校门口，我与广东革命历史博物馆宣教部主任冯惠相遇。她说："巧了，历史上的今天发生过两件大事：其一，1922年6月16日，陈炯明的炮弹，逼孙中山在'永丰舰'避难54天，夺去了他和宋庆龄的爱子；其二，在这炮弹的催生下，黄埔军校于1924年的今天诞生，成为另一个'骄子'。今天正是黄埔军校90周年诞辰。"

1924年1月20日至30日，广州大地生机盎然，国民党第一次全国代表大会召开。孙中山重新解释了三民主义。共产党人起草的以反帝反封建为主要内容的宣言，获得大会通过，实际上确定了"联俄、联共、扶助农工"三大政策，大会选举产生了中国国民党中央执行委员会。共产党员李大钊、谭平山、毛泽东、林祖涵、瞿秋白等10人当选为国民党中央执行（候补）委员，约占委员总数的1/4。会后，担任国民党中央党部重要职务的共产党员，有国民党中央常委、组织部部长谭平山，农民部部长林祖涵，宣传部代理部长毛泽东等。

江风吹拂，在黄埔军校的码头旁，一艘艘人民海军的军舰巍然屹立。我问黄埔军校旧址纪念馆管理部主任梁莹："当时周恩来是坐船在这里登上长洲岛的吗？"梁莹答："1924年9月的那个秋天，经过一个月海上颠簸，周恩来乘坐'佛山号'轮船抵达广州。"珠江水拍打岸堤，斯人如在眼前。当年，那位26岁的年轻人，怀揣理想，踌躇满志，破浪而来……

周恩来到广州：微阳初至日光舒

1924年9月初，周恩来从法国回国，抵达广州。受中共党组织委托，阮啸仙和彭湃到码头迎接周恩来。中共一大召开后入党的谭天度也前来接应。他回忆说："周恩来回国后的第一份工作，就是与我一起搞民族解放大同盟，他任第一把手，我负责宣传。此后不久，他就负责军事工作了。同年11月，周恩来任黄埔军校政治部主任。"

1924年的广东，军阀割据，混战不息，风云莫测。当时，孙中山所管辖的，仅限珠江三角洲地区和粤汉铁路，陈炯明控制富庶的东江流域。滇军杨希闵部、桂军

◎ 1924年，在巴黎的中国国民党驻法总支部成员欢送周恩来（前排中）归国

刘震寰部，虽将陈炯明从广州驱走，却又横征暴敛。民国初年，因局势混乱，广东当局允许商人置械自卫，建立武装，成立商团。商团在广州有1.2万人，在全广东省有近5万人。商团政治上反动，与英国买办狼狈为奸。有的商团投靠英国汇丰银行买办，受其指使，妄图以武力推翻孙中山政府。就在周恩来抵达黄埔军校之前，1万多支枪和400万发子弹，被商团悄悄运进羊城。当时，陈炯明准备反攻广州，军阀杨希闵、刘震寰坐山观虎斗。之后商团谋反，被孙中山警卫队、粤军第二师、黄埔军校学生军等挫败。周恩来在《最近二月广州政象之概观》中写道："我们从广东政府实际工作上看出广东政府是在受南方军阀挟持，向帝国主义英吉利、洋行买办及一切反革命派常常表示退让，并且时时有压迫工人农民解放运动的事实出现。在这些南方军阀中要以滇军为最骄横，李福林等的军队次之。""我们希望明达而革命的国民党人都要认定国民党当前急务是'肃清内部'，界限便是革命与反革命。"[1] 1959年12月13日，在中南海西花厅，周恩来对当年的黄埔军校学生曾扩情说："我在

[1] 金冲及主编《周恩来传》（一），中央文献出版社，1998，第103页。

黄埔军校时年龄还不到三十岁，当时感到压力特别大。”❶

© 1924年，周恩来任黄埔军校政治部主任

羊城东山路的廖公馆，是一座砖木结构的两层楼房，院内桂花沁香。1924年9月的一个晚上，风清月明。廖家的门口，一位穿着白帆布西装的人，和黄埔军校党代表廖仲恺低声交谈。廖仲恺的儿子廖承志回忆说：“他炯炯的双眸和刚毅的浓眉，给我印象很深。一照面，父亲就握住他的手说：‘我们等你好久了！’两人相见恨晚。我问父亲：‘这人是谁?’父亲说：‘他就是共产党大将周恩来！’”

黄埔军校是国共合作的产物，那时学校的政治部求贤若渴。当时，张申府从法国回国，廖仲恺请他举荐英才。张申府开了一份名单（15人）给廖仲恺，名单上第一位就是周恩来。张申府是中共创始人之一，也是周恩来加入中国共产党的介绍人，曾和周恩来同为中共旅欧支部负责人。周恩来回忆说：“1920年我到法国，还对费边社会主义有过兴趣，但很快就抛弃了。我感谢刘清扬和张申府，是他们两人介绍我入党的。张申府的思想很杂，研究罗素哲学着了迷，他想把孔子、罗素、马克思、弗洛伊德、爱因斯坦的思想熔于一炉。”❷

黄埔军校创建之初，效法苏俄设立政治部，但机构、制度和师资力量尚未成熟。政治部第一任主任戴季陶，离校去沪；第二任主任邵元冲，演讲枯燥，被称为“催眠术教官”。1924年之秋，周恩来到黄埔军校！一身戎装、面容清癯的他，一

❶ 曹应旺编著《周恩来经历记述》，上海人民出版社，2006，第102页。

❷ 中共中央文献研究室二部编《周恩来自述》，解放军文艺出版社，2002，第229页。

扫长洲岛沉闷气氛。黄埔军校史迹展馆里，有一张周恩来军装正冠照。照片中的他目光明澈，炯炯有神。看着他明亮而智慧的双眼，我仿佛听到他当年的演讲："从渔猎社会进到封建社会的时候，成为天子诸侯王的统治阶级。他有一切的统治权和支配生产权……封建社会破坏后，军阀掌握政权，中国或其他的殖民地的工农的生产品，受军阀或帝国主义者的支配和享用……第一个定义应用到军队来，诚然军队是可以拿来压迫人的，可以拿来压迫群众的，可是军队的本身，不是生产的群众……第一步懂得军队是一种工具——武器，谁也可用的。"[1] 概括来说就是：一、军队不是阶级，是一种工具。二、军队是压迫阶级的工具，也可以作为被压迫阶级的工具。三、军队的组织有很重大的意义，是实现我们的理论的先锋。四、军队有种种集成方式，这方式是依社会环境各时代的生产方式而变迁的。

周恩来在黄埔：摩霄志在潜修羽

国共合作的军校，欲先铸造军人之魂。南国之冬，没有北方的凛冽。在8.5平方公里的长洲岛上，年轻的周恩来，初试锋芒。他像一位高级军师，把政治工作的"酵母"，揉入秩序和制度，揉入政治教育，揉入校军教导团政治工作，揉入中国青年军人联合会……当年，为民族救亡的呐喊，振聋发聩！1924年6月16日，在黄埔军校开学典礼上，孙中山先生慷慨陈词："革命军是救国救民的军人，诸君都是将来革命军的骨干，都担负得救国救民的责任，既是有了救国救民的责任，便要从今天起，先在学问上加倍去奋斗；将来毕业之后，组织革命军……所以要诸君不怕死，步革命先烈的后尘，更要用这五百人做基础，造成我理想上的革命军。有了这种理想上的革命军，我们的革命便可以大功告成，中国便可以挽救，四万万人便不至灭亡。所以革命事业，就是救国救民。我一生革命，便是担负这种责任。诸君都到这个学校内来求学，我要求诸君，便从今天起，共同担负这种责任。"军校门口，原来有一副对联"升官发财，请往别处；贪生怕死，勿入斯门"，横批是"革命者来"。

[1] 陈汉初主编《周恩来在潮汕》，中央文献出版社，2004，第38—40页。

如何担负这种责任？我走进广州文史馆，翻开《陆军军官学校学生详细调查表》。作答入学考试题时，宣侠父写道："谋抵抗一切欲以武力妨碍本党进行之仇敌。"杨其纲写道："欲挽救中国民族之衰微民权之旁落民生之凋敝……"蒋先云立志："磨炼革命精神，造成一健全革命分子。"[1] 于是，弹丸孤岛之黄埔，成为两党合作武力发祥之地，也成为挽救民族危亡之摇篮。

《史记》曰："嗟乎！燕雀安知鸿鹄之志哉！"周恩来立下革命军人的鸿鹄之志，就是为了民族复兴。13岁读书时，他回答校长："为中华之崛起而读书。"19岁时，他告别同学写道："愿相会于中华腾飞世界时。"1918年1月30日，在日本求学日记里，他写道："要救东三省……招收红胡子造枪炮，先从军政两方入手，如果能练兵十四个师团，日本就不足怕了。"[2] 26岁的他，看到黄埔军校数百军官，起早摸黑训练，无论严寒酷暑，无论烈日暴晒，摸爬滚打，从不间断；看到操场紧靠珠江口，涨潮时，水漫过脚，暴雨时，学生浑身淋透；看到学生出操回来吃饭，限时10分钟，狼吞虎咽……望着学生们疲惫的背影，周恩来经常思考：不怕死不贪财，要靠信仰支撑。如果军人不明白为何打仗，为谁打仗，他就是一匹蒙着眼睛的烈马。

1925年7月31日，周恩来一针见血地说："现在一般的兵士，工作的时间，比工农要多，所得的饷钱，比工农更要少，而且要拿着性命来和枪炮对抗，他们生活，着实可怜！已【既】然如此，为什么中国现在还这样多人来当兵呢？总括来讲就是被帝国主义者所驱迫，不得不来当兵。"[3]

周恩来给第一期黄埔学生讲政治经济学，讲中华民族为什么受人欺凌，劳苦大众为何贫穷。1894年7月25日，日本发动蓄谋已久的甲午战争，清政府仓皇迎战。此战中，中国北洋水师全军覆没。清政府迫于军事压力，于1895年4月17日与日本签订《马关条约》，割让辽东半岛（后因俄、德、法三国干涉还辽而未能得逞）、台湾全岛及其所有附属各岛屿、澎湖列岛，赔偿白银2亿两。1900年，八国联军侵华战

---

[1] 曾庆榴：《共产党人与黄埔军校》，广州出版社，2004，第29页。

[2] 中共中央文献研究室二部编《周恩来自述》，解放军文艺出版社，2002，第62页。

[3] 陈汉初主编《周恩来在潮汕》，中央文献出版社，2004，第47页。

争爆发，清政府战败，于1901年9月7日被迫签订《辛丑条约》，其中第九款规定：“中国国家应允由诸国分应主办，会同酌定数处留兵驻守，以保京师至海通道无断绝之虞。”从此之后，在华北驻屯有英、美、法、意、日五个国家的军队，约定人数为8200人，规定日军兵力为400人。1911年辛亥革命爆发，乘中国动荡之际，日本悄悄把“清国驻屯军”改称为“中国驻屯军”，人数增加到数千人。1924年9月7日是国耻日，周恩来在《辛丑条约与帝国主义》一文中说：“我们回想24年前结辛丑条约的今天，当知庚子八国联军的攻入京津，实是帝国主义列强联合进攻中国的第一次。”他给学生讲政治课，左右派学生都爱听。他对学生说：“我们看到外国所设的工厂、矿山，以及中国南方的铁路，不独与我们工人没有毫厘的利益，而且加上无限的痛苦……唯有受苦的人，才能体恤痛苦的人。诸君之在港，受帝国主义压迫，我们知道是非常痛苦。现在罢工回来，我们知道更痛苦。这些痛苦是帝国主义给予我们的。一定要打倒帝国主义。不打倒帝国主义，我们得不到生存。”学生挤满教室，爱国情绪被点燃。周恩来举例说：“例如俄国十月革命，工农利用武力推翻沙俄贵族，同样中国被压迫民众及其他被压迫弱小民族，觉悟帝国主义和军阀压迫的时候，他会从他本身造出的武力来打倒帝国主义，打倒军阀。”现场响起了口号声。

周恩来独具人格魅力，他讲《国内外革命形势分析》这样的题目时，大会厅座无虚席，连李定安、周进军（黄埔一期生）这些右派学生也被他折服。周恩来慷慨地说：“现在反抗英国帝国主义，工人是先锋，以铲除帝国主义经济势力，其次，就是要兵士预备武装起来，与帝国主义决一雌雄。两者休戚相关，守望相助。我们知道最后胜利是我们的！我们高呼工农兵大联合，共同打倒帝国主义！”大会厅口号激昂，此起彼伏。我找到一份黄埔四期生文强的回忆录，他说：“说起来也奇怪，学生们对周恩来的敬爱，是打破了左右派的界限的。他登台演讲时，带队的长官们肃立一旁静听，并不随意走动，连孙文学会的狂徒对他也是折服。”课后，一些拥蒋的学生，都乐于亲近周恩来，如胡宗南常去宿舍向他请教。宋代司马光在《资治通鉴》中说德才兼备是圣人，德胜于才是君子。年轻的周恩来温和诚实，性格中有一种吸引力。他谦虚待人，如水银泻地，德才兼备，却不盛气凌人。他教过的一个学生说：“周恩来待士兵如亲兄弟的作风，深深铭记在我心里。”

政治部往事：元戎倾盖有余欢

周恩来主持的政治部，中共教官如群星闪耀。在黄埔军校旧址纪念馆跑马楼第一层西边，一间课室挂着标有“政治部”的木牌。我轻轻地走进政治部办公室，40多平方米，几套办公桌椅。当年，政治部教官有聂荣臻、孙炳文、杨其纲、王逸常、卢德铭、恽代英、萧楚女、安体诚、高语罕等。我看到一张第二期政治部教员的合影，黑白照片里，十几位教官目光明亮，身躯伟岸，英姿勃勃，他们是军校学生的精神支柱。军队建立党代表制度，释放出巨大的军事能量。在各连营团设有国民党党代表，其中有不少由中共党员担任，负责行军作战时的政治工作。《校党代表训令》规定：“三民主义、马克思主义、社会主义，皆可阅读。”政治部，为革命军人铸造理想，出版的《军事政治月刊》《革命军》《黄埔潮》，令黄埔学生获益不少。政治部聘请优秀教官，多是共产党员，有恽代英、萧楚女、张秋人、孙炳文、高语罕、熊雄、李富春等。中共从苏联调回来的熊雄，是共产党员，担任军校政治部副主任。对像萧楚女这样的优秀政治教官，蒋介石怀恨在心，他曾拿着报纸对贺衷寒嚷：“你们吹10天的喇叭，也抵不过萧楚女一篇文章。”

黄埔军校清除旧军队恶习，严明军纪军规。每个战士的背包上，都挂有“爱国家、爱人民、不贪财、不怕死”字样的牌子。东征途中，官兵们唱起《爱民歌》：“扎营不要懒，莫走人家取门板，莫拆民房搬砖石，莫踏禾苗坏田产，莫打民间鸭和鸡。”铿锵有力的军歌声中，官兵奋勇杀敌，势如破竹。

1924年冬，周恩来担任政治部主任，将近两年时间，教过四期学生。周恩来用过的桌子，两边已脱漆，上有一个旧文件夹，一个挂着一支笔的笔架。靠墙的木桌上，摆着一个茶壶，一个朴素的竹篮。我打开盖子，内布绣着红底黄花图案，里面装着几个杯子。这些简陋的旧物，仿佛留着伟人的余温，容着丰盈的精神，让我有一种莫名的感动！

中共广东省委党史研究室原主任曾庆榴说，周恩来见多识广，讲课谦虚亲和，令学生如沐春风。黄埔军校的蒋超雄说：“当时军队政治工作是新事物，没有借鉴参考的材料，一切均需创新。这项制度虽来自俄国，但国情不同，环境不同。周主任在工作过程中发挥了他高度的智慧和精湛的学问，并表现了温文诚恳的领导风度，细致周详、事必躬亲的工作作风，遂赢得全校师生的无限敬爱。”[1]黄埔军校一期生李默庵回忆：“黄埔军校是国共两党合作办的。那个时候，恩来先生是公开的共产党的负责人，在学校里主持政治工作。集合总是他主持，政治报告，国内国外大的形势都由他报告，讲得很实际。周先生主持以后，学校里完全是一种蓬勃的气象，所以，大家都对周先生的印象非常深刻。”英国休勒特·约翰逊有“红色主教”之称，他见到周恩来，比埃德加·斯诺还早。他评价周恩来说：“潇洒倜傥，文质彬彬，温文尔雅——这就是周恩来。他那谦逊的、风度翩翩的外表底下，藏着坚如钢铁的勇气，以及迅速尖锐像把利剑的分析判断能力。周先生的面孔，见过一次，永生难忘。这机警而又慈祥的面孔，显得年轻，甚至带几分稚气。满头黑发，一双黑眼睛在浓黑的眉毛下散发光芒。这当然是中国人的面孔，但他那特别深陷的眼睛在一般中国人中不寻常。十分和蔼可亲的面孔，眼睛正视着你的眼睛。很难找到比这更不咄咄逼人，或者更加和蔼可亲的面孔了。在那富于魅力而沉着镇定的外表后面，是十足的自信和驾驭周围环境的意识。他用锋利的逻辑驳倒了对手。”

周恩来和我党第一支武装：慷慨争挥壮士戈

一日，彭伟豪接北京李海文（周恩来研究专家）夫妇参观黄埔军校，他是广东红色文化研究会理事、广东南方红色文化研究学院执行院长。我和黄埔军校旧址纪念馆副馆长樊雄同行。长洲岛，四面环水，南连虎门，与珠江对岸牛山、蟹山炮台、东南面沙路炮台一同扼守广州门户。走到政治部门口，我谈起周恩来对军队的论述：“军队组织有很重大意义，是实现我们党的理论的先锋。”李海文老师说周恩来早在黄埔军校，就认识到武装斗争的重要性。

1922年6月，风云突变，在辛亥革命前后一直追随孙中山的陈炯明，竟然背叛孙中山，向孙中山所在的“永丰舰”开炮。1924年10月周恩来刚回国，任中共广东区执行委员会委员长。同年11月，他担任黄埔军校政治部主任。1925年2月，周恩来因

---

[1] 陈汉初主编《周恩来在潮汕》，中央文献出版社，2004，第540页。

随军东征，改任广东区委常委兼军委书记，周恩来的助手陈延年任中共广东区委书记。刚到军校时，周恩来认为：“没有自己的军队，我们永远是人家的帮工。”他和陈延年向中央起草一份报告：到外省征募兵员，转工军团农军团为正规军，由黄埔学生当军官，建立一、二团。但是，这个报告被陈独秀否决了。最后，中共广东区委与孙中山商议，立即组建大元帅府铁甲车队。铁甲车队还建立了直属中共广东区委领导的党小组。正巧黄埔一期生毕业，周恩来指派黄埔军校特别官佐徐成章，第一期毕业生周士第、赵自选，分别担任队长、副队长、军事教官。他们都是中共党员。最后，广东区委选派廖乾吾任党代表、曹汝谦任政治教官。李海文老师说：“这个铁甲车队，是第四军叶挺独立团的前身。1925年11月，铁甲车队作为骨干队伍，组建叶挺独立团。”

周士第外甥彭宏远在广东省立中山图书馆作“大革命时期中共领导的正规武装”讲座，李海文老师让我去听，我巧遇谭天度之子谭霆。讲座结束后，我们顺着沿江路大沙头，寻找铁甲车队旧址。大元帅府旧址位于现在广州纺织路东沙街18号内。彭宏远打开电脑，指着一张黑白照片说：“你看，这是广九铁路华段起点大沙头火车站，铁轨对面的珠江南岸水泥厂，是大元帅府旧址。”在我们眼前，有一幢土黄色四层洋房，首层门口挂一块牌子，上有“建国陆海军大元帅府铁甲车队”字样。洋房内有南楼、北楼，均为三层卷拱的欧式建筑，又有百叶门窗、花瓶护栏骑楼，具有岭南的建筑特色。

大元帅府旧址一楼有警卫室、弹药库。铁甲车队官兵戴着大檐帽，身穿黄色或灰色中山装，士兵打绑腿、穿布鞋，军官穿长筒马靴。铁甲车队威风凛凛，配备一列铁甲列车，由5节装铁板的车厢组成，还配有1挺重机关枪、3挺手提机关枪，一些驳壳枪及“三八”快枪。铁甲车的车头和车厢一样，铁板足以抵挡子弹。车厢两侧，有不同高度的扁形射击孔，有助士兵用多种姿势向外观察、射击。最后一节车厢，安装3个旋转炮塔，炮塔上没有炮，只装备1挺重机枪。1924年，注定是非凡之年。11月初，在东沙街民众簇拥下，爆竹声响起，大元帅府铁甲车队成立。铁甲车队名义上是属于大元帅府管辖，但实际上是中国共产党直接领导下的第一支革命武装。

1925年11月，中共广东区委以铁甲车队为骨干，在肇庆组建国民革命军第四军第12师第34团，叶挺任团长，全团2100多人。1926年1月，该团改为国民革命军第四军独立团。周恩来重视中共这支团级武装，听取叶挺汇报亲制培训计划，亲编政治教育提纲。

之后的烽火岁月，叶挺独立团不负所望，纪律严明，鏖战两湖，所向披靡。1926年底，因叶挺升任第四军第25师副师长，独立团改编为第四军25师73团。25师领导层中的共产党员有参谋长张云逸、政治部主任李硕勋。73团设立党总支，营建支部、连设党小组。25师组建75团，以共产党员为骨干。1927年3月，叶挺接任24师师长，中央指示从73团向24师调干，使24师最终成为共产党控制的一个整编师。

周恩来认为军人应有信仰！当时军校传唱的《黄族歌》，是由共产党人李大钊作词谱曲的，歌词是“黄族应享黄族权，亚人应种亚洲田。青年！青年！切莫同种自相残，坐教欧美着先鞭。不怕死，不爱钱，大丈夫决不受人怜。洪水纵滔天，只手挽狂澜……”之前，蒋介石推崇教材《曾胡治兵语录》，以清代湘军首领曾国藩的思想治军，强调军人一味服从，不问政治。周恩来主持的政治部，将信仰和主义引进课堂。他将政治科从8门课加到18门课，最多时达26门课。他给军官开“小灶”，补充精神食粮。每逢星期二、星期五晚上7时，准尉以上官长务必出席。各部划分座次，校执星官考察人数，报给本部办公厅。在大花厅礼堂里，听政治教育特别讲演，每次一个半小时。来讲课的，名师如云，如：彭湃讲广东海丰农民运动，李求实讲全国青年运动，邓中夏讲省港大罢工，何香凝谈廖仲恺的革命事略，宋子文说财政，李烈钧讲军事，孙科论吏治，毛泽东指点江山，刘少奇慷慨陈词。《中国青年》主编、政治部主任教官恽代英赞扬他们“为中国革命开辟了一个新纪元”。

黄埔男儿：浩然一气充天地

中共广东省委党史研究室巡视员陈弘君接受我采访时，说：“中共广东区委由周恩来担任书记，又称委员长。1924年11月，周恩来担任黄埔军校政治部主任，翌年2月参与东征，改任广东区委军委书记。周恩来称：‘黄埔军校党团员五六十人，占学员人数十分之一。’军校内设立中共组织，由周恩来领导。在周恩来主持的政治工作影响下，黄埔军校的革命气氛十分浓厚。”1925年秋，正被军阀搜捕的毛泽东，来到广州，正遇黄埔学生军打了个大胜仗，击溃军阀杨希闵和刘震寰！全城和国民党内都充满乐观的空气，毛泽东说：“那时，军队设立党代表和政治部，这种制度是中国历史上没有的，靠了这种制度，使军队一新其面貌。”

东征战役中，为何黄埔学生军两个团能以少胜多？周恩来在《抗战军队的政治工作》中写道：“如果从单纯的军事观点上说，以20万众的粤、湘、滇军血战经年不能打败陈炯明，后来只加两个团，以数千之众，即起了全部胜负决定的作用。这不是奇迹吗？这是由于新成立的两个团，是新的革命军队，是有着革命的三民主义作政治工作基础的军队。政治力量超过了敌人，提高了战斗力，保障了军队本身及军队与人民的团结。”东征军用很少数的队伍，令敌人闻风遁走，我军势如破竹。黄埔一期生宋希濂说：“沿途居民壶浆欢迎，爆竹声喧，如庆升平。这一段战争取得成绩的原因，一方面是由于部队英勇顽强，但另一方面也确实在于政治思想工作起了巨大的作用。周恩来当时是军校政治部主任，也是校军政治部主任。战斗开始后，他随军出发，并参加作战。他经常派出宣传队走在部队的最前面……他们对士兵进行政治思想教育，在每个士兵胸前所佩东征军符号牌的背面印着‘爱国家、爱人民、不贪财、不怕死’的字样，校军还规定了几条纪律：不扰民，不拉夫，买卖公平，不强占民房。这些纪律，在周恩来的坚持贯彻下，当时确实是收到了很好的效果。”[1] 短短一年，从惠州血战东征凯旋，到平定东江，周恩来脱颖而出。他的谦逊里，藏着政治智慧与指挥才能；他的温文尔雅里，藏着坚如钢铁的勇气。

周恩来很早就重视武装斗争。李海文老师说：“在大革命时期他担任中共广东区委军委书记、黄埔军校政治部主任、国民革命军第一军党代表，领导了两次东征，后领导了上海工人第三次武装起义，夺取上海。大革命失败后他领导的南昌起义，则开启了共产党人独立领导武装斗争的新时期，有了自己的军队。对此，毛泽东说：‘我们党虽然在1921年（中国共产党成立）到1924年（国民党第一次代表大会）的三四年中，不懂得直接准备战争和组织军队的重要性；1924年至1927年，乃

[1] 程舒伟、郑瑞峰：《周恩来与黄埔军校》，中央文献出版社，2014，第33页。

至其后的一个时期，对此也还认识不足；但是从1924年参加军事学校开始，已进到了新的阶段，开始懂得军事的重要了。经过援助国民党的广东战争和北伐战争，党已掌握了一部分军队。革命失败得到惨痛的教训，于是有了南昌起义、秋收起义和广州起义，进入了创造红军的新时期。’‘没有这一时期的红军及其所进行的战争……今日的抗日战争及其长期支持是不能设想的。’”[1]

如今，黄埔军校前的江面，停泊着人民海军的军舰。我们走到这里，不由停下脚步，仰望军旗。李海文老师指出，1924年黄埔军校执教的经历，使周恩来脱颖而出，他探索“军队组织是实现我们的理论的先锋”。他参与领导两次东征，平息商团叛乱，从反帝反封建斗争的教训中，深感要取得革命胜利，绝不能把希望寄托在资产阶级身上，需要有一支由中国共产党直接领导的军队。1926年3月—1927年4月，在广州万福路190号，周恩来主持工作的中共两广区委军委在此办公，这里是中共最早的地方军事工作机构。

“洪水纵滔天，只手挽狂澜。”一段军史令人回味。国防大学战略研究所所长金一南说：“周恩来是中国共产党最早接触军事、最早组织部队抓枪杆子的。周恩来又是我党历史上第一位军事部长，更是奠定中国人民解放军基础的南昌起义的主要领导者和指挥者。不要误以为周恩来是地方过来的，其实周恩来与军队渊源深厚。周恩来在认识军事问题、观察军事问题时，眼光为什么这么独到，这么老辣，这么超越个人利害？这与他本身的军事实践紧密相关。”

周恩来与蒋介石：贤愚善恶未尝休

如果没有孙中山，蒋介石与周恩来的生命轨迹，就不会有交集。

广州越秀南路93号，原为“惠州会馆”。1924年，它是国民党中央工人部。一座有雕花石栏杆的高台上，耸立着一尊白色的方形石碑，碑上刻有“孙中山总理纪念碑”几个字。孙中山全身铜塑，挥手向前。我环顾四周，寻找当时国共合作的激浪之音……顺着斜坡走过去，我见到一座黄墙白柱的大楼，环绕大楼的走廊，有拱

[1] 李海文：《中共党史拐点中的人物与事件》，中国青年出版社，2014，第82—83页。

形的高大窗洞。此刻，午后的斜阳透过窗洞，偶尔传来几声鸟鸣。我翻开泛黄的报刊，一张的标题是《孙文训导》，另一张的标题是《政治部主任周恩来演讲词》。黄埔军校内，周恩来与蒋介石，一位是政治部主任，一位是校长。两人心头皆有主义，却一文一武。纪录片在播放："无论是后来退到台湾岛任'总统'的蒋校长，还是以后走进中南海当总理的周主任，尽管他们目标迥然不同，但在黄埔时期，历史的机缘，偏偏让这两位江浙人，有短暂的交集。"

"联俄、联共、扶助农工"政策，如一缕历史阳光，照在军校跑马楼的西头，一楼是政治部，二楼是校长室。低头不见抬头见，两个江浙人，相遇长洲岛。他们长达半个世纪的交往史，由此翻开。

两位江浙同乡：一气不可相并兼

◎ 1925年3月30日，周恩来（二排左一）和东征军在广东兴宁参加追悼孙中山大会

信仰决定命运。蒋介石生于1887年，祖籍浙江奉化。周恩来生于1898年，祖籍浙江绍兴。两人黄埔相遇，一位37岁，一位26岁。两人虽有江浙乡情，性格却截然不同。走进黄埔军校展览馆，我寻得一张照片——蒋介石与周恩来在第一次国共合作时期的合影，摄于1925年3月30日。惊闻孙中山病逝噩耗，东征军在广东兴宁举行追悼大会。照片中，站在前方的，是总指挥蒋介石。站在稍后的，是手持悼文的总政治部主任周恩来。身着同制式的军装，前者威武强劲，目光冷峻；后者儒雅沉稳。

蒋介石和周恩来童年均屡陷逆

境，但是蒋介石充满冒险精神，性格冷酷。3岁时，蒋介石将筷子插入自己的喉咙，一不小心，越插越深，难以拔出。祖父焦急询问，蒋介石却一蹦而起，说自己没哑。蒋介石之相貌，望之俨然，听其言也厉，眼光锐利，官兵怕与其直视。

一个人信仰所产生的深厚力量，一部分来自母教。26岁周恩来的军装照，英俊非凡，斯文沉稳。我仔细凝视，却读出坦然背后的清苦，敦厚内藏的刚毅。我隐隐听到，驸马巷古宅传来的读书声。每天黎明，3岁的他，被嗣母陈氏唤醒，窗前学字，练习书法。5岁读私塾时，他吟诵唐诗，做益智游戏。嗣母做一小柳斗，让他学认纸片上的古诗词。9岁丧母，为养活弟弟们，他呛着寒风，往返于当铺。《南开学校第十次第二组毕业同学录》中写道：

> 君生于淮安，六月而孤，承嗣寡母陈。幼羸弱多病，扶持将护，君母备极劬劳。五岁从母教，明年入家塾。师暨诸父怜其孤，辄少宽假，而慈母则督之綦严。九岁迁袁浦，生母嗣母相继逝世。

留学时，周恩来随身带一木垫，用来补袜子；携带一个汽炉，烧水泡面包，伴着卷心菜充饥。艰难磨砺性格，他柔中有刚、机智善辩、兼收并蓄，既有忠孝礼仪道德传承，又融合周家精髓“视富贵如浮云，以忠厚为家风”；既有多畏多虑的心理，又有细致入微的办事风格。

一个人信仰所产生的深厚力量，一部分来自初心。蒋介石和周恩来都曾在日本留学。蒋介石于1908年春赴日，入东京振武学校并加入同盟会，1910年冬毕业后入日本陆军第13师团第19联队，为士官候补生，实习时喂马洗马。他每顿只能吃一茶碗米饭，米饭上仅有3片咸萝卜，周日才能吃到青菜豆腐，故养成忍耐、节约的习惯。蒋介石接受了日本陆军极为残酷的训练：雪地洗冷水澡，并站在雪厚处，自己用雪满身擦洗。赴日留学时，蒋介石在给表兄的照片后题词：“腾腾杀气满全球，力不如人万事休。光我神州完我责，东来志岂在封侯。”

19岁的周恩来没有那种腾腾杀气，入日本东京，于东亚高等预备学校补习。他晨6时读书，夜12时就寝，饮食自己做，不吃荤食，不吃早点心，每当月息风晨，雨窗花前，念我家……他在日记的封面写道：“大江歌罢掉头东，邃密群科济世穷。面壁十年图破壁，难酬蹈海亦英雄。”他于1918年1月31日在日记中写道：

> 昨天蓬兄同山兄谈到东三省的事很多。我听着非常的感慨。想起东三省，现在差不离已经入日俄范围之下。拿现在国势论，欲救东三省是非常的难了；不救，则关系中国全部的危险。……要救东三省，现在的危急，非东三省独立不可。不仰仗政府，自谋生路，招收红胡子造枪炮，先从军政两方入手，如果能练兵十四个师团，日本就不足怕了。

诗言志，性定命，蒋介石是“东来志岂在封侯”，周恩来是“难酬蹈海亦英雄”。他们与生俱来的秉性，从生命初起，就深藏在他们的人生轨迹，为他们未来的命运埋下伏笔。

初到黄埔的蒋介石：昨日屯军还夜遁

1924年立春后，蒋介石曾考察长洲岛，见遍地野草丛生，房屋破烂不堪，又闻办校经费匮乏，顿生怕苦畏难情绪。任职半月后，他辞职回上海。孙中山极力挽留，希望蒋任劳任怨，百折不回，在他的辞职信上批示：所请辞职，碍难照准。3月1日，孙中山又给蒋介石加一官衔：军校入学实验委员会委员长。但蒋介石无动于衷，孙中山让邓演达劝蒋介石回来，蒋介石还是拒不回校。无可奈何之下，孙中山委任廖仲恺代理学校筹备委员会委员长。3月，黄埔军校开始招生。中共中央委员谭平山草拟军校办学计划。各地共产党组织也积极选拔优秀青年报考。李大钊在北京，胡公冕在浙江，董必武在武汉，何叔衡在湖南，分别组织了一批共产党员、青年团员或进步青年报考。此时，蒋介石在沪不归，李济深任入学实验委员会代理委员长。3月27日，学生开始入学考试。初试、笔试、口试、复试后，黄埔军校正取生350名。3月29日下级军官复试完毕。3月26日，廖仲恺第11次致电蒋介石：“归否？请即复，俾得自决。”直到4月21日，蒋介石才从上海回广州。黄埔军校建立后，早上5点，起床号一响，蒋介石铁青着脸，披一件黑斗篷，巡视师生宿舍。见睡懒觉者，他便军纪从治。每天，伴随着蒋介石皮靴拍地的声音，军号声响起，学生开始环岛晨练长跑。

蒋介石刚在黄埔军校当校长时，还是粤军参谋长。黄埔军校建立后，组建了一个教导团，第一军成立，蒋介石当上了军长，一步步靠黄埔军校打下天下。黄埔军校成立伊始，联俄联共。当时，宋庆龄曾经问孙中山："为何需要共产党加入国民党？"孙中山答："国民党正在堕落中死亡，因此，救活它就需要新鲜血液。"1924年7月，孙中山决定派出"孙逸仙博士代表团"，赴苏联考察，蒋介石作为其中代表，9月2日抵达莫斯科。红场庄严肃穆，克里姆林宫红旗飘扬，苏联人民意气风发，这一切都让代表团成员兴奋不已。尽管蒋介石视共产主义为洪水猛兽，但他被这个国家蒸蒸日上的景象所吸引。苏联负责陪同的官员在绝密报告中描绘："蒋介石情绪很高，也很激动，讲话时充满着热烈而真挚的感情。他在结束讲话时几乎是在吼，双手在颤抖。"

1924年春，黄埔军校在全国招生均不力。孙中山焦急万分，廖仲恺忙找中共总书记陈独秀，请求援助。1925年11月1日，中国共产党通告第62号文，发电招募："黄埔军校正拟招收三千名入伍生，望各地速速多选工作不甚重要之同学，共青团同学及国民党左派同学，自备川资和路费，前往广州报考……"怀揣抵御外强救国之梦，无数热血男儿历经艰险，从四面八方奔向黄埔军校！国防大学战略研究所所长金一南说："在那个热血澎湃、狂飙突进的时代，中国共产党的一批年轻人浴血奋斗，国民党的一批年轻人也在拼命奋斗，共产国际的一批年轻人也在奋斗。这是一个年纪轻轻就干大事的时代，也是一个年纪轻轻就丢掉性命的时代。"

东征往事：铁马行鏖南地热

孙中山说："革命党的精神，没有秘诀，秘诀就在不怕死。要能够有这种大勇气，在心理中就是视死如归。……有了这种大勇气和大决心，我们便能够用一个人去打一百个人。"两次东征，周恩来都与蒋介石并肩沙场。1925年2月，第一次东征讨伐陈炯明，淡水攻城、棉湖鏖战，周恩来都亲临前线。黄埔军校的传奇中说："在第一次东征打淡水、打棉湖两次战役中，周恩来都是亲临前线，鼓励同学们身先士卒，冲锋陷阵。而他自己更是言传身教，在阵地上与官兵们同甘共苦，陪同苏联顾问一道，冒险于枪林弹雨中。”信念坚定的黄埔军，迸发出强大力量。淡水城久攻不下，何应钦团长挑选敢死队爬城。2月15日凌晨5时，淡水城总攻在即，105名敢死队员，家有妻儿老小的，留下嘱托。一个个年轻的面孔，视死如归。周恩来赋予不怕死的队员精神的力量。炮弹呼啸，飞向城墙，敢死队一跃而起，冒着硝烟，冲向城楼，终于占领淡水城。

第二次东征，首战惠州战役。陈炯明叛军卷土重来，借城墙、天堑，负隅顽抗。蒋介石主张放弃惠州，周恩来却提出“瓮中捉鳖”。连攻两日未果，周恩来密令共产党员组成敢死队，第7团党代表蒋先云、第8团党代表张际春、第9团党代表傅维玉等，爬墙强攻！10月14日下午，东征军攻克惠州城。11月3日，东征军进驻揭阳，4日会师汕头。沿途街镇，万头攒动；军校威名，如日中天。当时《东征参战报告》记载：“此次东征军组织政治宣传部，对于行军地域，先期出发，召集各界人民演讲，使咸了然于我国东征之意义，与军队纪律之迥异于前。军行所至，人民均箪食壶浆以迎义师。”[1]

周恩来的信仰，“立天下之正位，行天下之大道。得志，与民由之……”，道相同而志相谋。1922年加入中共的陈赓，是周恩来的学生。一进黄埔军校，他就被周恩来的人格所吸引。1925年10月第二次东征时，陈炯明部林虎主力集结五华县华阳，向东征军发起猛攻，东征军第3师兵败。蒋介石督战无果，欲杀身成仁。共产党员陈赓顶着枪林弹雨，背着蒋介石渡河，逃出险境。之后，陈赓又徒步160公里，送信给第一军政治部主任周恩来，以解蒋介石之围。

某日，陈赓在整理蒋介石桌子上的东西时，在抽屉中发现了一本黄埔军校军官和学生的花名册，其中每个共产党员的名字上都用笔画了个红圈，在陈赓的名字旁还批了一行小字：“此人是共产党，不可以让他带兵。”陈赓立即上楼，将此事报告给周恩来，周恩来皱着眉头思索了一下说：“其实，这也不奇怪，攻占潮州后，蒋介石不是几次说过，‘准共产党活动，但凡一切动作均得公开’，这不是表明他

[1] 金冲及主编《周恩来传》（一），中央文献出版社，1998，第126页。

一直盯着我们，打算和我们分家吗？”[1]陈赓背着蒋介石渡河，死里逃生，化险为夷。蒋介石后来感慨道：“幸仗总理在天之灵，出奇制胜，转危为安。”话虽这么说，蒋介石却心知肚明，是陈赓救他一命。本来陈赓对蒋介石有救命之恩，蒋介石对陈赓也欣赏有加，给他升官厚禄。但陈赓从内心看不起蒋介石，为什么呢？金一南在《苦难辉煌——对国家和民族命运的思索》中提到，一位退到台湾的国民党军人，曾经给陈赓家里寄过一封信。信中说，老班长（陈赓）当年就看不起蒋介石，因为发现蒋介石在作战指挥间隙，打开收音机听上海的股市新闻。黄埔军征战时，每天都有战友牺牲，蒋介石却关心股市起落。最终，陈赓弃蒋介石而去。

1927年8月，陈赓坚定地随周恩来等人，参加南昌起义。在大革命失败后，陈赓跟随周恩来，工作于中国共产党中央特别行动科（简称“中央特科”），承担保卫党中央的重任。长征途中，周恩来因劳累过度，肝脓肿高烧达40℃，生命垂危。时任军委干部团团长的陈赓和杨立三等，顶风冒雨，抬了6天6夜，把周恩来抬出了茫茫草地。1961年，陈赓在上海病逝，周恩来亲临机场接其骨灰，并题写“陈赓同志之骨灰”，雕刻在骨灰盒外罩上。可见，信仰坚定，使周恩来与陈赓结下深厚的战友情谊。

蒋周用人之别：可中着眼辨龙蛇

蒋介石与周恩来，用人的分歧，始于黄埔军校。有些人误认为蒋介石是左倾的。他甚至对学生讲“我们是革命的。如果我不革命，任何人都可以反对我，可以打倒我”。周恩来指出：“蒋介石开始办黄埔军校时，表面上赞成革命，但他的思想实际上是反共反苏的，并不是真心诚意地与共产党合作。有一次苏联顾问为革命说了几句话，他就不高兴，拂袖跑到上海去了。当时，黄埔军校有六百学生，大部分是我党从各省秘密活动来的左倾青年，其中党团员五六十人，占学生的十分之一。蒋介石对这些人是提防、限制的。他的军阀思想在那时也是发展的。他让最为人所不齿的王柏龄负责训育。他所能用的就是奴才。对有些骨气不愿做奴才的邓演

[1] 程舒伟、郑瑞峰：《周恩来与黄埔军校》，中央文献出版社，2014，第44页。

达，他就容不下；对经王柏龄介绍的何应钦，这第二个奴才，他却非常相信。黄埔军校内的队长都是他的私人。有一次，我派了几个左派的人当队长，他就大为不满，撤销任命。他用人的方法是制造矛盾、利用矛盾、操纵矛盾，拿一个反动的看住一个进步的，叫一个反左派的牵制一个左派的，用反共的牵制共产主义的。”❶

蒋介石变脸杀人，过河拆桥。他羽翼丰满后，树立的第一个敌人，不是别人，就是共产党。“宣侠父事件”发生于“中山舰事件”之前。说起宣侠父，冯玉祥说：“宣侠父一张嘴，能顶二百门大炮。”1924年，宣侠父考入黄埔军校仅百日，却为何被迫离开军校？原来，黄埔军校成立后，蒋介石以校长、军校特别党部执委兼监委的名义要求：军校内的国民党的党小组长，必须汇报党内活动情况。文件下发后，宣侠父写信异议：“党、校不分，乱用权威。”蒋介石震怒之余，关他三日禁闭。但是，宣侠父拒绝认错。第二天，他背着行李，愤然离校。那日，珠江面风平浪静，同学们望着一张空床，面面相觑。党史专家曾庆榴说：“蒋介石、宣侠父两人的故事，并没有到此结束，事隔14年之后，即1938年7月，身为第十八集团（八路军）高级参议的中共党员宣侠父，在西安被国民党军统特务秘密杀害，尸抛古井。当中共向国民党提出质问时，蒋介石说：‘宣侠父是我的学生，他背叛了我，是我下命令杀掉的。’”❷

1925年2月，左派的中国青年军人联合会成立，有蒋先云、周逸群、李之龙、陈赓等（均为中共党员）。中国青年军人联合会扩展到滇、桂、湘军等军官学校，会员2000多人。为应对中国青年军人联合会，黄埔军校中的右派成立了孙文主义学会。周恩来说：“1925年参加两次东征，曾任政治部主任，打陈炯明。这时，我是以公开的共产党员身份与国民党合作、共事。因此，与许多国民党人认识。当时国民党内部即有两派，一派主张国共合作，一派反对合作，两派斗争甚烈。”❸

在1925年东征途中，蒋介石召开连以上军政人员联席会，要求把所有加入共产党的国民党人的名字告诉他。周恩来回忆说：“当时，我以此事关系两党需请示

❶ 中共中央文献研究室二部编《周恩来自述》，解放军文艺出版社，2002，第166页。

❷ 曾庆榴：《共产党人与黄埔军校》，广州出版社，2004，第63页。

❸ 中共中央文献研究室二部编《周恩来自述》，解放军文艺出版社，2002，第8页。

中央才能决定，搪塞过去了。后来他和我个别谈话中，进一步提出为了保证黄埔军校的统一，共产党员或者退出共产党，或退出黄埔军校和国民党。”山雨欲来风满楼，身为代理海军局局长兼中山舰舰长的李之龙不曾料想，不久后的“中山舰事件”，蒋校长反共第一刀，向他狠狠劈来……

蒋介石炮制中山舰事件：倚强恃力却诬天

“中山舰事件”致周恩来与蒋介石分道扬镳。在黄埔军校陈列室，我辨认一张模糊的黑白历史照片。一艘巨大的军舰上，排列着整齐的士兵，这是著名的“中山舰事件”的一个场景。

蒋介石首先陷害海军局代理局长、中共党员李之龙。1926年3月19日晨7时，珠江江面如常。蒋介石以军校的名义，发一公函给李之龙，“该舰（中山舰）到黄埔，听候调遣”。等舰艇到达地点，蒋介石称无调遣命令。李之龙请示蒋介石，被允许后将中山舰调走。蒋介石在广东造币厂见机造谣：“中山舰无故游弋，显系共产党暴动。”深夜，蒋介石派兵到文德路3号2楼，押解李之龙，并连夜审讯。之后，蒋介石电令驻扎在汕头的国民革命第一军，撤销全军中共党代表！包围省港罢工委员会！包围鲍罗廷顾问公馆！霎时，街道戒严，剑拔弩张。时任周恩来秘书的聂荣臻说：“3月20日是星期天，我从黄埔乘船去广州。快到广州时，忽听中山舰上有人喊，叫把船靠拢。船一靠拢，就叫人们都上舰。到舰上一看，全是共产党员，大家都不讲话，便知道出事了。经过暂时的软禁，没有审讯，我当天下午就被放了。我急忙到区党委了解情况，区党委内冷冷清清。”

蒋介石下令逮捕周恩来，软禁了周恩来一天。周恩来说：“1926年3月20日发生了‘中山舰事件’，蒋借口海军要叛变，逮捕了许多进步分子。经此事后，我辞去政治部主任之职，只担任教员。”[1]

周恩来如何看待“中山舰事件”？他说：“‘中山舰事件’，是第一次国内革命战争时期，蒋介石为排挤共产党人而制造的反共阴谋事件。1926年3月18日，蒋介

[1] 中共中央文献研究室二部编《周恩来自述》，解放军文艺出版社，2002，第8—9页。

石指使其亲信以黄埔军校驻省办事处的名义，向海军局代理局长李之龙传达命令，要他调中山舰到黄埔待命。当中山舰抵达黄埔后，他们又造谣说中山舰要炮轰黄埔军校，共产党要赶走蒋介石。3月20日，蒋介石借口共产党阴谋暴动，逮捕了李之龙，扣留了中山舰，并派兵包围省港罢工委员会，随后又强迫共产党员从国民革命军第一军以及黄埔军校中撤出。由于当时中共中央的主要领导人陈独秀、张国焘等人妥协退让，不敢反击蒋介石，遂使他的阴谋得逞。”

“中山舰事件”后，蒋介石提出两个条件：第一，共产党员退出第一军；第二，不退出的要交名单。毛泽东和周恩来主张反击。周恩来分析:“国民革命军六个军中，只有第一军是直属蒋介石指挥的，其他五个军都不会听他的，有的还想乘机搞掉蒋介石。而在第一军的三个师中，有两个师的党代表是共产党员，九个团的党代表，我们占了七个，团长中的金佛庄、郭俊是共产党员，营以下各级军官和部队中的共产党员也不少，至于同情左派的革命力量就更大了。第一军又是以黄埔军校教导团为底子的，党的传统影响很大，我们是完全有能力反击蒋介石的。”[1] 但是，以陈独秀为首的中共中央来电表示不同意。之后，陈独秀决定接受蒋介石的条件。于是，已暴露的250多名共产党员被迫退出国民革命第一军和黄埔军校（退出共产党的只有39人），周恩来也被免去第一军副党代表兼政治部主任的职务。陈延年因为这件事，气得大骂他的父亲陈独秀是“老糊涂”“混蛋”！

蒋介石举起屠刀：刀染红巾血雨腥

蒋介石打得共产党措手不及。在蒋介石“清党”之前，1927年4月6日，莫斯科的积极分子代表大会，一片祥和。国防大学战略研究所所长金一南在《苦难辉煌——对国家和民族命运的思索》中提道：“斯大林在会上说：‘蒋介石也许并不同情革命，但是，他在领导军队，除了反帝以外，不可能有其他作为。’‘因此，要充分利用他们，就像挤柠檬汁那样，挤干以后再丢掉。’”6天之后，蒋介石以迅雷不及掩耳之势，在上海发动四一二反革命政变。斯大林未曾想，这个被“挤干的柠

[1] 金冲及主编《周恩来传》（一），中央文献出版社，1998，第132页。

檬”，却在一夜之间，夺取了中国政权和军队。

风云突变，上海宝山路再发血案。1927年4月13日下午1时，蒋介石的军队突然向游行队伍射击。前面的群众中弹倒地，血流成河。半小时后，枪声停息，军队捕捉工人。4月15日，国民党反动派在广州发动反革命政变，蒋介石宣布广州戒严，并派兵解除工人纠察队的武装。黄埔天空乌云密布，国民党“清党”枪响，长洲岛血雨腥风。谭天度，时任国民党广州市党部商民部秘书。他回忆说：“1927年发生四一二蒋介石在上海的叛变，四一五李济深在广州的叛变。”在广州，有2100余人被捕，100余人被杀害，著名共产党员刘尔崧、李森、邓培、何耀全、萧楚女、熊雄、毕磊等牺牲。

国民党“清党”当天凌晨，军校政治教官杨其纲、中共黄埔军校特支负责人安体诚等，在众人掩护下，已逃到广州市内，却被邓文仪（黄埔军校政治部代主任）侦捕。之后，安体诚等中共党员，被押赴刑场枪决。在广州东山医院一隅，36岁的萧楚女，正痛苦地喘息。这位才华横溢的军校政治教官、著名的共产党人，因患肺疾，命在旦夕。《黄埔月刊》4月14日才登出萧楚女的《答邓有馥同学问，回答社会主义、共产主义等问题》，始料未及，萧楚女4月15日就被捕了。按照蒋介石的旨意，钱大钧派兵到医院指认后，不由分说，从病床上强行拖下萧楚女，之后用绳索捆绑萧楚女双脚，倒挂在汽车的尾部，开车飞驰，将他活活地拖死……谁曾想，广州市内一夜之间，充满血腥，大街小巷，遍地尸体。军警见到蓄短发、穿西装、外乡口音者，便严厉盘问，拦路搜捕。当时，军校教育长方鼎英劝接替周恩来、邵力子任黄埔军校政治部主任的中共党员熊雄速离校。熊雄说：“实在不忍这个浩浩荡荡北伐局面，败于反动派手里，愿将满腔热血，洒在黄埔岛上。”熊雄随后被逮捕，送至关押中共党员的南石头监狱。一个深夜，南石头监狱一片寂静。睡梦中的黄埔军校第五期学员宋时轮，突然被一阵脚镣声惊醒，他听到一声声江西口音的口号。当脚镣声和口号声渐渐淡去，远处响起清脆的枪声。宋时轮泪如泉涌！被害者熊雄，年仅35岁。谭天度回忆说：“广州发生反革命政变后，我有一个多星期找不到党组织，后在南洋兄弟烟草公司总代理简琴石的资助下，离开广州。我乘船经香港到达上海，经过千辛万苦，终于找到了陈延年。这真是危难逢知己，他乡遇故人。”

杀戒一开，蒋介石欲斩草除根。1927年4月17日，他在南京召开政治会议，通电“清党”，秘字一号命令指示通缉共产党的首要者197人，其中包括鲍罗廷、陈独秀、林伯渠、瞿秋白、毛泽东、恽代英、周恩来、刘少奇、张国焘、彭湃、邓颖超、蔡和森、方志敏等人。一些左派人士也在通缉之列，如沈雁冰、柳亚子、邓演达、章伯钧等。4月中旬，黄埔军校俱乐部礼堂杀气腾腾，四周布满特务连，士兵荷枪实弹。特务下令：共产党人一律站出来，其他的在原地不动。之后，站出的共产党员被杀害，血染虎门和鱼珠炮台。

1931年11月，也是几声枪响，在南京麒麟门外沙子岗，一位36岁的年轻人，倒在血泊之中。他是蒋介石曾经的战友，国民革命军总司令部政治部主任，“有骨气不愿做奴才”的邓演达。我采访了邓演达的侄女邓蔚瑜、外甥女张芯，她们回忆起亲人被杀惨景，泪水涟涟。11月29日夜里，蒋介石令其侍卫长王世和率卫队30余人，谎称请邓演达转移，带他坐上汽车。邓演达刚下车，枪声突起，他倒在血泊之中。宋庆龄闻讯悲愤地说：“残暴的大屠杀和恐怖迫使革命转入地下。国民党以反共为名来掩饰它对革命的背叛，并继续进行反动活动。在中央政府中，国民党党员力争高位肥缺，形成私人派系，以巩固他们的地位；在地方上，他们也同样剥削群众，以满足个人的贪欲。他们和一个又一个的军阀互相勾结，因而得以跃登党和政府中的高位。但是，忠实的、真正的革命者却被有意地百般拷打，以至于死。邓演达的惨遭杀害就是最近的例子。”昔日，张隐韬（黄埔一期生）在日记里描写：“青草间的萤火虫，飞上飞下，发出电光似的光芒。如今，黄埔军校校园旧景一去不复返。”

周恩来三拒蒋介石：石火光中验正邪

周恩来在“中山舰事件”发生后，拒绝向蒋介石交出第一军的共产党员名单。如林的刀枪，教周恩来懂得，什么叫人头落地，什么叫“斩立决”。蒋介石背叛孙中山提出的“国共合作”的宗旨，以“中山舰事件”发轫，宁愿错杀，打击共产党，踩着鲜血，爬上了国民革命军总司令的高位。

叶挺，曾是孙中山警卫团第二营营长。1922年粤军总司令陈炯明叛变，他救护孙中山和宋庆龄脱险。他亲眼见蒋介石是借助中共和苏联援助的力量，倚仗国共合作，才赢得左派头衔，爬上高位。蒋介石曾经公开喊“第三国际和共产党万岁”，现在却撕下虚伪面目。叶挺曾对蒋介石说：“你想干什么，你心里明白，别人不是白痴。中山先生说世界潮流浩浩荡荡，顺之者昌逆之者亡，你如果逆潮流而动，迟早会被历史淘汰。”之后，宋庆龄发文失望地说：“当作一个政治力量来说，国民党已经不复存在了。这是一件无法掩盖的事实。促成国民党灭亡的，并不是党外的反对者，而是党内自己的领袖。1925年孙中山病逝北京，国民革命突然失却了领导，以致中辍。幸而当时在广州的党内同志严格遵守他的遗教，以群众为革命的基础，使北伐能于短期内在长江流域取得胜利。但是不久之后，蒋介石的个人独裁与军阀和政客之间的相互争吵，造成了宁汉分裂，使党与人民之间的鸿沟日益加深。”❶

周恩来拒绝当总部财经委员会主任。1926年，国共两党决定北伐大计，蒋介石任国民革命军总司令。因为两次东征，周恩来配合蒋介石获胜，张治中、邓演达极力举荐周恩来。邓演达说：“我实在羡慕他的计划性和组织力，无疑，北伐有了他，将如虎添翼！”张治中认为没有周恩来参加北伐统帅部，是一个损失。他认为当时政治上最高决策和指导方针，应是孙中山先生的“联俄、联共、扶助农工”三大政策，一切人的一切言行，应以此为标准。对两党斗争，张治中忧心忡忡，苦思弥补之策。一日，他郑重地向蒋介石进言：“我们都是中山先生的忠实信徒，应时刻不忘三大政策，而贯彻三大政策，首应停止两党斗争，加强两党团结。现在北伐就要开始了，为了弥补‘中山舰事件’的影响，显示国共两党的团结，我建议请周恩来担任总司令部政治部主任，一同北伐。”蒋介石不同意，欲让邓演达担任，却推荐周恩来理财，张治中去征询，但被周恩来断然拒绝。之后，宋子文叨咕：“怎么人才都跑到共产党那边去了！”

周恩来拒绝参与蒋介石的此次北伐。叶挺的独立团势如破竹，越过衡阳，直指武汉三镇。蒋介石率领北伐军总部，亲自抵衡阳指挥。一天晚上，蒋介石准备乘船去长沙，张治中到船上送行，趁机向他进言：“从现在的军事形势看，我们到武汉

---

❶ 宋庆龄：《国民党已不再是一个政治力量》，《申报》1931年12月20日。

会师是不成问题的，但是到武汉会师后，关于两党合作问题务必请您特加注意。大敌当前，革命刚开始，我们一定要设法保持两党的合作，不能使它破裂才好。”对此，蒋介石未置一词。自“中山舰事件”以来，蒋介石独裁原形渐露，处事用人，处处为私，歧视他军，引起公愤，尤其是他背弃孙中山三大政策，处处反共排共，使两党关系极度紧张，又用“清理党务案”，要求担任国民党中央各部部长的共产党人，全部辞去部长职务。

蒋介石悬赏两万五千元缉捕周恩来。然而，周恩来刀下脱险。他含泪起草电报《迅速出师讨伐蒋介石》：“蒋氏之叛迹如此，苟再犹豫，图谋和缓或预备长期争斗，则蒋之东南政权将益固，与帝国主义关系将益深。”从1926年“中山舰事件”，到1927年四一二反革命政变，蒋介石用枪炮，打得共产党人尸横遍野！《中国共产党的九十年》指出：“共产党人和革命群众遭到野蛮的屠杀。据党的六大时的不完全统计，从1927年3月到1928年上半年，被杀害的共产党员和革命群众达31万多人。其中共产党员2.6万多人。汪寿华、萧楚女、熊雄、陈延年、赵世炎、夏明翰、郭亮、罗亦农、向警予、陈乔年、周文雍等著名活动家和领导人英勇牺牲。”周恩来在中共六大上作组织报告指出，自从蒋介石、汪精卫相继叛变革命后，“中国的白色恐怖可以说是全世界历史上绝无仅有的残酷”。1929年，周恩来痛心疾首地说：“敌人可以在几分钟内毁灭我们革命的领袖，我们却不能在几分钟内锻炼出我们的领袖。”从此，蒋介石彻底站在人民的对立面，周恩来和蒋介石兵戎相见，交战10多年。

使用离间计：书诈谁知诬子孟

蒋介石使用“离间计”诬陷周恩来。1932年2月16日至21日，上海《申报》、《时报》(号外)、《新闻报》、《时事新报》等多家报纸同时刊登了一则“伍豪等二百四十三人脱离共产党启事”。原来，中央特科负责人顾顺章叛变！蒋介石抓捕周恩来计划失败后，国民党特务张冲和徐恩曾，竟借周恩来常用的“伍豪”化名，登报诬陷伍豪脱党，妄图以损害周恩来的名誉来摧毁共产党人的革命意志。

1932年2月27日，中共党报《实报》针锋相对登出“伍豪启事”，说明事件真相："最近在各报上看到，'伍豪等脱离共党启事'一则，说了许多国民党走狗所常说的话，这当然又是国民党造谣诬蔑的新把戏。"同时，在中央革命根据地，党中央以临时中央政府主席毛泽东的名义，发布了《中华苏维埃临时中央政府布告》。

早在1931年12月底，周恩来已离开上海，进入中央苏区瑞金。在1932年2月，上海报纸发表伍豪等人脱党启事之际，伍豪同志正在苏维埃中央政府担任军委会的职务，不但绝对没有脱离共产党，而且更不会发表那个启事里荒谬反动的言论，这显然是屠杀工农兵士的国民党党徒在造谣诬蔑。

对此造谣诽谤，周恩来义正词严说："一切国民党对共产国际中国共产党与我个人自己的造谣诬蔑，绝对不能挽救国民党于灭亡。"

周恩来和西安事变：谁扶砥柱障狂澜

1931年九一八事变，蒋介石执行不抵抗政策，沈阳沦陷！东北沦亡！1932年，蒋介石再一次征调50万军队，"围剿"中央苏区。在江西打红军的国民党军队，主张赴华北去抗日。怎样对付国民党蒋介石呢？周恩来严肃指出："对于我们，是不断的'围剿'，更加猖狂的内战。对于那些和我们合作的友军，是进攻他们，解散他们，消灭他们。对于自己的嫡系军队，他发过这样一个命令，'侈言抗日者，杀无赦'。就是谁敢多说抗日的话，就杀了他。以后，1935年华北事变发生了，我们的红军主力北上了，我们就提出了抗日民族统一战线的口号和民主共和国的主张，并且在1936年给国民党的信中，提议召集国防会议，发动抗战，召集民选的国民大会，实现民主共和国。在行动上，我们东渡黄河抗日，响应那时华北的一二·九运动，掀起了全国的救亡运动。这时候国民党当局却调了大兵到山西阻拦我们抗日，目的是想把我们消灭在西北地方。在西安事变时，我曾经问蒋介石：'我们要求停止内战，为什么不停止？'他说：'我等你们到西北来。'我说：'我们已经到西北一年多了。'他就没有话说了。他的意思很清楚，是要在西北消灭我们。所以在西安事变前，还有山城堡的一仗。东边也堵，西边也堵，就是要消灭我们。对于全国的救亡运动，他是极力地压迫，最后发生七君子入狱的事。所以那时毛泽东同志写的我们党给国民党的信里说：‘爱国有罪，冤狱遍于国中；卖国有赏，汉奸弹冠相庆。’虽然这样，但是因为我们不断地要求，全国人民不断地呼吁停止内战，一致抗日，所以国民党先派了两个代表到瓦窑堡来谈判，以后我们就派了代表潘汉年同志去跟他们谈判。国民党蒋介石对谈判的想法是怎样呢？那时他是把我们当投诚看待，想收编我们，直到西安事变以前，还是这样的想法，要把我们的军队顶多编三千人到五千人。至于对国民党军队中很多愿意抗日的军队，特别是东北军，就压迫他们。蒋介石对张学良将军曾经说过这样的话：‘你的责任就是剿共，不许到绥远抗战。若要不然，就把你换掉。’以后召集西安会议，陈诚来了，蒋鼎文也来了，是准备以蒋鼎文代替张学良的。这样就逼出来一个西安事变。”[1]

1936年10月21日，蒋介石下令对西北红军“进剿”。12月12日，张学良、杨虎城在西安发动兵谏，扣留蒋介石。西安事变时，蒋介石被软禁在天主教堂。这是一幢普通的房子，红柱灰瓦，拱形栗色窗棂细高。10年前，蒋介石悬赏周恩来人头；10年后，蒋介石变成阶下囚。西安事变第六天，县城外剑拔弩张。南京政府对张学良下“讨伐令”，以何应钦为“讨逆军总司令”派飞机轰炸渭南、华县等地，五个师开进潼关等地，直逼渭南。宋美龄给蒋介石的信中说“南京戏中有戏”，令蒋介石坐卧不安。而在东北军、西北军内，处置蒋介石意见纷纷：有的要杀蒋，有的主张送苏区，有的逼蒋抗日。杨虎城将军原来估计共产党与蒋介石有10年血海深仇，一旦捉住蒋介石，虽不至于立即杀蒋，也绝不轻易放蒋。“听周恩来提出和平解决后，完全出乎他的意料之外。”[2]

对于这位悬赏自己头颅的蒋校长，周恩来深明大义，代表中共中央赶往西安，力争和平解决该事件。如今，在一间铺着地毯、摆着黑皮沙发的大厅里，竖有一块小木牌：西安和平协定签字处。当年，周恩来一进蒋介石卧室，就见他躺在床上。周恩来步履从容，神色安详，先向蒋介石打招呼：“蒋先生，我们有10年没见面了，你显得比从前苍老些。”蒋介石叹口气：“恩来，你是我的部下，你应该听我话。”周恩来严肃地说：“蒋先生，你违背孙中山先生遗教，10年来因内战牺牲了

---

[1] 周恩来：《周恩来选集》（上），人民出版社，1980，第192页。

[2] 申伯纯：《西安事变纪实》，人民出版社，2008，第148页。

千百万革命者，我这颗头颅也是从你刀下滚过来的……只要蒋先生能够改变‘攘外必先安内’的政策，停止内战，一致抗日，不但我个人可以听蒋先生的话，就连我们红军也可以听蒋先生指挥。”经过多方努力，张学良、杨虎城最终释放蒋介石，和平解决西安事变。周恩来以中华民族四万万同胞的名义，严肃地向蒋介石道：“枪口对外，一致抗日！”

抗战中的周蒋谈判：天地大义须人扶

从1936年9月至1941年1月，为建立抗日民族统一战线，周恩来曾8次致信蒋介石。周恩来在《大敌在前，亟应团结御侮——致蒋介石》中严肃正告：“先生抚今追昔，其亦有感于内战之不可再长而抗日之不容再缓乎？……自相砍伐，非但胜之不武，抑且遗患无穷。若先生以十年仇隙，不易言欢，停战议和，未可骤信，则先生不妨商定停战地区，邀请国内救国团体各界代表监视停战，必知红军力守信誓，只愿在抗日战争中担任一定防线，以其全力献之于民族解放，他则一无所求也。”但蒋介石却调重兵，威逼驻在陕甘的东北军、西北军和红军。

我采访李海文老师时，她对我说，虽然蒋介石在西安承诺联共抗日，但共产党付出了极大努力才让他按承诺执行。从1937年2月起，作为中共代表的周恩来不畏艰险，历时7个月，往返穿梭于西安、杭州、庐山和南京之间，唇枪舌剑，恳切陈词，与国民党谈判5次，其中4次是同蒋介石面谈的。蒋介石从自身利益出发，总想控制共产党、红军和边区。而周恩来胸怀民族利益，坚持“要他们承认我们的军队，承认我们的边区，承认各党派的合法地位，组织各党派联盟，就是统一战线”。李海文老师感叹说：“周恩来与蒋介石面对面谈了4次，可见形成抗日民族统一战线，何其艰难啊！”在第一次庐山谈判时，蒋介石曾表示，三个师以上的政治机关可以代行指挥权，并说：“我要你们指挥，你们亦实能指挥，这是没有问题的。”后来的谈判，蒋介石不守信用，一改第一次庐山谈判时的承诺，通过谈判代表张冲告诉周恩来，他要求红军改编后，各师直属国民党军事行营，政治机关只管联络，无权指挥。蒋介石在其日记中说：“共产党必欲将收编部队设一总机关，自为统率，此决不能允许，应严拒之。”第二天，周恩来特地写信给蒋介石，表示现在华北炮火正

◎抗战时期的周恩来

浓，国内问题更应迅速解决，其最急者为苏区改制与红军改编之具体实施。周恩来立即把蒋介石的答复和自己的处置意见，发电与洛甫、毛泽东交换意见，并写成国共双方急需解决问题12条，通过宋美龄交给蒋介石。蒋介石的答复，仍然坚持红军在改编后，不设统一的军事指挥机关，三个师的管理直属国民党军队行营；三个师的参谋长由南京派遣；政治主任只能转达人事、指挥，可以周恩来为主任，毛泽东为副主任。周恩来当即严正表示蒋对红军改编后指挥与人事的意见，我党决不能接受。谈判陷于僵局，周恩来等随即离开庐山，飞往上海。

1937年7月底，北平失守！天津失守！8月9日，周恩来一行应邀赴南京进行再次谈判，蒋介石再次提出向红军派参谋长、政治部副主任，周恩来拒绝这一无理要求。8月13日，日军悍然进攻上海。蒋介石迫切需要红军开赴抗日前线共同作战。8月18日，蒋介石同意将红军主力改编为国民革命军第八路军，任命朱德、彭德怀为正、副总指挥，并发布正式命令。8月22日，蒋介石正式宣布红军改编成八路军。

1940年冬，蒋介石悄悄谋划皖南事变，但是表面却麻痹新四军。那时，周恩来在重庆。12月25日，蒋介石忽然请周恩来去他那里，大谈两人是患难朋友，大灌迷汤。周恩来指出："我看迷汤不好喝，引起我的警惕，赶紧打电报给毛泽东同志，说这里面有文章。"果然不过10天，蒋介石就派兵包围皖南的部队，掀起了第二次反共高潮。1941年1月，取得国民党当局同意，由皖南北移的新四军，在安徽泾县茂林镇，遭到国民党军队突袭。针对蒋介石的两面派手法，周恩来紧急写信又严厉地要求他："伏念北移既为定议，则取道苏南或直接北渡，自应视敌情如何而定。现直接北渡之路久断，而宁国茂林所处境地，亦只有转向东北取道苏南过江为便。设其附近友军仍不容假道东进，且以歼灭之为快，则该军北上无路，后退不许，非拼至最后一人，亦必将散之民间以求生存。果如是，不仅无以副钧座爱护盛意，且江南糜烂，势必影响江北。瞻望前途，曷胜忧虑，爰再专函上达，务恳钧座迅令新四军周围部队立即停止攻击，并让出道路，以便该军转入苏南渡江，使此一隅之变，得以早日消除，不致有碍大局，诚不胜企求之至。"[1]

这封信发出后，周恩来得知新四军处境危急、损失惨重的情况时，再直接向

[1] 中共中央文献研究室档案处编《周恩来手书真迹》，中央文献出版社，2006，第182页。

蒋介石、何应钦、白崇禧、顾祝同等，分别提出抗议。接着周恩来又发抗议电，要求蒋介石“严令江南各军立即停战，让出新四军北移道路”。但蒋介石继续玩弄两面派手法，一面应允已“令停止进攻，撤围让路”，一面指挥“国民党军队七个师八万多人包围袭击”新四军。经过七昼夜血战，被包围的9000余名新四军，终因弹尽粮绝，除2000人突围外，大部分壮烈牺牲。军长叶挺被扣，项英、袁国平、周子昆等人遇难。蒋介石借机宣布取消新四军番号。

周恩来愤慨地说：“根据最近的消息，叶挺将军被蒋介石搞到重庆戴笠的特务机关里去了。世界上最不守信义的莫过于蒋介石。这是这个时期小的交涉。到1942年下半年谈判以前，蒋介石还想来一套手法，因为那时候新疆问题解决了，有点得意忘形，他说：‘我到西安去请毛泽东先生出来谈一谈。’后来林彪师长去进行第二次谈判。当时我们还是希望在抗战中能找到一个团结的办法，所以在1942年党的‘七七’宣言中表示出团结的态度。”蒋介石拖延谈判，希望有一个日苏战争，要拖到共产国际解散。蒋介石的目的是“取消中国共产党，而且还来了一个包围边区，打我们的心脏。第一次反共高潮打华北，第二次反共高潮打华中，第三次反共高潮打西北”。

周蒋最后的会面：有道吊民天即助

1945年8月29日两党开始进行重庆谈判，经过43天艰苦斗争，国共双方签下“双十协定”。李宗仁说：“周恩来作为国共和谈的首席代表，高瞻远瞩，立地生辉，抛开国共两党各自的信仰不说，仅以有这样的杰出领袖人物来看，中国共产党的胜利，也是天经地义的，顺乎情理！”

从西安事变到重庆谈判，周恩来看清蒋介石背信弃义的嘴脸，他回忆说：“差不多10年了，我一直为团结商谈而奔走渝延之间。谈判耗去了我现有生命的五分之一，我已经谈老了。多少为民主事业努力的朋友，却在这样长期地谈判中走向监狱，走向放逐，走向死亡。民主事业的进程是多么艰难啊！我虽然将近50之年了，但不敢自馁，我们一定要走完这最后而最艰难的一段路。”张学良的朋友王卓然说：“周先生10年谈判的生涯，虽然太辛苦，但将来历史自有崇高评价。只可怜那个远在息烽钓了10年鱼的人，他这10年钓鱼的日子，不是容易过的呀……”

周恩来与蒋介石的最后一次见面，在1946年10月21日。这次他们只谈了8分钟，周恩来紧蹙两道浓眉，从蒋介石办公室走出。陈布雷失望而语调颤抖说：“刚才他们最后一次会晤了，恩来兄的意见被先生拒绝了。”而在前几天黄昏，周恩来乘车外出，已被特务跟踪。1946年11月，周恩来在上海思南路周公馆跟朋友郭沫若、许广平、马叙伦等道别，说：“大革命失败后，1931年冬天，我要离开上海的时候，何时再回上海，觉得渺茫。现在可就不同了，看形势，三五年之后回来，可能性很大。无论南京或上海，我们是一定要回来的。”

从1924年到1975年蒋介石去世，周恩来与他打了半个世纪的交道。周恩来说：“对西安事变，我们党坚持了和平解决的方针，取得了张学良、杨虎城将军的同意，把蒋介石放回去。蒋介石本人当时具体的诺言是什么呢？就是‘决不打内战了，我一定要抗日’。但是张学良送他到南京以后，他就把张学良扣起来，把杨虎城送出洋。”[1]最后，蒋介石残忍地杀害了杨虎城一家。

对一个几十年来擅长玩权术、耍阴谋的对手，周恩来明察秋毫。在红军四渡赤水之间，周恩来曾对博古说：“我跟蒋介石打过三次交道。第一次‘中山舰事件’。那时，以黄埔军校的学生为主成立了第一军，我就是第一军的党代表，蒋介石就是军长。‘中山舰事件’后共产党从军队退出。第二次，上海三次工人武装起义，在1927年的3月，这是我指挥的。我们搞了三次武装斗争，三次工人起义前两次都失败了，第三次成功了。起义前，蒋介石的部队在郊区，就不进上海，等到我们成功了以后，他们才进的上海。到了4月12日，他就搞了政变，开始屠杀共产党。第三次，南昌起义。这次起义，集中了我们党最优秀的军事人才，叶挺、贺龙、刘伯承、陈毅、聂荣臻、朱德都参加了，那时候林彪是一个排长，他也参加了。但是我们还是失败了。”

周恩来深知蒋介石的政客手段。从北伐时期，就不断有人想搞垮蒋介石，反而处处都被蒋介石占得先机。他赶走许崇智，软禁胡汉民，孤立唐生智，枪毙邓演达，刺杀汪精卫，用大炮压垮冯玉祥、阎锡山、李宗仁、白崇禧、陈济棠，用官爵

[1] 中共中央文献研究室二部编《周恩来自述》，解放军文艺出版社，2002，第186页。

和金钱买通石友三、韩复榘、余汉谋。多少实力远在他之上的人，都被他一一踩在了脚下。

李海文老师接受我采访时说："遵义会议时，周恩来劝27岁的博古让权。周恩来说：'我有自知之明，我不适合当统帅。历史注定要扶持一个真正的统帅上台，在不久的将来我肯定会让贤的。我观察了这么多年，我认为毛泽东是这样的人。'他还说：'我们要打败蒋介石，我们党内就是毛泽东，你我都不行。'他的这番话，使博古心服口服，主动把中央的权交了。这就保证了我们中国共产党胜利，保证了长征能够胜利。"

周恩来黄埔余澜：多节本怀端直性

蒋介石曾经说："周恩来文可安邦，武可定国！可惜他投奔了共产党！"蒋介石平时有写日记的习惯，57年共写了1000多万字。1934年，蒋介石长子蒋经国滞留苏联。8月18日蒋介石在日记中说："近日病中，想念两儿更切，甚望其能继余之业也。"通过共产国际的关系，周恩来找到蒋经国的下落，并说服苏联方面批准他返回中国。他将此消息作为宋美龄的生日礼物，带给蒋介石："委员长，我们已经收到共产国际电报，苏联内务部已经查到蒋经国先生的下落，并批准他立即返回中国。"蒋介石激动地说："恩来，你是中共最有理智，也最有人情味的同志。"之后，作为回报，蒋介石慷慨地释放一批"政治犯"。1937年7月1日，蒋介石在庐山牯岭路的别墅中，遥想西安的落难，依然心有余悸。想到像周恩来这样杰出的人才，非但不能为己所用，还成为心腹大患，他不免陡生伤感。他对身边的"文胆"陈布雷叹道："周恩来是个人才啊！我们党里像他这样的人才太少了！可惜！不能为我所用。"

周恩来的信仰，同样影响了陈布雷。在长达21年的岁月里，陈布雷是蒋介石最为信任的心腹。他听命于蒋，尽力"笔耕"以报蒋介石"知遇之恩"。蒋介石最为重要的文案，诸如《祭告总理文》《西安半月记》等均出自他之手。他一直未见过周恩来，直到1945年重庆谈判，陈布雷才得与周恩来相见。短短43天里，他深深地被周恩来的言行所折服。陈布雷深感内战无出路，多次冒险向蒋介石建议罢兵休战议和，却被蒋介石骂为“书生误国”，不要生事；他又向蒋介石提议彻查“四大家族”的贪腐问题，被蒋骂为多管闲事，受到警告。最后，陈布雷继续向蒋上谏，被盛怒之下的蒋介石打了一个耳光，厉言训斥他“教子无方”，女儿、儿子都跑到共产党那边去了。1948年11月13日，绝望的陈布雷服安眠药自杀。

陈布雷死后一年（1949年），蒋介石在大陆检阅驻成都的黄埔官兵。在当天升旗仪式上，青天白日旗升到旗杆的一半时，“嘣”的一声，在全场注目下，从半空中，落到了地上。蒋介石呆站着，不说一句话……当历史走到这一步，蒋介石不得不相信命运的安排。他忙着辞别祖坟，逃往台湾保命；而周恩来辅佐毛泽东，忙着筹划新中国的建立大业。

黄埔师生再聚首：孰谓殊恩云外来

1959年9月，国家发布特赦令。12月4日，各地的战犯管理所公布了最高人民法院宣布特赦释放的战犯名单。首批特赦战犯共33名，其中国民党战犯30名。12月14日，杜聿明、王耀武、曾扩情、溥仪等11人，乘专车驶进中南海西花厅。在陈毅、习仲勋、张治中、邵力子、章士钊等陪同下，周恩来微笑地走进客厅。当年的黄埔军校政治部主任，和蔼地问起每个人的身体和家庭状况。周恩来对曾扩情说：“我在黄埔军校时，年龄还不到30岁，有很多学生的年龄比我大，我当时感到有很大的压力。”曾扩情回答说：“我那时已30开外了，我这个学生比老师还大几岁哩！”阳光正暖，香茗正浓。周恩来询问杜聿明的情况时，他惭愧地低下头说：“学生对不起老师，没有听老师的话。”周恩来微笑地说：“这不怪你们，怪我这个当老师的没有教好。”走出功德林的黄埔学生，受到周恩来总理的关注。

1963年之冬，周恩来肩负特殊使命。12月7日，他最后一次回访黄埔军校，同行的有陈毅、张治中、陶铸。时任海军南海舰队司令员吴瑞林回忆说：“当我陪他们参观校内孙中山故居阅览室时，周恩来看到他在黄埔军校时的一张照片，很惊奇地问：‘这张照片，你们从哪里找来的呢？’我回答：‘是一个农民送来的，据他自己说，他曾在这里工作过，保护过总理，我们就收下了，给了他两百斤粮食和一些鱼、肉。’周恩来说：‘把元帅们照片也挂上嘛，要与我并排挂着。’”在祭拜孙

◎ 1963年12月初，周恩来（左四）视察黄埔军校

中山之后，周恩来指着旁边一座小楼说："这座小楼还在啊，是孙中山先生住过的。"张治中回答："蒋介石也在那里住过。"周恩来和张治中不再说话，都默默地注视着那座楼，楼上的那一扇窗户曾透出明亮的灯光。此刻，他俩心领神会，1963年冬季这趟神秘之行，正与这扇窗户曾经的主人有关。

周恩来和张治中：清风明月肝胆开

2013年端午节之前，为探寻周恩来与海军军官合影照背景，我采访了中共珠海市委党史研究室的副研究员赵艳珍，她说："党史办与档案馆同一座楼，我经常看到这张照片，很是惊奇。这张黑白照片为何没有任何文字记载？与周总理合影的是什么人？何时所照？何地所照？站在周总理身边穿着深色西装的是谁？"以这个人为线索，赵艳珍尝试解开事件的第一层密码。

2010年，中共党史学会举办了一个国共关系研讨会。在为论文查找资料时，赵艳珍又与这张照片不期而遇，悬而未决的疑问再次浮上心头。在一次地方史集体采访中，一位军队摄影家告诉她，站在周恩来左边的是张治中。这位原国民党高级将领与周总理的友谊长达半个世纪。1924年，国共第一次合作时期，周恩来任黄埔军校政治部主任，张治中任该校入伍生代理总队长。

1989年春，邓颖超请张治中之子张一纯到西花厅做客时，讲起1925年8月8日张治中参加他们的婚礼闹喜酒的事，说当时他把周恩来都灌醉了。张一纯说："对于朋友们来说，自己的父亲是个很有意思的人。父亲很爱讲笑话，但别人哄堂大笑时他却绷着脸一点也不笑。”[1]张治中于1969年逝世。邓颖超为《张治中回忆录》作序：“文白先生是同我党有长期历史关系的亲密朋友。1924年起，他在黄埔军校与周恩来、恽代英、熊雄等同志时相过从，曾为维护国共两党团结而努力……1932年曾参加保卫上海的一·二八抗战。在第二次国内革命战争时期，文白先生是一位没有同共产党打过仗的国民党军人。”

张一纯常用“肝胆相照”形容父亲张治中与周恩来的深厚友情。当时，国共两党斗争甚为激烈，黄埔军校内学生分成两派：一派是共产党支持的中国青年军人联合会，另一派是国民党右派控制的孙文主义学会。张治中为蒋所重用，又与中共关系密切，故为两派争夺的对象。张治中认为，革命事业刚开始，国共两党只宜团结，不应分裂，因此不赞成两派斗争，但在行动上多偏向青年军人联合会。为此，蒋介石起了疑心，曾密询亲信王懋功：“张治中是否共产党？”王懋功坚持说流言不足信，为张治中说了很多好话，才使得蒋介石不再疑心。

张治中有“和平将军”之誉。1937年至1949年，他曾代表国民党与共产党多次进行和谈，有“三到延安”之举。1945年秋，国民党政府主张国共和谈，周恩来提前赶到重庆，安排毛泽东到重庆谈判事宜。张治中不仅让出其住所——桂园，还煞费苦心安排警卫。

张一纯回忆说：“周总理和父亲谈具体事宜，我跟在身边，所以听到他们的谈话。爸爸说：‘为了保护毛先生的安全，我准备派政治部警卫营的一个手枪排来担任警卫工作。他们大部分都是我老家的人，一定靠得住。’周恩来想了想说：‘这样不好，如果发生任何事情的话，责任都会由你来负，不如找重庆警备司令部。你的人可以换成便衣做内部保卫。’”

谈判桌上，周恩来与张治中面对面，寸步不让，争论时互拍桌子。但是，下了谈判桌他们却是私交深厚的朋友。比如，走进桂园做客时，周恩来总会谦虚地坐在张治中沙发旁的木凳上；有时留在桂园吃饭，周恩来会跟张一纯打招呼说今天中午在他家吃饭。说到周恩来时，张一纯语气中充满着亲密感。

1949年4月1日，张治中率国民政府代表团赴北平与中共代表团谈判。4月13日，

---

[1] 金依莎、苏枫：《肝胆相照五十年　张一纯追忆父亲张治中与周恩来》，《小康》2011年第3期。

中共代表团写出一份《国内和平协定》草稿。4月20日，国民党中常会发表声明，表示不能接受。4月21日，人民解放军百万雄师横渡长江，毛泽东和朱德发布向全国进军的命令。4月23日，解放军占领南京，国民党政府覆灭！这时，张治中接到李宗仁的电报，欲回南京复命。周恩来闻悉后，当即赶到六国饭店，诚恳地挽留张治中。张治中回忆说："他（周恩来）说渡江已经完成，随着形势的转移，仍有恢复和谈的可能；并说代表团不管回到上海或者广州，国民党的特务分子是会有不利于我们的。还说：'西安事变时我们已经对不起一个姓张的朋友，今天不能再对不起你了！'词意恳挚，温和而又坚决。……这时候，我的心情陷于极度的苦恼和矛盾之中。"[1]周恩来的劝阻，终于留住了张治中。4月24日，周恩来通知上海地下党，秘密将张治中的亲属送上前往南京的专机。

张治中虽在国民党内身居高位，却信守承诺"不对共产党放一枪一弹"。他伴随蒋介石多年，与蒋家父子情谊深厚。国共和谈后，大陆和台湾皆有他众多的旧部好友。1950年，经中共中央和毛泽东批准，张治中肩担对台工作。1950年6月25日，朝鲜战争爆发，美军进驻台湾。这使原本属于中国内政的台湾问题，变得错综复杂。1952年，受周恩来委托，张治中以个人名义致信蒋介石，劝其放弃反共立场。1954年，他在中央人民广播电台作题为《告在台湾的人们》的对台广播。作为一名国民党原高级将领，他的讲话极大地震撼了在台的人员。

1954年7月，中共中央召开政治局会议，决定发动一场解放台湾的运动。当月，中央成立了"对台工作领导小组"，由李克农、罗瑞卿负责，徐冰、罗青长、凌云和童小鹏为小组成员。

曾任周恩来办公室主任的童小鹏在《风雨四十年》中提道：1956年，中国即将进入全面建设社会主义时期，提出争取用和平方式解放台湾，毛泽东主席还宣布："国共已经合作了两次，我们还准备进行第三次合作。"周恩来等领导人多次在不同场合，向海峡对岸传递和谈的信息。同年6月28日，周恩来在全国人大一届三次会议上提出："愿意同台湾当局协商和平解放台湾的具体步骤和条件，并且希望台湾当局在他们认为适当的时机，派遣代表到北京或其他适当的地点，同我们开始这

[1] 张治中：《张治中回忆录》，文史资料出版社，1985，第847页。

种商谈。”“我愿意在这里再一次宣布，我们对于一切爱国的人们，不论他们参加爱国行列的先后，也不论他们过去犯了多大罪过，都本着‘爱国一家’的原则，采取既往不咎的态度，欢迎他们为和平解放台湾建立功勋，并且还将按照他们立功大小，给以应得的奖励和适当的安置。”[1]

1958年，张治中在民革四大（中国国民党革命委员第四次全国代表大会）上，再次争取和平解放台湾，并为之奔走呼号。同年，张治中在短文《台湾应主动抛弃美帝》中饱含深情、催人泪下地写道：“你们离开祖国九年了，人寿几何，经得起几回沧桑巨变？鸟倦且知还，人情谁不思乡？每当春风桃李花开日，秋雨梧桐叶落时，翘首北望，宁不神伤！你们回来吧！家人亲友在盼望你们，祖国人民在召唤你们！”

1963年1月，张治中致信陈诚，转达了“一纲四目”的基本内容。“一纲”就是台湾必须回归祖国，必须统一于祖国。所谓“四目”，一是除外交外，一切军政人事，由台湾当局定。二是台湾的社会改革尊重台湾当局的意见。三是台湾的经济不敷支出，由中央拨付。四是相约互不做破坏对方团结之举。在此封信的背后，周恩来写了四句话：“局促东南，三位一体。寥廓海天，不归何待！”1975年9月4日，病重的周恩来就《参考消息》转载香港《七十年代》专稿《放蒋经国旧部蔡省三》一文批示，要罗青长、钱嘉东等对有关蔡省三的材料“进行分析，弄清真相”。批语最后，周恩来的手颤抖着写下四个“托”字。1975年12月20日，病入膏肓的周恩来，突然提出要见负责对台工作的罗青长。他还询问台湾老朋友的近况，嘱咐不要忘记对人民做过有益事情的人。其间，周恩来两次被疾痛折磨得说不出话来……

蒋不懂周：百炼丹心涅不缁

1936年7月，美国记者埃德加·斯诺曾问周恩来：“你对蒋介石作为一个军人，看法如何？”周恩来答：“不怎么样。作为一个战术家，他是拙劣的外行，而作为一个战略家则或许好一点。蒋介石采用拿破仑的方法。拿破仑的战术需要极大地依

---

[1] 中共中央文献研究室编《周恩来年谱（1949—1976）》（上），中央文献出版社，2007，第539页。

靠士兵的高昂士气和战斗精神，依靠必胜的意志。而蒋介石正是在这方面老犯错误，他过于喜欢把自己想象成一个带领敢死队的突击英雄。只要他带领一个团或一个师，他总是把他们弄得一团糟。他老是把他的士兵们集中起来，试图用猛攻来夺取阵地。1927年的武汉战役中，蒋介石带领一个师在别人失败后进攻那个城市，把全部力量用于进攻敌人的防御工事，这个师全部被打垮。”[1] 在与军力和设备都弱于自己的解放军对垒时，国民党的失败，都是其党的失败，由国民党的腐化，而蛀蚀政治经济和军事！蒋介石事后总结国民党在大陆的失败，“完全是领导国民革命的本党，组织瓦解，纪纲废弛，精神衰落，藩篱尽撤之所招致”。

《孙子兵法》说：“一曰道，二曰天，三曰地，四曰将，五曰法。道者，令民与上同意也，可与之死，可与之生，而不畏危……将者，智、信、仁、勇、严也；法者，曲制、官道、主用也。凡此五者，将莫不闻，知之者胜，不知之者不胜。”与周恩来相比，蒋介石输于信仰，输于将，更输于民心。1949年，蒋介石就内战失败做检讨时，将中共优点概括为七条：组织严密、纪律严厉、精神紧张、手段彻底、军政公开、办事调查、主义第一。但是，蒋介石不理解中国共产党人，不懂得他们的初心和宗旨。共产党人最根本的信仰，就是为人民服务。“我将无我，不负人民”，既有钢铁意志，又具侠骨柔肠，这是以周恩来为代表的共产党人坚忍不拔的力量源泉。

---

[1] 中共中央文献研究室编《周恩来答问录》，人民出版社，2016，第6页。

第二章

婚约 | 广州文德路3号

1923年的一天，邓颖超收到周恩来从法国寄来的一张明信片，上面印有李卜克内西和卢森堡画像。其上，周恩来写道：『希望我们两个人将来，也像他们两个人一样，一同上断头台。』

踪迹杳然：小楼依旧斜阳里

明清时期，文德路东面，是广东科举考试之所。如今，因为一个人，这里的一栋楼出了名。周恩来和邓颖超在广州定终身，文德楼3号202房，是他们在广州工作时期的居所。

2012年盛夏的一天，顶着热浪，我沿广州中山四路，往东南方向拐进文德东路。这里绿榕成荫。往里走100米左右，便见临街一排土黄色的老楼。我仰头望去，门匾上写着“文德路3号”，再看门墙有一块黑色石牌：“1925年，中共广东区委会租赁文德楼的部分房子，给工作人员居住。时任中共广东区委常委、军委书记周恩来与妻子邓颖超住文德楼3号2楼。李富春蔡畅夫妇住1号2楼，海军代理局长李之龙住4号2楼。”其实，这里还住过共产党早期领导人张申府及开国大将陈赓等。

◎ 文德路3号

“人隔千里无音讯，思念的人儿泪水流……”不知谁家放着歌儿，悠悠地传来，揪住我的心。站在天井里，我看着“∩”形楼发呆。周恩来夫妇住过的202房房门上了锁，我只能望窗兴叹。这层楼的房主叫陈德修，30年前移民海外，空房托管。这时，有人送信：“房主女婿昨晚从香港归来。”居委会林主任和我登旋转楼梯，拾级而上。

三楼开门的是苏先生，现年75岁。“陈德修、余翠萍是我岳父和岳母，他们买下文德楼3号3层，三女儿陈锦桃和我住3楼。”苏先生说：“2楼202号房是当初周恩来夫妇的租屋，有一厅三房，约60平方米。”说起与周恩来伉俪做邻居，苏先生顿时眼睛发亮：“我这香港人不问什么政治，但说起周恩来不得不佩服。你说一个总理能说几国语言，真有本事呢！他去世时，联合国都降半旗，有的国家还不服，秘书长说了，你看看人家，中国地大物博，他留什么财产吗？连骨灰都没留。中国几亿人口，他有留后代吗？一辈子就爱妻子邓颖超。我那个老岳父，在202号房间，就挂着一个人的照片，谁？周恩来！”

一楼的老住户王树球对我说："你站的地方，原来有一口井，整栋楼的人都打里面的水。周总理也喝过这口井的水呢！"谭阿婆现年79岁，住在这几十年。我问谭阿婆："文德楼里谁见过周恩来呢？""住门口的大姑见过，可惜她去世了。她跟我说，那位穿军装的房客，早出晚归，大家都叫他周先生，人英俊又和善，人见人敬。"

何故钟情文德楼：海棠枝上月犹明

小巷来了寻故人。一天，我正看大型历史纪录片《黄埔军校》。突然，我听到不纯正的普通话，一位专家正接受采访。他说："1924年，周恩来在黄埔军校教学时，就住在文德东路文德楼……"此人是谁？中共广东省委党史研究室原巡视员陈弘君告诉我："他叫黎显衡，广东革命历史博物馆原馆长，还曾赴京核查中共广东区委军委史实。"

6月30日早晨，我应约到广州起义路200号之一，见黎馆长。他个头不高，头发花白，戴着眼镜。10年前，有人要在广州烈士陵园旁建"花鸟街"，他挺身而出，说道："这里埋有广州起义时牺牲的5700名烈士！"我对他充满敬意。

我问黎馆长："您为何关注文德楼？"他说："我见过周总理！"1971年冬季，黎显衡是历史博物馆一名工作人员。一天，他和同事接到一个任务。11月26日下午3点半，几辆轿车停在文明路248号附近。哪位大人物来了？他们伸头张望。是周总理！他微笑着下车，先去打开越南总理范文同的车门。原来，周总理陪越南党政代表团，参观胡志明1925年在广州办的越南青年训练班旧址。骑楼、长窗、木栅、旋梯，睹物思人。黎馆长回忆说："当时，领导交代我少说话。但周总理突然转身过来，笑着问我：'广东区委军委旧址在哪里？'我指了指西面的方向。这时，周总理走到阳台上，朝那个方向观望许久，若有所思。"

夕阳西照，临近黄昏。黎馆长对我说："范文同一行陆续下楼。在文明路至万福路的人行道上，周总理心有挂念，止步转身，重复问我一句：'广东区委军委旧址在哪里？'我指着德政路的方向，说大概有一段路。当时，路边停了一排车，若去广东区委军委旧址，要逆向绕道而行。周总理看了看时间，轻叹一句：'那就算了。’便与范文同一行握手道别。不久，听说周总理想来看广东区委军委旧址，但终未成行。”1927年4月国民党“清党”时，位于万福路190号的广东区委军委被搜查，牺牲了几位中共党员。周总理当时也许触景生情，怀念战友；也许怀念他们因难产而夭折的儿子，如果活着正好是44岁啊……

1976年元月8日，周总理与世长辞。戴上白花的黎显衡，泪洒衣襟。他回想周总理朝广东区委军委旧址眺望的目光，重复一句话：“寻访广东区委军委旧址，成为周总理一个未了的心愿。”说着，他的眼圈都红了。

1978年立夏，广东党史“收拾金瓯一片”。6月19日，黎显衡、林鸿暖奉命赶往北京，搜集广东党史资料。列车一路北上，窗外绿木葱葱。当年周总理在文明路回首观望的情景，时常浮现在黎显衡眼前。接受我采访时，他指着右手提的袋子，内装手抄的珍贵资料，其中有一本1978年的资料记录本，哪月哪日，与何人谈话，一目了然。我请教他：“听说您曾去北京西花厅核实过一些史况？”“没有去西花厅，是邓颖超大姐亲自回复我们提的问题，其中就谈到文德楼3号。”黎显衡继续说，“1978年，我们住在北京新闻电影制片厂招待所。要核实广东区委和军委等的史况，我们有一串名单，第一位就是74岁的邓颖超副委员长。”但是，到了全国人大常委会的门口，他们递信寻人，却未能如愿。怎么办呢？这天，黎显衡写了一封挂号信，寄给邓颖超副委员长。第二天，喜出望外！邓颖超的秘书赵炜打来电话。黎馆长眨着眼睛说：“当时，我们还在喝茶，电话响了！赵秘书说邓大姐看了信，口述历史，回答我们提出的问题。其中，有两条是关于文德楼的。邓颖超答复说：‘1925年10月末或11月初第二次东征后，（一直）住在文德东路文德楼的这个地方，完全是个人租用。当时，李富春、蔡畅同志也在此住。’”

“‘中山舰事件’后，他们住进万福路190号南华银行楼上。”这里是中国共产党第一个地方军事机构的诞生地。黎显衡馆长说，“之后，邓大姐又将原信批示回复给我，现在保存在广东革命历史博物馆。”为何选择文德楼居住？黎显衡馆长分析，这里与万福路广东区委军委近在咫尺，可步行；到长堤天字码头，那是坐船去黄埔军校必经之站；东侧的沿江中路239号，是军校驻省办事处；如果到文明路的中山大学（今鲁迅纪念馆），或去农民运动讲习所，走的路程都不远，周恩来常去办公或做报告，路途方便。

我站在周恩来夫妇曾居住的202号房门口，对门1号2楼，是李富春、蔡畅曾经的住房。走廊的凉台上，隔着不到3米的天井，对面是海军代理局长李之龙夫妇居住的4号2楼。

黄智生的父亲，曾是19路军军长蔡廷锴的司机，他带我登上文德楼的天台。登高俯瞰，此楼与巷口，一显一隐，街在明处，楼在暗处，隐蔽性强。“∩”形设计很奇特，街上的人看不见楼里的窗户，窗里的人却看得见外面的街道。他指着铁门旁一个更楼，说：“之前，24小时有人看守。若有风吹草动，天台3楼便可暗度陈仓——通文德东，直达六合新街。”我站在文德楼往南望，不远处是源远流长的珠江。1925年11月起，每天清晨，周恩来都要从文德楼出发，登上天字码头坐交通艇，驶向长洲岛上的黄埔军校。

第二批来寻文德楼的，是几位北京来客。1981年8月的一个早晨，为了核实史实，黎显衡陪着周同宇（周恩寿）、王士琴夫妇（周恩来弟弟和弟媳）及其子周秉钧等，寻认旧址。推开雕花铁门，年近八旬的周同宇拄着拐杖，站在天井，仰头指着202房的窗户，激动地说：“就是住这套房！”在儿孙搀扶下，他颤颤巍巍地登上阶梯，走进202房。他说：“1925年8月，大哥和大嫂结婚后，住在第一间，大概10平方米。杨伯母（邓颖超母亲杨振德）住中间房，靠近杨伯母住的是保姆（交通员），隔壁是厨房、厕所。我和陈赓住楼下的房屋。当时，我正准备功课，一心要报考黄埔军校。”

一进客厅，墙上挂着周恩来的戎装照，想起兄长已逝5年，物是人非，周同宇老泪纵横……1920年底，周恩来赴欧勤工俭学，周同宇认识了长兄的女友邓颖超，称其为“姐姐”。天津之冬寒冽，邓颖超给他缝织一双棉鞋。周同宇说：“幼年丧母，那是我一生中，在寒冷的冬天，第一次穿上那么暖和的棉鞋。1925年10月，根据党组织决定，大嫂邓颖超从广州发来电报，让我陪杨伯母速来广州。”

周恩来戎装的正冠照，挂在客厅中央。周同宇问起照片来历，黎显衡说，这幅十二寸黑白照片，由广东革命历史博物馆文物处复制送来。但是，这张照片来之不易。“文化大革命”（简称“文革”）期间，黄埔军校档案馆被砸，广东革命历史博物馆未解封。黎显衡神秘地对我说：“我专程去中国历史博物馆南京档案馆确认此事。必须查阅《黄埔军校一期同学录》。我和另一位专家要求寻找这张照片时，却被南京档案馆拒绝。声称翻看如此敏感的资料，一定要广东省政府的公函。怎么办？只能请示广州，快马加鞭补办报告。一周后，证明和公函俱全，南京档案馆抬手放行。”黎显衡瞪着眼睛继续说：“打开《黄埔军校一期同学录》封面，哇！我吓了一跳！扉页有一个‘匪’字！还画了个大圈！白纸黑字写着：国民党陆军军官学校。因为是‘文革’时期，时乖命蹇，这些资料是绝对禁区！”据黎显衡考证，这张照片是周恩来任黄埔军校政治部主任时拍的。他压低嗓门告诉我：“其实，这张照片下面写着‘恩来少年’几个字。”黎显衡自豪地说：“我找到的正是周恩来这一张经典的照片，看！英俊威武，气宇不凡。整整尘封了50多年啊！”拨乱反正后，这张照片得以重见天日！这张经典照片原件，被保存于广东革命历史博物馆。1998年，周恩来百年诞辰。中央电视台大型纪录片《周恩来》摄制组，来文德楼202房取景。人们的目光聚焦在这张经典照片上，当年朝气蓬勃的俊朗青年特有的硬朗腰板儿、明澈的眼神，令人难忘。美国《新闻周刊》这样评价周恩来：“周恩来的仪表，再加上比较深沉的声音，以及无懈可击的雄辩之才，真是相得益彰。简而言之，他是一个具有超人魅力的领袖人才。”“他机智、有魅力，并且老练。他可以看着你，而这么一看，就把你争取过去了。”

我是一个迟到的寻访者。夏日的光晕，穿过波澜不惊的珠江，也穿过文德楼斑驳的雕花铁门。我深情地望着，那不是红漆木的窗吗？那是他们用过的水井吧？我顺着天井，沿着旋梯上楼，一阶一梯，一石一木，都曾布满主人的印迹啊！我轻轻抚摸202房房门，这是周恩来夫妇居住过的地方。我在北京读大学时，曾去过几次西花厅。那时，我不知道他们曾住过文德楼里这个鲜花盛开的居室！邓颖超对文德楼一往情深，她曾对周恩来说：“羊城，是多么值得纪念和易引起回忆的地方！它是我们曾和许多战友和烈士共同奋斗过的地方，又是你和我共同生活开始的地方。”

邓颖超到广州：犹喜尊前见玉人

有人说周恩来当时留学巴黎，远离战火，拥有盛世容颜和君子德才，本可以逍遥一生。然而，他却殚智竭力做了两件事：一是对人民鞠躬尽瘁，二是对爱情忠贞不渝。

1924年秋，文德路3号，走进一位年轻俊朗的军官，他担任中共广东区执行委员会委员长。文明路临街的那座3层小楼，是1922年成立的中共广东区委旧址。周恩来的办公室，设在这栋老楼的二层，没有标志，没有招牌。进出这门的人，有打赤脚的农民，也有衣冠楚楚的官员。日复一日，人来人往。

周恩来回国后的第二年，他的恋人邓颖超还在天津。蒹葭之思，他们已分别五年。1925年8月初，阳光照着长街，桂花香沁庭院……这天下午，在海上颠簸两日的邓颖超，抵达广州珠江口天字码头。她身穿白衣黑裙，头结新发髻，拿着行李，有些疲倦。她在码头上张望着。这天，担任中共广东区委常委、黄埔军校政治部主任的周恩来，正忙着指挥省港大罢工，接邓颖超的任务便交给了秘书陈赓。周恩来交给他一张照片说："这是我去法国留学以前她送我的。这就要看你的眼力了。"陈赓来到码头接人，等了半天，却没见到邓颖超。他沮丧地打道回府。一进门，陈赓愣住了。他看见一位面带微笑的女士，正是相片上的这一位——天津地委妇女部部长邓颖超。

"那天，父亲陈赓好不容易等到船来，船班和时间也对，可对着周爸爸给的这张照片，父亲由头寻到尾，没见到邓妈妈。"2017年4月中旬，我采访了重庆警备区原副司令员陈知建。他是陈赓的长子。陈知建说："我父亲垂头丧气回来，后被一大帮黄埔同学哄笑。"

我曾专门向邓颖超的秘书赵炜求证此事。赵炜对我说，邓颖超很看重结婚的日子。来广州之前，她曾经发了电报。船一停泊，她四处搜寻恋人的身影。但是，在码头上，她也没见到周恩来。烈日烤人，她想准是周恩来工作忙，便按照他给的地址，坐上一辆人力车寻去。省港大罢工委员会设在广东省总工会，领导人苏兆征、邓中夏、陈延年正在开会。邓颖超眼前一亮：烟雾弥漫中，在室内一角，周恩来一身戎装，正低头记录。她第一眼就看到了日夜思念的周恩来！他抬头朝邓颖超微笑，含蓄中透出温柔。她等着他，会后他和陈延年又赶回广东区委开会。结果，当晚宵禁提前，邓颖超只得住在越秀南东园横路5号总工会，两人竟没有见到面。从天津到羊城首日，哨声传来，街上宵禁，邓颖超没见到爱人，夜不能眠。

第二天，邓颖超找到文德路3号周恩来寓所，她推开房门，房间窗台上，摆着两盆盛开的鲜花。陈赓说："周主任买的，说'小超最喜爱鲜花'。"晚上，周恩来从文明路区委回家。一见面，周恩来打水，拧了洗脸毛巾，温柔地送到小超手里。邓颖超说："恩来，广州形势发展真快啊，到处热气腾腾。我现在已经转党了。你呢？"五年来，书信中他们守口如瓶，此刻互相亮底。周恩来答："我在法国时，由张申府、刘清扬介绍入党了。"共同的信仰，把两颗心紧紧地连在了一起。

在去欧洲留学之前，周恩来主张独身主义。9岁丧母，他曾郁郁寡欢。1918年3月18日，他在日记中写道："我想我守着'素食、不婚'两个大主义，生命不说可以长了好些年。就是我那'报恩'后离去世界的念头，也觉容易行了许多，思想起来我觉得非常的痛快了。"

命运向他抛来橄榄枝。南开学校创办人、校董严修，曾为清朝翰林院学部侍郎，非常欣赏周恩来。1916年5月，南开组织了一次全校国文特试，11个班的代表200多人参加。严老先生亲自阅卷，选定周恩来作文《诚能动物论》为第一名。为此，严修称周恩来有"宰相之才"。

1917年夏，周恩来即将毕业，严智崇禀父亲严修曾谓"周恩来之为人，男早已留心，私以为可以为六妹（严智舒）议婚，但未曾向一人言之耳"。[1]严家托严智崇向周恩来提亲。但他考虑事业未成，家境贫困，不愿攀附豪门大家，婉言谢退。

周恩来曾与一位女友同去欧洲，她叫张若名。赵炜秘书告诉我，五四运动时，张若名与周恩来、邓颖超在天津，一起参加觉悟社，同呐喊，共命运。1920年1月29日，她和周恩来、郭隆真等，被天津警察厅非法拘捕，分别关押在男、女死囚室。她和周恩来4月绝食，半年煎熬，共度铁窗之苦，一起乘著名的"波尔多号"离沪赴法。当时，船上载着197名踌躇满志的留学生。1924年，在参加巴黎的列宁追悼大会时，张若名不慎暴露身份，被巴黎警察跟踪后，退出了组织。

周恩来最终选择了邓颖超。1956年的一天，西花厅客厅里，周恩来和侄女周秉德说起他在法国，曾有过一个比较接近的朋友，是一位美丽的姑娘，对革命也很同情，但是，在政治上比较软弱……周恩来说："我觉得作为革命的终身伴侣，她不合适，这样我就选择了你们的七妈，接着和她通起信来。我们是在信中

---

[1] 曹应旺编著《周恩来经历记述》，上海人民出版社，2006，第31页。

确定关系的。”[1]

津门初识：山河盟誓期终始

天津，是周恩来和邓颖超相遇的地方。1919年9月，周恩来从日本留学归来，和觉悟社同学，投身五四运动！2014年春，在天津周恩来邓颖超纪念馆，我看到他俩第一次合影的照片。副馆长李爱华对我说："当时，在南马路草厂庵一间学联办公室，参加觉悟社的，有男生女生各10位。男社员是周恩来、马骏、李震瀛、谌志笃、关锡斌、谌小岑、潘世纶、赵光宸、薛撼岳、胡维宪；女社员是郭隆真、刘清扬、邓颖超、张若名、李毅韬、周之廉、李锡锦、郑岩、吴瑞燕、张嗣倩。"

1919年，岁月青葱，周恩来21岁，来自天津学生联合会；邓颖超15岁，来自天津女界爱国同志会。周恩来担任社刊《觉悟》的主编。邓颖超回忆说："有一天，女师开会抗议山东的马良杀害学生……有个身着说不上是蓝色还是素色长衫，穿着白皮鞋，戴着鸭舌帽的青年站在上面。台下有人说那是周恩来，我才知道，女同学中对他议论较多。我当时对他印象不错，但没有接触过。"环境所迫，觉悟社成员以抽签号谐音取名，作为通信的笔名。邓颖超抽的是"一号"，叫"逸豪"。周恩来抓的是"五号"，叫"伍豪"。当时，邓颖超比较引人注目，宣传和游行，常有她瘦弱的身影。她说："我们鼓动人民拯救祖国，推翻卖国贼。我们演讲时，经常泣不成声，听者为之感动。"她带领一个演讲团，四处散发传单，也发周恩来编辑的《觉悟》。周恩来有一首诗道："萍水相逢亦前缘，负笈津门岂偶然。扪虱倾谈惊四座，持螯下酒话当年。险夷不变应尝胆，道义争担敢息肩。待得归农功满日，他年预卜买邻钱。"

周恩来为何选择邓颖超为伴侣？他们身世相似。邓颖超幼年丧父，与行医的母亲颠沛流离；周恩来少年丧母，跟随三伯父周贻谦、四伯父周贻赓北上求学。他们同考入南开，同登台爱国演讲，道相谋，情相近，志同道合。

---

[1] 中共中央文献研究室第二编研部、周恩来思想生平研究会编著《邓颖超自述》，解放军出版社，2014，第40页。

两人本无交集，因为一次学生演讲，他们意外地相遇了。那日，她在礼堂里做演讲，谈国家的未来，聊青年的志向……瘦小的身子站在高高的板凳上，却因她坚定的眼神和激情的语调，赢得人们的掌声。其中，有一个人坐在礼堂的角落里，双手不停拍动，他就是周恩来。周恩来对邓颖超说："你讲得真动人。""讲得不好，请多指教。"邓颖超记住了这位师兄，他长得真好看。周恩来后来告诉她："当年在天津开大会，就是你那双大眼睛，很引人注意。"

1920年1月29日，周恩来等3000学生代表，到直隶公署请愿，抗议日本人杀死我国同胞。周恩来等不幸被捕。之后，邓颖超卷着铺盖，率领24名女学生，要求警察交换周恩来等24人。她直谏警长："释放男同学，该轮到我们坐牢了。"

1923年的一天，邓颖超收到周恩来从法国寄来的一张明信片，上面印有李卜克内西和卢森堡画像，周恩来写着："希望我们两个人将来，也像他们两个人一样，一同上断头台。"为什么与我一同上断头台？邓颖超没反应过来，身边的好友告诉她："这是向你表白呢。"她羞涩地询问母亲杨振德，母亲让她先"抻一抻"。邓颖超说："我看了信以后，心中明白了，但我答应得慢……但他来信很频繁，一封比一封急，我不答应也不行了。这一年（1923年）我们确定恋爱关系。"这种求爱方式，向死而生，为信仰而爱，定主义而携手。此后，他们鸿雁传书，飞过欧亚大陆，飞过美丽的巴黎，飞到渤海之滨的津城。邓颖超称周恩来为"鸾"，周恩来称邓颖超为"凤"。我参观天津周恩来邓颖超纪念馆时，副馆长李爱华说，欧洲4年岁月，周恩来给邓颖超写了250多封信。1983年，邓颖超参观周恩来同志青年时代在津革命活动纪念馆时，看到丈夫从法国寄给同学的明信片，感动地说："这样的明信片，我有100多张。"中共中央党史和文献研究院第二研究部副主任费虹寰对我说："周恩来和邓颖超的爱情与断头台的倾诉，是他们生死与共的爱情盟誓。"

1925年1月，在上海参加中共第四次党代会时，周恩来遇到高君宇，两人欢谈甚深。返回北京途中，周恩来托高君宇从天津下车，找到达仁女校，探望自己的恋人邓颖超，并把自己的亲笔信转交给她。邓颖超回忆说："因为他受周恩来同志的委托，来看我并带一封信给我。他做了我和恩来之间热诚的'红娘'。"[1]

---

[1] 中共中央文献研究室第二编研部、周恩来思想生平研究会编著《邓颖超自述》，解放军出版社，2014，第37页。

爱情是什么？是一份信仰的契约，不可分离。周恩来说：“我是认定马克思主义不变的，我的终身伴侣，必须是志同道合，经得起艰难险阻的战友。”邓颖超在《女星》刊物上登文写道：“两性相爱，本来是光明正大的事，并不是污浊神秘的。但它的来源，须得要基础于纯洁的友爱，美的感情的渐馥渐浓，个性的接近，相互的了解，思想的融合，人生观的一致。……这种真纯善美的恋爱，是人生之花，是精神的高尚产品，对于社会，对于人类将来，是有良好影响的。”1942年他们结婚纪念日时，周恩来虽忙，犹记写信给妻子：“结婚18载，挚友兼爱妻。若云夫妇范，愧我未能齐。”

乙丑年之婚宴：西家红烛醉时归

2012年冬至，广州北京路繁华如故。中饭后，我陪赵炜、李爱华，穿梭于人群。从文德楼走10多分钟，到太平馆西餐厅。老街、老地方、老式西餐厅。赵炜秘书说：“这是周总理和邓大姐新婚吃饭的地方。”我们扶着老式木梯，爬上3楼。大厅正墙上，挂着一张周恩来夫妇新婚的照片，我们上前细看。在广州的街头民居和餐馆，能遇见他们新婚的合影，真有一种久违的温暖！赵炜秘书深情地说：“回忆1925年文德楼的婚事，邓大姐脸上洋溢的那种幸福表情，是年轻人谈恋爱时才特有的。”餐馆的3楼，保持旧貌，仅摆几桌台。1925年的8月8日，“喜”字挂在正墙，周恩来牵着邓颖超走进来，黄埔师生们春风满面。赵炜秘书指着一餐桌说：“第二天晚上，就在这摆了两桌，出席的有张治中、邓演达、陈延年、邓中夏、恽代英、陈赓、彭湃、熊雄、蒋先云、高语罕、洪剑雄、张婉华等。”我情不自禁，坐在木凳上，抚摸杯子和碗筷，仿佛听到众人深深的祝福。以那时的条件，新婚吃饭也简朴，应该是点心餐吧。

席间，军官们喜笑颜开。军校新兵团团长张治中风趣地说，新娘在五四运动中当演讲队长，让她讲恋爱经过，大家鼓掌。邓颖超站起来，说起和周恩来相识、相爱的经过，还背诵周恩来写的一首诗。一阵热烈掌声过后，张治中夸道：“周夫人，名不虚传，和周主任一样都是出色的演说家。”邓颖超回忆说：“当时恩来特别担心，怕我应付不了。其实，我什么也不怕。”这晚，邓颖超不会喝酒，周恩来

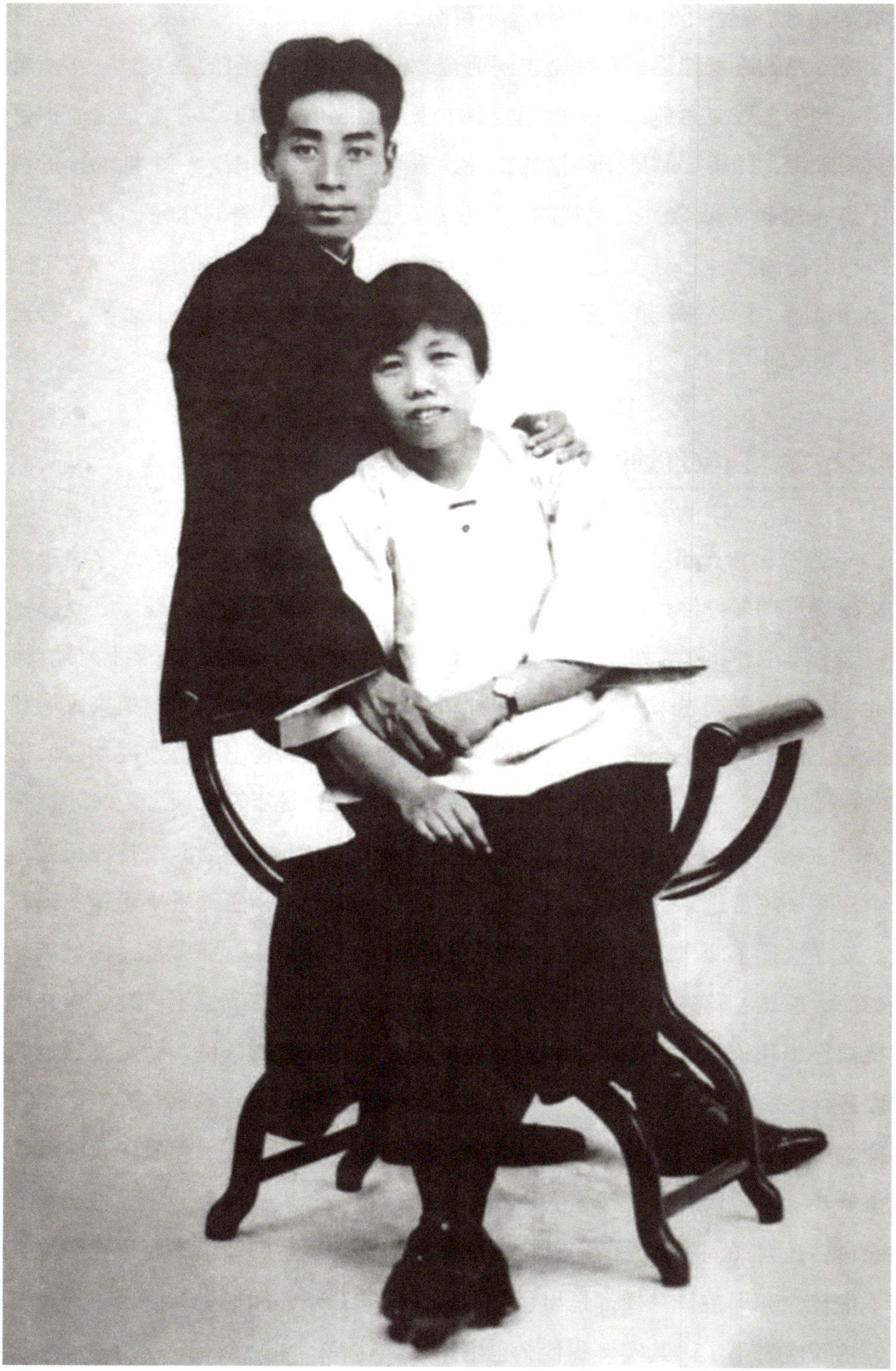

◎ 1925年8月，周恩来和邓颖超在广州

代喝了敬她的酒。邓颖超说："我不知道恩来的酒量，只见他一杯又一杯，我心里又急又担心，但怎么也挡不住敬酒。"后来，周恩来喝醉了。

一次，邓颖超对张治中的儿子张一纯说："1925年我同恩来在广州结婚。那时恩来是军校政治部主任，你父亲是新兵团团长。我们结婚很保密，除了你父亲，别人谁也没告诉。谁知你父亲一定要请客。他安排了两桌酒席。那次，他自己一口酒都没喝，却把恩来灌醉了。最后他找来卫兵，把恩来抬回去，这件事我一辈子也不会忘记。"

爱，如融融月光，照进文德楼新房，那间约60平方米的小屋。邓颖超回忆说："整个房间的陈设很简单，一张双人木床，一个玻璃门衣橱，一个藤制书架，一张书桌，几把藤椅，还有一个衣架和一个脸盆架，恩来把结婚的房间布置好了。"[1] 我看着墙上两幅黑白照片，一张照片中，周恩来穿着蓝色中山装侧坐着，邓颖超穿着圆领宽袖白衣、黑裙，依偎在丈夫胸前。眼眸下的那颗清澈的灵魂，照见"一世一双人"的旅途。另一张照片中，周恩来穿深色中山装，坐在沙发上，邓颖超穿着素色校服，柔情依偎，俩人心心相印。

对于灵魂深邃的人来说，知己是一个奢侈品。迪克·威尔逊的《周恩来传》中说："对他们来说，难能可贵的是，在那个婚姻由父母包办的年代，他们彼此做了自己的选择——自愿的、充满热情的、不受他人支配的选择……他们的婚姻被证明是中国夫妻生活中最成功、最忠诚、最持久、最具有说服力的婚姻，是两个具有类似背景和思想的共产主义革命者之间的生命结合。"

文德楼惊魂：我以我血荐轩辕

寂寥雨巷，木屐声声。在周恩来夫妇结婚半月后，一件惨案震惊羊城！1925年8月20日，廖仲恺倒在刺耳的枪声中！8月21日，"廖案"发生后的第二天晚上，周恩来险些遇刺。在卫戍区司令部门口，与周恩来同车的司机和警卫，被门卫开枪杀害。周恩来匆匆处理两位牺牲者后事，再赴各搜查点。当晚，他们抓住几个刺杀廖

---

[1] 赵炜：《西花厅岁月——我在周恩来邓颖超身边三十七年》，中央文献出版社，2004，第142页。

公的凶手。夜已深，雨声急，更夫敲梆声声响……

回到文德路3号，楼内寂静，周恩来匆匆走进房间，邓颖超大吃一惊：他浅色西服上，血迹斑斑。但推想可能是缉捕凶手时沾上的，她就没再多问。这一夜，枪声响，魂未定，生死不思量；这一夜，灯熄灭，车呼啸，生命向刀丛；这一夜，梆声敲，夜未央，阴谋如蛛网。

1926年3月，风雨扑向文德楼。中山舰舰长李之龙，住在文德楼周恩来夫妇家的对面楼。3月20日凌晨，李之龙被海军学校校长欧阳格派来的士兵捉走了。多年后，我查阅李之龙去向后才知道，因“中山舰事件”，他被免职，流亡日本。1928年2月8日，风雨凄凄，国民党海军上将陈策下令，将李之龙杀害于红花岗。

1926年5月，“中山舰事件”后，周恩来夫妇住进万福路190号南华银行楼上。1926年5月至1927年4月，中共广东区委军委搬到万福路190号，办公和居住两用。参与这个旧址建设的负责人冼蔓儿意外查到周恩来弟弟的填表资料。表格写着：“周恩寿，同宇，21，浙江绍兴，广州万福路南华银行二楼。”二楼面积148平方米，大门后是一个大厅，原是军委会议室，旁边是共青团区委机关。

来这里寻找历史的，还有千里之外的周凭栏、周太和兄弟。这天，年过六旬的周凭栏，冒着高温，找到万福路190号。他告诉我：“1926年冬，我父亲周肃清，是北伐军第17军第1师第2团上校团党代表，受中共北伐东路军前敌军委胡秉铎委托，赶赴广州，寻找南华银行，第一次拜会周恩来，向他请示工作。”周凭栏找到文德楼，百感交集。他说：“我父亲曾在周恩来家里住了两周，是同吃同住呢！”周太和说：“周总理是我父亲革命的引路人和直接领导，父亲能回到祖国并平反，都是周总理的关心。”就在南华银行二楼，周肃清结识了邓颖超、黄锦辉、麻植、孙炳文、萧楚女、蒋先云等著名人士。周凭栏说：“与周恩来交谈，我父亲如醍醐灌顶，受到深刻教育，如他所说，完全接受共产主义革命的思想。”

一天中饭后，中共广东省委党史研究室原主任曾庆榴带我穿街走巷，找到广州文明路194—200号，门前挂牌写着“中国共产党广东区委会旧址”。曾庆榴老师说：“1922年5月，中共广东区执行委员会成立，负责人为谭平山。最初，区委机关办公室设在该楼房最西边三楼北面，区委几个部也设在三楼。1924年10月，广东区委重组，周恩来接任区委委员长职务。1925年春，陈延年担任书记。在此办公的领导人有陈延年、周恩来、熊雄、彭湃、阮啸仙、刘尔崧、邓中夏、蔡畅、邓颖超、区梦觉、张太雷、恽代英等。1926年‘中山舰事件’后，中共广东区委军委迁移至万福路190号二楼。当时，外面挂南华银行的招牌，二楼却秘密地进行中共军事工作。周恩来、聂荣臻、黄锦辉等在这里办公和居住。”

挚友、爱妻：敢将忠节誓平生

1925年秋，周恩来被任命为东征军总政治部主任。结婚后不久，他离开了邓颖超，随军出征。民族危亡之际，他们两地分隔，如家常便饭一样。从文德楼到上海、从重庆到西柏坡，他们常离别，苦相思。在被通缉追杀的时刻，一次转身，一次告别，他们就经历一次生离死别。

1927年国民党发动四一二反革命政变。蒋介石开列了197人的通缉名单，周恩来和邓颖超均被列上榜单。4月15日，广州发生反革命政变，国民党反动派大肆屠杀共产党人和革命群众，昔日黄埔战友“麻袋葬尸还”。因难产丧子的邓颖超，面临被捕杀之险。

结婚后不久，他们夫妇就有了第一个孩子。赵炜秘书对我说：“当时周恩来去了东征，邓颖超作为妇女部长何香凝的秘书，工作特别忙。她想可能女人一怀孩子就影响了工作，自己就悄悄地买了中药把孩子流掉。这件事情后来给周总理知道了，周总理狠狠地批评了妻子。”

第二个孩子难产时，邓颖超在广州，周恩来被中央调往上海。1927年4月10日，蒋介石宣布解散军校总政治部，上海青帮头子黄金荣等通电反共，要其党羽消灭共产党。陈独秀倍受煎熬。中共中央决定，派李立三、陈延年、聂荣臻与共产国际代表维辛斯基，紧急赶往上海。据聂荣臻回忆，4月13日晚，他们抵达南京，大批共产党员和革命群众已血流遍地。几经周折，通过赵世炎、李立三、聂荣臻找到了周恩来。在上海，蒋介石疯狂地搜捕共产党员和革命群众。屠杀，惨绝人寰！上海总工会被封闭，中共上海各级党组织转入地下。5月中旬，聂荣臻陪伴周恩来秘密乘轮船溯江而上，回到武汉。5月25日，中共中央决定成立军事部，由周恩来任部长。这年6月，周恩来夫妇在武汉短暂相聚；7月，周恩来重任在身，再赴九江。邓颖超回忆说："他走那天，我根本不知道他去做什么，什么时候回来，究竟能不能回来。每次分别后，不知何日相会。无论作为同志，还是夫妇，每次生离意味着死别啊！"

记得参观纪念邓颖超人物展览时，中央文献研究室第二编研部原主任廖心文，和我边走边看。我们感叹有哪个英俊潇洒、位高权重的男人，能像周总理那样，一辈子忠于自己的婚姻，忠于结发妻子邓颖超，不弃不离，共度一生！是什么原因使这段高尚的爱情，保持得如此深长呢？廖心文说，从周恩来的"夫妻恩爱原则"里，人们能够找到答案。在天各一方、生死未卜的岁月里，他们的"两地书"互相共勉。周恩来在《春日偶成》中写道："樱花红陌上，柳叶绿池边。燕子声声里，相思又一年。"他们守护"八个互相"：互敬、互爱、互信、互勉、互助、互让、互谅、互慰。

◎ 1947年春，周恩来和邓颖超在延安

周恩来秘书赵茂峰和赵炜，签名送我一本《周恩来邓颖超通信选集》。我轻轻地翻开，里面收集了周恩来夫妇的74封信（从1938年至1971年）。有人质疑他们的婚姻，但看了他们的书信后，心悦诚服。

1942年7月3日的信中写着周恩来的温柔："望你珍摄，吻你万千。"邓颖超回信："情长纸短，还吻你万千！"1944年11月，延安酷寒，邓颖超的书信却热烈奔放：

来：

你走了三天了。我可想你得太！

这回分别不比往回，并非惜别深深，而是思恋般般！这回我们是在愈益热爱中分别的，何况在我还有歉意缭绕心头呢！我真想你得太！

你走了，似乎把我的心情和精神亦带走了！我人在延安，心则向往着重庆，有时感觉在分享你与两岩内外故人相聚之欢呢！你走了，好像把舞场的闹热气氛亦带走了……当音乐声声送入我的耳里的时候，亦还照旧觉得那些跳舞的快乐的人们中有个你在。然而当情感透过了理智，环顾眼前的现实，才意味到你已离开了延安，于是我便惘然了！你如何慰远人之念呢？

……你一有可能与机便，还是争取飞回来吧！……我热烈地欢迎你！深深地吻你！轻轻吻你！

你的超

1944.11.12 延安[1]

他们相伴50年，时而相聚，时而别离，天南地北害相思。"你走了，似乎把我的心情和精神亦带走了！"1944年11月12日邓颖超写道："窑洞地炕已做好……窑内暖融融的，愿你能快回来享受一些温暖啊！""两地书"传递着柔情蜜意。

1 中共中央文献研究室编《周恩来邓颖超通信选集》，中央文献出版社，1998，第30—31页。

1945年8月28日，国共进行重庆谈判，43天舌战群儒，刀光剑影，周恩来命悬一线。十八集团军驻渝办事处秘书李少石是廖仲恺的女婿，从曾家岩乘车回沙坪坝途中，被国民党兵误伤而死！邓颖超给丈夫的家信中写道："一日不见，如三秋兮。三日不见，又当如何？"她深深的思念，在纸上流淌……

1947年9月29日，中秋节。在延安窑洞前，明月当空，周恩来对月怀人。深夜，周恩来写给远方妻子一封信：

超：

今天是八月中秋，日近黄昏，月已东升，坐在一排石窑洞中的我，正好修写家书寄远人。今年此地年成不好，夏旱秋涝，直至前天还是阴雨连绵，昨天突然放晴，今天有了好月亮看，但是人民苦了，只能望收到二成左右。河东来电，亦说是淫雨不止，不知你们那里的情形怎样？

山居过节，居然也吃到两块月饼，几串葡萄。对月怀人，不知滹沱河畔，有无月色可览，有无人在感想？

……

鸾

1947.9.29 夜[1]

赵炜秘书对我说："有一次晚饭后，邓大姐和我聊起往事，在延安三八妇女节座谈会时，周总理夫妇分别被'盘问'。女青年让她讲恋爱故事，邓颖超说：'我呢，当时干脆站起来，给她们背了一段当年恩来在法国写给我的信。我这么一背信，大家都十分惊讶，因为那时我们结婚都20年了，她们奇怪，我怎么还能把年轻时的一封信，记得那样牢。其实也没什么可奇怪的，因为你心中想着对方嘛。'"

赵炜秘书告诉我，周恩来、邓颖超之间的往来通信手稿，保存至今的有59封，经她和中央文献研究室，移交或捐献给天津周恩来邓颖超纪念馆收藏展出。这是领

[1] 中共中央文献研究室编《周恩来邓颖超通信选集》，中央文献出版社，1998，第60页。

袖文物中的珍品。两个伟大的灵魂相伴，宛若生前。周恩来与邓颖超自言“不像情书的情书”，感人至深。在纪念馆橱窗前，我俯身看到其中的一封，写于1938年11月13日，“昨夜长沙火起，全城一炬，我及剑英、文禧仓促出火城衣被尽失……”周恩来等从湘潭撤往重庆，不忘安慰邓颖超。

1951年春，邓颖超生病了，周恩来因公务繁忙无法陪伴，只能每日苦等她的书信和电话。妻子想着丈夫工作忙碌，不便打扰，每次仅说只言片语。思妻心切，周恩来温情缱绻：“你的信太过官方，都不说想我。”“现在已绿满江南，此间方始发青，你如在四月中北归，桃李海棠均已盛开，我意四月中旬是时候了。忙人想病人，总不及病人念忙人的次数多，但想念谁更深切，则留待后证了。”这是3月31日周恩来给邓颖超的信。字里行间，浓情蜜语。

1971年 6 月13日。邓颖超千叮万嘱在危难中苦撑的周恩来，保重身体。

来：

……在人身上的各种器官的功能作用是有限度的，不宜使用过度，因此不要过度疲劳，忙中总要有些松弛，才好继续再忙。务望你在体力和精神方面都需要留有余地，做些储备，以便届时能够迎接新的任务。斗争还是长期的，因此，需要你能够长期地战斗。故写此寄意，不尽欲言，请维珍摄，是所至盼！

超

1971年6月9日晚9时[1]

他们的书信，绵延半个世纪，从巴黎到天津海河之滨，肝胆相照，缱绻缠绵。通信以“翔宇”“翔”“超”“小超”“来”“阿来”“颖妹”“鸾”“凤”相称。“深深地吻你！轻轻地吻你！”这样绵绵情意，怎不令人感动？

他们喜爱鲜花，鸿雁传书，以花寄情。周恩来秘书黄玠然说，1928年，周恩来

[1] 中共中央文献研究室编《周恩来邓颖超通信选集》，中央文献出版社，1998，第145页。

在上海主持中央工作时，住处总挂着一盆吊兰。他处境危险，坚持昼伏夜出。他常一边为吊兰浇水，一边自言自语："兰落窗外有狼犬，兰吊庭内报平安。"

1947年4月21日，邓颖超在华北晋绥根据地参加土改，她压一枝小花，随信寄给转战陕北的周恩来："我压了一枝小花寄给你，聊寄一些春色花香给你，作为对战争忙、跋涉多、生活不定的你的一点慰问和念意吧。"1950年 1 月21日，周恩来率中国政府代表团赴莫斯科，协助毛泽东与苏联政府谈判。邓颖超寄重庆房东水仙花，祈望来自红岩土壤的花"余香犹在"。1954年，日内瓦会议期间，邓颖超捎去一片红叶，在红叶背面写"枫叶一片，寄上想念"；周恩来托信使，捎回两朵日内瓦茶花，回赠邓颖超"聊寄远念"。虽常年分隔两地，他们的情感却飞越崇山峻岭。

1954年秋，紫荆花开了，周恩来在广州处理公务。再次路过文德楼时，他深情呼唤病中的妻子邓颖超："昨天车过广卫路，发现了广卫楼（文德楼），快30年了，不能不引起回忆……"邓颖超回复丈夫说：

> 恩来——我亲爱的老伴：这次既未能与你同行一游旧地，倘又无只字复你两次来书，岂非倍增歉憾？！病后试笔，特书短笺寄意。羊城，是多么值得纪念和易引起回忆的地方！它是我们曾和许多战友和烈士共同奋斗过的地方，又是你和我共同生活开始的地方。30年前你和我是天南地北害相思，这次我和你又是地北天南互想念。30年来我和你的共同生活，多是在患难与共、艰苦斗争、紧张工作中度过的……[1]

邓颖超泪别丈夫：情长纸短，还吻你万千！

赵炜秘书在接受我采访时说："1975年的一天，周恩来病危。一个月没有见总理了，大姐说：'最重要的是你见到总理时，一定不要哭，千万千万。'当走

[1] 中共中央文献研究室编《周恩来邓颖超通信选集》，中央文献出版社，1998，第123页。

到周总理病床前时，我尽量抑制住自己的情感，轻轻地叫了声‘总理’。周总理从被子里伸出他那瘦瘦的手，说：‘握一握手吧！’我说：‘总理，我手凉，不握啦。’可是，周总理用他衰弱无力的两只手，紧紧拉住我的手说：‘你要照顾好大姐……’我再也克制不住自己的感情，不听话的眼泪，一个劲地刷刷地往下流。”

1976年1月8日早晨，赵炜秘书记录：“1月8日早上一上班，我打电话告诉他们（医院值班人员）说，8点半邓大姐吃早饭，上午先不去了，下午再去……但半个小时后，值班（人员）打电话来，语气急促：‘赵炜，快来快来！不好了，不好了！’”

赵炜秘书有不祥之感。这时邓颖超正在刷牙，问赵炜怎么了。赵炜克制地说：“小高（高振普）打电话，要马上到医院去。”在车上她告诉邓颖超：“刚才打电话来，说情况不好。”邓颖超顿时明白了。下车后两人一推开病房的门，顿时傻了眼：医护人员、工作人员都站在旁边哭。来迟了！没来得及跟丈夫做最后告别，邓颖超一下子扑倒在丈夫身上，边哭边喊：“恩来！恩来！”

医生仍在抢救。9时57分，监视器上画出一条直线，总理走了。病房里原本隐忍的哭声，顿时成了一片号啕，邓颖超哆嗦着双手，捧着周恩来的面颊，最后轻轻地吻了一下他的额头，她边哭边喊：“恩来！恩来！你走了……”

卫士高振普对我说：“在周总理去世前一天，邓大姐看望完总理走后，周总理一直心神不定，眼睛来回看，好像在找什么，问他有什么事，他也不说，只是摇摇头；让他休息，他也不闭眼。现在回想起来，总理那天四处张望，一定是在寻大姐啊！”听到这，我泪如雨下。除了殚精竭虑为国事，他最放不下的，是让他疼了一辈子的“小超”啊！

1月8日，是亲爱的爷爷周恩来逝世的日子。早晨，我选好一束鲜花，和李海文老师夫妇朝文德楼走去。咦，202房门竟然开了。我惊讶了！原来，业主亲戚苏佩芬夫妻开门了。他们今天也来为周总理献花。我走进周恩来夫妇住过的房间，这普通居室里，客厅墙正中，悬挂周恩来夫妇的合照。穿越时空，亲人相见，我泪水簌簌而下。站在周恩来夫妇的照片下，李海文老师泪流满面。一厅三房，除了10多平方米的客厅光亮一些，其他三间房，却显狭仄。他们的卧房，约8平方米，仅放下一张床、一张桌子，两个凳子，因为没有窗户，白天需开灯。它同当今居民宽敞的套间，真有天壤之别！出门走到4平方米的阳台，我想起当年22岁的邓颖超，在此翘首以望，也是“人隔千里无音讯，思念的人儿泪水流”。

这古老的文德楼，见证了共产党危难时刻，也见证了他们婚后的生死相依。90年前腥风血雨里，他们曾相依相偎，历经雷鸣电闪，在战友被屠杀的枪声中悲恸不已。在周恩来的生命字典中，认定的主义，就不会改变。为了这样的革命理想，他不惜抛头颅、洒热血。如此，他的婚约，必然是“希望我们两个人将来，也像他们两个人一样，一同上断头台”。

一次，通宵工作后，周恩来推开窗，欣喜地发现下雪了！他约邓颖超出来，说有要事相谈。邓颖超赶去办公室，欲问何事。他却从容地说：“请你来踏雪。”邓颖超有点娇嗔地说：“我还以为有什么大事呢？”周恩来深情地说：“这事儿也不小啊，你是喜欢踏雪的。”雪花飞舞，他们像津门初识一样，手牵着手，踩着积雪，搀扶着朝前走……

“人生若只如初见”，他们活出最真的模样。

第三章

遇险 | 广州卫戍区司令部

THE STORY OF
ZHOU ENLAI
IN LINGNAN

在1932年转移苏区前，周恩来在广东有6次遇险。1927年4月17日蒋介石『清党』，秘字一号命令指示通缉共产党首要者，周恩来名列榜中。无论革命力量多么弱小，白色恐怖多么残酷，无论个人处境多么困难，周恩来始终坚定不移，他说『我认的主义一定是不变了』。

1932年前，周恩来在广东遇险多次。

2014年元月中旬，我赴京参加纪念邓颖超同志诞辰110周年活动。追思之后，我专门找到周总理卫士长成元功的长女成宇，了解周恩来在广东遇险的经历。成宇告诉我，其父成元功主编《周恩来历险纪实》，其中《从沙面射来的枪弹——记周恩来沙基遇险》和《找不到答案的枪击——周恩来遭蒋介石门卫枪击纪实》两篇，真实地记录了周恩来在广东的两次遇险经历。

1958年7月7日夜晚，电船搁浅湖滩，周恩来向成元功等口述了这两次遇险。当时，成元功担任警卫，守护在周总理身边。“1958年7月7日，周总理视察新会县后，从江门市赶往广州。他们乘着小

电船，行驶在珠江三角洲的河港。”成宇说，“那天深夜12点，遇到落潮水位下降，小电船搁浅。四野漆黑，河网交错。守候周总理的有我父亲成元功、苏汉华还有老船工等8人。”

那晚，天色黑漆，不见月亮。小电船搁浅河港，进退两难。成元功说：“忽听前面船吼两声，就原地不动了。”打盹的人惊醒过来，几个警卫立即向船两侧闪去。周总理问：“怎么回事？”苏汉华答：“可能是船搁浅了。”周总理说：“这儿前不着村后不着店，越是这会儿越安全。”苏汉华说：“前几天破获一个香港的特务案，如果情况暴露了，香港特务两小时可到达这里。”听苏汉华一说，船内气氛顿时紧张。成元功警惕地向四周望去，黑漆漆一片，望不见村庄，看不清对岸。小电船发动机停了，夜静得只能听到草虫的鸣叫，青蛙在水里来回“扑通”跳。这小电船被太阳灼烤一天，舱里座椅仍有些热。老船工有些累了，把竹竿往水里一插，抱着竹竿打起盹来。周总理手握着折扇说：“广东我熟悉。”这时，他讲起1925年夏天在广州的两次遇险。

沙基惨案：喋血羊城儿战争

第一次是沙基惨案遇险。沙基街，位于广州城西南角，与沙面隔河相望，相距不过百米。1860年后，沙面曾经被英、法等国占为租界，有法租区天主教堂、英租区基督教堂、英国汇丰银行、英国领事馆、法国领事馆等。

1925年5月30日，上海发生“五卅惨案”。在租界内，上海2000余学生，抗议日本纱厂资本家镇压罢工工人、打死工人顾正红，呼吁当局收回租界。其中，一百余人遭巡捕逮捕。下午，在英租界南京路老闸巡捕房门口，万余群众要求释放被英国巡捕逮捕的学生。英国巡捕竟开枪射击，当场打死13人，重伤数10人，逮捕150余人。

南粤声援！6月23日，天气炎热。广州东较场人声鼎沸，各界支持上海学生的人和香港工人，举行反帝大游行。午时，周恩来和黄埔军校的几位中共骨干，率领黄埔学生军进入分会场。

魏鉴贤曾是陆海军大元帅府铁甲车队队员。他回忆说：“那年我20岁，对周恩来早已闻名，但没有机会看到他。我是站在队列里，经别人指点，才知道他是周恩来的……当时，他站在主席台上，整齐地穿着一身黄埔军校的军装，缠着武装带，打着裹腿，不时有人找他说些什么事情。他的样子很突出。他在黄埔，在东征，在平息杨希闵、刘震寰叛乱（滇、桂军阀之乱）中，名声特别大，所以我印象很深。”

下午1时30分，10万人组成的队伍，沿着预定路线游行。香港罢工工人走在前列，其后依序为农、商、学、兵。他们面容肃穆，臂缠黑纱，哀悼被杀同胞。他们手执红旗，一路呼喊口号。军警队伍，每4人一列，按粤军、警卫军、湘军、讲武堂学生、党军第一师、黄埔学生军次序排列，铁甲车队殿后。多年后，周恩来曾在一次报告中提到这次惨案：“当时我从黄埔学生军中的两个团里抽调了6个连——每个团的一、四、七三个连，组成了一个营，从（国民党）党军里同样再抽调两个营去参加这次游行。要党的骨干去带领。”[1]

这天下午3时20分，队伍行进到沙基街，人们呼声震天，脚步声撼地。沙面军警，近在咫尺。这时，英、法等国军警荷枪实弹，虎视眈眈。游行队伍依然前行。突然，枪声大作，外国军警用机关枪、步枪猛烈射击，当场造成52人死亡，170多人受伤。此时，天地感应，大雨瓢泼。停泊在珠江白鹅潭的外国军舰，猛地开炮。炮弹炸在人群中，落在房屋上。街道两旁，惨叫声一片，血流成河。

◎ 1925年6月23日，广州发生沙基惨案

周恩来和战友们首当其冲。学生军游行到东桥，蒋铁生、李启缉等中弹扑地

[1] 赵桂来：《从沙面射来的枪弹——记周恩来沙基遇险》，载成元功主编《周恩来历险纪实》，中央文献出版社，1994，第6页。

身亡，孙嘉大腿被击中，伤口如碗，皮开肉绽。第一阵枪响中，和周恩来并肩前进的战友，左边一位，右侧一位，中弹牺牲。营长曹石泉，胸腰连中数弹，未及送医院，已气绝身亡。听到枪响，周恩来与战友们匍匐在地，避于骑楼石柱后，速转小巷，隐蔽后街，幸免于难。魏鉴贤说："我们铁甲车队走近东桥之时，枪炮轰鸣。我队便立即隐蔽，没有伤亡。约有一个小时，枪炮声才停。上级命令我队到沙基街救护死伤人员，因为下了雨，满街都是血水。我们个个都是热血青年，身遭国耻气愤万分。"

在这次广州沙基惨案中，周恩来死里逃生。在惨案死难的50多人中，黄埔学生军和士兵占23人，受伤的170多人。惨案发生后的6月28日，陈其瑗（国民党左派）提议，请市政府把沙基街改名为"六二三路"，获全体通过。1926年，广东国民政府在人民桥东侧、珠江河畔，刻有石碑"毋忘此日"。

黄埔军校旧址纪念馆，有一张照片记录牺牲官兵惨状。纪念馆副馆长樊雄指着照片对我说："洋军警是否蓄谋杀人？你看当时广州报纸的记录：'22日，沙面东西铁桥完全关闭，并派水员登陆，所有沙面之重要地点，高筑沙包，如临大敌。又，是日上午11时许，英国浅水舰"罗便号"驶入我华界同德大街海面寄碇。又，是日下午2时，有日本舰两艘驶进白鹅潭水面。统计现有湾泊沙面之外国军舰，英国3艘、美国2艘、日本3艘。'10月22日詹美生递交的所谓'照会'，实际上英国已与其他国领事暗度陈仓，密谋在先，预备屠杀。"

90多年后的一个黄昏，我撑着伞，重走一次周恩来和战友当年遇险的路线，东较场、小巷、后街。这天暴雨如瀑，耳边仿佛响起枪声。列强的刽子手们用机关枪扫射，用炮轰，游行人群像多米诺骨牌般倒下……雨水盖住我的双脚，冷冰冰的，我闭上双眼，想起当年血水汩汩，尸横遍野。牺牲的学生和士兵，大都年仅20来岁，那些年轻的遗体，掩埋在长洲岛东征烈士墓地……

宵禁枪击案：沧波涉海惊魂梦

1925年8月20日，这天早晨，风平浪静。廖仲恺与罗翼群共进早餐。上午8时，廖仲恺偕何香凝前往中央党部所在的越秀南路89号，参加中央执行委员会第106次会议。车缓缓前行，穿过街巷。汽车到达国民党中央党部门前，廖仲恺下车登上石阶时，突然跳出两个凶手，向他开枪射击。此时，大门铁栅内的多名枪手同时射击。20余发子弹齐发，廖仲恺中了4枪，击中要害。这位有“黄埔的慈母”之称的国民党元老，倒在血泊之中。

廖仲恺遇刺后，周恩来在《祭廖仲恺文》中写道：“……反革命派，阴狠险毒，噩耗惊闻，失声恸哭。恸哭我公，未尽夙志，恸哭三军，如子失怙……”他又写了《勿忘党仇》和《沙基惨案与廖党代表之惨死》两篇文章，并多次发表演说。他指出：“这个暗杀案的后边，藏有极大的黑幕阴谋。”然而，无独有偶，廖仲恺暗杀案未了，八二四枪击案又起！

在廖仲恺被刺杀后，8月24日下午，国民党中央政治委员会召开紧急会议。国民政府“廖案检察委员会”名单有汪精卫、许崇智、蒋介石、周恩来等。蒋与周作出决定：当晚11时全城戒严，搜捕廖案凶手，内部口令为××。周恩来卫士赵桂来回忆说：“蒋介石怕晚上的行动计划泄露，刺廖凶犯又行逃匿，忽然念头一转，又多出一个心眼，独自召集亲信，更改了原来的计划，把原来计划戒严的时间提前两小时，并更改了原来的内部联络口令。”[1]但是，这至关重要的细节，却没有通知将要到会的周恩来。

1925年8月24日这天，苏联政府派遣“国际工人沙基惨案调查团”，乘“列宁号”轮船到达黄埔港。傍晚时分，周恩来去港口迎接。晚上9时许，夜色如墨。周恩来的汽车驶向广东造币厂，蒋介石的卫戍区司令部，一切如常。机枪手匍匐在工事里。司机按照习惯操作，车灯已照见大门。突然，司令部门卫大喊停车。周恩来的卫士当即按原口令作答。“啪啪”，一串无情的弹丸射了过来。司机见情况不妙，危急时刻将车头拐入小巷。听到枪声，周恩来立刻伏下，幸免于难。他马上打开车门，连声高喊：“我是周恩来！”听到喊声，门卫停止射击。他们一个个惊慌失措，赶忙抢救司机和卫士。可是，他俩当场被击中，已经失去了生命。

由于缉拿凶犯任务在身，当时周恩来只能简单安排牺牲者的后事，便立即督察

[1] 赵桂来：《找不到答案的枪击——周恩来遭蒋介石门卫枪击纪实》，载成元功主编《周恩来历险纪实》，中央文献出版社，1994，第19页。

各搜查点。当晚，蒋介石宣布广州戒严。何应钦率领国民党党军担任市区警戒任务。广州警车鸣响，戒备森严。在严密搜查之下，他们抓获了几个刺杀廖仲恺的凶犯。

惊魂未定，已是深夜，周恩来返回文德路3号寓所。自廖仲恺遇刺，他赶到医院起，就一直没踏进过家门。202房还亮着灯，周恩来进房间后，妻子邓颖超见他的西服染血，惊诧不已。她以为是缉捕凶手时沾上的，就没有问，周恩来也没有说。多年之后，成元功就“宵禁枪击事件”问过邓颖超。她说：“廖仲恺遇刺那次把人急坏了，那次恩来穿一身白西服，出去三天没有音讯。回来时，他浑身是血，事后我才知是这么回事。”这次遇险，驾驶室内，咫尺之间，两人被射杀，周恩来死里逃生。

在新会小电船上，听周总理亲自讲述两次遇险经历，一位广东同志拿出本子欲记下，周恩来朝他摆摆手说：“这个你不要记。”这位广东同志，就是《羊城晚报》著名评论家许实，也是我尊敬的老师。他生前跟我说，他有幸跟随周总理去新会视察，进行了采访。当时，周总理手握折扇，坦然地讲述1925年夏季在广州的两次遇险。说完，周恩来笑了笑：“我命大，那两次都安然地过来了。那时广州局势非常乱，目前广东总不会是那个样子吧？”大家听了也轻松起来。不久，海潮涨起来了，搁浅的小电船又起航了。

1988年，卫士长赵桂来写下《找不到答案的枪击——周恩来遭蒋介石门卫枪击纪实》。“宵禁枪击事件”成为至今未解的谜案。2015年，在黄埔军校同学会的一次会议上，我询问中共广东省委党史研究室原主任曾庆榴、广东革命历史博物馆馆长杨琪：“周恩来此次遇险，几乎丢掉性命，究竟蒋介石和何应钦是有意还是无意？”曾庆榴说：“在历史的案卷里，没有对‘宵禁枪击事件’做出解答。”

周恩来生前，曾不止一次地提到为保护他而不幸牺牲的人，其中包括“宵禁枪击事件”的警卫和司机。清明时节，羊城春雨霏霏。我选了一束百合花，寻到当年案发地——原卫戍区司令部门口，俯身放上一束百合花，雨水淅沥，落于花瓣。中弹的警卫和司机叫什么？牺牲时亲人在哪里？对两位的背景，后人皆不知晓。一次，我和周恩来警卫赵桂来聊起此事，他说：“特别是那位司机，是他在弹雨加身之时，仍然尽心尽职忍着剧痛，将车头拐入小巷，为我党保存了一位杰出的领导人——

周恩来。否则，后果不堪设想。”风起，百合花颤抖，雨中，小街巷朦胧。我默默地怀念不知姓名的烈士们……

蒋介石软禁周恩来：已脱忧危傲风霜

蒋介石的卫戍司令部就是软禁周恩来的地址。广东造币厂，原称广东钱局，清光绪十三年（1887），两广总督张之洞，购地80余亩（1亩约为666.67平方米）筹建钱局。我寻到黄华路4号，原广东造币厂旧址，如今是中共广东省委党校。几棵百年古榕，浓荫蔽天，院中石亭，刻有书法对联。它们见证了蒋介石导演的“中山舰事件”。

蒋介石满口称周恩来为“知己”，为何又软禁他？包惠僧回忆说：“1926年3月20日早晨约8点，新任20师副师长林振雄、入伍生团长张叔同先后来我家看我，他们向我说外面几条马路戒严，从惠州会馆到造币厂，这一带断绝交通，十字路口都架起机关枪。第五团全副武装向省议会（海军局）进发。不知出了什么事故？党代表知道吗？……我就打电话到蒋介石家里问消息。接电话的是蒋介石秘书陈果夫，他说蒋介石不在家……校长昨天夜里就出去了，不知去处理一件什么公务。他此时在造币厂，如果有事，你可到造币厂去见他。”上午10点左右，包惠僧将此报告给周恩来。蒋介石的临时指挥所在广东造币厂，戒备森严。第二天，周恩来带着四位卫士入广东造币厂。一进门，周恩来的卫士们即被缴械、被粗暴对待。看见刘峙捆绑40多名共产党员，周恩来当即质问蒋介石。蒋心里有鬼，让刘峙松绑，却不让周恩来离开，说你进来聊聊吧。比起李之龙深夜被五花大绑，这一次门口架起机关枪，周恩来与大家一起受审查。蒋介石派人请周恩来进入一间屋子，门口放岗哨，软禁周恩来。

蒋介石向中共提出苛刻的要求：第一，所有共产党员要退出第一军；第二，不退出的要交出名单。在不明真相的情况下，周恩来保持克制。但是，他强烈要求蒋介石，释放因“中山舰事件”被监禁的所有共产党员。周恩来坚定地说：“不管‘中山舰事件’真相如何，但有一点可以肯定，就是与中共无关。”在造币厂，周恩来打通蒋介石的电话：“我很遗憾，有人在两党之间制造分裂，挑拨是非，把40

多名共产党员扣押在这里，我希望你能合理解决这件事情。”

《周恩来与广东》记载，大革命时期，在广东工作的周恩来，身处险境，数度出生入死。中共广东省委党史研究室副研究员陈永红接受我采访时说：“1932年前，周恩来在广东遇险多达6次：棉湖之役九死一生、沙基惨案幸免于难、八二四宵禁遭枪击脱险、卫戍司令部被蒋介石软禁、普宁莲花山遇袭、陆丰黄厝寮村带病抢渡香港……”

1927年3月上海工人第三次武装起义时，周恩来又上最前线。炮弹爆炸，近在咫尺，他及时卧倒而幸免于难。美国记者埃德加·斯诺最早采访周恩来、领略周恩来的胆略。他说：“当蒋介石几天以后到达上海近郊时，发现他已不战而胜。进入南郊从获胜的工人手中接收政权。一个月后，蒋介石发动反革命政变，大肆屠杀共产党人。他的黑名单上，第一个就是把胜利送给他的‘危险敌人’。因为这位总司令明白，这个青年也可能把胜利从他手中夺走。这样就开始了周恩来作为国民党手中逃犯和第三次革命——在中国举起红旗的那次革命的领导者生涯。”

1927年四一二反革命政变后，周恩来的头颅被高价悬赏。蒋政权屠杀共产党人，灭绝人性。与周恩来赴法留学、领导上海工人三次武装起义的赵世炎，头颅

◎ 1927年4月12日，蒋介石在上海发动反革命政变

被敌人砍下立威；与周恩来在广东区委工作、后任江苏省委书记的陈延年，宁死不跪，被凶手乱刀砍死；中共上海杨浦区委书记、组织部部长张叔平，被刽子手用八寸长的铁钉将双手钉在墙上，又用两枚长钉，穿过脚心；广州起义女战士游曦，被敌人脱光衣服示众，最终被砍成几段；中共广东省委军委书记李硕勋被捕后，双腿被打断，用箩筐抬出去枪杀；中共中央宣传部部长、中共两广省委书记蔡和森，四肢被钉在木板上，胸膛被刀捅烂；蔡会文身负重伤被俘后，坚贞不屈，被国民党兵按住，割断喉咙而牺牲；中央农委书记、江苏军委书记彭湃，被敌人用铁杆压得膝盖血肉模糊，晕去九次之多，手足俱折，身无完肤，所受惨刑令人不忍尽述。蒋介石对共产党人的残忍，决定中国革命空前的残酷性。国防大学战略研究所所长金一南说："从世界政党史上很难找到，有哪一个政党像中国共产党这样，领导层像割韭菜一样，一批一批被对方屠杀。"列宁被捕流放2次，斯大林被捕流放7次。但是，在蒋介石的字典中，常用词是"见电立决""斩立决""立决"。

在白色恐怖中，中共党组织迅速转入地下。在临时中央领导层五人中，李立三、张太雷赴九江，李维汉刚从湖南抵武汉，张国焘又是一个爱说大话、少干实事的人，重担便落在周恩来的肩上。无论环境如何险恶，无论敌人屠杀手段如何凶残，周恩来都临危不惧。正如他所说："我认的主义一定是不变了，并且很坚决地要为他宣传奔走。"

历尽艰险的周恩来：百折犹能气浩然

周恩来一生经历无数险境。1937年，他在陕北崂山遭土匪伏击，副官和警卫排10多人壮烈牺牲。一日，中共淮安市委组织部《周恩来》摄制组，在广东拍摄周恩来几次遇险经历后，转陕北崂山拍摄。我采访摄制组负责人胡明东。他告诉我，当年4月，中共中央军委副主席周恩来奉中央指示，从延安出发，经崂山、甘泉、富县、黄陵、铜川、耀县、富平等地，赴西安建立八路军办事处。这趟远行，有关单位对外绝对保密，租用三辆汽车出行。第一辆车是由32人组成的警卫排，他们每人配有短枪一支，150发子弹、4颗马尾手榴弹等。周恩来坐在第二辆车的驾驶室，同车的有军委副总参谋长张云逸、周恩来的副官陈友才、中央军委参谋处负责人孔石泉等。4月25日上午9时，汽车从南门兵站出发，穿过延安城直奔西行的通道崂山大道，12时许进入崂山。崂山山峦起伏，山口纵深狭小，地势险要。汽车爬上崂山陡坡，进入一山坳。突然，枪声大作，密集的子弹从高处朝三辆汽车射来，顷刻间硝烟弥漫。第一辆汽车的前左轮胎，被子弹击中。虽然警卫排战士顽强抵抗，但伤亡惨重。近200名敌人见状，冲锋而下。情形万分危急！周恩来迅速跳下汽车，利用地形、地物和汽车作为掩体，进行还击。陈友才向周恩来汇报：敌人右侧的山头无埋伏，有原始森林，能向东南山上突围。周恩来当机立断，指挥大家边打边退，越过开阔地。敌人猛烈进攻，陈友才和战士顽强还击，牵制敌人。陈友才身穿黄呢制服，样子与周恩来相似，敌人以为他就是周恩来。瞬间，子弹像暴雨一样朝他射去，他立刻被打得像筛子般。因陈友才的衣袋里，有“周恩来”的名片，敌人认定陈友才是周恩来，在他的遗体上连捅了数刀……胡明东给我看了一张幸存者照片，他说：“突围之后，只剩下周恩来、张云逸、孔石泉、刘九洲4人。”周总理逝世后，工作人员在他内衣口袋发现这张照片，背后写着：“崂山遇险，只剩四个人了。”

刘劲，在《遵义会议》《延安颂》《建国大业》《长征》《周恩来在重庆》《解放》等影视剧中，曾经多次扮演周恩来。他让我看其执导并参演的电影《周恩来回延安》。刘劲告诉我：“周恩来看到陈友才遇害时披的一条毛毯，上面布满刀痕、溅满鲜血，他禁不住泪流满面地说：‘友才是替恩来死的，永远也不能忘记他！’这条毛毯，现仍存放于延安凤凰山革命旧址中。1973年，周恩来回到延安，亲自去陈友才的坟上祭奠。当延安有关负责人告诉他，1947年胡宗南进犯，陈友才的坟墓遭到损坏时，周总理伤心地掉下了眼泪。”我们听了，都流下热泪。

周恩来遭遇的惊险历历可数：第四次反“围剿”后，6架国民党飞机，突然出现在红军总政委周恩来上方，扔下炸弹。炸弹下他死里逃生，老天又一次将周恩来的命运交还中国人民！1935年8月，长征昏迷肝脓肿，一副担架出草地；1937年11月，日军四方围太原，一尺木桥越西门；1938年11月，长沙街巷成火海，拨火夺路跃湘江；1939年7月10日，江青延河惊马跑，恩来坠马断右臂；1945年，重庆谈判入虎穴，惊心动魄避枪击；1946年1月30日，气候突变冰雹至，飞机险越秦岭关；1955年4月11日，“克什米尔”藏炸药，特务追杀至万隆；1960年4月26日，飞机试航遇夭折，尼泊尔再遭惊险；1961年6月15日，阜成门遇卡车撞，180度调头救性命。1976年初，周恩来被“四人帮”迫害、被疾病折磨不堪，他坚定地向悲观的人们说：“天下未乱蜀先乱，天下已治蜀未治。”“我们决不可丧失信心！”[1]

1993年，曾任周恩来办公室副主任的罗青长说：“据粗略统计，周总理一生的革命活动中，所遇险境20多次……毛崇恒、何谦、戎元功、高振普、赵桂来等，都是给周恩来做警卫的老同志。他们在周总理身边工作多年，总觉得不把自己耳闻目见，或亲身经历的周总理多次的遇险写出来、公之于世，便对不住周总理的教育……他们的想法，得到了邓大姐和他们原属单位——中央警卫局的鼓励与支持。”他们从1988年开始调查，走访当事人，实地考察周恩来遇险地点，查阅资料，寻找有关帮助。他们在撰写过程中，严谨地遵循实事求是原则。

一个人树立信仰，是否可将个人生死置之度外？我带着问题，请教中共中央党史和文献研究院第二研究部副主任费虹寰。费虹寰说，在日本的求学生活，打开了周恩来由异域观察故国的新视角。周恩来在日记里立志“想要想比现在还新的思想；做要做现在最新的事情；学要学离现在最近的学问。思想要自由，做事要实在，学问要真切”。他重拾从国内带来的《新青年》杂志，觉得眼前豁然开朗，“我从前在国内所想的全是大差，毫无一事可以做标准的”。于是，他很快投入到留日学生反对北洋政府卖国行径的活动中，并加入了“以联络感情、砥砺品行、阐明学术、运用科学方法刷新中国为宗旨”的新中学会。

1918年4月23日，在旅日日记中，周恩来写出了“社会民主党”“过激派”“赖宁（列宁）”“劳农”“社会主义”等夺目的字眼。这期间，他还阅读了幸德秋水的《社会主义神髓》等介绍社会主义和马克思主义基本原理的书籍，思想在各种思潮的激荡中日益深化。1919年4月回国前夕，他写下一首诗《雨中岚山》，诗作朴实无华，表现了周恩来初识马列主义的收获和欢愉心情。

1919年4月，周恩来从日本回国，随即投身五四爱国运动。他受邀主编《天津学生联合会报》，并参与发起组织觉悟社，逐步成为天津学生爱国运动的领导核心。1920年1月29日，周恩来由于领导请愿斗争被捕，系狱170天。后来，在给友人的一

---

[1] 中共中央文献研究室二部编《周恩来自述》，解放军文艺出版社，2002，第261页。

◎ 1925年，周恩来（前排右四）和梅县商会欢迎东征军代表合影

封信中，他谈到自己对共产主义信仰的认识时说："思想是颤动于狱中。"被拘代表们的狱中斗争情况和日记，由周恩来编成《警厅拘留记》。给人印象最深的，是周恩来和狱友们学习讨论马克思主义学说的情况。正如他自己所回忆的："这个时期，我的思想已从赞成革命而走向社会主义。但是由于我出身于封建家庭，我开始的社会主义思想是乌托邦的。"

1920年底，周恩来踏上了旅欧勤工俭学的道路……在确立信仰的过程中，他逐个剖析在西欧社会存在的几大思潮，认为无政府主义等都不能用、不管用……与此形成鲜明对照的是，共产主义思想在战后的欧洲受到关注，特别是北欧新俄政治，尤其吸引西欧人民。周恩来认识到，以共产主义思想武装起来的德、法、英等国共产党的势力正逐渐壮大。特别是德国的共产党较为活跃，党员已号称30万人。法国的共产党自从与社会党分裂后，独立为共产党，当时也已有大行发达的势头。

经过反复地学习和思索，周恩来作出自己一生最重要的选择，确立了共产主义信仰。1921年春，经张申府、刘清扬介绍，周恩来加入了旅法的共产党早期组织。同年7月，旅欧共产党早期组织与国内北京、上海等共产党早期组织一道，共同发起创建了中国共产党。

对于生死，1921年周恩来在巴黎入党时，就看得透彻。在他向邓颖超表白情感时，爱的信仰里，融入主义，超越生死。1923年，周恩来送邓颖超印有李卜克内西和卢森堡画像的明信片，以言明志："希望我们两个人将来，也像他们两个人一样，一同上断头台。"他投身报国时，"面壁十年图破壁，难酬蹈海亦英雄"；五四运动时，他和请愿代表被警察局逮捕后平静地说："被捕不算什么，用不着紧张，依照计划进行就是了。"他推开军警的枪，闯入直隶省公署的衙门口，被捕入狱熬度了半年铁窗生活，末了他只说一句："我就是从这个时候开始，逐步走上职业革命家的道路。"

1922年3月，觉悟社社友黄爱被军阀赵恒惕诱杀，倒在浏阳门白雪皑皑的荒地上，24岁的周恩来表示："我认的主义是不变了，并且很坚决地要为他宣传奔走。"他还写了一首壮烈的《生别死离》：

壮烈的死，
苟且的生。
贪生怕死，
何如重死轻生！
生别死离，
最是难堪事。
别了，牵肠挂肚；
死了，毫无轻重，
何如作个感人的永别！
没有耕耘，
哪来收获？

没播革命的种子，
却盼共产花开！
…………
种子撒在人间，
血儿滴在地下。
本是别离的，
以后更会永别！
生死参透了，
努力为生，
还要努力为死，
便永别了又算什么？[1]

[1] 中共中央文献研究室编《周恩来青年时代诗集》，中央文献出版社，2008，第42—46页。

第四章

难产 | 广州长寿西路5号

THE STORY OF
ZHOU ENLAI
IN LINGNAN

四一二事变后三天，广州发生了四一五的清党事件，开始大规模屠杀共产党员。周恩来在广州时居住的广东区委军委机关被搜查。住在那里的三个同志（麻植、穆济世、朱凯）被捕后，一人在第二天被枪杀，两人死于狱中。邓颖超那时因难产后身体没有恢复，住在医院里。她怀的男孩没有活下来。

——《周恩来传》

2017年8月的一天，中央文献研究室原第二编研部主任廖心文发信息给我："晓瑾，你在广州是否找过邓大姐生孩子的医院？旧址还有吗？"我答："5年前，我寻找到这家七奶奶邓颖超难产的医院。"廖心文说："我们有一个《榜样——周恩来的故事》摄制组去广州，到时请你帮帮忙。"

廖心文主任提到的邓颖超难产事件，发生在1927年4月，蒋介石搞"清党"运动的广州。那段腥风血雨的日子，距今90多年了。记得30多年前，我在北京广播学院（今中国传媒大学）新闻系读书时，学院曾在食堂放电影《刑场上的婚礼》，当中就涉及1927年发生在广州起义后的屠杀中共党员的事件。在西花厅，我把这事讲给七奶奶邓颖超听，她深情地对我说："这是真实的事件，里面牺牲的女烈士陈铁军，1927年救过我。"至于在哪里救？怎么救？是否与1927年的难产有关？七奶奶没有细说。但当时她眼里的泪光、肃穆的表情，让我念念不忘。在我心里，它像挥之不去的阴霾……

2012年，我开始寻找这家德国教会的私人产院。一日，周新科院长跟我偶然聊起："20世纪80年代，电影《刑场上的婚礼》拍摄时，在我院后门取过景，拍摄陈铁军护送邓颖超和她母亲脱险那段情节。"这触动了我的神经！周新科院长所指的是广州医学院第三附属医院。与此事相关的是陈氏父女。他建议我："你可以去找陈安薇主任，其父陈少恂曾收到邓颖超同志寄来的一封信，寻找当年的助产士。"

6月的一个清晨，我寻到荔湾区多宝路63号。内科主任医师陈安薇对我说，她父亲已故。在1950年的春天，他父亲曾意外接到邓颖超的一封亲笔信。当时，邓颖超任全国妇联副主席、党组副书记。陈安薇对我说："父亲告诉我，邓颖超的信是用钢笔写的，大意是感谢医院助产医生对她的关爱和救助：'在1927年国民党'清党'危急之下，我在贵院难产，婴儿不幸夭折，一位叫王德馨的医生，和姓韩的护士，还护送我和母亲脱离险境。如果你收到我这封信，请马上联系我……'"之后，这封信交院方跟进。但是很遗憾，"文革"时期，这封信不幸遗失。

陈安薇激动地说："昨晚我看央视播的电视连续剧《寻路》第2集，讲的就是1927年广州国民党'清党'时难产后的邓颖超，由母亲杨振德和陈铁军搀扶，从广州撤往香港再到上海，报上登《寻人启事》，寻找周恩来……"历史上的这一幕，就发生在我眼前医院的妇产科吗？

几棵郁绿的百年榕树，深深的根系、飘零的落叶，似乎都潜藏着某种神秘的过往。漫步在医院小花园里，我好奇地问："邓颖超的信为何会寄到这里？你院与1927年4月的救助事件有关吗？"陈安薇答："仅与助产士有关。"

雨夜桨声：婴儿曾寄留鸿影

广州医学院第三附属医院，前身是清末的柔济医院。清朝末年，社会上歧视妇女。100多年前，柔济医院有一条院规是"不婚、不同居"。故许多女学生毕业后，成为私人医院的助产医生。

柔济医院创建于1899年，最早由美国基督教长老会（The Presbyterian Church）创办。鸦片战争后，清政府与帝国主义签订了一系列不平等条约，各国以传教为目的，附带办学办医。

我问："为何电影《刑场上的婚礼》在此取景？"陈安薇回答："陈铁军掩护邓颖超和她母亲由医院北门撤退。"医院的北面有一条"马利伯坚长廊"，源于马利伯坚堂。八号楼连一条200米长廊，再通北门。我们寻到北门之外，荔枝湾涌水道与珠江相连，波纹荡漾，停泊着木船。走在林荫道上，阳光柔和。陈安薇对我说："父亲健在时，每晚和我在沿岸散步。他曾指着这条道说，当年邓颖超生产后身体虚弱，陈铁军掩护邓颖超和她母亲，穿过这条小路，从医院北门坐上电船转移。"根据陈少恂医生叙述的这个历史细节，导演蔡元元在拍摄电影《刑场上的婚礼》时，便选择此地拍摄1927年4月邓颖超转移的场景：陈铁军等扶邓颖超和她母亲坐上小船，出了珠江后驶向沙面……

我在一个雨夜，扶北门外路旁的石栏杆，坐上小船，重走一趟这段水路。但是，羊城的雨夜，雷鸣电闪，我还未登船，就被风雨劈头盖脸打退回来。我站在黑漆漆的夜里，泪雨滂沱。产妇难产后，下地站不稳，一般需"坐月子"。想到难产后的邓颖超拖着虚弱的身体，与母亲一起逃离追捕，还有那个刚刚夭折的男婴，再也不能回到母亲的怀抱……我泪如雨下，一声声闪电雷鸣，惊心动魄；一道道搜捕令，恐怖惊悚！

陈安薇对我说："1950年接到邓颖超来信，我父亲陈少恂做了调查，发现当时给邓颖超接生的，是王德馨大夫和韩日修护士。她们曾经是夏葛医学院的学生。"听说档案室可能有王德馨照片，我顿生兴趣。那一天，走进广州医学院第三附属医院的档案室，我翻阅了一本又一本史料。在发黄的民国时期档案里，有一张老照片，下面注释着：1912年5月15日，孙中山总理亲临视察并参加毕业生典礼。医院后来改革，改为岭南大学孙逸仙博士纪念医院。接着，我翻开《夏葛医学院周年纪念录》，一页一页地读过，找到了两个叫王德馨的医生，均是该院学生。

我见到了第一张写着"王德馨"的照片。照片上，她面容清秀，不苟言笑，头发成髻，着中式长衫，衣装朴素。按照她填的出生日期，18岁就读夏葛医学院。我和陈安薇依时间推断，排除了该档案。

接着我们找到了第二张写着"王德馨"的毕业照片。照片背面写着——今广东惠州市人，毕业于1918年，填写地址：广州汝南洲保生医院和耀华南路24号。学生名录中显示，她毕业后在柔济医院担任练习医员。我仔细看她照片：国字脸，前额饱满，大眼亮目，有些男人的豪气；一袭中式白衣，又显端庄典雅。我们锁定这个王德馨。

陈安薇谨慎地说："我研究过这段历史，真正救护邓颖超的，是另一家私人诊所。我帮你查过，不在荔湾区多宝路，那仅是撤退路线而已。抢救邓颖超的王德馨医生，从我院毕业后，去长寿西路开了私人诊所。"

寻找王德馨：惟德惟馨依是辅

2013年9月24日清早，陈安薇发信息给我：广州市政府也在寻找王德馨，并转我一封请协助提供信息函。

广州市卫生局、市档案局：

接我驻法兰克福总领馆来信称，近期德国联邦银行黑森州监管局局长一行拜访温振顺总领事，随行人员德国联邦银行法兰克福分行法务部负责人托马斯·洛（Thomas Lo），提请我方协助，查找与他失散多年已故姑母王德馨的情况。经初步了解，王德馨是广州著名妇产科医生，早年在广州开办保生医院，曾于1927年为邓颖超接产，并帮助邓转移，逃脱敌人追捕。1949年，王德馨移居香港，并在1960年创立王肇枝中学，1983年在香港去世，1949年后，邓颖超也托人寻找王女士的音讯……

2013年9月5日

我国驻法兰克福总领事馆考虑托马斯·洛有华裔血统，支持与中国各项合作项目，建议帮助寻找。这样，不仅有我和陈安薇的寻寻觅觅，还有了广州市档案局和外事办的参与。

半路来了个张全红——这位档案专家的发现，令一切尘埃落定。她答复我们说："我查了档案，王德馨1918年毕业时在'耀华南路24号''自行开业'，此时

‘汝南洲保生医院’已存在。”

张全红赶去广州医学院第三附属医院核实。1932年的学生一览表中，有“本市王德馨医院”字样。张全红又翻出了2003年广东出版的《西关小姐》：1924年，王德馨仍担任夏葛医学院教员。同时，她受聘于黄玉英创办的保生产科校院（设有留产病床），1927年为邓颖超接产，但是校院地址不详。之后，陈安薇在《荔湾区志》的大事记里找到地址，她兴奋地说：“里面记载‘1927年4月中旬，邓颖超在长寿路192号王德馨产所住院休养’，也就是今天的长寿西路5号。”

我和陈安薇相视一笑，两位夏葛医学院毕业生，同名同校，在不同地点，为民诊治。而王德馨因给邓颖超接生，进入大众的视野：“她早年在广州开办保生医院，曾于1927年为邓颖超接产，并帮助邓转移，逃脱敌人追捕。”在关键时刻，她显示出的大爱和正义，难能可贵。这段历史，离奇曲折。我端详王德馨照片，这位大眼睛、目光深邃、性格沉稳的女性，确实是给邓颖超接产的主治医生。

寻找这家私人诊所，却一波三折。如今，广州城妇产医院有几十家之多。近百年间，有的合并，有的重组，如大海里捞针。当年私人诊所旧址仍在，但医院已搬迁。几家相关医院浮出水面，左查右寻，终被否定。过了些日子，电话又响了，找我的是林巧璇书记。我迫不及待地问：“你们是救过邓颖超的医院吗？”“对的，我们就是当年帮助邓颖超脱险的医院！”我将信将疑：“前身是一家德国人的私家产院？”“没错，现在叫荔湾区妇幼保健院。”我终于如释重负。

◎ 荔湾区妇幼保健院的前身是王德馨诊所

10月25日上午，在中山八路和荔湾路之交通口，我找到门牌：荔湾路35号。医院书记林巧璇肯定地说：“荔湾区妇幼保健院的前身是王德馨诊所，现在搬到了荔湾路。”我仰望这家医院，高楼临街，大厦矗立。在12楼会议室，我见到该院专家蓝琼英，83岁的她仍精神矍铄。她是该院唯一见过王德馨且还健在的人。蓝琼英说："1959年我进院时，王德馨留产诊所已经解体，改名为荔湾区妇幼保健院。当年，王德馨医术过人，无人不晓，患者多慕名而来。"蓝琼英指着诊所的那栋楼房说："我当护士时，住的单身宿舍所用的铁床，就是王德馨的诊所产房留下的。1980年，煤建公司买下了王德馨老师留下的那栋楼房。"

1978年冬天，90岁高龄的王德馨，拄着拐杖，回到了长寿西路5号。蓝琼英回忆说："她回来医院清理留下的房产。虽用拐杖走路，人还是很精神的。"同年的一个夏日，王德馨专程又从香港赶回广州，她把自己的那栋楼捐给医院，此楼在日本飞机轰炸广州时曾庇护了部分广州百姓。1937年8月31日至1938年10月21日，日本侵略者的飞机轰炸广州14个月，全城被炸得惨不忍睹。当时，为防日军空袭，王德馨医生把低层手术室改装成"地下避弹室"。1978年，王德馨医生捐楼时，这栋4层的老房子，已装修一新。

《广州卫生志》有一段记载："民国初年，王德馨在长寿西路5号开设的留产诊所，是荔湾区妇幼保健院前身。1927年初，周恩来的夫人邓颖超同志怀孕将临产，曾住进王德馨诊所待分娩，由护士韩日修进行护理。1927年3月底，因难产，胎儿窒息而不幸夭折。手术后邓颖超身体十分虚弱。1927年4月15日，国民党反动派在广州发动反革命政变。当日凌晨，原广东妇女解放协会秘书长陈铁军，从中山大学女生宿舍脱险后，立即到西关通知在留产所治疗的邓颖超火速转移。当时，中共广东区委机关和邓颖超住处已被特务抄查。虽然王德馨医生再三挽留，邓颖超仍要求出院。王、韩两位医生本着基督教'仁爱为怀精神'和对病人的同情，由韩日修护送邓颖超和她的母亲到多宝路朋友家暂避。"

陈慧宜，是编写《广州卫生志》这段文字的作者。为核实这段1927年的历史，1989年，她四次写信给邓颖超。2013年秋的一天，当我辛苦地找到陈慧宜曾工作过的学校时，她却已移居美国。广州卫生学校的姚中进主任帮我查阅史料，提供陈慧宜的有关调查记录："当时，走访中听到一些老校友传闻，该校的一名兼职老师王德馨和韩日修曾经给邓颖超接生。因为情况十分危急，她们还掩护邓颖超离开广州，抵达上海，结下一段深厚友谊。然而，如今王德馨和韩日修均驾鹤西去，怎样核实这段历史呢？"为此，陈慧宜调查了20个月，寻访百余人，最后找到两个关键人物：王德馨的侄女王雅丽教授，当时在广州华南师范大学任教；护士韩日修的养女郑让珍，当时在广州培英中学居住。她们的说法，不约而同：邓颖超是在保生医院临产的，也是王德馨、韩日修把邓颖超安全转移到上海的。2002年12月28日，陈慧宜在《羊城晚报》撰文《卫校学子曾护送邓颖超逃出虎口》。我在《羊城晚报》档案室里，翻到了这张发黄的报纸。

2013年11月的一天，我设法联络到陈慧宜。她说，当时邓颖超大姐还健在，为证实《卫校学子曾护送邓颖超逃出虎口》，她给邓颖超办公室写信，但寄去三封函，均未有音讯。1989年10月1日，中央电视台《新闻联播》报道：首都各界群众百万人庆祝新中国成立40周年。看到邓颖超同志在天安门城楼上的镜头，已在整理《广州卫生志》的陈慧宜，又写了第四封信。

亲爱的邓妈妈：

我参加《广州卫生志》的编写工作。了解到王德馨和韩日修当年掩护您转移……为此，我走访王的侄女和韩的养女，广州市第二人民医院副院长梁毅文及其他知情者。但有些细节，众说纷纭。要使之准确，非您莫属。……我才鼓起勇气，发出这封信和初稿，请求核对与您有关的情况。

不久，邓颖超办公室回信了！赵炜秘书代邓颖超回信，逐一核实历史细节。“陈慧宜同志：来信已与你核对，先退回请查收。12月31日。”在陈慧宜寄给邓颖超的初稿上，我看到赵炜秘书用钢笔改过的字迹。第一处，圈出“直接去王的医院”“广州西关保生医院”“是晚上转移”。第二处，陈慧宜初稿写：“临行前，王德馨为她准备必要的药品，韩日修这位圆脸大眼的27岁博罗姑娘，化装为艇妹，邓颖超化装成渔妇，和邓母一起，登上横贯长寿路河涌的小船，直出白鹅潭。”赵炜秘书删去“渔妇”二字。第三处，赵炜秘书回答地点和时间：“邓大姐当时就是在王德馨的保生医院临产的，而且转移的时间是在晚上。”

1989年12月27日，我在华南师范大学寻找到王德馨的侄女。她说：“1978年，姑母王德馨从香港回广州探亲时，向亲戚透露了为邓颖超接生，并安全护送她离开广州的事。当时，我姑母王德馨是广州有名的妇产科医生，在德国教会开办的保生医院担任主治医生。医院位于荔湾区长寿路。1927年3月底，临产的邓颖超，在其母的陪同下，住进了广州长寿西路的保生医院待产。初始，邓颖超和她的母亲杨振德隐瞒了真实的身份。由于胎儿长得太大，邓颖超难产，三天三夜都没生下来。姑母王德馨告诉她们：如果再拖下去，大人、孩子都保不住了。当时的医疗条件不好，不能做剖宫产手术，因为难产，男婴因窒息夭折。姑母王德馨把孩子取了出来，是一个男婴，大概有9斤。邓颖超非常舍不得孩子，伤心地掉下了眼泪。”

2003年，中央文献研究室与南京电视台制作大型纪录片《邓颖超》，导演杨丽华专程来广州，通过当时的广州市妇联主席何明，找到韩日修的亲人。之后，我通过廖心文主任找到杨丽华。她连夜翻出原始采访记录给我。培英中学，地处广州市芳村白鹤洞，在这里，我找了该校校工郑让珍，短发，微胖，年已古稀。她原是一个孤儿，9岁失去父母。在日本侵略者飞机轰炸广州时，流离失所的她，被护士长韩日修收养。韩日修终身未嫁，与此孤女相依为命。郑让珍说：“养母韩日修是保生医院的护士长，和王德馨医生关系很好。1927年4月的一个夜晚，王德馨医生找到养母韩日修，商量帮助邓颖超和她母亲脱险。当时，王德馨医生和我养母并不知邓颖超真实身份，出于人道和慈悲，都愿意帮忙。”后来，王德馨医生把邓颖超和她母亲藏在朋友家。郑让珍说：“我养母韩日修负责送药送饭。后来，医院以买药的名义去香港。过了十几天吧，我养母化装成艇妹，陪着邓颖超和她的母亲杨振德，一起从沙面码头上了德国的小电船，出广州到了香港。养母韩日修还陪着邓颖超一直到了上海。”被通缉的邓颖超，随时有被捕危险，但这位化装为艇妹的韩日修，胆识过人，陪着邓颖超和她母亲，登上小船入珠江，撤退到香港，转抵上海。其间，她与邓颖超结下了生死之情。

痛失爱子：仰天俯地不忍言

赵炜秘书告诉我，邓颖超亲自讲过这段历史。她说：“有一次，邓大姐感慨地说：‘我们当年也曾有过两个孩子，如果都活着，比你还大几岁呢。’”邓颖超第一次怀孕，是在1925年10月，当时他们刚结婚不久，周恩来率领东征军奔赴汕头，她留在广州工作。赵炜秘书说：“听到自己怀孕的消息，邓大姐心里很慌乱，丈夫东征走了，母亲不在身边，自己协助何香凝做妇女工作，哪有时间带孩子呀！想来想去，她就自作主张，买了一些打胎的中药吃了，想悄悄把胎儿打下。谁想到，那中药药性很强，她吃了后，一个人痛得在床上打滚。正巧，母亲杨振德赶到广州，当她得知女儿自己打胎之后，吓了一跳，责备女儿：'这么大事也不同恩来商量。'好在杨妈妈懂中医，一直在饮食上多加调理。"

同年11月，邓颖超被派到汕头一带，做妇女工作，与丈夫重逢。邓颖超回忆说："一见面，恩来就看出我脸色不好，马上问我怎么啦，我不得不告诉他自己怀孕和偷偷打胎的事情。恩来听后大发脾气，他指责我是形而上学，怎么能把生孩子和革命工作对立起来！孩子不是个人的私有财产，他属于国家属于社会，你有什么权力把他随随便便地扼杀？身体是革命的本钱，可你又随便糟蹋自己，不爱惜身体，这是不负责任的态度。为了革命，我们随时要有流血牺牲，但是决不允许糟蹋自己的身体，你要打胎，也该事先和我商量一下，听听我的意见嘛，怎么这样自作主张，轻率从事？'说实话，在后来几十年的共同生活中，我都没见过恩来发那么大的火。我知道是自己错了，就向他承认自己的轻率和幼稚，后来他也不生气了，还反过来安慰我要多注意身体。"[1]讲完这段往事，邓颖超对赵炜缓缓地说："现在想起来，我那时也是太轻率、太幼稚了。"

邓颖超分娩的预产期，是在1927年3月底至4月中旬。此时，周恩来被调往上海工作，担任中央组织部秘书兼任中央军委委员。他接到调令时，邓颖超已有几个月的身孕，便留在广州工作。之后，恐怖的局势使他们音讯不通。邓颖超的母亲杨振德闻讯心急，翻山越岭，专程从梅县中学赶来照顾女儿。邓颖超回忆说："我第二次怀孕快生产时，恩来又不在身边。"充满期望的邓颖超，却遇上了蒋介石在上海发动四一二反革命政变。3天后，广州国民党当局也开始搜捕共产党人。4月15日，广州因国民党"清党"风声鹤唳，羊城处在白色恐怖之中。这天清晨，广东省总工会被查封！省农民协会被查封！工人纠察队被缴械！共产党员及干部被捕杀！当时，邓颖超因难产尚未出院，丧子之痛，心如刀绞。她对赵炜说："因为胎儿过大，又是难产，三天三夜没有生出来……"

---

[1] 赵炜：《西花厅岁月——我在周恩来邓颖超身边三十七年》，中央文献出版社，2004，第157页。

躺在病床上的邓颖超，收到了国民党特务抓人的消息。中共广东机关和她的住处都被抄了，和许多党员一样，她与党组织失去了联系。“四一二事变后三天，广州发生了四一五的清党事件，开始大规模屠杀共产党员。周恩来在广州时居住的广东区委军委机关被搜查。住在那里的三个同志（麻植、穆济世、朱凯）被捕后，一人在第二天被枪杀，两人死于狱中。邓颖超那时因难产后身体没有恢复，住在医院里。她怀的男孩没有活下来。”[1]国民党反动派屠杀中共党员，视人命如草芥。在四一五清党事件中，被通缉的共产党首要分子有197人，其中也有邓颖超，还悬赏两万五千元捕杀周恩来。邓颖超坚强地说：“我与党组织失去了联系。我想只要我活着就要坚持下去。”后来，邓颖超接受采访时说：“在我住的医院里，有一位年老的女医生是基督教徒，她认为国民党太不人道，设法帮助我和我母亲（杨振德），她当时在医院护理我，将我转移到安全的地方。”[2]当时，刚生产后仍倍感虚弱的邓颖超，正在位于长寿西路的王德馨的产院住院疗养。

谁通知邓颖超转移的呢？那时，中共广东区委机关三位同志已被害，幸亏一位同志机警，在特务搜查前，把刚收到的周恩来给邓颖超的电报交给了一位工友。邓颖超回忆说：“恩来走后一直没有消息。蒋介石进入上海之后，就开始进行‘清党’反共的阴谋了，发生了四一二反革命政变。蒋介石下令血腥屠杀共产党……区委刚好接到恩来给我的电报，区委的同志便托一位工友将电报带给我。当时，我在医院里什么情况都不了解，只是听到马路上警车不断呼啸，觉得可能情况不好。”

“是陈铁军冒着生命危险，翻墙通知邓颖超转移的。”谭天度的儿子谭霆对我说。“陈铁军和区梦觉是我父亲的学生。1925年夏，我父亲把这两位学生介绍给邓颖超、蔡畅。1926年，在邓颖超、蔡畅引导下，在万福路190号，陈铁军和区梦觉开始做广东妇女工作，成为妇女运动的杰出领导。”

我采访了区梦觉的女儿区惠风。一个夏日，在广州新河浦路的一个住宅小区，区惠风对我说：“母亲区梦觉讲过，1927年4月邓颖超难产后，她安排了一名女地下党员郑福如照顾体弱的邓颖超。母亲说：‘是我介绍陈铁军入党的，特务封校的危

---

[1] 金冲及主编《周恩来传》（一），中央文献出版社，1998，第164页。

[2] ［英］韩素音：《周恩来和他的世纪》，中央文献出版社，1992，第102页。

急时刻，她跳出中山大学的围墙，帮助邓颖超成功转移。’”

那天凌晨，原广东妇女解放协会秘书长陈铁军，从中山大学女生宿舍翻墙脱险。她化装为贵妇人，妇协勤杂工沈卓青化装成女佣，两人冒着生命危险，来到西关王德馨保生医院，通知邓颖超火速转移。一看她们紧张的神情和装束，邓颖超就知道不妙。当时，沈卓青在门外放哨。陈铁军低声告诉邓颖超，广州发生了反革命事变。在广东国民党的党政要人，大多数都认识邓颖超，她必然是他们搜捕的目标。党组织决定，让邓颖超赶紧转移到上海。这时，产院已草木皆兵，军警随时都会过来搜查。邓颖超无人可找，思来想去，只有靠王医生的帮助。邓颖超对王德馨医生说："为了防止军警搜捕，我和我妈妈先搬出去，以免给你们带来麻烦……"王德馨认为她们当下不能搬出医院，离开这里更危险——外面风声紧张，正在搜捕共产党员！她说："我们这里是德国教会医院，他们可能不敢进来搜捕。但是，这里你们也不能久留，我想办法让你们尽快离开广州。"王德馨并不知邓颖超真实身份，但看到她刚失去男婴，身心俱伤，身体虚弱，怎经得起追捕？本着医生的天职，她决定救护这对母女。邓颖超身体虚弱，难以行走，王德馨马上安排她躲藏。

2017年10月的一天，几经周折，我找到了王德馨侄孙女潘慧玲。她说："当时到处搜捕邓颖超！危险时刻，我奶奶王德馨到街外观察情况，回来说外面没有人，可以转移。"王德馨不放心，派韩日修护送邓颖超等搬到医院后面她的一位朋友家中，暂避风险。

邓颖超等人离开病房的第二天，长寿西路德国产院就被包围搜查。国民党特务逼王德馨医生交出病人。她毫不畏惧："病人已经出院，我不知道她到哪里去了。"吵嚷声很大，德国籍院长出来制止，特务们只能匆匆撤走。王德馨虚惊一场！四月雨水如瀑，时局紧张，转移后的周恩来密电广东军委，帮助邓颖超撤离。接到电报的邓颖超，心情焦虑：如果从广州去上海，路途必经香港，路费昂贵。当时，周恩来每月工资300元，留50元，其余全部交党费。邓颖超每月工资仅几十元，手中钱款已付医费。她想起丈夫临走时吩咐，钱不够用时，找中共广东区委。但是，中共广东区委已被洗劫，人去楼空。燃眉之急，何处找人？黄埔军校教官张治中闻讯，救人于水火，筹到路费，托陈赓赶去医院，送了500元解难。

我含泪寻找到荔湾区多宝路，沿街店铺云集。医院后面的那片民居，高度参差不齐，当年邓颖超和她母亲就隐藏在古老街巷之中。1927年4月躲避追捕时，邓颖超和母亲栖身方寸小屋，岭南老式的木门，从外反锁。每天，护士韩日修送饭来，她们听到呼唤，才敢开门。十几天后，邓颖超身体稍缓，能扶墙下地了。这天，机缘成熟，保生医院派人去香港购药，搭乘的是一艘德国领事馆的小电船，韩日修跟随上船。临行前，王德馨医生为邓颖超备好药品。27岁圆脸的韩日修，一身艇妹装束，一双大眼环顾四周。陈铁军赶来陪护，她们从荔湾河涌前往沙面，登上小电船。

夜幕中，码头上军警巡查，空气中弥漫着血腥味。马达响起，船身颤动。珠江云雾渺茫，一艘小电船消失于南海之中……这艘电船抵达香港后，邓颖超紧握着韩日修的手说："日修姐，谢谢你和王大夫，总有一天，我们还会见面的。"

邓颖超和她母亲搭船，从香港辗转到上海，海上风急浪大，邓颖超呕吐不停，连胃里的黄水都吐出来了。她惦记着周恩来的安全，默默铭记丈夫给她的电报上的话，用母亲"杨振德"的名字登报找他。杨母登报找伍豪（周恩来笔名）的寻人启事上说："伍豪鉴：你已久不要你的妻子，现在，我带她到上海找你，希速到旅馆来相会。"事后，邓颖超说："很巧，就在我们住的这家旅馆，前一天就有一位党的领导人被捕。我们对此毫无所知，恩来见报非常着急，马上派人把我们接走。当时，没有地方住，我便以病人的身份住进一家日本人开的福民医院，躲了半个多月。"

在福民医院，邓颖超接受治疗持续两周。医生给她检查后说，因为产后过度疲劳，子宫没有收缩好，她今后很难再怀孕了。邓颖超说："抵达香港后，我们住了几天，又买船票去上海。海上的风浪很大，我的身体又很虚弱，当时呕吐不止，几乎到了难以忍受的程度。"战争年代的颠沛流离，使她永远失去了做母亲的机会。英籍作家韩素音采访过邓颖超，她在文章里说："难产加昼夜颠簸，邓颖超心力交瘁。痛失骨肉，风餐露宿，诱发她患肺结核病。看她咳出来鲜血，周恩来惊吓不安，难过落泪。因为他的母亲万冬儿、嗣母陈氏均死于肺结核。"[1] 邓颖超这一病，

---

[1] ［英］韩素音：《周恩来和他的世纪》，中央文献出版社，1992，第142页。

在病床上整整躺了18个月。对于一个年轻的母亲来说，怀胎10月、分娩剧痛三天三夜、痛失骨肉……是怎样的煎熬啊！

心心念念：深恩重德无言处

难产失去爱子，痛彻心扉。后来，邓颖超曾三次寻找保生医院，念念不忘王德馨和韩日修。第一次是1938年8月。我看赵炜秘书在给陈慧宜的回信中，将“几年后”改为“1938年”。那时，邓颖超时任中共长江局妇女部国民参政员。为迎接宋庆龄视察广州，她专程从汉口来到广州。会上，邓颖超发表讲话，力促广东妇女界结成抗日民族统一战线。繁忙之际，她抽出时间，找到位于西关的这家德国保生医院，看望王德馨和韩日修，送上礼物致谢。之后，战乱频繁，她们失去了联系。

1949年10月14日，广州解放。邓颖超第二次打听两人的下落，寄信到广州医学院第三附属医院，寻找当年救护她的助产士，却杳无音讯。这时，距难产丧子之事，已过23个春秋。第三次寻找，发生在1951年春季。何明是当时的广州市妇联主席，她说：“1951年，我到北京开会，邓大姐握着我的手，托付我打听王德馨、韩日修两人的下落。”邝小明告诉我，他母亲何明询问到的结果是广州解放后，王德馨去了香港，韩日修搬家了。

1949年，王德馨移居香港，创办王肇枝中学。1978年回广州探亲时，王德馨已90岁高龄。从牧师李圣华口中，得悉邓颖超打听她的地址，关注她的健康，王德馨感动不已。她说：“这么多年过去，邓颖超仍然念念不忘……”随即，她让侄儿写信寄往西花厅，问候邓颖超，并附上了一张近照。赵炜秘书说：“1978年，收到王德馨寄来的信及近照，邓大姐嘱我马上回信，但此时，王大夫已返回香港。”1984年春，邓颖超专程前往广州，期望与王德馨相见。遗憾的是，王德馨已在香港逝世，享年95岁。

广州市妇联主席何明继续四处寻访韩日修。根据教会学校线索，她终于找到白鹤洞培英中学。1879年，该校由美国那夏礼博士创办。1951年，广州市人民政府还未接管该校。在何明引导下，邓颖超推开校舍简朴的房门，见到了体弱多病的韩日修！如梦方醒！韩日修眼前一亮，自己1927年保护的产妇，原来是周总理的夫人。后来，在百忙之中，邓颖超还给韩日修写了三封信。何明说："邓大姐要求我们力所能及地给予韩日修生活上的照顾。"

因为韩日修长邓颖超5岁，又一同经历过生死，故两人以姐妹相称。1953年，韩日修因心脏病住院。她身体虚弱，没有工作，家境窘迫。她和养女每天靠洗衣为生。养女郑让珍每天收集有钱人家孩子的衣裤，浆洗不断。韩日修将衣裤熨烫后，叠好放入一个旧衣柜内，并给每件衣服挂上小牌，写上姓名。每洗一件，收两毛钱。看见韩日修病卧在床，郑让珍在木盆内搓衣服，双手红肿，何明心疼不已。她说："邓大姐得知后，立刻写来一封信，委托我们就近照顾，每月她送20元，给韩日修调养身子。"在那个年代，几十元相当于一个月的工资。韩日修收到补助，百感交集，托人写信给邓颖超。

2003年2月20日，大型纪录片《邓颖超》摄制组专程来到广州，满头白发的何明接受采访，回忆起受邓颖超委托，寻找王德馨和韩日修、广州妇联照顾韩日修的实况。何明怀念起已逝世10多年的邓颖超，热泪盈眶。我捧着邓颖超给韩日修的三封亲笔信，字字饱含深情，用的是中华全国民主妇女联合会信笺，署名处还盖有印章。

1952年3月20日，邓颖超写道：

日修姊：

去年我在病中突接你自广州来信，得悉近况，欣慰奚似。自广州解放后，我即托人探询吾姊及王医生下落，但始终未能打听到。现在得知吾姊健好，并仍坚持着工作，十分高兴。但不知吾姊是否知王医生的情况，便中尚望告知一二。

我病后因为忙于工作，没有即复来信，很抱歉，现请妇联同志代我去看望你并问候你。

来信问起我的母亲，她老人家已于1940年在重庆病故。倏忽已十年有余。我自那次难产以后，就没有再生孩子。在革命的艰苦生活中，我的身体已不如以前健康，尚幸仍能坚持工作，知注并告。专复。

祝健康！

邓颖超

1952年3月20日[1]

2017年，我找到何明住址时，她已逝世4年，其子邝小明给我看了何明写给韩日修的信。此信写于1953年1月11日："韩日修大姐：听陈节同志说，你病了很久。心里很挂念。希望你能安心休养。我们很知道你的困难，特送上人民币20元，请收下，买些必要的药品。你有什么需要我们帮忙的地方，希望通知我们。我们想给邓大姐去信，告诉她关于你的情况。"

1953年3月8日，邓颖超得知韩日修入院，牵肠挂肚，无奈自己也在病中，只好鸿雁传书，写了第二封信：

日修姐：

接到广州市妇联何明同志来信，知道你因病进了医院，万分惦念。路远而我也正在病中，不能前去探望，只得托市妇联同志代我就近照顾，我姐如有需要，有何困难，切望就近告市妇联同志，她们一定代我协助你解决。希望您早日康复。

此致

敬礼

邓颖超

1953年3月8日[2]

1953年4月5日，护士韩日修不幸病逝，后事由何明、广州市妇联和广州市民政部门料理。

寻找韩日修后人，颇费周折，历时几年。一天，我接到一个陌生电话，原来

---

[1] 中共中央文献研究室第二编研部编《邓颖超书信选集》，中央文献出版社，2000，第106—107页。

[2] 中共中央文献研究室第二编研部编《邓颖超书信选集》，中央文献出版社，2000，第111页。

是韩日修的外孙女朱世英、外孙女婿邝汉泉！有缘人浮出水面。韩日修外孙女朱世英说："我们常感谢邓奶奶，如果没有她的救济，外婆的苦日子不知怎么样熬过来！"我想看看韩日修的模样，他们翻了个遍，家里却没有她的照片。

朱世英说："我10来岁的时候，看过邓颖超奶奶写给外婆韩日修的几封信，妈妈珍藏在一个梳妆木柜内，还锁上了锁。信封用的是牛皮纸，钢笔字是竖的，由左向右写的。第一封信，邓奶奶字写得特别工整，邓奶奶亲切地称我外婆为'姐姐'，在我家最困难的时候，每月接济我们20元钱。我母亲郑让珍生前常说：'饮水不忘挖井人，我们家世世代代不能忘记邓妈妈的恩情啊！'"

周恩来对战友知恩报恩。我想到1935年红军长征时，是陈赓和杨立三抬着周恩来出的草地。1954年杨立三病逝后，周恩来亲自为他抬棺扶灵；1961年陈赓病逝后，周恩来亲自到首都机场接他的骨灰。1927年韩日修冒死护送邓颖超，1953年邓颖超立碑祭奠韩日修。一个能为自己的挚友抬棺，一个能为救护自己的护士疗病和治丧，这是共产党人多么厚重的情谊啊！

重阳节，秋高气爽。我和朱世英夫妇、朱世明相约，去祭拜韩日修。广州基督教公墓，在银河村和河水村之间，坐落在东郊的一座山坡上。这里有上万座墓碑，与国内中式墓园不同，这里只有鲜花祭拜，不见香纸缭绕。一道阶梯式的走廊，贯通墓场，廊顶开满鲜花。罗汉松、金银花、鸡蛋花，阳桃、芒果树，萦绕其间。两旁墓碑林立，井然有序。我们捧着鲜花，往西边走。朱世英轻唤一声："外婆在这里！"只见墓碑焕然一新，"韩日修之墓"几个字涂着新漆。我们走上前，鞠躬，摆放鲜花……我双手合十，念着："韩奶奶，我代表爷爷周恩来、奶奶邓颖超来看望您，感谢您……"话语未尽，我已泪眼婆娑。

◎ 周晓瑾（左二）采访韩日修护士外孙女朱世英、外孙女婿邝汉泉、外甥朱世明

这位终身未婚的护士长，带着自己救死扶伤的梦想，长眠在东郊墓园一隅。山野空寂，鸟语花香。墓园敞开铁门，工人抬着新碑，走在墓间，渐行渐远。一样的夕阳，洒在冰冷的墓石上。她的墓碑旁，开着一束粉粉的花朵，十分漂亮。看墓人告诉我，这种花叫日日新，四季常开。这墓碑，没有遗照，没有颂词。祭拜后，我恋恋不舍地回眸，那一束花，依然在风中摇曳……

夕阳西下，我路过保生医院旧址旁，隐约听到新生婴儿的哭声，泪水再次滚落……1927年4月那个惊心的夜晚，邓颖超和母亲惶恐不安，转移到一个陌生的屋檐之下。难产中，邓颖超保住性命，是侥幸；难产中，躲过特务追杀，是侥幸；难产后，从长寿路河涌口登船脱虎口，更是侥幸。那两位医护人员，就是救命菩萨！医院之北门，就是逃生之门；那条颠簸的小船，就是救命之舟。如果没有两位医护人员舍命搭救，后果不堪设想啊！

记得赵炜秘书和我父亲等从天津海河撒完邓颖超的骨灰回来，我抱着赵炜痛哭……她说："说起这些有关难产的往事，邓大姐经常念叨：'虽然几十年过去了，但提起这件事，我对她们仍是很感谢的。'"

周恩来：幼吾幼以及人之幼，处处团圆天下悦

纪东，是周恩来的秘书。他曾告诉我一个细节：1972年秋的一个晚上，全国计划生育工作会议结束后，周恩来跟李先念、纪登奎、华国锋等聊天。说着说着，周总理突然动容地说他和邓大姐也有一个亲生儿子。"1927年，蒋介石发动四一二反革命政变，蒋介石叛变革命，大量逮捕、屠杀共产党人，我和许多党员被通缉。当时，邓大姐在广州，正好临产，因为孩子太重，有9斤多。……有这么大！结果三天三夜没生下来，当时的技术还没法进行剖腹产……没有活下来，夭折了，我也没有看到一眼。"[1] 总理表情凝重和伤感，眼里有些湿润，闪闪的好像有泪光……

周恩来是一个重亲情的人。他留学日本时，身边带着嗣母陈氏的信，每到祭日，点香诵读，泪水潸潸。我父亲周保常回过绍兴祖居，亲眼见过周恩来在抗战时

[1] 纪东：《非常岁月——回忆周恩来总理的最后八年》，中央文献出版社，2012，第106页。

期回乡动员抗日时，恭恭敬敬地续写在家谱上的名字。对患难与共的妻子，他更是重情重义，51年如一日，不离不弃。

更意味深长的是，丧子后的23年，周恩来和妻子有一张戴红花、手挽手的合影。这一幕定格在1950年8月8日，他们结婚25周年。在西花厅的花园里，邓颖超穿的旗袍与当年文德楼新婚时所穿的相仿。这时，一曲陕北情歌《兰花花》从留声机中传出来，孙维世、周秉德、卫士成元功和韩福裕等涌出，给银婚的夫妻俩佩戴红花。邓颖超笑着说："我们结婚时特别简单，这下倒热闹，维世算是给我们补办婚礼。"这一年，疗养中的邓颖超在致丈夫周恩来的信中写道"不像情书的情书，给我带来了喜慰"。

著名作家梁衡在《大无大有周恩来》中直抒胸臆："天何不公，轮到总理却偏偏无后，这怎么能不使人遗憾呢？是残酷的地下斗争和战争夺去邓颖超同志腹中的婴儿，以后又摧残了她的健康。但是，以总理之权、之位、之才，和倾倒多少女性的风采，何愁不能再建家室，传宗接代呢？这在新中国成立初期党的中高级干部中不乏其人……。但总理没有，他以倾国之权而坚守平民之德。"

1963年1月，周恩来曾去拜访老作家、盆景艺术家周瘦鹃。见总理抱起自己的孙女全全，周瘦鹃老泪盈眶地说："总理，您为中国革命奋斗了几十年，听说还没有一个自己的孩子，我这个全全就送给您吧。"周恩来朗声笑道："周瘦老啊！全中国万万千千个儿童都是我的孩子，都是革命事业的接班人。这样，不是就不分你的我的了吗？"[1]

---

[1] 金瑞英主编《邓颖超——一代伟大的女性》，山西人民出版社，1989，第105页。

第五章

宿营 | 梅州五华县城

THE STORY OF ZHOU ENLAI IN LINGNAN

司马光说：『才者，德之资也；德者，才之帅也。』一个人德高于才，才会不惜牺牲自己，追求革命信仰；一个德才兼备的人，才能勇于承担民族救亡的重任。

广东的五华县是个出名的地方，不仅是因为那儿出了足球明星李惠堂，踢遍亚洲无敌手，更因为华阳有个席草湖，周恩来在那儿救援过蒋介石。黄埔军东征史上，有周恩来亲率部队二进五华，夜袭敌军；也有蒋介石在华阳席草湖遇险，被陈赓背着逃出，越太平河渡口。如果没有周恩来和何应钦从海丰赶来救援，即使陈赓攀山越岭报信，也难解蒋介石被堵之围。

东征旧踪：威仪雍肃披儒雅

2016年冬至后的一天，五华商会会长卓定华组织义诊回故乡，我与他们不谋而合，顺路寻访周恩来东征的足迹。

卓定华和骨科名医李佛保都是五华人。他们展开地图告诉我，五华县在广东省东北部，韩江上游，与粤东丘陵地带连接，东起郭田照月岭，西至长布鸡心石，东南与丰顺、揭西、陆丰交界，西南与河源、紫金接壤，东北连兴宁。特殊的地理位置，决定了黄埔军校东征军在1925年几进五华。

一路车行，我们直奔五华中学。1911年，它叫长乐官立中学堂；1914年，改称五华县立中学。我查了门牌，是五华县华城十字街东57号。我们的车进入五华中学的东门。15岁曾就读于五华中学的名医李佛保睹物思人，他说："周恩来当时是黄埔军校东征军总政治部主任，听说他和东征部队当时就住在我的母校。"眼前的五华中学，有着崭新的教学楼，宽幅的电子显示屏。我问："当年周恩来住五华中学哪里呢？"李佛保指着西面说："我读书时听老师说就是那里。"在我们寻找的周恩来当时所住的26号房残墙旁，却见一栋新校舍拔地而起。黄墙、拱窗、白拱栏，楼下一排桂花树，飘着芳香。校长钟竞明告诉我："20世纪80年代，因校舍紧张，只能拆除东征军所住的旧平房，建起学生宿舍楼。但我已按照原貌，把26号房的陈设放进周恩来纪念室里。"

我们走进纪念室，只见黄土墙木板门，如农舍般朴素，陈旧的木门，简陋的木窗，缝隙里面糊着纸。推开木门，屋内简约，一张单人木床、一张木桌、一张木凳，墙上挂着一盏煤油灯。如果不是悬挂着周恩来的戎装照，恐怕没人知道黄埔军校的总政治部主任，我们的国务院总理曾来过这里。

周恩来事迹陈列室分青少年时期、东征时期、新中国成立后三部分。在展室，我看到一幅油画。画上，周恩来主任身穿军服，领系红飘带，英姿飒爽，站在学生中演讲。钟校长说，周恩来亲自发动组织新学生社，并对五华中学的同学们说："学生最纯洁，最有朝气，应该大胆起来，参加革命活动。要打倒帝国主义，打倒军阀，打倒贪官污吏，打倒土豪劣绅。要实行联俄、联共、扶助农工的三大政策。”[1] 2013年，五华中学把“为中华之崛起而读书”定为校训，把纪念室、周恩来事迹陈列室迁入这栋和平楼，花园里还矗立着周恩来的石雕像。每年新生入学，老师都会在这里讲述周恩来的故事，传承红色文化。

古江南是五华县委党史研究室主任，热心为我做向导。回首往事，他告诉我：“1925年2月1日，国民革命政府举师第一次东征。2月21日，东征右路军从广州出发，直捣惠、潮、梅，摧毁敌人根据地，陈炯明闻风由汕尾逃往香港。3月12日，陈军、林虎亲率刘志陆、王定华等部共2万多人，从兴宁、五华急进棉湖。3月13日，东征军大战棉湖。蒋介石、廖仲恺、加伦将军、周恩来等赶来督战，击败陈炯明主力。3月15日，东征军乘胜追击，击败敌人，取得河婆之胜仗。3月16日，东征军抵五华罗经坝、上楼一带，林虎与刘志陆集结兵力，坚守五华的锡坑、夏阜、横陂一带，占禁山岗、衣架顶高地，构筑工事，欲阻东征军前进。周恩来率教导团从揭西灰寨出发，行军速抵五华县罗庚坝。”

古江南指着东征地图说，3月17日，黄埔军校教导团攻占安流后，周恩来、加伦将军参与的军事会议决定，以东征军教导第一团为左翼，向三江圩（安流）方向及其道路以西之敌攻击。以教导第二团为中路，向蛇头印附近之敌攻击，警卫军为总预备队，另派骑兵一部，取小道绕大田、潭下、湖田包抄华城，联络五华农会自卫军，支援东征军。3月18日零点，周恩来率教导一团与军校各部进发。这时，农会干部古月姐、陈三、古兆荣，领90多个农民，自带土枪、白刀，愿充任向导，分配各团。他们越过甘畲嶂，经锡坪，跨风门凹、高竹园等，连夜行军100多里，于3月18日拂晓，逼近华城。而华城里的敌军，由陈炯明的胞弟陈炯光指挥。城外，湘军王得庆部二三百人驻扎；城内，杨秉维部四五百人和刚从横陂遣出溃军200余人驻扎。薄暮，华城东南2公里之五口塘西方，何应钦率队潜伏廓外，取包围之势。晚9时许，共产党员李之龙带兵俘获一敌巡哨连长，得悉陈军无所戒备，奉命让俘兵为向导，混入林虎的运弹队，破南门入城，乘夜奇袭。埋伏城外的东征军，一跃而起，里应外合，猛烈冲击。敌军措手不及，不敢回枪，由东北夺门而出。陈炯光和伪县长向兴宁方向溃退。东征军占领华城，俘虏敌参谋长，缴获大批武器弹药。

---

[1] 陈汉初主编《周恩来在潮汕》，中央文献出版社，2004，第571页。

东征军进占华城后，教导团官兵驻扎在五华中学。当时，东征军首先发布由周恩来、廖仲恺署名的《黄埔军校布告》：

我军奉命东征，实为讨贼救民，父老苦秦久矣，不得已而用兵，所到秋毫无犯，所过鸡犬不惊。不住民房抢物，买卖尤属公平。绝不拉夫筹饷，三民主义实行。东征军到之处，箪食壶浆以迎。党军讨贼勇敢，与民相见以诚，希各安居乐业，指望东区安宁。

五华党史办副主任谢伟贤跟我说，2015年6月，他为编辑《五华革命史》，到三多齐村找84岁的村民，了解三多齐大桥历史。我问："当年东征军走过三多齐大桥吗？是周恩来1931年曾走过的'红色交通线'吗？"谢伟贤答："这座桥连接通往中央苏区的交通道，但1931年底周恩来没有走这里，他是从上海经汕头、大埔进入瑞金的。"

组建五华政府：重镇还须济世才

第一次东征智取五华，黄埔军驻扎华城。我问："周恩来召集各界人士开座谈会，推选一位新县长。刘洛夫、魏东海曾回忆过一段选举五华县县长的事？"谢伟贤答："五华籍黄埔军校学生有56人（第一期到第七期）。刘洛夫、魏东海都是98岁逝世的。当时，张、陈两大姓多提己见，张姓提名劣绅张柱孙，陈姓推举官僚陈卓人，双方争执不下。根据各方民意，协商之后，会议选定姓少人单、较有威望的温屏南为县长，组成五华县临时革命民主政府。"

第二天下午，谢伟贤来电说："我在1983年2月编写的《五华党史资料通讯》中，查到刘洛夫的回忆资料。"原来刘洛夫是参加过国民大革命的老同志。谢伟贤给我一沓发黄的资料，其中记录了周恩来参加的一个会议：

第三天上午，学生军政治部在县政府开一个会议。华中学生自治会派出15名代表：魏卓章、丘汉雄、曾志文、邓道中、刘志英等。温县长和各界代表到会，在温县长的右边，留了一个空位。这时，有一顶四人抬的扇轿，从门外径直抬进县衙门来。温县长立即走上前，毕恭毕敬站在轿门前……温县长介绍："这位是张谷山先生。"周恩来主任早有所闻，现在才看清"庐山真面目"。只见张谷山又高又胖，身穿长袍马褂，手里端着水烟壶。

谢伟贤说，当时开会时，桌上有两寸多高的状纸。周恩来问："哪位是五华中学的学生代表？"一位叫魏卓章的学生站起来回答："我是。"周恩来指着拿出来的状纸问："你敢负责吗？"未等魏卓章回答，坐在后面的几位学生就说："敢负责。"会上追问陈卓人、张柱孙贪污的账目。周恩来问陈卓人："你做了县政府几任财政科长，贪污了多少款子？"陈卓人谎称没有。周恩来翻了几份状纸说："去年（甲子年）五华遭受大水灾，雷公墩崩堤，华城顿成泽国。上级政府拨付和华侨捐献，共有一大批款子，你除了转拨下去一部分外，你还贪污了多少款子？被洪水冲崩的老县衙旧址，你擅自竖立界碑，占为己有，谁人写了断契，卖给你的？还有其他多种贪污账目，不一一细说。今天，五华人民是要起来，跟你算账的。"周恩来又问："哪位是张柱孙？"张柱孙惶恐地站起来。周恩来发问："多年来你卖了几个区长？赚了多少钱？"张柱孙矢口否认。周恩来说："当然，你卖区长是没有写发票的，也没有写收条，但是你心里明白，我不指名道姓。有两个区长是你至腹、亲戚，是你亲自做介绍的。"周恩来分别举出卖官的金额，说："状纸很多，案件不少，不能一下子在这里一一宣布。我们干革命，是革不合理的命，是革掉骑在人民头上、作威作福的人命。"

我问："身穿长袍马褂，手里端着水烟壶，人见人怕的张谷山呢？"谢伟贤说，张谷山是县城华城湖田人，担任过胡汉民的私人秘书和增城县县长，他横行乡里，鱼肉人民，是五华县最大的地头蛇，村民也称其为土皇帝。这次，周恩来没有当堂扣留张谷山，是证据不足。离开五华时，周恩来留下东征军曾扩情和一小队学生军协助温县长、学联会处理案件。之后，周恩来率部移驻汕头，时常接到五华民众对张谷山的控告。经过曾扩情的调查，张谷山罪行确凿。于是周恩来打电报给温其潘，要求扣留张谷山。直到1926年，五华农民运动高潮，县农会会长古大存才扣留了张谷山。

古大存是原红军第11军的军长。国共合作的第一次东征时，杨匏安向周恩来推荐了古大存等一批共产党员。在黄埔学生军两次东征中，古大存突出的组织才能，引起政治部主任周恩来、党代表廖仲恺的关注。我采访时得知，华中学生自治会是东征军的左膀右臂。部队住校期间，华中学生自治会曾协助建立民主政权。当年的五华中学校长很幸运，周恩来亲自写条子给他，派出两位学生代表，帮助国民党筹建五华县党部，推荐古大存担任党部书记。

营救蒋介石始末：唯将大义断胸襟

说起"蒋介石险逃席草湖"，古江南主任说，自己就是华阳人。华阳地处五华西南端，毗邻紫金县，是五华县通往珠江三角洲地区的出口之一，有13个村庄、1个居委会，不到5万人。

古江南主任指着第二次东征线路图标说："1925年夏，驻守广州的杨希闵（滇军）、刘震寰（桂军）秘密串通，投靠陈炯明，发动部众叛乱。10月，逃到闽赣边境地区的陈炯明残部，卷土重来，解散民主政府，赶走县长温其潘，任命陈炯光为五华县县长。他们强征捐税，草菅人命，五华百姓民不聊生。"

1925年10月1日，国民政府举师第二次东征。10月14日，东征军攻克惠州。26日，该军第三师师长谭曙卿率部从紫金出师，向驻守塘湖一带的林虎部东路主力进军。古江南说："10月27日，蒋介石抵华阳，总指挥部设在华阳圩宝林寺，就在我后来读书的华阳中学校内。华阳镇离五华县城55公里，东征军第三师行至华阳与塘湖交界处，迎战敌军。席草湖、马鞍山一带树林茂密，敌军以数倍兵力，包围东征军第三师。战况紧急，蒋介石闻报，即赴华阳宝林寺督战。因东征军追击过猛，众寡悬殊，后援不及，加上指挥失误，敌军火力猛烈，东征军第三师官兵伤亡惨重，补充团团长周保山（中共党员）牺牲。蒋介石亲调陈赓（中共党员、第四团连长）一连，担任总指挥部警卫。枪声密集，蒋介石令谭曙卿不准退却，临阵逃跑者枪毙。敌人占据雄牛挨磨等高处，下阻溪流，凭高俯射。谭曙卿率兵激战6小时，血洒华阳，被顽军林虎部击败，千多名将士阵亡。这时，蒋介石自叹：'我唯有杀身成仁。’此时，林虎部距蒋介石的指挥部仅有一二里了，蒋介石双腿发软走不动。危急之中，担任警卫的中共党员陈赓背负蒋介石，飞跑渡河，脱离险境。”

此役告败后，三师暂守华阳。北琴江穿华阳镇而过，是溯河而上还是顺流而下？蒋介石急于联系第一师，指挥官无一人应诺。这时，陈赓挺身而出，化装成农民，带着蒋介石的亲笔信，跋涉海丰寻找周恩来。沿途160公里路，经过敌占区，三次遭遇土匪盘查，几经艰险，于翌日下午1时，陈赓赶到海丰后埔，见到周恩来和何应钦。

周恩来闻讯后，立即派兵接应蒋介石。1925年10月30日，国民革命军第一师师长何应钦、总政治部主任周恩来率东征军，从河婆追击陈炯明逆军至棉洋罗经坝一带。之后，兵分三路：第一路从安流大九塘进击葵岭；第二路由古大存带领，从棉洋平安追击至葵岭；第三路由五华县农军中队长陈笑眉率队，从大都、竹山进击利塘径。这时，陈炯明逆军林虎、刘志陆、李易标等部及河婆溃退的洪兆麟残部，在东征军的夹击下，向棉洋葵岭、双头（今双华）利塘径方向败退，双方激战于利塘径。

古江南主任还说了一段细节：谭曙卿师长接纳古大存建议，用小部分兵力引敌出动，主力在利塘径、葵岭一带设伏击，先歼灭刘志陆部，再各个击破。东征军奋勇杀敌，共歼敌万余人，俘敌6000人，缴获枪支5000多支，大炮6门，辎重不计其数。10月31日，周恩来在前方发来捷报：“乡民劻戓，有若一家，此役已将陈逆军林虎部主力击破无存。”❶

为表彰五华农军，东征军总政治部特发步枪120支，子弹万余发。“10月22日，（周恩来）和何应钦指挥第一师攻占海丰，次日占领公平。26日，占领陆丰后乘胜进占河婆。27日至30日，同林虎、洪兆麟等部万余人决战于华阳、河婆一带，在河婆击败洪部，在安流双头横流渡附近歼灭林虎部主力部队。”❷

蒋介石逃生的地方叫席草湖，陈赓把蒋总指挥送上船处，今称太平河渡口。90多年前，河水滔滔，船行舟往；而如今，河床泥沙多，河流变窄，冬季枯水，可以

---

❶ 中共五华县委党史研究室编《中国共产党五华县地方历史》（第1卷），1997，第10—11页。

❷ 中共中央文献研究室编《周恩来年谱（1898—1949）》，中央文献出版社，1989，第82页。

步行跨越。“逝者如斯夫”，我站在席草湖畔，回首往事，遥看一河两岸，青山郁葱，江水东流，无不感叹。太平河渡口救援的背后，有东征军华阳、河婆之血战，有安流双头横流渡攻克林虎部之险峻，更有周恩来胸怀宽广、厚德载物、扬善惩恶，其功业如琴江水，源远流长。

第六章

火种｜广州中山四路农讲所

THE STORY OF ZHOU ENLAI IN LINGNAN

农为邦本，农为党本，周恩来十分关心和支持农民运动，首次东征攻克海丰后，他恢复被解散的农会，派人训练农会；第二次东征途经梅州，他鼓励五华农民重整旗鼓，与东征军截击敌人残部。1926年夏，在广州农民运动讲习所，他讲授『农民运动与军事运动』一课。培养干部，如饥食玉山禾，渴饮醴泉流……

周恩来和农讲所：扶持农扈培邦本

这两棵红棉树，不知立在此地多久了，百年之前已然参天；这组红墙拱卫的六柱三门石牌坊，也不知经历过多少载风雨，只知它在经历了学宫、军校和讲习所的沧桑之变后，依旧矗立。“毛泽东同志主办农民运动讲习所旧址”，正门上悬挂着的这块匾额，由周恩来亲笔题写。这里的红棉树和石牌坊，见证了周恩来为农民运动守护火种，使这赤色星火遂成燎原之势。

广州农民运动讲习所（简称“广州农讲所”），是明清两代的番禺学宫。诗曰：“扶持农扈培邦本。”农扈是教育农民、指导农事各类官员的总称。我党把这个教八股文、考秀才的地方，变成培养农运骨干、巩固邦本的摇篮。

广州农民运动讲习所和黄埔军校，皆是国共合作的产物。1923年6月，中共三大在广州召开，并决定与国民党合作。1924年1月，国民党一大也在广州召开，会上提出“联俄、联共、扶助农工”三大政策，并同意与共产党开展第一次国共合作。同年6月，黄埔军校建立；7月，广州农讲所开课。

周恩来分析说：“孙中山的革命思想，一方面，继承了太平天国的精神，加以发扬，要改革土地制度。另一方面，学得了美国改革土地的办法，即收土地税。但他的活动，始终未深入农村去了解和组织农民。”一次，中央党部在广州越秀南路惠州会馆开会，讨论广东大学经费问题。当时，国民党右派张继、邹鲁等质问彭湃：“你们农民运动竟动到政府头上来了，沙田附加税绝不能减，以免影响教育经费。”彭湃反驳：“农民要求减租是正当的。政府应该带头做出榜样。至于经费可另设法筹措。”这时，孙中山先生插了一句：“农民既然交不起租，何不另谋别业？”彭湃当即回答：“农民之依靠土地，有如鱼之附水，水竭鱼枯，岂能另谋他窟？”孙中山先生闻言，默然不答。会后，谭平山与彭湃同舟渡河去对岸，谭平山说：“我们对总理发言，从未敢似你如此直率抵顶回去。”彭湃理直气壮，坚定地维护农民利益。这件事使孙中山加深了对农民问题的了解。

1924年8月21日，农民运动讲习所举行第一届毕业典礼。当日，孙中山亲临大会祝贺，致训词曰“耕者有其田”。“平均地权”是孙中山民生主义的核心。他赞扬农讲所取得的培训成绩。看着台下学员一双双求知若渴的眼睛，他说：“国民革命必须发动农民，解决农民的痛苦，革命才能成功。”

当时，国民党重在建立军队和筹划北伐，无暇顾及农民运动，农讲所就主要由共产党员负责。农讲所纪念馆馆长颜晖说：“第一至五届的主任是彭湃、罗绮园、阮啸仙、谭植棠等，毛泽东当了第六届所长。他们都是中共党员。第六届招收的学员人数最多。教员和农讲所毕业生到各地的特派员中，共产党员及追随者占九成以上。”一日，颜晖馆长陪我从泮池拱桥进入农讲所纪念馆，大成门右侧是教务部。在纪念馆里，我们看到一组农民自卫军的雕塑，其背景墙上的一面红旗，是当年北滘乡农民协会成立时赠送的，旗帜上有四个醒目的大字“农为党本”，即农民队伍是党的根本。周恩来支持彭湃在广东开展农民运动，他提出：“工农群众为国民革命的中坚。”中国共产党担当民族救亡的重任，为农民谋利益。农民用先进理论武

◎ 广州农民运动讲习所旧址

装，聚集在镰刀斧头的旗帜下，为土地革命顽强地拼搏。

颜晖说，形势发展迅猛，急需大批干部，充实广东大本营。农讲所开课两个月后，周恩来回国，到了羊城。风华正茂的他，没有像大部分回国人员一样先去莫斯科东方大学学习，而是在法国乘船直接回国，迫不及待地投身到波澜壮阔的大革命洪流之中。

1924年秋，中共广东区委决定，原由社会主义青年团领导的农民运动，改由中国共产党直接领导。同年9月，周恩来回到阔别四年的祖国，佛山轮将他送抵广州长堤码头。接他的是共产党人彭湃和阮啸仙。周恩来与彭湃欣喜重逢。1917年，他们先后东渡日本寻求真理，同住东京神田区，一同发起爱国运动，一起接受马列主义，又一起确定革命目标，早已结下深厚的友谊。在欧洲勤工俭学期间，周恩来一直关注彭湃的消息：彭湃经陈独秀推荐当海丰教育局局长，投身农民运动，农会搞得轰轰烈烈；之后在国民党中央农民部工作……可是周恩来没料到，彭湃盼望重逢的心比他还急，早就跑到码头上翘首等待。船一靠岸，挚友相见，握手言欢，彭湃让出自己在文明路72号的住房，给周恩来居住。一路上，两人滔滔不绝，谈论广州的革命形势、海丰农民运动、农讲所……

黄埔军校四期的王世英回忆说："广东区委和军委对黄埔军校抓得很紧，当时每星期由军委召集在广州农民运动讲习所内开一次党的小组长以上和积极分子会议，每次军校去参加的教职员和学生七八十人到一百多人，来回有电船接送，开会多半是讲解当前形势和发生的一些问题。"[1]颜晖告诉我，农讲所大成殿是课堂，每次会议上，都会由周恩来、恽代英做国际形势报告。广东区委书记陈延年也会来讲国际局势。不过，因陈延年忙碌，周恩来、恽代英讲得多一些。军校和农讲所的师生经常听得入神。

培养干部，如饥食玉山禾，渴饮醴泉流。1926年夏，周恩来健步到农讲所，讲授的课叫"农民运动与军事运动"。我曾认真翻阅《周恩来选集》《周恩来传》，却未见这篇讲稿。"至今未见到全篇，这半截文是第六届学员冯文江在课堂记的。"颜馆长给我看听课笔记，一纸珍贵，字字珠玑。从记录中看到，周恩来在这篇讲稿中谈到了工农群众、旧式军队、农民运动和军事斗争。他举了东征中的一些例子，说明革命军队的胜利离不开沿路农会和农民的支持。周恩来提出："中国社会还是封建制度，所以凡是做军队的群众，都是很苦的""农民实为中国生产的主力，所以农民问题是国民革命中最主要的问题"。他讲课深入浅出，娓娓动听。他那洪钟般的话语，果敢坚定的手势，将他深邃的思想和对农民运动的期望，表达得淋漓尽致。学员在大课堂聆听国际政治课时，鸦雀无声。我看到一张历史照片：简陋的黑板、讲台、长条板凳，左右排各坐10～15人，10行，能坐下200～300名学生。周恩来讲课不同凡响，听者多是日后参加南昌起义、广州起义、秋收起义的中共党员。

如今，中山四路42号的农讲所，周围高楼林立，商铺喧闹；当年，办学条件却很艰苦。教务部、值星室、庶务部，用杉木板隔成。大成门门堂改为办公室，当中有三分之一是露天的，一遇风雨，室外倾盆大雨，室内飘着小雨。西耳房是图书室，东耳房是毛泽东的办公室兼卧室。崇圣殿正间为膳堂，东面为军事训练部。

---

[1] 陈汉初主编《周恩来在潮汕》，中央文献出版社，2004，第636页。

1926年，全国农民运动迅猛发展，为了适应形势需要，广州农民运动讲习所扩大为培养全国农民运动干部的学校。前院两庑和后院两廊均是学员宿舍，室内仅放着粗木做的双人床。

1926年5月3日，第六届农讲所开学，毛泽东任所长，萧楚女任专职教员，学员300多人，来自全国20多个省区，学时4个月。这一届讲习班按照军事编制进行编排，学员编为一个总队，下设两个中队，中队下共设12个区队，按部队模式严格管理。在课程设置上，三分之一时间是军事学习和训练。此外，学员与黄埔军校特别区党部一起，在广州郊区参加连续3天的农村实习，帮助附近村落的农民开展运动。

打土豪闹革命：百万工农齐踊跃

周恩来为何扶持农民运动？他认为自己是人民的儿子，家族中有农民的基因。

《周恩来自述》中写道："我的家庭近几代祖先也是绍兴师爷，外祖父原籍江西南昌，也是师爷。到了祖代，两家搬到江苏淮阴、淮安当县官，因此结了姻亲。我便生在淮安，那是1898年。我的外祖母是淮阴乡下农村妇女。因此，我的血液里还有农民的成分。"周恩来在《革命救国论》中指出："所可恃者以救中国的只有全中国的工人、农民、商人、学生联合起来，实行国民革命。"他在《军阀统治下的中国》一文中，赞颂广东海陆丰和湖南衡山农民的斗争，提出："这两桩事实全是证明，中国农民是可以在不久的将来走上革命战线的。"

1921年，海丰的农运先声夺人！农军打出自己的旗帜。该旗有一丈多长，四尺多宽，中心是黄的，上面画有一个木犁，表示这是农民的武装。一时间，海丰城红旗猎猎，农民军喊声震天。彭湃的战友李运昌回忆说："那时当县长的手下没有武装，就衙门里站几个警察，拿几条破枪。县长走马上任，都首先去拜访农会。他们不拜访农会，农会不说话，你这个县长什么也做不成。'打倒土豪劣绅，一切权力归农会！'的口号喊得响，还编成歌曲到处传唱。"

在欧洲勤工俭学时，周恩来关心国内的农民运动。回国后，他实地考察广东农民运动，两次东征，深入草寮，体察农民疾苦。他分析认为，农民受剥削和压迫最深，故拥护革命最力。东征攻克海丰后，他与彭湃并肩，恢复被解散的海丰农会，协助农会训练，武装农民自卫军。他预言："我们相信不久全中国的工人、农民、商人、学生均将会冲上前锋来做弄潮人。"后来，彭湃将这段经历精心整理编册成书，周恩来亲笔题写了《海丰农民运动》的书名。

1925年2月，第一次东征时，黄埔军校政治部主任周恩来，率领学校本部师生抵达海丰，谭平山、彭湃同行。在周恩来的指导下，中国共产党海丰支部成立，彭湃任党支部书记。时任团中央宣传部部长的陆定一回忆说："我们从香港乘小轮船，经过一夜航行，安全到达海丰汕尾港。看见到处红旗招展，人们戴着红领巾、红袖章，生气勃勃，非常高兴。"每到惠州、潮梅地区，周恩来就召集农民开联欢会，组织农民支持革命战争。第二次东征时，周恩来鼓励五华农民重整旗鼓，率数万农民截击陈炯明残部。他奖励五华农会百多支枪。攻下海丰城后，周恩来指令第一军政治部的李侠公用缴获的400多支枪，充实海丰农民武装。1926年主政东江时，周恩来支持汕头开办东江农工运动人员养成所，培训大批工农干部。

参加海丰纪念苏维埃革命根据地90年活动时，我采访了李运昌之子李惠仁，他讲述了一段往事。1924年冬，彭湃到广宁领导农民开展减租斗争时，反动派纠集地主武装顽抗，彭湃几番交涉，对方都不肯谈判。于是，彭湃向中共广东区委和国民党中央农民部求助。周恩来获悉，向廖仲恺建议，立即派出大元帅府铁甲车队，开赴广宁。是年12月11日，铁甲车队雄赳赳到达广宁。队长徐成章、副队长周士第、党代表廖乾吾、教官赵自选，官兵威武凌厉。彭湃指挥潭布战斗，以农军为前锋，铁甲车队殿后，挫败广宁地主民团，赢得减租的胜利。

1927年大革命失败后，国民党反动派屠杀共产党员，从四一二反革命政变到七一五反革命政变，共产党员由5万人锐减至1万人。当时，周恩来搭一艘英国商船去武汉。他坚定地说："这时，武汉政府内左派与右派的对立明显，农民运动在湘、鄂、赣、粤蓬勃展开，农民要求土地，右派即反对农民运动。到了七一五反革命政变，汪精卫便正式'分共'，实行宁汉合作。接着我们就去南昌发动起义。"这是打响武装反抗国民党反动派的第一枪。9月中旬，起义军南下部队在潮州与敌激战中受挫。刘伯承元帅回忆说："退却两种主张：第一，直到海陆丰，与农民结合。第二，迅速由小路退至潮州，与革委（革命委员会）及第25师联合，再退福建……"最后，在流沙莲花山，叶挺所率领的第24师一千人，被从乌石赶来的敌军拦腰截击，历经几昼夜血战……后来，在海陆丰党组织和农军掩护下，周恩来发着高烧，躺在用竹椅扎成的担架上撤退。抬着他的，就是兰湖村郑妈葵等渔民；抬着他的，就是一批农会武装骨干；抬着他的，就是忠心耿耿的农民！南昌起义领导人藏山洞，住农家，分几批危急渡海，撤往香港。周恩来深刻地反省："起义军后来失败了，是因为犯了一个错误，即没有与当地农民结合起来，而要向广东去建立根据地。"

从1927年秋到1928年底，共产党领导广大农村的武装起义，在南方各省建立了许多农村革命根据地。周恩来作为中共中央主要负责人，不但具体指导农村武装起义和革命根据地的建设，而且总结农村武装斗争的经验。1929年9月28日，周恩来在给红四军前敌委员会（简称"前委"）的指示信中，分析了中国社会当时的三大矛盾——帝国主义之间、军阀之间、资产阶级和封建势力之间的矛盾——呈现日益激化的趋势，明确提出在中国半殖民地半封建的经济基础之上，"先有农村红军，后有城市政权，这是中国革命的特征"。[1]

1927年11月18日至21日，海丰县工农兵代表大会在一座明代建成的孔庙召开。孔庙的大门和墙粉刷成朱红色，红布盖壁裹柱，柱廊间到处张贴着革命标语，农民个个精神焕发。"海丰县苏维埃政府成立！"农民闻声雀跃，庆祝中国第一个县级苏维埃政权成立。同时，大会通过由彭湃主持制定的《没收土地案》等八项政治纲领。这是在土地革命中，中国共产党最早的一个土地法规。在纪念周恩来诞辰120周年座谈会上，习近平总书记肯定地说："在极其严酷的白色恐怖下，周恩来同志积极开展党在国民党统治区的秘密工作，指导和支持各地工农武装割据斗争，为推动'农村包围城市，武装夺取政权'的中国革命正确道路的形成作出了突出贡献。"

毛泽东初遇周恩来：宵衣愿治先农事

第六届农讲所的教员阵容强大，除毛泽东外，还有萧楚女、彭湃、周恩来、阮啸仙、恽代英、赵自选等。董必武、瞿秋白、方志敏、郭沫若等人，也曾在这里激

[1] 周恩来：《周恩来选集》（上），人民出版社，1980，第32页。

昂演说。第六届农讲所，毛泽东亲自教“农民问题”和“农村教育”等主要课程。“农民问题”共23个学时，是所有课程中最重要的内容之一。农讲所第一届、第二届在越秀南路惠州会馆举办；第三届至第五届在东皋大道1号（今中山三路永兴街6号）举办；第六届则移至惠爱东路（今中山四路）番禺学宫举办。

农讲所开设三民主义、中国国民党史、中国史、各国革命史等课程，毛泽东、周恩来、彭湃、恽代英等的授课颇受欢迎，共培养772名毕业生。他们毕业后，奔赴全国各地从事农民运动，成为各地农运的骨干力量。

在农讲所的所长办公室里，毛泽东有一张床，中午在这里休息。原地还有一块“毛泽东旧居遗址”的牌子。在广州期间，毛泽东住在东山百子横路上一座三层小楼里。当时，杨开慧带着毛岸英和毛岸青也来了广州，他们一起住在二楼。杨开慧除了料理家务，还帮毛泽东整理资料、做记录等。除在农讲所主持工作、教课外，毛泽东在广州的社会活动丰富多彩，曾到黄埔军校讲课、演讲、招生等。当时，广东是革命的大本营，很多进步青年投奔而来，首选是报考黄埔军校，未被录取前，就来农讲所学习。

归国后的所见所闻，让周恩来深刻感受到农民运动的力量，深知农讲所是中国农民运动的“黄埔军校”。这个熔炉将炼出革命需要的好钢。所以，当农讲所所长毛泽东邀请周恩来讲授军事课程时，周恩来欣然应诺。

《庄子》说：“夫鹓雏发于南海而飞于北海，非梧桐不止，非练实不食，非醴泉不饮……”当年，农讲所与黄埔军校，就是爱国青年之梧桐树。在这里，国共两党的知名人物，风云际会。毛泽东与蒋介石的第一次会面，是蒋介石邀请毛泽东到黄埔军校授课；周恩来与蒋介石第一次会面，缘于二人在黄埔军校里共事；周恩来与毛泽东第一次会面，是毛泽东邀请周恩来到农讲所讲课。周恩来与毛泽东会面后，一同担当起民族救亡之使命，开辟出一条使中国革命从苦难走向辉煌之路。这一届学员入所时，多数对军事技能一窍不通，毕业时已能操练、射击、指挥队伍，具备与敌人斗智斗勇的本领，文武双全。

农为党本：裕农足国端有道

1926年7月，国民革命军在广州誓师北伐。战争节节胜利，工农运动也迅猛发展。此时，国民党右派势力蠢蠢欲动，掀起了反对国共合作和工农运动的逆流。对此，在中共广东区委机关刊物上，周恩来连发三篇文章，批驳国民党制造的所谓“民众运动超过国民革命要求，违反了国民革命方式”的谬论。他指出，“工农运动并未超过国民革命的要求，而只是国民革命的初步要求”“现时方是国民革命的起首，离成功的途程还很辽远”。他以此为工农运动鼓劲，为农民运动融入军事斗争加油。

1926年底，周恩来调到上海的中共中央工作，被任命为中央组织部秘书，并兼中央军委委员，与农讲所的关系暂时中断。第六届讲习班学员毕业后，考虑到北伐军已攻克武汉，毛泽东申请农讲所移址武昌，获得批准。1927年，农讲所改称为“国民党中央农民运动讲习所”，春季开班，6月毕业。受四一二反革命政变的影响，农民运动受到压制，农讲所也停止举办。但是，轰轰烈烈的农民运动却没有停歇，已觉醒的农民阶级一直追随共产党，成为“敢教日月换新天”的伟大力量。

农为党本，不忘初心。无论在革命战争年代，还是新中国建设时期，周恩来一刻都没有忘记广大农民，没有忘记唤醒农民阶级、培养农运人才的农讲所。他当上中华人民共和国总理后，也一直致力于改善农业、农村、农民的状况。1953年广州农讲所纪念馆筹建时，周恩来亲自题写了“毛泽东同志主办农民运动讲习所旧址”。1954年，他到天字码头看望水上居民，见到一些小孩背着浮水木块，一家大小挤在狭小艇上，要求帮助他们到岸上居住；1957年，广州农讲所正式对公众开放。1958年，武昌农讲所纪念馆筹建时，周恩来亲自题写“毛泽东同志主办的中央农民运动讲习所旧址”匾额。1958年7月，周恩来在新会视察七日，八次入从化，关心山区群众疾苦。1961年4月底，周恩来在河北邯郸伯延公社调研20多天，致电毛泽东及时反映和解决农民农村食堂问题。1973年6月，周恩来在身患癌症的情况下回到延安，看到农民未解决温饱，年人均收入不到50元，他难过地流泪，留下誓言，“等三年改变面貌，五年粮食翻一番，我再来延安”。

周恩来在接受美国记者李勃曼采访时说："从鸦片战争以来，中国民族解放运动实际上是农民运动。中国农民占人口百分之八十到九十，民族解放，实质上是农民解放。太平天国、义和团，都是农民起义，这些革命运动常带有农民的保守性。1911年的辛亥革命，其失败原因即在于没有找出农民解放的道路，即土地革命。领导革命运动的知识分子，常常忘记了农民的要求，运动又无城市工人的支持，往往弄到后来就出卖了农民的利益，这是一方面。另一方面，统治者如清朝政府和后来的袁世凯，都依靠外力镇压农民运动，因此农民革命运动常告失败。"周恩来扶助农民运动的业绩，镌刻历史，熠熠生辉。

周恩来岭南纪事

第七章

患难 | 汕尾陆丰黄厝寮村

THE STORY OF
ZHOU ENLAI
IN LINGNAN

螺号六拍军国大事入骨髓，恩来抱病下令调遣廿四师。
一个兵一支枪都到海陆丰，依千山和万水军民结血谊。
警卫连实难舍起义的旗手，老战士泪如雨牵住他军衣。
我们都进山，谁来警卫你，头砍去心挖去和你不分离！
……
灵魂站立着，病躯半坐起，行军礼五指给官兵万钧力。

——张永枚《蹈海》

汕尾陆丰黄厝寮村，在潮汕的地图上并不起眼，却是1927年周恩来在危难时的渡海处。

1927年南昌起义失败后，周恩来抱病调遣第24师，与叶挺、聂荣臻等，突破国民党军队的围追堵截，依靠海陆丰百姓，吃番薯叶，隐于山洞，从碣石湾下海，经两天一夜，乘小船抢渡成功，堪称奇迹。

南昌起义南下部队上千公里转战，走长汀，下韩江，撤潮州。流沙会议何以运筹决策？在普宁莲花山，起义军如何生死血刃？最后为何选择在陆丰碣石湾渡海？周恩来几进海陆丰，这段历史的腥风血雨，向我扑面而来。

周恩来在八一前夜：运筹急为摅长策

一日，在广州烈士陵园，我与南昌起义部队后人寻访团相遇。谭天度的儿子谭霆给我带来了他父亲的文章《追忆南昌起义》。他说："我父亲和周总理是战友。他们都是1921年入党的。"1927年8月，谭天度参加了南昌起义。当时他担任政治保卫处秘书长，代行政治保卫处处长职责。此时，根据中共中央决定，南昌起义由周恩来、李立三、彭湃、恽代英四人组成前敌委员会，周恩来为书记。在蒋介石叛变革命后，周恩来受命于危难之时，挑起领导南昌起义的重担。

谭天度说，讨论起义时，几位领导人发生了激烈的争论。1927年7月27日晨，张国焘到达九江。他与恽代英、贺昌、高语罕、廖乾吾、颜昌颐、夏曦等人举行会议，传达中央常委7月26日会议精神，决定发动南昌起义，但又提出重新讨论发动起义之事，当时遭到大家的一致反对，恽代英还发了脾气。7月30日晨，张国焘与恽代英赶赴南昌。张国焘立即召集周恩来、谭平山、李立三、彭湃、恽代英、叶挺、周逸群等人举行会议，引发了第一次争论。张国焘曲解中央决定和国际电文，说如无把握，就不能起义。张国焘要求谭平山将已草拟的起义宣言拿给他修改，否则不能公布。谭平山责问张国焘："你究竟是赞成我们干，还是反对我们干？为什么非要由你来修改宣言？"在当日的会议上，张国焘还特别强调了他怀疑贺龙的政治可信程度，及起义的军事准备工作的不充分问题，并极力主张拉拢张发奎来参加起义。谭平山肯定地回答："贺龙的政治态度由我负完全责任。此次计划参加暴动的部队总共有2万余人，单单20军就有8000余人，就数贺龙部最多，如果他不参加起义，就不能成功！"张国焘是中央代表，他欲推迟原定于30日起义的计划。听到张国焘再次坚持推迟起义，周恩来同志大怒，说："国际代表和中央给我的任务是叫我来主持这个运动，现在给你的命令又如此，我不能负责了，我即刻回汉口去吧！"[1]

7月31日上午，南昌起义领导人继续开会，出现更激烈的争吵。谭天度说："张国焘一是提出起义不成熟的理由，又继续要求由他来修改起义宣言，并说当晚才能

---

[1] 周恩来纪念馆编《"周恩来与南昌起义"探微》，河海大学出版社，2020，第76页。

改好。谭平山拍案怒吼：‘现在是一刻千金，不容迟缓！你要修改就必须在午后改好！’我记得当时李立三、彭湃等人都争论得很激烈。恽代英也发怒对张国焘吼叫：‘你不要整天“国际”长“国际”短地来压人。现在是非常时期，来不及事事都请示！’经过争论，会议决定于8月1日凌晨4时举行暴动。会后，谭平山对个别人说：‘现在起义时间已最后确定，形势已迫使起义不能再次推迟，否则将胎死腹中。假如张国焘再反对起义，你们就将他捆起来！杀掉！’”

1927年7月31日傍晚后，领导起义的所有人员都各自就位，前委只有周恩来、李立三等少数人值班。深夜里，前委突然接到20军贺龙部的报告，说是一名姓赵的副营长叛变，并发现部分敌军似乎有准备应变的迹象，急迫请求处置方案。此时，在前委值班的周恩来等领导果断决定，将起义时间提前至8月1日的凌晨2时。随着骤起的枪声，南昌起义终于爆发了！

南下潮汕：险夷百折坚一节

南昌起义成功开辟了我党建立武装力量的道路。参加南昌起义的部队是贺龙第20军、叶挺第11军24师等，共2万余人。当时参谋团中有叶挺、贺龙、朱德、刘伯承、聂荣臻、李立三、张国焘等，谭天度也是成员之一。宋庆龄、邓演达都是革命委员会的委员。第三天，前敌委员会决定从南昌启程南下。经过瑞金、会昌两场战役，起义军伤亡官兵数千人。在汀州会议上，前委讨论的中心议题是：“夺取东江的计划，其中一个重要目的就是希望能从海上得到外援，盼望能得到共产国际援助的武器弹药。根据讨论决定，起义军主力直取潮汕，部分兵力留守三河坝，而后，大军经揭阳出兴宁、五华，夺取惠州。”

打开窗户，春风拂面，我立刻感受到海陆丰的海风，这是潮汕苏区的气息！

2015年，是南昌起义88周年。农历（乙未）年初五，我和彭伊娜（彭湃孙女）、黄硕忠（黄秀文侄孙）相约寻访南昌起义南下部队旧址。离开广州，我们的车行驶在广汕高速路上。眼前是辽阔的海陆丰平原，东临潮汕，北接兴梅，南濒南海。彭伊娜指着窗外的风景说：“当时红旗飘飘，农民斗笠上印有‘彭’字，当路条用的，农民看到斗笠上的字，才肯放行。爷爷彭湃组织的农民自卫军，呼应多，声势大，有十万人。有的路叫‘马克思路’，有的路叫‘列宁路’‘卢森堡路’‘李卜克内西路’，这里被称为‘东方小莫斯科’。”彭湃领导过三次农民起义，前两次都失败了，第三次发生在1927年11月1日，农民占领了海丰城。1927年11月7日，海丰建立了苏维埃政权。土地革命开展得如火如荼，群众热情高涨，到处红旗招展，各村墙壁上都写着红字标语。

为我们引路的彭飞，是陆丰市党史研究室主任。他指着一条路口说：“1927年8月5日，起义军由南昌经赣东向粤东行进，经这里通往揭阳、梅州。”沿汀江前行，起义军进入广东境内。当时，在前委会上，攻取东江有两种意见：周恩来和叶挺主张国民党军在潮汕兵力空虚，无险可守，潮汕可以不战而得。如果以主力取潮汕，然后再折回取兴宁、五华，攻惠州，就过于迂缓，会使国民党军又集中兵力，抢占有利地形，攻击起义军，应以主力由三河坝经松口取梅县，再经兴宁、五华取惠州，而以小部兵力，至多两个团去潮汕。但是，会上多数人和共产国际军事顾问都主张以“主力取潮汕，留一部分兵力在三河坝监视梅县方面敌军，再经揭阳出兴宁、五华取惠州”，以便得到共产国际接济。

萧克参加南昌起义，任第11军24师（师长叶挺）71团2营4连代理连长。1927年8月的江西，多晴少阴。从南昌出发十多天，就没遇到一个阴雨天，火辣辣的太阳总是高悬中天，连一丝云彩的遮挡都没有。顶着骄阳行军，人昏沉沉的，由于出汗过量，腿脚也有些发软。因此，第11军的士气受到影响，逃亡现象非常普遍。萧克回忆说：“那时，在整个起义军中，我们71团2营4连是战斗力保持得比较好的连队之一。我这个连开小差的少，生病的也少。从南昌出发时，全连共有110人，到汀州时有八九十人，到广东后还有七十几人，保留了近三分之二。我这个连的班排长、司务长、通信员等骨干都是广东人，他们愿意回广东，情绪高，斗志旺，带动了部队。”

分兵三河坝，枪旗猎猎动风缨。我曾去起义军分兵的大埔县三河坝，祭拜参与这场激战的起义军英烈。梅江、汀江、梅潭河，在三河坝合流，奔向韩江。当身临其境时，我为眼前情景所震撼：四面崇山峻岭，三条江奔腾不息。对岸一座山，有近百米高，山势险要。谭霆说，父亲谭天度对这次分兵有看法，三河坝两次分兵，使起义军一分为三，削弱了自己的力量，给敌以各个击破的机会。1927年8月22日，起义军在大埔县的三河坝实行第一次分兵：由朱德率第9军教导队及第11军25师2500多人驻守三河坝，警戒并阻击梅县及闽西方向之敌；主力部队继续南下潮州、汕头。8月24日，起义部队主力进占汕头后，进行第二次分兵：由周逸群率第20军3师1000人驻守潮州、汕头地区，革命委员会留驻汕头；贺龙、叶挺率其余部队共6500余人向揭阳、丰顺进军。此时，曾遭受重创的钱大钧和黄绍竑等部敌军，在得到陈济棠部三个师的增援后，形成了对起义军分割包围的战略态势：钱大钧部3000余人在梅县牵制三河坝的起义军；黄绍竑部9000余人在丰顺的留隍窥伺驻守潮汕的起义军；陈济棠的1.5万人在丰顺的汤坑向揭阳进击。朱德率第11军25师和第9军教导团2500多人，于三河坝阻击敌人。大埔县的三河坝战役，甚为惨烈！

陈赓之子陈知庶少将对我说，钱大钧是敌人右翼总指挥，是黄埔一期教官，1926年7月任广州警备司令部司令、广州市公安局局长等职，1927年策划“清党”。起义军与钱大钧部交战。中共前敌委员会参谋团决定，趁钱大钧、黄绍竑两部还未会合，集中起义部队万余人，分两路攻击会昌城。在指挥部，周恩来亲自接见师长周士第和党代表李硕勋，要求一定要打下会昌。8月30日晨，第20军一部首先由会昌城东北发起攻击。钱大钧组织部队轮番反扑。正当双方激烈交战之时，第11军主力经会昌西北洛口，相继赶到会昌城西北和以西地区，攻击敌军。战至下午4时，起义部队占领会昌城，歼钱部6000余人，缴获枪2500多支，并将其残部追至筠门岭。这是南昌起义军南下途中取得的一次大胜利！

在会昌吃了败仗的钱大钧，纠集10个团2万人马，凶狠反扑！10月1日夜半，钱大钧偷渡韩江，被起义军挫败。10月3日，钱部借强大火力夺路强渡。朱德部队滩头前沿阵地被攻破。10月4日拂晓，敌人如输红眼的赌徒，猛射起义军。钱大钧用其士兵的尸体，铺起杀向起义军的通路。这场血战，起义军伤亡800余人，歼敌1300多人。朱德指挥第11军25师及第9军教导团，坚守三河坝，血战三天三夜，最终寡不敌众……

1927年10月18日广东《新闻报》报道：“此次国共两军恶战，为从来所未见。广州军用篷船24艘载兵到三河冲锋，贺军待船将靠岸，始开枪射击，全船军士连船夫尽遭击毙。现韩江两岸，死尸遍野，野犬食人肉彻夜叫，如同鬼哭。土人将尸骸曳之投河，河为之塞。七日，潮州湘子桥面一日之内，捞起漂尸600余具，交善堂殓。尸身上有缠红带者，有缠白带者，多为刺刀刺死者，或断头，或裂腹，有五官不全者，有四肢已断者，全尸者不及三分之一。现韩江沿岸苇丛中，未及收捞者尚不可胜计也。潮州城中居民历来到韩江城外汲食韩江之水，自见浮尸之多，恐生疠疫，近日改汲井水，亦可想见当时战斗激烈之一斑矣。”

朱德的孙女朱新华对我说：“10月1日至3日，我爷爷率部在三河坝与敌苦战三昼夜，最后终因敌强我弱，孤军无援，被迫撤出战斗。以后这支队伍，在朱德和陈毅率领下，转战粤赣湘三省，在1928年4月到达井冈山，与毛泽东领导的秋收暴动部队会合，形成了朱毛红军。”三河坝之战保存了革命有生力量，教育和团结了赣粤山区广大群众，是探索中国革命的中心从城市到农村、军事上从正规战到游击战转变的重要转折点。

直下潮汕：猎猎东风焰赤旗

南昌起义部队分兵三河坝后，周恩来、贺龙、叶挺、刘伯承等率第20军、第11军24师直下潮汕。当时《国民政府战史汇编》记录南昌起义后的情形：“叶挺贺龙联合农民军，突破大埔三河揭阳，直捣潮州汕头。由闽西而进大埔，由大埔而入潮汕，其势甚锐……足以震撼百粤。”街头巷尾，遍挂红旗，“遥见汕头海关已易共产党之刀斧红旗”。此时，帝国主义和国民党军舰猛攻汕头。1927年10月7日上海《申报》记载：“汕头商民见军舰复至，早料战火逼于眉睫，贺龙军亦在汕沿岸严密布防。香港英军舰驶来6艘，日本舰2艘，美国舰1艘，法国舰1艘，合中国之兵舰十余艘，俨然如临大敌。……姚雨平派随身宪兵80名，由飞鹰舰开炮掩护，在揭阳码头、仁和街口，用大有、吉安两轮拖载登岸……讵岸上贺军有备，即用水机关枪射击，飞鹰不能傍进。”9月28日下午4点半，贺龙踞汾水、山湖间一带高地，颇占形势，王俊与战受挫，陈济棠、薛岳两师见势不佳，加入应战。枪炮之声，彻夜不息，尸横遍野。战至9月29日上午，蜘蛛地长塘间战斗尤烈，两军拼命冲锋，血肉相搏，进退十余次，贺军后队有农军万余为助，呐喊之声震动天地……

当晚，英、日、美、法强舰炮击汕头，陆战队虎视眈眈。贺龙军有两团兵力扼守潮州，在竹篙山掘壕架炮，拆断湘子桥浮桥，放弃河东防地。分兵后起义军留守潮州的，是第20军3师教导团一部，约一千人，皆是缺乏训练的学生军，而汹汹来犯的敌军，有九千人之众。兵力悬殊，汕头失守。在揭阳汾水、汕头等战斗失利后，前敌委员会书记周恩来率起义军撤退至普宁。为何选择海陆丰地区？彭湃孙子彭浩分析：一是占领广东，取得海口，以求得到国际援助，再举行第二次北伐。二是潮汕海陆丰地区是广东农民运动发达之地。彭湃领导三次农民起义，摧枯拉朽！十万农民革命军“趋之若鹜，信仰弥深”，一呼百应。三是周恩来率黄埔军东征二进汕头，当过东江各属行政委员，对潮汕地区了如指掌。9月5日，他向中共中央发出第二份报告，汇报南昌起义作战经过。“我方目的在先得潮汕海陆丰，建立工农政权，如情势许可，自以早取广州为佳，否则，在潮汕须一月余之整顿，子弹兵员之补充乃是最急。”[1] 9月23日至30日，以周恩来为书记的中共前敌委员会有贺龙、叶挺、彭湃、朱德、刘伯承等骨干，他们率领南昌起义军，先后进占潮州、汕头，建立一批革命政权。这七天史称“潮汕七日红”。9月30日，他们渡榕江，经潮阳关埠、贵屿，向普宁流沙转移，指挥部设在一座教堂内。

一天黄昏时分，我进入普宁市流沙镇采访，在中心市区繁华高楼、寻常巷陌中寻找流沙新河东路1号，之后看到其门口挂牌“八一南昌起义南下部队指挥部军事决策会议旧址”。一幽静小院，斜阳草树，黄墙青瓦，眼前的原基督教堂旧址，白墙木顶，几排平房。庭院内几棵桂花树，香气沁人心脾。普宁市博物馆馆长江宁文对我说，1927年9月30日，起义南下部队指挥部设于此。在教堂前的广场上，疲惫的官兵搭灶做饭，风餐露宿，把临时拆下的门板，当床铺歇息。在教堂礼拜厅，周恩来等住宿三夜，门外卫兵警戒。10月2日上午，贺龙、叶挺、聂荣臻等匆匆赶到。部队分别安营在教堂、白塔秦祠、珍珠娘宫等地。江宁文指着战士用的饭碗和粮袋说，当时沿途各村农会闻风而动，农民煮茶做饭，担到路边，起义军终于吃上热饭热菜。

我走进南下部队军事决策会议的遗址，墙上挂着与会者的照片：周恩来、李立三、彭湃、恽代英、张国焘、谭平山、贺龙、叶挺、刘伯承、聂荣臻、郭沫若、林伯渠、吴玉章、徐特立等，他们挤坐在几条长板凳上开会。在这间狭长侧厅里，他

[1] 金冲及主编《周恩来传》（一），中央文献出版社，1998，第183页。

们召开了著名的流沙会议，决定了南下部队的生死。当时，周恩来被卫士搀扶进入会场，抱病主持这次会议。他靠着侧厅中间的柱子，声音微弱地传达中央“八七会议”精神，决定取消国民党的旗号，改为苏维埃，率起义军队开赴海陆丰，会合当地农民武装，改组工农红军，打出土地革命的红旗。

郭沫若回忆：“从汕头市夤夜撤退以后，到了流沙，在这儿已经停留了一天一夜了。在第三天的中午，终于等到了两位军事负责人贺龙和叶挺的到来。首脑都聚集在天后庙里一间细长的侧厅里开会，做着最后的决策……主要是恩来做报告，他是在发着疟疾的，脸色显得碧青。他首先把打了败仗的原因简单地检讨了一下。……把这些失败因素检讨了之后，接着又提说到大体上已经决定了的善后的办法——武装人员尽可能收集整顿，向海陆丰撤退，今后要做长期的革命斗争。”[1]当时起义军主力何去何从，意见有两种。在南昌起义纪念馆展框里，我看到一篇聂荣臻的文章：“叶挺不主张去海陆丰，他说海陆丰已有了敌人。同时，我们到那里后，受到从广州和汤坑两个方向来的敌人的夹击，而那里是不大的一块地方，又是背水作战，地形也不利。我认为叶挺的意见对，似乎他已经认识到25师被隔绝，24师伤亡大，汤坑战斗都没有取得胜利，再打下去是困难了。”

部队跋涉揭阳山路，辗转至流沙，在山湖地区与陈济棠部第11师短兵相接。起义军苦战三昼夜，伤亡两千多人。敌人用了最狠一招：多次“清剿”，赶跑农民，断粮断水。官兵们吃番薯叶，喝田里的水，过着野人一样的生活。白天，战士们有的隐蔽在草丛里，有的隐蔽在水里，脚和腿都肿得很厉害；夜晚，他们在深山或树丛野草中睡，蚊子吸伤者身上的血。朝鲜籍的金山说：“像我一样几乎每一个人都患上疟疾。”不少人得了疟疾，高烧腹泻，因药物奇缺，病死的人与日俱增。不幸的是，周恩来也患上了疟疾。10月3日中午，他开始发烧。聂荣臻说：“我们调头向西，经过揭阳到达流沙，找到了革命委员会和恩来同志。他当时正发高烧，处于昏迷状态。很多领导同志都在这里。”

风云突变！流沙会议开到下午2时左右，前敌委员会接到情报：村外山头敌军来势汹汹，扑来截击。周恩来立即结束会议，前委分头率部转移至海陆丰。

---

❶ 郭沫若：《流沙》，载《革命春秋》，人民文学出版社，1979，第227—228页。

党史专家王宋斌告诉我："莲花山战斗，起义军被截击！"他指着纪念馆陈列的一张旧照片，照片注释为："此山地处普宁池尾贵政山村西侧，莲花山海拔1370米，却树高林密。"这仗打得很凶险！部队离开流沙后，大路被敌人占领，起义军排成长列沿乡间小道走。当时，贺龙的第20军第1、第2师，已越过云落，而叶挺的第24师，离流沙镇3.5公里，行至池尾钟潭村后的莲花山时，枪弹飞来，遭遇突袭。王宋斌说，原来是果陇庄地主民团兴风作浪。在民团庄大海的团丁引领下，第11师陈泰运团先占领山顶，猛烈截击。这是一个小盆地，三面环山，地势险要。危急之下，周恩来、贺龙、叶挺指挥作战，命第24师三个团从三面展开，抢占阵地。周恩来和前委机关，被围在盆地之中！背水作战，起义军遭猛烈伏击。此时，起义军已因连续作战，昼夜兼程，伤亡惨重：战死千余人，幸存者疲惫不堪。如果盆地失守，病弱的周恩来等，可能落入敌穴。千钧一发，董朗率第70团冲锋陷阵，与敌殊死搏斗，激战至黄昏，虽然突破包围，但叶挺的部队大部分溃散。陈公培回忆说："如果贺锦斋部队回头反击，可以击败敌军。可是贺锦斋没有这样做。由于我们对敌情不明，时近傍晚，我军非战斗人员又激战至天黑，周恩来和24师冲过去了，叶挺部队却被打散了……"

百战碎铁衣，白匪已重围。枪林弹雨中，周恩来处境有多危难，我难以想象。战士金山说："黎明时，敌人看到我们人数少，于是凶猛地射击，我们逃跑，但许多人被打死打伤。战友小成腿部受伤，我们抬他走了20里路。我正患疟疾，没有多少气力，走得很是艰难。战友小成恳求我们开枪把他打死，好让我们能够救回自己的性命……最后小成因失血过多，死在这里。他太衰弱，甚至没法说出蕴藏在胸中的最后一句话。"

在祭拜烈士的路上，周肃清之子周凭栏、周太和对我说出了一段撤退的生死真相。南昌起义军南下福建汀州后，周恩来代表前敌军委，任命周肃清为20军招募处处长。9月底，起义军在汤坑兵败后退出潮汕，向海陆丰撤退。部队渡过榕江，陆续到达普宁县流沙镇。流沙兵败后，周肃清指挥剩下的百余名官兵，抬着发高烧的周恩来，向陆丰方向前进，走在队伍的最后面。当渡过一个海峡时，天色已晚，忽然枪声四起。当时，周恩来流着眼泪对周肃清等人说："同志们顾不得我了，就把我放在这儿吧……"周肃清和战友们怎能放下周恩来不管呢？子弹嗖嗖嗖擦身而过，大家随时可能丧命。突然，有一位抬着周恩来的士兵要放下担架逃跑，其他几个士兵见状，也犹豫着想跟着走。情急之下，周肃清拔出手枪，对着那个士兵说："谁敢放下恩来同志逃跑，我就毙了他，和他拼命！"冷静下来之后，周肃清又说："大家再坚持一下，等把敌人击退了，要走的，我们会发路费送行的。"这时，战士们打退的敌人又追上来了。到了陆丰县甲子和碣石之间的一个海边乡村，周恩来等与中共汕头特委书记杨石魂取得联系。杨石魂焦急地说："由陆丰到海丰的路被敌军截断，到海丰已无路可走。"这时，周恩来让秘书给大家写下党组织在香港、上海的通信地址，还把剩下的钱都分给了同志们。告别时，周肃清使劲地握着周恩来的手，哽咽着说："恩来同志，千万千万要保重啊！"周恩来虚弱地说："肃清同志啊，谢谢你一路的照顾，后会有期！"送走周恩来后，周肃清和几位同志几经生死，终于撤退至香港。

莲花山战斗，鲜血流成河。2017年清明时节，"八一征程寻访团"从南昌一路南下，来到潮汕海陆丰地区时，我与朱德孙女朱新华、陈赓的儿子陈知庶、彭湃的孙子彭丹和彭浩等相遇。顺着当年起义军南下路线，我们沿途寻访，行车一个多小时，到达揭阳丘陵地带。这里曾经有一场恶战。敌军陈济棠第11师，扼守高山，居高临下，火力猛烈，向起义军扫射。战士们反复冲锋，与敌军展开白刃战，血洒疆土……我们重走先烈路，再祭先烈墓。墓里埋着起义军的累累白骨，令我们心情沉重，热泪盈眶。血染山水又一程，身向潮汕艰难行，起义军林暗草惊，生死路雨后风寒……由于起义军牺牲人数多，没有那么多棺木安葬，普宁党组织最后买了数匹白布，收殓遗体，统一埋葬。

中共广东省委党史研究室副研究员陈永红对我说："周恩来在广东遇险多次，普宁莲花山遇袭，就是其中一次。"我站在山底向西望去，果陇庄莲花山树木葱茏，烟雾缭绕，我想起那句古诗："将军战马今何在，野草闲花满地愁"。

聂荣臻元帅回忆说："部队被打散时，周恩来发着高烧，喝不下稀饭。有时神志不清，还在喊'冲啊！冲啊！'。"部队遣散后，守在周恩来身边的只剩下第11军军长叶挺、第11军党代表聂荣臻等。他们不熟山路，不懂潮汕话，仅有一支小手枪，连自卫能力都没有。他们后来遇到了中共汕头特委书记杨石魂。敌情危急之时，聂荣臻对杨石魂说："你对本地情况熟，可不能离开我们，我们几个人连本地话都听不懂，你得想办法把我们护送到香港。”[1] 杨石魂满口答应，此后守护他们一起行动。残阳如血，生死相托。此时此刻，语重千钧。

党史专家王宋斌说，自流沙会议至同年10月中旬，中共普宁党组织共护送二三十位领导人安全脱险。无论是掩护伤员，还是凑钱买棺掩埋牺牲官兵，他们都写下了党史中令人难忘的一笔。

按照流沙会议部署，南下部队撤往海陆丰，领导者撤离战区，转移到香港、上海等地。周恩来与叶挺、聂荣臻这一支部队，由杨石魂陪同，化装成平民，穿山而行，速移至金厢港治病。黎明初晓，杨石魂设法找来一副担架，抬上病重的周恩来，攀越大南山。此山峰峦重叠，山势险峻，横跨潮阳、普宁、惠来三县，延续莲花山系，东西长50多公里，南北宽30多公里，面积约1000平方公里。惠来县委书记蔡淡群对我说：“转战大南山时，惠来党组织负责策应，率坑仔武装团队扫清沿途障碍。他们包围隆江墟，发表《声讨新军阀蒋介石宣言》；带领南区农民自卫军鏖战三昼夜，攻占国民党神泉区署，击溃神泉区盐警队。10月3日，周恩来在流沙镇主持南下部队指挥部决策会议，决定武装人员撤往海陆丰。3日夜，周恩来等在当地党组织、农会掩护下，进入惠来境内，在大南山盐岭小憩亭休整，在县城近郊驻留，在离县城十里的东陇乌石庵养病。”惠来常委方锦厚打开南昌起义部队转移史料说：“贺龙、刘伯承等率领起义部队向海边转移，党员为他们当翻译，农民热情地为他们带路，安排营地，掩护起义领导人安全转移；部队也赠送枪械给当地农会。”

有战士回忆说，潮湿漆黑的夜晚，他们在路上遇见非常多的蛇，有毒并发出“嘶嘶”之声，有的战士被蛇咬伤。因为战士们长途跋涉，草鞋烂了，他们只能打赤脚。杨石魂等抬着周恩来，穿密林岩洞，越崎岖道路，直奔陆丰。

此时，登山望烽火，鹤唳风声起。周恩来、叶挺、聂荣臻等，在南塘农军第九队队长郑尧、团委书记黄万里护卫下，继续赶路。然而，情势险恶，他们四面受敌。党史专家叶佐能说：“陆丰城距甲子50公里，内有200敌兵；流沙镇距甲子50公里，驻守着陈济棠第11师的三个团。碣石镇距甲子几十公里，卧藏着保安队。而甲子本地，明、清两朝为边防水师驻地，墙高坚固，域内渔霸、贾商聚集，封建势力

---

[1] 陈汉初主编《周恩来在潮汕》，中央文献出版社，2004，第648页。

较强。当晚，另一支南昌起义军40多人住进竹湖村祠堂，设岗后山。安顿完毕，周恩来与叶挺、黄万里等研究方案，遣散官兵。”[1]撤退时，战士们担心被敌人发现，便脱去外衣，忍受伤口的剧痛，在山路上爬行。领导人常用耳朵紧贴地面，屏息听是否有陌生的脚步，判断情况已经安全了，才让战士们继续蛇行。前去大村庄，须走一段无遮蔽山路，战士中有患肺结核的，有患支气管炎的，指挥官低声发令：“不准咳嗽，要是谁发出声音来，我们大家都可能付出生命的代价。在危险的行进中，要是不能控制自己，就留在队伍后面。”有的人捏紧喉咙，没有谁发出声，没有人愿意留在后面。

边月随弓影，湖东雾迷茫。1927年10月5日，在中共中央政治局委员彭湃的带领下，起义部队代总指挥贺龙、参谋团参谋长刘伯承、第20军党代表廖乾吾、革委财经委员会主席林伯渠、彭湃夫人许冰、随员文曼魂、第20军3师师长周逸群的机要秘书徐以新等，抵达陆丰县委地下工作站南塘李厝乡。

资深军旅作家刘汉升，著有《南昌起义之后》《通向井冈山》《揭开风云中的谜团》等书。他接受我采访时说：“10月6日，在中共党组织介绍下，周恩来、叶挺、聂荣臻、杨石魂、周肃清和卫兵，在甲子党组织介绍下，从甲子赶到李厝乡追寻彭湃。但是，彭湃一行已于6日早上出发到湖东港！当晚，周恩来一行住在李厝乡。第二天下午，他们赶往湖东港，途中经过曲清渡口，湖东党组织的负责人陈宗尧、湖东农民自卫军总队长蔡其玉前来迎接，对周恩来等领导转达彭湃的留言：为了减轻当地的经济负担，也为了缩小目标，他们一行已于早上先行渡海。同时，湖东党组织迅速为周恩来一行筹备渡船和准备有关物资。在敌情严峻的形势下，周恩来理解彭湃的做法。”

渡海，蹈海：沧海横流安足虑

1927年10月7日，在第24师党代表颜昌颐、70团团长董朗带领下，周恩来一行避开敌人的防区，急奔至内湖。此时，中共东江特委书记郑志云、陆丰县党组织负责

[1] 叶佐能、邱海洲：《陆丰革命史（1919—1949）》，中共中央党校出版社，2003，第144页。

人张威迎了上来，接应他们抵达陆丰县革命根据地激石溪。

周恩来一行抵湖东后，他们住进后陂坑村的蔡家祠堂。祠堂前有一条通墟镇的道路，为了安全考虑，他们第二天转移到较为隐蔽的湖东薛氏祠堂。在湖东，他们请名医曾梅仙给周恩来治病。但周恩来的情况没有好转。如果此时渡海，他们要在海上颠簸几昼夜。叶挺、聂荣臻、杨石魂征求曾医生的意见。曾医生认为，以周恩来这样虚弱的身体，出海是有性命危险的。他们接受了曾医生的建议。叶挺决定即使随时面临追捕的危险，也要守护昏迷的周恩来。

10月中旬，杨石魂派人到南塘区寻找黄秀文。不料，黄秀文已带起义军徐成章团百多人转移。于是，湖东区委派人护送周恩来、叶挺、聂荣臻、杨石魂等返回南塘区李厝乡。当晚，周恩来等住在李秀文的油车间里。

翌日，南塘区商联会会长郑绪文赶到。傍晚，在李厝乡农会干部李祖升、李祖怀、李茂平等护送下，周恩来等人由郑绪文接到兰湖村。该村为山岭脚下的一个村庄，距南塘西南面十公里，碣石东北面十公里。几个村落地处偏僻，地瘦人贫，但群众基础好。汕尾市纪检干部郑春河告诉我："我祖父的兄弟叫郑端阳，他回忆说当时周恩来一行就住在我们家。郑仲是我爷爷的堂兄弟，是地下党员、南塘区财粮干部。郑家茅屋外，风声鹤唳；茅屋内，热饭果腹。郑仲母亲悉心照料周恩来一行。"郑春河带我进兰湖村，90多年前，这里的农舍周围是茂盛的山林。他指着村口的一口井说，这是起义军用过的井，村民们叫它"红军井"。他带我走进兰湖村的一间老屋，房屋已经荒芜，墙壁上爬满荆藤。郑春河说："这是周恩来他们住过的。"我看到墙上挂着周恩来、叶挺、聂荣臻的照片，已经泛黄。郑仲的孙子郑莫泉对我说："转移金厢之夜，我爷爷找来了十多套便服，请周恩来、叶挺、聂荣臻等换上。他们脱下破旧军装，穿上便服，以应付路上特务盘查。"时已深秋，海风袭人。转移前，周恩来走到郑仲老母亲的住处，与老人家道别。看见郑母用麻包袋当被盖，而郑家一贫如洗，茅屋难挡寒冷，周恩来不顾自己正在高烧，立即取随身用的毛毯，送给郑仲的母亲，另一件军用虎皮毯则送给郑仲。郑莫泉说："后来这两条毯子被渔民传说成了故事。我祖父郑仲保存两条毛毯，后交陆丰县文物管理所馆藏。"从老屋走出，我看见粗糙的旧木门上留下了一些弹孔，问："这里发生过枪战？"郑春河对我说："周恩来、叶挺、聂荣臻等转移后的一个深夜，敌人'清

◎ 在兰湖村，周恩来送给郑仲母亲的毯子

剿’兰湖村。他们追到我祖父郑仲家，踹不开门，就向屋门开枪。当夜，我祖父郑仲从后门翻墙逃跑，钻进山林，捡回一条命。因为叛徒的出卖，敌人逮捕了一批共产党人，南塘区苏维埃主席郑开云、地下党员郑书文、吴成等都被抓去，被杀害在甲子监狱。”

在兰湖村时，周恩来高烧未退。但此时，敌人已探听到消息，正向湖东方向扑来。敌情严峻，必须马上转移！海面呼啸，风浪滔天，木船无法出海。杨石魂急雇一个竹椅担架，让病中的周恩来坐上，由兰湖村渔民郑妈葵、郑妈均、吴成等抬着。地下党员冒着生命危险，有的探路，有的警卫，躲过敌人设卡。他们向着金厢方向，艰难地跋涉。当时之艰险，如军旅作家、诗人张永枚叙述：“敌影虽朦胧，神枪能穿杨。石魂克宜扶着恩来奔滩涂，赤脚踩在仙人掌血流成行……”周恩来病情发作时，潮汕特委书记杨石魂心急如焚！1924年冬，他与周恩来结识于黄埔军校；1925年，第二次东征胜利后，周恩来任东江各属行政委员，杨石魂任国民党汕头市党部执委兼工人部部长，中共潮梅特委委员；周恩来主持惠、潮、梅25个县市政务时，多少次危急关头，杨石魂挑起工运重担，成为周恩来的得力干将。看着病重昏迷的周恩来，杨石魂心如刀割。他叮嘱黄秀文：十万火急！速与陆丰党组织联系，请可靠医生为周恩来治病！当晚，夜色弥漫，杨德秀（时任普宁县妇女会主任）和叶挺、聂荣臻、杨石魂等护送周恩来，他们沾血的脚印，留在碎石和泥泞的道上。

周恩来夜宿兰湖村。早在1989年，张永枚专来采访此事！他坐着三轮车，一路颠簸而来。当时，高中生薛景烈是他的向导。如今40岁的薛景烈，毕业于中山大学医学院，现任陆丰医院外科主任医师。薛景烈接受我采访时说：“我接张永枚老师来的！那年我正读高中呢，5月18日下午，村支书让我为张永枚老师带路。”湖东村位于南湖公路路口，有陡坡之势。登高远眺，湖东港呈月弯形。薛景烈对我说，当时村支书找来三位老村民——薛立龙、薛宗兴、薛雁，他们当年照顾过周恩来的起居，那时已是七八十岁的老人。张永枚老师坐在水泥板上，三位老人喝着茶，慢悠悠地聊。薛景烈说："我叔公薛宗兴告诉张永枚，当年见到周恩来时，他刚满12岁，还是一个学生娃哩。听说白莲花山打过一仗，起义军被围，牺牲很多人，敌人很凶狂哩。起义部队来湖东村时，他们已分兵，是秘密进村的。"当时，薛宗兴和同学们正在祠堂里念书。薛宗兴回忆说："突然，农会干部薛洪如匆匆进来。他长着国字脸，满腮胡子，讲话带点沙哑。他开口就对同学们说：'有革命同志要来，今天停课，把桌椅往两边靠。'大家把桌椅搬到两边。接着，他向外招招手，只见农会会员搬进了一捆捆稻草，准备垫地铺。"当时，天空飘着小雨，海边天气有点冷。火炉、木炭、热开水被农会会员提进来，煮熟的番薯端来了，冒着热气。没过多久，起义军就来了。只见两位战士抬着一位军官进来，他脸色苍白，身体虚弱。他眉毛很粗，有一双大眼睛，虽重病在身，却欠着身，与薛洪如、农会会员打招呼、握手。这时，薛洪如对同学们说："这是大名鼎鼎的周恩来先生！"薛宗兴赶快和他握手。周恩来被扶坐定后，稍休息一下，恢复体力。他支撑着身体，叫来身边战士，拿出地图，询问薛洪如。薛宗兴说："周恩来的意志力和关心他人的精神，不是一般人能比的。"白发苍苍的薛宗兴吸了几口烟，他说："当晚，农会又带来一支起义军，人数40多人。"晚上，他们与周恩来、叶挺、聂荣臻等领导住在祠堂里，祠堂的后山还设了岗哨，架起了机枪。远处，虽然有零星的枪声，但湖东村还算平静。第二天早饭后，周恩来还鼓励大家："不要怕挫折，坚持斗争，建立苏维埃政权，坚持到革命的最后胜利。"这批起义军准备出发到湖东港。在警卫的搀扶下，周恩来与流泪的战士们握手告别。"警卫连实难舍起义的旗手，老战士泪如雨牵住他军衣。我们都进山，谁来警卫你，头砍去心挖去和你不分离！"这是难分难舍的情景啊！

村民秘密为周恩来治病。周恩来住进薛家祠堂后，湖东区委入乡随俗，秘密派15岁的通信员陈汉携带薛立龙家属，到吴爷宫炉前"求签"。将所择签号，拿到元兴堂药铺，医生"看签"后，抓几剂中草药，连夜煮水给周恩来服用。次日，周恩来的病情得到控制。薛景烈对我说："张永枚老师听得津津有味，采访结束后，在我家吃完稀饭，与村支书道别。我送他到湖东村路边，等了一辆三轮车，他坐上就走了。后来他寄给我一本《蹈海》。”薛景烈拿出一本发黄的《解放军文艺》。翻到《蹈海》，我双眼潮湿……

蹈　海

张永枚

螺号六拍军国大事入骨髓，
恩来抱病下令调遣廿四师。
一个兵一支枪都到海陆丰，
依千山和万水军民结血谊。
警卫连实难舍起义的旗手，
老战士泪如雨牵住他军衣。
我们都进山，谁来警卫你，
头砍去心挖去和你不分离！
秋气肃杀彤云凝重天低垂，
海风咸腥战旗洞穿声抽泣。
灵魂站立着，病躯半坐起，
行军礼五指给官兵万钧力。
目光被战士背影牵向远去，
瘦损身栽倒在地神志昏迷。

瓦煲散米香，炉膛如灯亮，
熬粥的美少年眼神如波光，
杨石魂汕头市工会委员长。
有生命的地图流沙别故乡，
黄埔军东征号响他是回声。
周恩来执政东江点石成钢。

医生之子略通医道学神农，
为恩来采撷草药每每先尝。
有壮士人说是黑虎星下凡，
赤卫队长吴克宜能降恶狼。
杨石魂刚刚舀起清汤寡水，
追兵骤至狼群嗥砰砰响枪！
恩来警醒心从容眼观六路，
庵堂后灌木林苦竹长石旁：
八仙院八仙过海上屋出走！
周恩来武术在身跃上石墙，
同志们登屋顶跳进丛林里，
前脚走后脚到枪托砸门窗。
叶挺聂荣臻，拔枪断后路，
敌影虽朦胧，神枪能穿杨。
石魂克宜扶着恩来奔滩涂，
赤脚踩在仙人掌血流成行。

…………

恶霸民团抢花红来捉恩来，
灯笼火把阴风里鬼眼狰狞。
急切切农友拿来竹箩扁担，
抱恩来坐进竹箩勉强容身。
千条篾的大竹箩篾篾厚爱，
七道节的长扁担节节深情。
农友双肩担柴担米担苦难，
今夜晚担的是自家人的心。

…………

读诗，感动！潸然泪下！我渴望见到张永枚老师。后来薛景烈带我到南部战区第一休养所，找到了86岁的张永枚。他一口川音，精神尚好。“恶霸民团抢花红来捉恩来，灯笼火把阴风里鬼眼狰狞。急切切农友拿来竹箩扁担，抱恩来坐进竹箩勉强容身。千条篾的大竹箩篾篾厚爱，七道节的长扁担节节深情。”读到周恩来在陆丰的危难处境，我已哽咽。如今，张永枚腿脚不便，闭门在家。他回忆起30年前陆丰采访之途，说：“当年我好脚力，一踏入湖东村，直奔薛家祠堂。薛宗兴老人指着神主下的祭拜案床说：‘当时领导人周恩来、叶挺、聂荣臻就住在这里，案床下的稻草铺，就是周恩来的病榻！’想想敌人兵临城下，渡海香港凶吉未卜，那正是螺号悲壮十二拍，十肠九断啊！”张永枚动情地说：“周恩来他们藏身的湖东村、黄厝寮村我都去过，他们住过的草铺、山洞我都去过，催人泪下……”

1927年10月中旬，周恩来等领导撤离湖东村前，还看望了养伤的薛立龙，教他消毒和清理伤口的方法，又送了两盒药膏，薛立龙感动不已。数十日的秘密掩护和帮助撤离，湖东区委送走了最后一批南昌起义的官兵。闻风的敌人，气势汹汹向竹湖村扑来，村里硝烟四起，村民家破人亡、妻离子散。薛洪如转移了赤卫队，敌人扑了个空，恼羞成怒，见民房便砸，见祠堂便焚。薛氏祠堂首当其冲，被点火烧了一昼夜，殃及周围的农舍，竹湖村一片火海，惨不忍睹！翌日，因叛徒告密，掩护和照料周恩来的农会干部薛洪如不幸被捕牺牲。

我想见薛立龙、薛宗兴、薛雁！这三位老村民，当年照顾过周恩来。薛景烈医生一声叹息：“遗憾啊，他们都不在了。我叔公薛宗兴活到90岁，是2013年逝世的。2015年10月26日，中央电视台、中央新闻纪录电影制片厂《潮汕1927》大型革命文献纪录片摄制组到湖东薛氏祠堂拍摄，也没能见到这几位亲历者。遗憾啊！”

周恩来在黄厝寮：鱼水相契情意浓

亥时，寒风，疾雨。沿着甲子路，我和黄硕忠（现就职于北京红色文化研究院，专注传播红色文化）乘车在雨雾里缓行。眼前一片漆黑，借着微弱的灯光，见拐弯处竖立一路牌“金厢镇”，我睁大眼睛，心怦然一动。想当年周恩来一行到来，也是在风雨之夜。当时，周恩来高烧不退，缺医无药，找一位可靠医生，迫在眉睫。90多年后我寻访此地，依旧风雨猛烈。我摇下车窗玻璃，未等观望，风雨横扫过来。天气险恶，我们只有明日进村。

黄硕忠人熟地熟，一口流利潮汕话，兼做翻译。52岁的他身材高大，为人忠厚，自幼在黄厝寮村生活。他说："当时这一带叫金厢乡。黄厝寮村距陆丰城仅30华里（1华里＝0.5公里）。1927年10月，敌情瞬息万变，陈济棠第11师3个团，以及徐景堂、黄旭初2个师，6000兵马抵陆丰。敌军陈学顺部和当地保安队随时扰袭。叔公黄秀文警觉敌情变化，派了几名农军战士，在所城岭设哨瞭望，发现敌情，鸣枪三响为号。"[1]

上午约10点，我们的车下了高速公路，眼前乡道焕然一新，新居鳞次栉比。恐怕周肃清今日也难认出，这是否为抬周恩来书记路过的小渔村。碣石湾畔这小村庄，典型的海陆丰民居，地少人多。谁可以想到，这不起眼之处，却是中共陆丰地下党的秘密活动点。2015年春节的黄厝寮村，家家换对联，户户飘菜香。几位抬着渔网的渔民与我们擦肩而过，嬉耍的孩子们跟在我们身后。在黄硕忠引领下，我们穿过村巷，来到一间简陋破旧的平房前，门口挂有两块碑，左边的麻石碑写着"周恩来抢渡碣石湾居址"，右边白石横刻"周恩来活动居址"。顺小路往里走，有三所旧居，约150平方米，碎石砌的围墙，房顶铺着旧瓦，家具简陋。这居址是汕尾和陆丰文物保护单位。因为地处海边，常遇风潮袭击，黄秀文的后代和村里渔民已搬迁渔村新居。

黄秀文的后人黄泽黎和黄硕忠带我入内宅院。一个土木结构的平瓦房，墙皮残缺，露出碎石。其中一间房屋靠在北角，约10平方米。正厅墙壁中央悬挂着一幅照片，是周恩来身着戎装的正冠照。我一眼认出这是周恩来在黄埔军校当政治部主任时照的。这张照片虽然年久褪色，却难掩周恩来的英武之气。照片上方有一条旧横幅："周总理，老区人们怀念您！"简单几字，情真意切，渔民们的朴素情感，如海风扑面。我深深感叹：90多年前一个人走过的地方，渔民依然念念不忘。我想起一句话：一个人的影子无法铺满大地，但他的声音和精神可以传得很远。周恩来就是这样的人。

画框之下，摆放着矩形的玻璃柜，透明，分两层。上层摆放着周恩来当年用过

---

[1] 叶佐能、邱海洲：《陆丰革命史（1919—1949）》，中共中央党校出版社，2003，第144页。

的铁皮箱、石砚等物。我上前细看，里面放着一个箱子，箱顶已变形。我问："这是一个柳木的藤箱吗？"黄泽黎答："不是藤木箱，是一个铁箱子，是周总理当年留下送给我爷爷的。"我靠近玻璃罩，看个仔细，果真是一个铁箱。

还有一枚用鸡血石刻制的印章，不知为何放在玻璃柜中。旁边注释是："周恩来同志遗留下的印章。"这枚鸡血石印章，也成了一个悬念。潮湿的角落里，摆放着一张老式木床，没有床板，只剩约一米五宽的床架，显得破旧。我问："这是周恩来爷爷睡过的床？"黄泽黎点点头。他指着左侧墙壁说："原来挂有周恩来、叶挺、聂荣臻三位领导人的相片。右侧墙壁，挂着爷爷黄秀文的遗像，还有他生前给周总理写的信函、回忆录等。因为风雨渗透墙壁，相片被蚀坏了。"我靠着破旧的床架，静坐一会儿。我抚摸着粗糙的木架想，重病的周恩来躺在木床上，听着屋外雷雨交加，汕头、揭阳、三河坝等地失守，心里多煎熬啊！"恶霸民团抢花红来捉恩来，灯笼火把阴风里鬼眼狰狞。急切切农友拿来竹箩扁担，抱恩来坐进竹箩勉强容身。"在转移路程中，为躲敌人耳目，赤卫队员们掩藏周恩来等的行踪，安与危近在咫尺，生和死就差一步。我想起当年的危境，不由得泪水成行……

黄硕忠说起当年的情景："1927年10月9日深夜，周恩来等就住在叔公黄秀文家这三间平房里。黄厝寮村面海靠山，山上林木茂密。我家处全村之尾，前有松林，背靠大山。周恩来等首长住此，隐蔽又安全。"我仔细观察，此处果然地形特殊，农舍虽小，却进可越海，退可上山。若有风吹草动，可速退山林。当时，起义军团长徐成章和三位官兵，担负起保卫周恩来等领导的任务。

黄硕忠说，他的叔公黄秀文口述《难忘的日子》，惊动了三个人：一位是党史专家叶佐能，1959年他采访黄秀文，留下了珍贵史料；另一位是中国社会科学院研究员张侠；还有一位就是聂荣臻元帅。当时，张侠拿着《难忘的日子》一文，征询聂荣臻元帅，聂帅戴上眼镜一行行地看，用铅笔改，确认文章的真实性。黄秀文逝世几十年后的今天，我阅读了他署名的《难忘的日子》：

走上来的两位首长都是身材高大，穿着粗布衣服，多么朴素啊！后面紧跟着两位警卫员。……我们向村里走去。周恩来一边走一边问我家里有多少口人，种几亩地，生活好不好……不一会儿，已穿过村后小树丛，进入屋里。点亮了灯之后，我才看清楚周恩来英俊的脸庞，奕奕有神的眼睛，十足象（像）个书生，只是颧骨很高，脸色有些发黄，我不禁暗暗为首长的健康着急……房子里只有一张大床，地下临时给警卫员准备了一张草铺。我腼腆地说："地方太狭窄了，请首长们在床上休息。"周恩来同志好像看出我难为情，便说："没关系呀，这就很好了。"

◎ 周恩来在黄秀文家养病旧址

黄硕忠领我走进厨房，饭锅灶炉，一如原貌。他说："黄依成是黄秀文的爸爸，我叫祖爷爷，他掌管周恩来几人的伙食。周恩来书记当时握着他的手说：'麻烦您了黄大叔，我们的伙食标准，每人每天二毛钱，您老人家就按这个标准当管家了。'"随后，周恩来交给黄依成20多块大洋。我打量黄家厨房，房顶因台风侵袭，一半木材顶被掀翻，土灶陈旧而残破，烧火处墙壁被熏黑。我抚摸着裸露的土砖块，想象家境窘迫的黄依成坐在灶前熬粥，挂念病重周恩来的情景。

翌日，狂风暴雨，海面浪高数米，木船无法出海。周恩来疟疾加重，高烧致脸色发红，全身滚烫。事不宜迟，因恐走漏风声，叶挺军长决定快找医生。杨石魂便急切地对黄秀文说，要尽快找可靠的医生治病。"可靠"是指不走漏风声，能对症下药。但是，当时黄厝寮村没有医生，金厢镇敌人盘查严密，找医生甚难。屋外暴雨如瀑，屋内叶挺心急如焚，他催促黄秀文，速与中共陆丰县委宣传部部长陈谷荪汇报，尽快安排人为周恩来治病。

10月中旬，陈谷荪速抵黄厝寮村，传达县委的指示："请周恩来同志转移到溪碧村，今晚行动。那里有一位可靠的老中医。"当晚，在夜幕掩护之下，黄秀文扶周恩来坐上一个竹竿扎的座椅，由自卫队员抬着，叶挺、聂荣臻贴身护送，悄悄地转移至溪碧村。黄硕忠告诉我：“村的农会和党员骨干从3公里外的大塘村，请来老中医卢阔先生。”周恩来等一到溪碧村，就被安顿在农民陈水珠的家里。卢阔先生立即诊脉，感叹病人病得不轻。他不知眼前的病人就是南昌起义的总指挥。周恩来在敌人的围追堵截下，与战友们行走2000余公里，露宿风餐，历尽艰辛……卢医生诊断：病情拖延成疾，需对症用药和静养。黄硕忠说：“过了三四天，天还没亮，农会委员又背着周恩来，和叶挺一行，回到我叔公家里。”山村静谧。周恩来再次被护送回黄厝寮村。服中药三四天后，他高烧渐退。

阳光穿透竹林，农舍一派祥和，周恩来一边治病，一边了解当地农运情况。黄秀文回忆说：“养病期间，周恩来分别接见了陆丰农会负责人和农军中队长，抱病详询陆丰农民运动和武装斗争的情况。他得知起义军团长把枪械送给碣石、金厢等区的农军时，脸上露出了笑容。”1925年东征时，周恩来与农军结下不解之缘，派十多位黄埔军校毕业生到海丰训练农军。正是“养兵千日，用兵一时”。此时，董朗率领的千余起义军，破除围堵，进入海陆丰农军防地。10月底，中共广东省委将该部整编为工农革命军第二师（即红二师）第四团。董朗任师长兼第四团团长，颜昌颐任党代表。红二师成立中国工农革命军特别委员会，营连基层建立党组织。周恩来兴奋地说：“这就好了，革命军队和农民相结合，南昌起义的革命火焰，又要在海陆丰猛烈地燃烧起来了。”[1]

至暗时刻：藏身北斗道弥昌

当时，国民党的“围剿”凶猛。凡是红军住过的房子，他们都要狠狠地烧掉。黄秀文的三间房屋，当时被一把火焚毁；凡与红军有过往来的人，他们抓住就活埋、杀死——黄厝寮村多位村民因此受牵连。周恩来等人不能进村庄，藏在附近的岩洞里，有村民被抓到碣石问话，却没有一个人透漏周恩来等的行踪，还有的老人和妇女依然冒着生命的危险，秘密往山上送粮食。

---

[1] 叶佐能、邱海洲：《陆丰革命史（1919—1949）》，中共中央党校出版社，2003，第146页。

张旌是陆丰县原县长张威烈士的孙子，陆丰红色文化促进会会长。2018年初冬的一日，他派车接我和广东省红色文化研究会的王爱侬，顶着寒流驱车几百公里，从广州赶到陆丰，寻找周恩来当时藏身的岩洞。说起这段历史，他神色严峻：“1927年蒋介石叛变革命后，国民党陈学顺部威逼海陆丰地区。我爷爷张威时任陆丰县县长，10月初指挥陆丰党组织、农军、赤卫队，接应和安置南昌起义部队，组织安全转移周恩来等领导。11月，在彭湃部署下，爷爷张威率陆丰农民自卫军，配合红二师作战，攻下敌人占据的碣石城，建立陆丰苏维埃政权。”我们颠簸几百公里后，再从陆丰城区出发，又辗转约半小时，靠近金厢镇下埔村。金厢镇扶贫队长廖淑新赶来当我们的向导。他指着村后的大山说：“周恩来同志当年藏身的地点就在后山上，有一段路不通车，我带你们进去。”一路依山而行，穿过渔民的一个芭蕉园，在荆棘和草丛中走了一段土路后，见到不远处大岭山树木林中，有一片石堆。大岭山地处狮山山脉，连绵数十里，山峰相连，远远望去，仿若一道屏障。藏身洞背山面海，有茂密的树林做掩护，非常隐秘。廖淑新边走边说，藏身洞隐藏在树林里，几块巨石之间，黄厝寮村渔民也叫它“后山虎洞”。山洞离地面有几人高，前面有一片青草，却是沼泽地。我不知深浅，一脚陷进泥沼里，鞋子灌水。没等缓过神，我脚下一滑，险些跌倒，王爱侬一把拖住我。没有树杖，我俩牵起手，摇摇晃晃。见状，廖淑新和村民牵住我们，一字排开，慢慢地向前走去。到山洞底下，我们仰看，岩石光秃，无树枝可攀。“怎么爬呢？”几个月前，我刚做过双脚拇指矫正手术，岩石有几人高，王爱侬担心我攀行难。这时，有打着赤脚的渔民先爬

◎ 周恩来、叶挺、聂荣臻、杨石魂等藏身的金厢镇碣石湾后山虎洞

了上去，他在上方用手拽着我，我牵着爱侬，廖队长在下面撑着，一拽一撑，我俩总算爬到洞口附近。靠近洞口，只见岩石交错，野草生长，有的岩石旁长着青苔。再往下看，山岭陡峭，稍不留意，容易跌下山崖。如今，风和日朗，当年却风雨交加，山洞两头黑，“恶霸民团抢花红来捉恩来”，那真是步步惊心，白色恐怖啊！我们攀了一会儿，就坐着喘气，我问：“当年发着高烧的周恩来怎么上来啊？”黄硕忠说：“身边的叶挺、聂荣臻、杨石魂连背带拽，一路行军作战，饥寒交迫，筋疲力尽，把周恩来背进山洞，用了九牛二虎之力啊！”

我越走近藏身洞，越感叹。爬近藏身洞，却钻不进。无奈，只能望洞止步。原来经多年地质变化，这洞口已缩小，爬不进人！我们只能趴在洞口，向内张望。一探头，哇！一股潮湿的海腥气，扑鼻而来。原来由几块巨石堆叠形成的空隙，80厘米到100厘米宽，约一人高，十几米长，可容人过去。对面石缝里有光，我看见洞内地下布满卵石和烂泥。洞壁黑暗，仅一束光，由洞内一个孔射入。当时，他们躲藏在洞内，轮流在小孔处呼吸空气，观察外面的敌情。要在这个岩洞里躲多久？敌人搜山会不会发现？其他的战友们转移没有？高烧的周恩来和叶挺、聂荣臻，此时此刻，殚精竭虑，进退两难。廖淑新说：“这个山洞当年有三个出口，分别是东西和南北走向。万一敌人进山搜查，两面都能撤出。”当年，杨石魂寸步不离周恩来，黄秀文命令党员骨干驻守所城岭、观音岭、金厢港口，监视据点敌军，做好保密工作。在藏身洞周围，黄秀文安排可靠的党员警戒。安保人员居住于山里的一个棚子中，不远处的大海，风卷海浪，此起彼伏。黄秀文的后人黄楚威对我说：“台风一来，电闪雷鸣，天昏地暗，躲在这里，需要怎样的意志和胆量啊！”同我一起攀行的黄楚文难过地说：“黄秀文爷爷曾说当时路陡又泥泞，他送饭有时躲在茅草里，有时躲在树丛中。遇到台风，风吹得人站不住，饭送不上来，藏洞里的人就挨饿。敌人到山里‘清剿’，干部或农民无法送饭，他们就得挨饿。”我趴在洞口，慢慢挪动着身体，想进去看个明白。即使在和平年代，换上我们，一个人在这山洞里独守黑夜，都得吓出一身汗，谁敢来冒这个险啊！当我一攀一拐上岩石，重温周恩来当年走过的路时，我想到他们前行的艰难。即便天上有狂风雷电，地上有国民党部队“清剿”，山林有民团搜山追捕……但是，他们却不怕死，不退却，不投降！想起他说过的一句话：“我认的主义一定是不变了，并且很坚决地要为他宣传奔走。”

一苇渡海：击楫人同壮志坚

又过几日，周恩来能下地行走，杨石魂指示黄秀文火速与县委联系，尽快安排他们渡海赴港。当天下午，陆丰县委通知黄秀文，已雇到海丰大湖一艘运输船，趁着天气良好，约定三天后深夜12时，用掇鸟船送人离岸，并拟定接头信号。

黄秀文回忆说："一次我进房去的时候，周恩来正和两个警卫员坐在草铺上，认真地教他们学文化。周恩来看见我进来了，就站起来笑着对我说：'这两个江西老表学得还差不多哩！'那时我深深被那亲密的阶级友爱所感动……接着他又问我：'读过毛泽东同志著的《中国社会各阶级的分析》这篇文章没有？'我说：'没有。'周恩来非常恳切地说：'应该读。搞农民运动的不读这篇文章是不行的。'"[1]

这天，黄依成买了鱼，为大家加菜。吃饭时，周恩来看黄依成只吃咸菜，就把鱼肉夹到他饭碗里。这时，黄秀文正跑遍洲渚村，寻找可靠的船工和掇鸟船。何为"掇鸟船"？原为一种在浅海打鱼的小渔船。10月下旬，船工来通知说，可以出海了。黄秀文把这个消息告诉首长，大家都非常高兴。两位首长向黄依成道别，殷切感谢。黄依成老人依依不舍地说："老天爷保佑你们一路平安。"

当日晚约9时，月明星稀。杨石魂、黄秀文带领周恩来一行，踏着杂草碎石，从黄厝寮村出发，绕过洲渚村，来到海边。他们登上一只掇鸟船。夜11时，黄秀文向着对面海礁发出信号，对方回应三闪手电光，暗号对接成功，他们赶紧登船。另三名赤卫队员奋力划船，向乌礁方向疾进。

周恩来一行所坐的船开了！天色黑蒙，海阔云低，小船向无际的大海飞驰。船内仅能卧一人，正好放下病重的周恩来。黄秀文坐在船头，环顾海面，不敢松懈。这一带海匪出没，鲨鱼无常。半夜之后，船工报讯，已过海匪活动海域，黄秀文如释重负。船儿颠簸，彻夜难眠。四周如漆，海涛呼啸，两天一夜，胆战心惊，终于"浴海重生"。

---

[1] 陈汉初主编《周恩来在潮汕》，中央文献出版社，2004，第670—671页。

◎ 掇乌船

周凭栏说："渡海不是万事大吉。我父亲周肃清和战友撤退香港时，船好不容易到香港，就听到一声刺耳的笛声，如临大敌的英籍印度兵、华裔警捕、特务等，荷枪实弹，只留下能通一人的卡口。父亲亲眼看到，前面有几位战友在盘查中被捕了。轮到父亲被盘查时，他挥舞文明棍只讲洋文，那些洋警察们以为是南洋华侨，只好放他过去，父亲又一次死里逃生，化险为夷。"

周恩来、叶挺等有先见之明，他们绕开英籍警察和特务盘查。在离香港五里处，经验丰富的杨石魂呼唤船工下帆，改乘小船上岸。到达香港长洲岛时，他们定睛一看，狭长如哑铃状的香港长洲岛，码头停泊不少渔船。刚历经白色恐怖，他们异常警觉。为防警察盘查，他们迅速分离。惜别之时，周恩来握住黄秀文的手，语重心长地说："当前局势严峻，要注重安全隐蔽，等候时机，继续革命。"敦厚的杨石魂掏出一些银圆交给黄秀文，嘱咐其暂避香港长洲岛。黄秀文回忆说："叶挺取出一把自卫小手枪和一副望远镜送给我。"之后，香港地下党接走周恩来、杨石魂，疏散叶挺、聂荣臻。

黄硕忠对我说："周恩来成功转移香港半年后，我叔公回海陆丰时，家乡已物是人非。”国民党军队占领海陆丰，中共县委和苏维埃政府已转入地下。军旅作家刘汉升告诉我，护送起义部队领导人渡海的陆丰县委书记张威，不幸被叛徒出卖。1928年8月3日临刑前，被五花大绑的张威写下遗书：“母亲大人，儿死矣，为革命而死，死得光荣！”之后，他被民团残忍杀害。程子华曾参加广州起义，后随红四师转战海陆丰地区。他回忆：“红军刚刚转移，国民党军队赶到，由于追不上红军，就对新塘村纵火焚烧，当场枪杀4名来不及转移的赤卫队员，群众四出走散，全村遭到一场空前大浩劫。据统计：大革命前，新塘村有56户326人，房屋105间；大革命失败，被焚烧和拆毁房屋68间，剩下20户49人。”[1]

黄厝寮村在劫难逃，渔民人心惶惶，村中鸡犬不宁。村里28位中共党员和农会干部惨遭杀害。劫难之后，黄秀文夜潜回家，打探亲人下落，眼前景象却令他惊恐万分：家屋被敌人烧毁，剩下一片废墟，亲人也不知生死。周恩来曾住过的房子，墙梁倒塌。黄秀文坐在焦土上，悲从心来。在不经意中，他发现烧焦的木床灰烬中有一小小硬块，借着月光，他看出那是一枚鸡血石印章，刻有“周恩来”。此时黄秀文心有余悸，万一印章落入敌手，暴露周恩来落脚处，敌人必洗劫全村。他决定保守这个秘密，不能连累乡亲们。黄秀文藏起印章，挥泪离开，渡海重返香港。

当我再访黄厝寮村，汕尾市和陆丰政府已将大埔村（黄厝寮村兰湖村）纳入扶贫项目，深圳万科投资一亿元，修缮周恩来养病旧址、周恩来藏身山洞、周恩来渡海处，使之面貌一新。碣石湾渡口，90多载，往事依稀。在码头上不起眼处，停着一只破旧的掇鸟船，船身七八米长。我坐进船内，顿感不适。想当年窘境：两人划桨，四人坐立，拥挤不堪，更何况周恩来还在病中……为核对这段史实，我请黄硕忠帮忙，找到聂荣臻元帅之女聂力，她在《聂荣臻回忆录》中找到渡海现场记叙：“那条船，实在太小，真是一叶扁舟。我们四个人——恩来、叶挺、我和杨石魂，再加上船工，把小船挤得满满的。我们把恩来安排在舱里躺下，舱里再也挤不下第二个人。我们三人和那位船工，只好挤在舱面上。船太小，舱面没多少地方，风浪又大，小船摇晃得厉害，站不稳，甚至也坐不稳。我

[1] 程子华：《程子华回忆录》，中央文献出版社，2005，第21页。

就用绳子把身体拴到桅杆上，以免被晃到海里去。这段行程相当艰难，在茫茫大海中，颠簸了两天一夜，好不容易才到了香港。到香港后，杨石魂同志同中共广东省委取得了联系，把恩来同志安置下来治病……”

雨夜抢渡，周恩来、叶挺、聂荣臻绝处逢生！这段历程，惊心动魄！我想采访亲历者黄秀文。黄硕忠难过地说：“叔公1979年就病逝了，他活了70多岁。”然而，有一个人早在1957年，悄悄地打捞过这段历史。黄硕忠说：“他访问叔公黄秀文，与叔公一起到东南各地开过一次座谈会，研究、核对史料，听叔公重述十多次。”此人是谁？沈壁村，曾任东江第一支六团文工队队长。为追寻这段历史，他耗时37年，著有《周恩来同志在陆丰渡港记》。沈壁村写道：“1957年开始，至1984年。中间除了‘文化革命’时期和工作关系无法深入调查共约十三年，前后搞了十四年。总理到过的路线、乡村反复访问调研，有的地方，如金厢黄厝寮、兰湖、溪碧、湖东各去过五次以上。……此外曾访问过的革命老人如兰湖村郑阿仲、郑乔、郑嚷、郑五宰、郑圆，湖东的薛立龙、蔡鸿勋、陈汉、卓木技，甲子的林拱、黄俊、徐创容、张旺，南塘的郭长合等。有具体材料的达50人以上。又参考有关回忆录、历史年表、报纸杂志有关材料。在这基础上整理出这个史料。”沈壁村先生也溘然长逝，他的遗作《周恩来同志在陆丰渡港记》成为珍贵的史料。

金厢银滩岬角“镇海石”傲然屹立。相传明神宗为表彰杨文广挥剑斩妖、护军之功绩，刻“镇海石”三字于石上，后人又于其上刻下“扬威止水，永镇安澜”字样。看着波涛拍打的镇海石，我想：谁为人民军队奠基铸石？周恩来当之无愧！虽然1927年南昌起义失败了，但是，24师余部1200人，由师长董朗、党代表颜昌颐率领抵达陆丰，与海陆丰农军会合，竖起苏维埃红旗，改编为红二师！11月，参加南昌起义的朱德率25师上井冈山，与毛泽东领导的秋收起义部队会师，创立了中国工农红军第四军！1972年周恩来说，南昌起义在共产党的领导下，向国民党反动派打响了第一枪，这在大方向上是对的。中共党史专家李海文对我说：“我们的人民军队是在南昌起义中诞生的，作为这次起义前敌委员会书记的周恩来，当之无愧地成为中国人民解放军的光荣缔造者之一！”“南昌起义在中国共产党历史上开辟了一个新的时期。这次起义像一声春雷，使千万革命群众在经历了一系列的严重挫折后，又在黑暗中看到了高高举起的火炬。南昌起义在全党和全国人民面前树立起一面武装斗争的旗帜，标志着中国共产党独立地领导革命战争、创建人民军队和武装夺取政权的开始”。[1]

写《周恩来同志在陆丰渡港记》的沈壁村不在了。当我踏上海陆丰的土地，去兰湖村、湖东村、甲子镇、南塘区、黄厝寮村寻找时，沈壁村所列名单上的他们，也都已离世。想起这些陌生却又亲切的名字，这些当年肩扛过、手扶过病重的周恩来的村民们，这些冒着杀头危险被抓去问话的乡亲们，这些在饥寒交迫中放哨的赤卫队员们，这些将生死置之度外而划船强渡的渔民们，我不禁感激涕零……

金厢滩洲渚雄奇的“龙石”上，刻有书画家赖少其的一首五言诗：“洲渚夜如釜，遥天一砥柱。抢渡碣石湾，猛如下山虎。”我想，渡海如猛虎下山，绝处逢生，这是周恩来和他的战友创造的奇迹！然而，先有碣石湾，才有下山虎。金厢镇张丽萍书记对我说，在几千敌军“围剿”之下，周恩来一行在黄厝寮村治病半个月。虽说村里仅有30多户，有送菜的渔民，有站岗的共产党员，有抬着周恩来的农会会员等，但是，他们悄声行动，没有走漏一点风声。敌人悬赏起义首领人头，有几万大洋。当地渔民虽然穷，但是没有人为了钱出卖周恩来。没有！兰湖村没有！湖东村没有！溪碧村没有！黄厝寮村没有！海陆丰没有！即使敌兵从村口路过，咫尺之间，没有一个人出卖情报。程子华回忆红二师劫后余生时说：“有一次，敌人把我们压到海边的青塘村。我们被包围了，情势险恶。当地革命群众用船经30多海里，把我们送到陆丰的碣石镇，避免了被歼灭的危险。”时任红四师师长徐向前在《奔向海陆丰》中说：“群众听说我们是从广州下来的红军，热情万分，家家让房子，烧水做饭。虽然语言不通，但人们打着手势表示对红军的热爱。我们经过长途跋涉，真像回到自己的家一样……敌人的‘围剿’日益凶猛，他们到一处烧一处，到一村烧一村。凡是红军住过的房子，他们都烧掉；凡是与红军有过往来的人，他们抓住就活埋、杀死。”

雨，淅沥作响，一片雨点敲在石碑上。碣石湾畔，有一石碑高高矗立——“周恩来渡海处”。碑文由王首道书写。张丽萍书记说：“过党日时，我们也试着坐

[1] 中共中央党史研究室：《中国共产党的九十年（新民主主义革命时期）》，中共党史出版社，2016，第104页。

上当年的小渔船，分批重航周恩来金厢渡海路线。风平浪静，不等乘坐一小时，党员有的晕船，有的甚至呕吐不止，只好打退堂鼓……很难想象90多年前，生病的周恩来和叶挺、聂荣臻等领导人，风雨夜色中，是怎样熬过两天一夜的饥饿和恐惧的！”我静静地站在渡口处，任雨水扑面，感悟周恩来对信仰的坚如磐石，感悟起义军绝境逢生的坚忍不拔……

离开渡海纪念石碑时，我走过一段荒丘小道，俯身抚草，皆是坟头，不由心惊。彭湃孙子彭浩带我走进莲花山，他说仅在莲花山战斗中，就有300多名起义军官兵英勇牺牲，血染莲花山畔，现有各时期献身的近千名英烈，长眠于莲花山下。守着红二师纪念园的，是一位烈士后代黄晓勇，现任广东省红色文化研究会理事、汕尾红色文化协会副会长。他热情接待“八一征程寻访团”。我们和他一起喝着新茶，听他讲故事。他说：“1927年10月2日，南昌起义军叶挺、贺龙部派员来海丰联系建立师部事宜，我爷爷黄贡与一部分村民参加了红军。1927年11月1日，国民党陈学顺弃城向吉隆逃窜。同日，红军和农军进占海丰，取得了第三次武装起义胜利。12月，红二师从海陆丰农会青年中挑选520人当兵，成立第五团。在朝面山正式成立师部，师长董朗、党代表颜昌颐，共1800人。”我对保护周恩来的董朗、颜昌颐充满敬意。黄晓勇继续说：“听爷爷描述，红二师董朗师长30多岁，高高的个子，十分健壮，长脸大嘴，不苟言笑，比较严肃。”彭浩说：“党代表颜昌颐，就戴副眼镜，说话时带着笑容，平易近人。1929年，他和我爷爷彭湃一起牺牲在龙华监狱。”在海丰牺牲的红二师指战员，分布在大南山、红场、黄厝寮村、新塘村……“青山处处埋忠骨，何须马革裹尸还。”这是怎样一块土地，这是怎样一群海陆丰人啊！中共汕尾市委常委、陆丰市委书记陈德忠对我说：“当时敌人的11个师进入陆丰，敌人悬赏抓捕南昌起义领导人，渔民们无一人告密。”在陆丰党组织和群众掩护下，参与南昌起义的周恩来、贺龙、叶挺、刘伯承、彭湃、李立三、恽代英、吴玉章、郭沫若、林伯渠、徐特立、张国焘、谭平山等，没有一位被捕，没有一位被杀，最终分七批安全从陆丰脱险，这不能不说是一个奇迹！海陆丰人民为此付出了巨大的牺牲。我采访得知，在国民党反动派的法庭上，农民运动的领袖彭湃曾控诉：“我们的起义失败了，你们攻占海陆丰后，残酷镇压人民群众，烧、杀、抢、掠，无恶不作。仅海丰一县，被杀害群众达5932人，被烧毁房屋7246座，被抢耕牛

2994头。这些都是你们国民党反动派向人民欠下的血债。”其中，彭湃一家被杀七口、满门忠烈！可见，海陆丰人民为此付出了多么惨重的代价。他们的精神彪炳日月，功在千秋！

周恩来和战友能成功撤离，离不开杨石魂的帮助。我第一次看到杨石魂的名字，是在周恩来所用的一张名片上，其中周恩来用钢笔写道：“石魂同志曾有信来介绍，即来校本部行营一谈为盼。1925年4月13日。”此名片珍藏于广东省档案馆，可见他们信仰相似、志同道合。这个最早出现在周恩来名片上的人，是危难时背着周恩来逃命的人！

2017年大暑时节，我终于找到杨石魂的小妹杨敏，75岁的她，曾是北京一家出版社的高级编辑。她说：“1929年2月，大哥杨石魂被派往武汉，任湖北省委秘书长，负责重建湖北省委。5月，省委机关遭袭，大哥不幸被捕。在狱中，他受尽严刑拷打，却坚贞不屈，牺牲时年仅27岁。”其实，杨家一门三烈士。1927年4月15日国民党“清党”，杨石魂和杨慧生遭通缉。杨慧生不幸被捕，后被杀害于汕头市中山路尾，尸体被敌人装进麻袋，抛入大海。为掩护党员脱险，大哥杨石魂、二哥杨慧生、三哥杨昌明全部为革命而牺牲。

我问：“杨石魂的墓地在哪里？”杨敏答：“我大哥没有墓地，只有一个没有骨灰的盒子，安放在汕头烈士陵园。”我想起那个27岁的清秀青年，缅怀辛亥革命先烈时，他写下了四首《十六字令》：“愁，惨澹黄花白骨幽。英雄血，洒遍黑神州！苦，英雄郁郁埋芳土。狮梦酣，几时重起舞！悲，壮志未酬魂已飞。铁身手，空换纪功碑！壮，中原烽火烛天汉。剑光红，鸡鸣已三唱！”1952年，周总理指示民政部门，给杨石魂烈士的父亲杨汉三复函，表彰杨老“三子牺牲，实属无上光荣”。当时，周总理每月工资400元，却以个人名义邮寄200元给杨石魂的父亲。周恩来没有忘记东征时住过的杨家书斋，没有忘记杨石魂背他翻山越岭，没有忘记在一叶扁舟上他们的生死患难。

“急切切农友拿来竹箩扁担，抱恩来坐进竹箩勉强容身。千条篾的大竹箩篾篾厚爱，七道节的长扁担节节深情。”我站在石碑下，泪如雨下，向保护南昌起义部队的海陆丰人民、揭阳人民鞠躬。我们——陈赓大将的儿子陈知庶，徐向前元帅的儿子徐小岩，彭湃烈士的孙子彭丹和彭浩，周肃清的儿子周凭栏、周大和，杨石魂烈士的亲属杨昌秀、杨昌显、杨昌木、杨敏，黄秀文的亲属黄泽黎、黄硕忠、黄楚威、黄楚文，站成一排排，庄严地向烈士们致礼。

我含泪回望不远处的黄厝寮村等村落，这一片曾被化为灰烬的家园中，那数以百计被杀害的烈士；我含泪回望潮汕一个个海边丘陵里，那些红二师、红四师的牺牲战士坟墓；我含泪回望这一片红土地中，为参加和掩护南昌起义、广州起义部队而献身的革命烈士，他们魂兮归来。

雨停之后，白云朵朵，不知从哪儿飞来一群海鸥，像一群白色的精灵，在天地之间盘旋……正是："三尺白布掩风华，一抔黄土藏忠骨。当年火炬传千里，今日旌旗神州舞。"

周恩来的香港岁月：潜藏飞跃尽由心

正午的阳光，照在广州起义纪念馆的黄墙上。虽是立夏，树叶却落了一地。我采访广东革命历史博物馆原馆长黎显衡，我问："周恩来渡海撤退香港，昏迷的他怎么医治？又怎样从香港去上海？"黎显衡馆长答："你找找这个人，她参加过广州起义，是在香港油麻地救护过周恩来的女护士。"在我的笔记本上，他写下几个字"范桂霞，掩护过周恩来"。

范桂霞是谁？她还住在广州城吗？事后，我在《周恩来年谱》查到："1927年10月中下旬，在九龙油麻地广东道住所养病。曾参加在港的中共广东省委召开的研究广州起义会议。"我记得2014年在香港看"周恩来在潮汕"展览时，广东省文史馆馆员、汕头市社科联原主席陈汉初老师告诉我："南昌起义在国民党的围追堵截中失败了，身染重病的周恩来在聂荣臻、叶挺和杨石魂的护送下，乘船到香港养病。当时，他病得很重……"

广州起义纪念馆，是国民党警察局旧址，土黄色门墙，院内西北角有一个拘留所。广东革命历史博物馆宣教部主任冯惠看我若有所思，指着庭院对我说："广州起义失败后，这大院里倒下许多起义军尸体，省委书记张太雷的尸体染满鲜血，头一天还在这棵树下，第二天群众来找就找不着了。"我仿佛闻到了弥漫的血腥味。范桂霞曾参加广州起义，她还活着吗？黎显衡老师留下谜底，却没有留下电话和地址，寻找这位当年的地下党员，如大海里捞针。

一个偶然机会，我和四野合唱团的汪艺喝茶。他说："我认识范桂霞的外孙女许少辉。"汪艺拨通手机，接电话的是许少辉。她说："我外婆范桂霞救过周总理，她1994年逝世了。"一个曾扮过周恩来夫人的地下党员，一件掩护过周恩来留港治病的往事，相隔90年浮出水面……

我的眼前，仿佛又出现陆丰碣石湾的那一艘掇鸟船。1927年10月底，杨石魂掩护周恩来，隐藏于九龙油麻地广东道某号，这是中共广东省委在香港的秘密联络点。杨敏告诉我："周恩来到香港时，病势仍很严重。他患的是恶性疟疾，持续发高烧，处于半昏迷状态。我大哥杨石魂背着他，寻到九龙油麻地一个住所。"这个落脚之地，是中共广东省委在九龙广东道一住处，对外说是姓李的商人。一个受过护士训练的同志来照顾他，请了医生来诊治。

"那位'受过护士训练的同志'，就是我外婆范桂霞。"许少辉自豪地说，"她以'夫人'的名义做掩护，照顾重病的周恩来，直到他痊愈离开香港。"她拿出一张黑白照片，是范桂霞年轻时的一寸照片。她是典型的广东女性，一双有点深陷的大眼睛，透着和蔼。许少辉翻开一本书《两代人的求索——纪念范桂霞诞辰102周年》，其中有一张三人合影。她指着照片说："这是我外婆，这是我母亲范凯，中间的是我。"许少辉翻到《在周恩来身边的回忆》一章，写着"外婆范桂霞述说，母亲范凯记录"。

有一天，地下党负责人沈宝同对范桂霞说，中央有一位首长要在香港看病，党组织决定由她单独担任护理工作，对外伪装成李少奶奶，与李先生假扮夫妻。当时，范桂霞22岁，尚未结婚，听及此言，难免羞涩。范桂霞回想那个恐怖的夜晚，想起在国民党"清党"中被杀害的战友，她是从同伴的尸体堆里爬出的，死里逃生。即使是逃到香港，生存和死亡也仅一线之隔。牺牲，可能是随时随地……

第二天，中共广东省委总务处一党员带她走进油麻地广东道。这是一套出租屋，家具齐备。他们清扫室内，请来一个厨工，烧茶做饭。有主有佣，看不出破绽。范桂霞说："近黄昏时，门外响起了小汽车的喇叭声。开门一看是东江特委杨石魂。他从车上背下一个重病号。这病号身材瘦弱，身穿长袍马褂，头戴绒毡帽，脚穿学生鞋，还戴着一副黑眼镜。进入房里，只见他脸色焦黄，形容消瘦，正发高烧，昏迷不醒。”[1] 杨石魂把病人背到屋里，轻轻放到床上。随行医生吩咐范桂霞，每小时给病人探热一次，并如实登记。她走到病床前，仔细一看，大吃一惊：“啊，这不是人人敬仰的周恩来同志吗？在广东区委机关我听过他的讲话，在黄埔军校参观时也见过他。他洪亮的声音，温和的眼神，潇洒的风度，在我脑海留下深刻印象。”周恩来昏迷了三天三夜，她守护在病床边，一刻也不敢怠慢。

范桂霞说：“一天，他在昏迷中苏醒过来，睁开眼第一句就问：‘你是谁？这是什么地方？’这时，杨石魂闻声从隔壁房间跑过来，高兴地一扑：‘大哥你醒过来了！’周恩来清澈明亮的眼睛，现出喜悦。”大病初愈，周恩来问身边照顾他的护士范桂霞：“你认识不认识邓颖超？”“我当然认识邓姐姐。”范桂霞答。原来范桂霞是中山大学学生，参加新学生社，任妇女解放协会执行委员，和陈铁军共事。她常去找邓颖超寻求帮助。周恩来关心地问：“你知道邓颖超现在哪里吗？”范桂霞答：“我听说她已到了上海。”他问范桂霞是否确实，范桂霞知道他和大姐分开很长时间，心里一定非常想念她，就安慰他：“秘书处也这样说，你不用担心。”

范桂霞端起一碗肉汤，周恩来挣扎着起来，靠着床头喝一口。但他尝出味来，却皱起眉头说：“反动派大屠杀，给我党造成重大损失，经济这么困难，你们却给我炖鸡吃，我怎么吃得下！”范桂霞安慰说：“你是重病号，党组织决定要你补充营养，尽快恢复健康。我是党派来的特别护士，这里，你得听我安排。”周恩来说：“好啊，这次服从你，以后不能再炖鸡了，要注意节约每一个铜板才好。”

广东道，是香港九龙油尖旺区的一条主要道路，横跨旺角、油麻地、尖沙咀三个区域，南面连接疏利士巴利道（现名梳士巴利道），北面则与荔枝角道连接。“半个多月后，他的健康情况逐渐好转，开始能在别人陪伴下过海到香港岛上参加中共广东省委召开的研究广州起义的会议。”[2] 这个“别人”就是护士范桂霞，杨石魂最后决定让她陪着去。

会议地点离广东道较远，路程也周折。杨石魂和范桂霞商量，准备雇辆车去。

---

1. 朱千秋编著《永生的呼唤——周恩来与两位中共党员的尘封往事》，广东人民出版社，2006，第209页。
2. 金冲及主编《周恩来传》（一），中央文献出版社，1998，第193页。

但周恩来不愿破费，执意步行赴会。许少辉说："这是范桂霞第一次以'李太太'的身份，与'李先生'一起外出。"李先生穿上绸马褂，俨然一位富商大户；范桂霞穿时髦衣裙，脚穿高跟鞋，扮成富家少奶奶。他俩乘电船渡海，再转斜坡，范桂霞一直搀扶着周恩来。

范桂霞说："走上坡路，周恩来身体虚弱，脚步飘浮，几乎坚持不住。他头上冒出黄豆大的汗珠，口里喘着粗气。确实走不动时，就扶着我的肩膀……稍歇一会儿再走。但他还是坚持一步一步，向上攀登。我看他走得太辛苦，劝他叫车子，他怎么也不同意，我没有办法，只好扶着他，继续步行登高，终于顺利地走到会场。"一连几天，这对"夫妻"彼此搀扶着。从广东道到坚道，都留下了他们的足迹。

我翻阅许少辉保存的资料，发现在范桂霞口述资料中，对周恩来的称呼，常用"长兄"。许少辉说，外婆把周恩来当成长兄，她把伤心和忧虑的两件事，都告诉周恩来。《永生的呼唤——周恩来与两位中共党员的尘封往事》一书中，记载了范桂霞的回忆，她的男朋友叫潘耀芳，是黄埔军校第四期的学生，已加入共产党。……"四一五"至现在，已失去联系。周恩来安慰她："广宁这支部队已经北上了，我清楚他们的情况，你可以放心。"接着又以兄长的口吻安慰她："他是我们的同志，很好，你不用担心，如果他是爱你的，他以后一定回来找你；如果他不来找你，你也就不必再爱他了。"1928年元月，潘耀芳在广州寻找中共广东省委未果，又辗转香港，终于找到中共广东省委，与范桂霞相会。

一个多月后，周恩来恢复健康，接到组织通知，将赴上海参加党中央临时政治局的扩大会议。九龙深水埗码头上，周恩来上船了，杨石魂和范桂霞却依依不舍。临别时，周恩来握住他们的手说："这些天你们辛苦了，谢谢你们了。你们要坚持斗争，迎接胜利。胜利一定会到来！"11月9日，中央政治局扩大会议上，周恩来被增选为政治局常委代理组织局主任，顾顺章担任中央特科其中一科科长。会后，周恩来开始整顿中共中央各机关，着手中央特科的组建工作。

周恩来到上海后，见到了日夜思念的妻子邓颖超。生离死别，许多战友在四一二反革命政变中被杀害，他们相见，是揩干血迹，死里逃生啊。周恩来说起患上恶性疟疾，强渡香港岛，幸得揭阳市普宁党组织、海陆丰人民的救护，幸得杨石魂、范桂霞救护……他还问邓颖超，是否记得在广东区委妇委工作的范桂霞？邓颖超说：“小范啊，当然记得。她和陈铁军在中山大学是同学，当时常找我。这回多亏了她照顾你，但愿将来能见到她。我一定要好好谢谢她。”

之后，范桂霞在凤凰台、西营盘、西环、湾仔等地，接应过瞿秋白、李立三、恽代英、阮啸仙、张太雷、叶挺、彭湃、董必武、黄平、林伯渠等。他们是参加南昌起义、普宁流沙会议的领导人。这些响亮的名字，如雷贯耳，我和许少辉肃然起敬。

周长兄肝胆相照：唯有丹诚贯金石

1927年，中共广东党组织被重创后，范桂霞命运坎坷。

1953年，范桂霞赴京探亲。她往中南海，看望梁霭然秘书长。她心里盼见长兄周恩来。香港岛惜别26年，此时的周恩来担任政务院总理兼外交部部长，日理万机。而她是一个普通教师，周恩来能见她吗？闻讯后，周恩来的夫人邓颖超立即给范桂霞回一封信，并约她8月22日下午5时，到西花厅家里做客。

这天下午，她心情忐忑，一进西花厅，见周恩来夫妇在花园里等候。周总理嘘寒问暖，待她和蔼。他们的家，非常简朴。邓颖超留她在家进晚餐。这顿饭有一个红烧豆腐，一盘北京烤鸭，一碟肉片炒青菜，一碗鸡汤。周恩来夫妇给她夹菜，劝她多吃点烤鸭。饭间，邓颖超说粤语，与她亲切交谈。范桂霞说广州起义失败后，1928年2月下旬，她与潘耀芳结婚。3月，李立三派他们夫妇到肇庆，潘耀芳负责广宁、怀集、四会等县，重整农民军，她负责工运和妇运。广州一直处在白色恐怖之中，国民党镇压愈加残酷，1930年后，地下党组织瘫痪，他们夫妇的组织关系由此中断。1931年，她回到云浮县教书至今。周恩来对她说：“那时南方中共党组织被破坏得很厉害，革命的种子也几乎绝了，你找不到组织并不奇怪啊。日子过得真快呀！想不到你这个小女娃，现在做祖母了。”周恩来关心地询问：“现在解放了，生活过得怎样？”范桂霞回答说：“现在当教师，儿子大学毕业在政务院工作，大女参军去，小女读中学，一家生活还好。”周恩来意味深长地说：“等祖国建设好了，人民生活将会更加美好。教育下一代工作很重要。希望在年轻一代的身上，好好干吧！”夜幕降临，三小时谈话，温暖人心。临别时，周恩来为范桂霞买了一张返回广州的火车票，又送她至火车站，叮嘱她有空再来北京做客。

“文革”时期，范桂霞被诬为“叛党分子”，家被抄，人被斗，教书被罢，生活困顿。她在广东写多份申诉材料，皆石沉大海，杳无音讯。1973年，在好友劝说下，她赴京找长兄周恩来。此时，周恩来日理万机，而且重病缠身。范桂霞一听周总理病况，不忍打扰，但又难忍为“阶级敌人”，无人证明她的政治身份。思虑再三，她给周总理写了一封信，贴上一张4分钱的邮票。投进邮筒那一刻，她觉得凶吉难卜……

收信后，周恩来十分重视，派两位工作人员寻找范桂霞，找到她在北京大学的住处。当得知她的悲惨遭遇后，周恩来立即指示有关部门给范桂霞平反。根据周总理的指示，广东省委为她洗脱冤情，恢复她的中共党员身份和公职。

1982年8月22日，邓颖超约范桂霞再次相聚。一见面，两人激动地拥抱。这时，周总理已逝世六年，邓颖超任全国人大常委会副委员长。我仔细凝视这一张黑白照片：当时她们为何百感交集？31年前的同一天，同是西花厅家院，同是海棠结果，站在这里迎接范桂霞的，还有长兄周恩来。如今，海棠依旧，物是人非。当年谈笑风生的餐桌上，已不见周长兄的身影。范桂霞睹物思人，怎能不泪水涟涟？

同是耄耋之年，邓颖超看着比自己小一岁的范桂霞，悲喜交集，回想起57年前，在广东区委第一次见面，陈铁军与范桂霞正值青春，梳着短发，笑靥如花。1927年腥风血雨中，她们不仅是中山大学同窗，更是救护周恩来夫妇的贵人。陈铁军冒死翻墙，通知难产后的邓颖超转移，广州起义后不幸被捕，血洒红花岗刑场。范桂霞细心照料病重的周恩来，新中国成立后隐姓埋名，“文革”中忍辱负重，存活至今。范桂霞与陈铁军，同窗战友，一生一死，怎不令人唏嘘！临别，在海棠树下，邓颖超和范桂霞合影留念，还送给她一只新颖手袋。许少辉说，邓颖超兑现当年“要好好谢谢小范”的诺言，像周长兄一样，给范桂霞买车票，送她到火车站。那是她们最后一次相见。

工作在邓颖超身边的赵炜和高振普，2012年出了一本摄影集《秘书眼中的邓颖超》。我翻阅全篇，寻找到两张旧照。这两张合影，是邓颖超秘书赵炜抓拍的。它们登载于回忆录《永生的呼唤——周恩来与两位中共党员的尘封往事》。我把邓颖超与范桂霞的合影照片发给赵炜秘书辨认："这一张照片您见过吧？"赵炜秘书说："知道范桂霞。"其实，在周恩来夫妇身边工作26年，从信件的往来和回复，奉命寻找范桂霞，安排邓颖超与范见面，拍摄现场照片，到送范桂霞上火车，她是这段历史的亲历者。我翻看这张照片的后面，有范桂霞用钢笔所写的字："1982年8月22日，和全国人大常委会副委员长邓颖超摄于中南海。"

广州银河革命公墓，静悄悄。我和许少辉，捧着鲜花，沿着小路，走进一间平房，里面依次放着故人的骨灰盒。在不起眼的角落，我们找到了范桂霞的骨灰盒。

雁过留声，风过留痕。范桂霞的名字，在党史之中几乎没有留下印记。但她却是一位1927年被特务追缉、死里逃生的中共党员，一位在香港冒死救护周恩来的"李太太"，一位潜回乡下教书、动乱中被诬陷受凌辱的人……

范桂霞的一生，如此默默无闻。如果周恩来在香港病重或遇不测，历史之船将驶向何方？风还在耳边，轻轻地吹，我把一束鲜花恭恭敬敬献上，献在她面容端庄的遗像之前……

第八章

主政 | 汕头外马路207号

攻下惠州城后，苏联顾问罗加觉夫说：『惠州要塞实际是共产党人拿下的，他们的意志比攻不破的城墙还要坚固。』

潮汕平原，地处粤东南沿海地区，与香港隔海相望。一百年前，它三面环山，一面向海，交通闭塞，自成天地。1925年至1931年，周恩来的足迹，四次留在这片神奇的土地上。从两度东征讨伐军阀陈炯明，到建立东江革命政权；从领导南昌起义军南征潮汕，到建立七天的革命政权，打出共产党的旗号独立领导武装斗争，危急时刻抢渡香港，再到创建地下交通线，经香港、汕头、大埔抵达江西中央苏区。这些历史，如夜幕上的点点繁星。其中，最耀眼的，是周恩来主持的第一个由共产党人领导的地方政权。

两次东征及主政东江：早为神州清虏尘

27岁的周恩来主政过东江。2014年立春这天，党史专家曾庆榴老师问对我说："周恩来两次东征，主持的东江行政会议，取消旧式'议会'，开启人民代表参政议政之先河，这段史实你一定要写！"

一天晚饭后，我再次拜访曾老师，与他漫步于广州黄华路4号（今广东省委党校），聊起此地沿革。1887年，两广总督张之洞在此筹建广东钱局。辛亥革命广东光复后，这里改为军政府广东造币厂。1926年，蒋介石在此策划"中山舰事件"，软禁周恩来一天。如今，这里厂房已毁，仅存一座银库楼，唯有院内多棵老榕树，经百年沧桑，依然茂盛。古树浓荫，诉说着往事。

周恩来主政潮汕，缘起国民党的两次东征。1925年，陈炯明与孙中山反目，盘踞在东江潮梅一带。1925年2月和10月，国民革命军先后两次东征讨伐陈炯明。周恩来时任黄埔军校政治部主任，领军参加第一次东征；作为总政治部主任，参加第二次东征。

东征淡水：同此死生冒矢石

"淡水一战，激战竟日。"1925年2月10日，右路军抵惠州城郊的淡水一带。这里地势险要，城坚难克。周恩来和蒋介石、加伦将军等谋划淡水之战，并倾听叶剑英制订的攻城计划，确定黄埔校军经由平湖、龙岗，突击淡水南面，粤军由城西北、东北进击。1925年2月15日，以校军教导第一团为主力，进攻城坚壕深并有2000名守敌的淡水。敌军凭借工事，猛烈抵抗。此时，周恩来高扬政治旗帜，点燃官兵斗志，誓与校军一同血战到底；彭干臣更是率敢死队百人迎难而上，视死如归。当日，敌援军7000余人汹涌反扑，其中洪兆麟部2000多人从沙坑方向朝淡水猛扑过来。炮火震天，血肉横飞，教导二团团长王柏龄临阵脱逃，教导一团三营营长王俊指挥不力，连吃败仗。蒋介石下令，撤退到离城几公里远的旧庙隐蔽。这时，张民达、叶剑英仍率领第二师一部，坚守阵地。因部队主力追击叛军残部，城内兵少，他们一边抗击敌人，一边冒着炮火联络友军。紧急时刻，周恩来沉着冷静，派共产党员陈赓等冲上前去杀敌。8名共产党员率兵勇爬城，不胆怯，不怕死。午后4时，敌军再反扑，叶剑英急返右翼阵地指挥战斗，反击敌军。经两军协力作战，击溃右翼来犯之敌，歼灭城头敌人，攻下淡水城。这一仗，打垮陈炯明的叶举部等两万多人，俘敌千余人，敌军旅长、团长纷纷落网。

第一次东征最大规模的鏖战是棉湖之战。1925年3月12日，孙中山病逝于北京。就在那一天，东征军兵分两路，何应钦率教导一团迅驰棉湖，钱大钧率教导二团开往鲤湖。粤军许济旅直出西门。东征总指挥部设在揭阳兴道书院。翌日凌晨，总指挥蒋介石、政治部主任周恩来、苏联顾问罗加觉夫随团渡南河。在棉湖大公山一带，他们与陈炯明的林虎部相遇。1925年3月13日，黄埔军校教导一团与优势敌兵交战，林虎部与黄埔军兵力对垒约10：1，战况空前激烈。黄埔军教导团抢夺战场制高点。黄埔一期的李奇中回忆说："教导第一团当面之敌约有一万多人，像麻雀一样，成堆成堆地向我方阵地扑来。我方山炮连竭力轰击。后来，六门炮的撞针失灵了……"[1]随后，黄埔军校教导二团赶来增援，突击敌军司令部，东征军转败为胜。八小时血刃，教导团三千兵力，击溃林虎两万精锐部队。第一次东征淡水、棉湖两场战役，周恩来都亲临前线，身先士卒，带领并鼓励学生军冲锋陷阵。

东征惠州：奇谋勇略夺雄师

1925年10月，国民革命军第二次东征开拔，首战惠州战役在飞鹅岭打响。飞鹅岭紧邻惠州西湖，是一座形似飞鹅的高山，有"郡龙入城首脉"之记载。沿山间石阶而上，我爬到飞鹅岭半山腰处，迎面一块巨大的麻石上刻着："1925年10月，国民革命军东征攻打惠州时，飞鹅岭是其炮兵阵地和战略据点。东征军总指挥蒋介石、总主任周恩来等，登临飞鹅岭，指挥战斗。"其时，陈炯明在此集结主力，企图以惠州天险为据点，分路夺取广州。所以，东征军欲平定东江，必先攻下惠州。惠州城被称为"东江锁钥"，自北宋以来，无人攻破。当时，该城东、西、北三面

---

[1] 陈汉初主编《周恩来在潮汕》，中央文献出版社，2004，第563页。

环水，南有飞鹅岭为屏障，城墙坚固，易守难攻。陈炯明部第六军军长杨坤如阵守惠州，凭险固危，严守城池。他个性凶残而善诡计，第一次被东征军打败后，他令部队毁掉博罗县苏村农户的窗户、门。为对付东征军，他命四个旅兵分三路：两个旅固守惠州城，一个旅留守惠阳，一个旅驻守惠州与惠阳之间。

1925年10月13日，东征军炮击北城门，以摧枯拉朽之势，攻击敌军炮兵、城防司令部，但最终却因伤亡惨重而败。当天夜幕降临，蒋介石沮丧地主张放弃惠州，改道前行，转攻海陆丰。周恩来却认为："攻下惠州，对整个战局，不仅在军事上，而且在政治上影响甚大，要重视政治。"[1]周恩来与罗加觉夫视察阵地后，果断提出"围师必阙"战法，即瓮中捉鳖，鳖会咬人。在瓮的三面打击，留一出口，让鳖爬出，捉它就较为容易。围城留活门，使守敌觉得有路可逃，以动摇其守城信心，利于攻城和歼敌。总指挥部采纳了周恩来的方案。

炮火呼啸，硝烟弥漫。政治宣传队员肖隽英回忆："周恩来主任在前线，冒着炮火，不怕危险，边鼓舞部队作战，边指挥农民协会组织武装，配合军队攻打惠州城。"然而，"铁链锁孤舟，白鹅水上浮"。连续两日，他们仍未攻克惠州。"战事持续了三十小时，打得十分激烈，第一军团长刘尧宸阵亡。以后，由蒋先云等组织敢死队，在炮火掩护下强行攀登城墙，在十四日傍晚攻克惠州。"[2]另有相关记载：下午3时50分，陈明仁连队的士兵在猛烈的机枪火力掩护下，搁好了第一个竹梯子。一个头戴宽边草帽的士兵紧扶着梯子爬了上去。左边又架好了一个梯子，一名共产党员士兵正在往上爬。指挥部那间破房子里，气氛紧张到了极点。所有的望远镜都对准了那个士兵。只见他已经够着城墙顶部，往墙上扔出了一枚手榴弹。一瞬间大家都愣住了……爆炸声震耳欲聋。又过了一秒钟，这位战士登上了城墙。顿时，墙头落下好几架梯子，官兵们攀扶梯子，敏捷地往上爬着。下午4时15分，伤亡600多人的东征军跃过了东江。苏联顾问罗加觉夫说："惠州要塞实际是共产党人拿下的，他们的意志比攻不破的城墙还要坚固。"飞鹅岭山上，矗立着一座东征军群雕，石碑侧面，刻有周恩来草书题字"国民革命军东征战士"。山风呼啸，松涛阵

---

[1] 中共广东省委党史研究室编《周恩来与广东》，广东人民出版社，1998，第16页。

[2] 金冲及主编《周恩来传》（一），中央文献出版社，1998，第124页。

阵，我仿佛看到了战士们年轻的面容、坚定的眼神，他们与敌人殊死搏斗，直至生命最后一刻……

东征军驻扎惠州时，周恩来请人按客家风俗，编了一首客家山歌《爱民歌》："扎营不要懒，莫走人家取门板，莫拆民房搬砖石，莫踏禾苗坏田产，莫打民间鸭和鸡。"这首歌为官兵所喜闻乐见，也流传于农民和学生之中。黄埔校军在潜移默化中规范行为，严明军纪。攻克淡水后，周恩来把办公室和宿舍设在崇雅书院的二楼。刚放下行李，周恩来就与苏联顾问赶往淡水望牛岗参加军民联欢会，宣传东征的意义。周恩来的政治工作富有人性关怀和感召力，民歌贴近生活，像春风吹暖乡村，融化人心。

惠州战役结束后，周恩来率东征军走过河婆南和市木桥。2016年5月27日，我到汕头采访，得知参加东征的前辈张宗仪逝世前曾留下遗文：洪兆麟残部率领一个团三四千人，经河田进军河婆。当时，陈炯明军林虎部，盘踞河婆地区，拥兵一万七千余人。周恩来因患胃病和眼疾，发着高烧，仍坚持乘担架冲上前线，指挥战斗。张宗仪记录："在周恩来指挥下，三天中打了二个胜仗，歼敌一万七千余人。至此，东征取得了决定性胜利。"[1] 10月17日，何应钦、周恩来率领第一师从惠州出发，追亡逐虏，扫荡溃兵。20日，到达赤石。22日，攻克海丰城。23日，歼敌于公平。24日，与"围剿"之敌浴血奋战，最终攻下城东公路桥，乘胜占领陆丰。

东征军驻汕头：广爱民物怀深仁

2016年5月，《南方日报》记者赵杨约我同下汕头，陈汉初老师带我们去汕头市革命历史博物馆。东征军革命史迹陈列馆的谢琼燕告诉我们："1925年11月初，东征军第一纵队第一师一、三两团进驻汕头。11月4日晚8时，周恩来率总政治部人员抵汕，受到数万汕头市民的热烈欢迎。万人空巷，市民争睹周恩来的风采。"1925年11月13日，广州国民政府召开政务会议决定任命周恩来为东江各属（涵盖今惠州

❶ 陈汉初主编《周恩来在潮汕》，中央文献出版社，2004，第575页。

市、梅州市、河源市、潮州市、汕头市、汕尾市、揭阳市）行政委员，同时任命甘乃光为南路行政委员。但是，周恩来却没有同意任职，他一再请辞。他在辞职电文中写道："恩来猥以庸凡，侧身革命，军中政治工作……复以东江行政委员属委，如斯重任，实非年轻学稚如恩来者所克胜荷。"周恩来以年轻学浅为由，电陈恳请国民政府收回成命。

东征军进入汕头后，周恩来军务、政务繁忙，但不忘广纳民意，提议总政治部设立意见箱。汕梅民众关心桑梓，热心献策，有意见愿意向周恩来讲。有关揭露弊端的信件，纷纷投入政治部意见箱中。周恩来认真阅查，并将查处结果登在总指挥政治部公布栏。一次，有村民举报潮安县龙溪区分驻所巡官谢恩嗜吸鸦片，该区烟馆林立。周恩来立即令潮安县查实，谢恩被撤职。

陈炯明统治下的东江，大片良田沦为种罂粟的基地。当时，普宁县内罂粟摇曳，城乡烟馆林立，众多子弟嗜吸鸦片，赌博成性，倾家荡产。对此，周恩来主持发布禁绝烟赌布告，禁种罂粟，稽查烟土贩卖，查封烟馆、赌馆，查办汕头"五福公司"贩卖烟土案，指令各县长铲除鸦片烟苗。

周恩来善于调查研究。一天晚饭后，在瑞制祠前，兴道书院学生洪高彦和黄埔军校学生正聊天。洪高彦回忆说："迎面走来一位青年军官，非常和蔼地和我攀谈起来。那个士兵告诉我这位军官就是政治主任周恩来。我开始和他谈，因为我普通话讲得不好，两人就坐下来，用铅笔和纸在桌上进行笔谈。我那时正好是十七岁，周政治主任大约比我大十岁，浓眉俊眼，雄姿英发，穿着灰色军装，因系休息时间，他已卸下斜背的军皮带，放松地坐在我的对面。我们在一张椭圆形的书桌上笔谈起来，他问我几岁了？念哪一年级？……有一天，周政治主任招呼我校学生会的同学大约二三十人（以我们一班为主），在'三乐堂'后面的教室上集合听他演讲，共演说两小时。大意是讲，我国目前是半封建半殖民地的国家，受到列强的蚕食和欺压，国内军阀、贪官，卖国残民……国家兴亡，匹夫有责……"[1]学生们被他深深地吸引了。

走进东征时的周恩来办公室，我推开木门，眼前是生锈的桅灯、老式的电话，

---

[1] 陈汉初主编《周恩来在潮汕》，中央文献出版社，2004，第559—560页。

一副当床用的担架。这些历经战场硝烟的遗物，让我依稀感受到年轻的周恩来指挥若定、身先士卒的风貌。东征期间，他风餐露宿上千公里，朝夕饮马东江水。黄埔军校一期学员王逸常在日记中写道：“我记得在东征军打下淡水城时，周恩来与政治部人员同睡在稻草铺的大铺上。深夜，他席地而坐，写指令，草拟布告。大家都睡了，他还在工作。因为太疲劳，手中拿的钢笔，把捧着的纸戳穿了，他振作了一下精神后，又继续写下去。有一天，我在日记的末尾写上四句诗：‘号声一响打冲锋，巨炮隆隆震太空，黄埔练兵今上阵，凯歌淡水小城中。’他阅工作日记时微笑划了个‘阅’字。”[1]行军，激战，稻草铺，风餐露宿……望着窗外不远处，一池荷叶盈盈动人，中通外直，我不禁感叹：“池塘素荷叶，风起玉珠落。只要主义真，谁能动君念？”

中国国民党革命委员会（简称民革）汕头市委员会原主委吴华胥，1925年第一次见周恩来时，还是团地委委员。在东征军总指挥部，一进屋，他见到周恩来风尘仆仆、戎装未卸，室内还放着行军床。吴华胥忆述：“周主任面容亲切和蔼，经杨石魂介绍后，周主任热情地握着我的手，关切地问我的情况，开门见山地谈起改组各县国民党党部的必要性。”

一次，秘书伍治之向周恩来报告工作时，已是深夜。一天十几小时的操劳，周恩来已很倦累，听了一会儿，就打起瞌睡。见此，伍治之不忍再说，准备静候片刻，周恩来却瞬间清醒，微笑着说：“对不起，你继续讲。”在周恩来身边工作的伍治之，不禁被周恩来的智慧和人格魅力所深深感染。

伍治之回忆，当时虽然旧县（市）长被撤掉了，新县（市）长上台了，但下属人员办事还是老一套。汕头市的警察局照旧压迫工人和农民。1926年1月20日，汕头发生工警风潮。工人罢工示威，警察却开枪镇压工人，上万工人包围警察局，双方剑拔弩张。汕头市总工会主席杨石魂立即报告，周恩来火速赶到现场。一看事态紧急，冲突一触即发，他当众呼吁：“工人和警察团结起来，打倒帝国主义，打倒军阀，打倒土豪劣绅！”民众情不自禁跟着高呼。1月27日，《广州民国日报》刊登了《周恩来复国民政府电》，当中报道：“……召集汕市各工会代表八十余人，警区

---

[1] 陈汉初主编《周恩来在潮汕》，中央文献出版社，2004，第526页。

署长十余人，及厅长、局长会议，职演说四小时，与会者皆感动，一致通过发表工警会宣言。政府处理一切，双方损失由市厅赔偿，一场风波，始告平息。”[1]警察放下枪支，赔礼道歉。工人停止示威，回厂复工。

陈汉初老师与我说起另一段往事。1926年1月底，潮安警察局向县城西关酒店征收警费，工人因担负不起而罢工。县警将工人童少卿拘押。工人代表朱约臣、陈洪畴、胡乐贤等，乘车到东江各属行政委员公署请愿。当天，正值周恩来宣誓主政，当他发现大批工人聚集于署外，立即问明缘由。他迅速办理了五件事：第一，他看到工人署外鹄立，极为可怜，即请工人“先回郡”。第二，他看天色已晚“恐难赴车”，即电话嘱火车暂停，各工人遂回归。第三，他传见工人代表，聆听工人汇报。第四，他即致电令潮安县将童少卿释放。第五，所有不敷警费，着就全区平均派用。潮安酒楼茶室开市后，工人欢呼雀跃，打着“取消苛捐，欢迎童少卿出狱”的旗子，沿街巡游。之后，各县成立农工商学妇委员会，商讨重大政治、经济问题，土豪劣绅再不敢任意苛榨。

跟随陈汉初，我们到了广东东江各属行政委员公署旧址。这栋20世纪初的西式建筑，楼宇成排，似乎在诉说着当年的历史。1925年秋，东征军第二次进军汕头前，敌军洪兆麟部闻风逃窜，旧部被捣毁一空。1925年11月21日，国民政府任命周恩来兼任东江各属行政委员，主持惠、潮、梅、海陆丰等共25个县的地方行政工作。当时，军事工作尚未结束，周恩来以总政治部主任身份继续工作，直到次年2月1日正式就职。我们沿着木梯上到二楼，东南角设有一间“周恩来办公室”。办公室左侧的报架上，有一份由周恩来题名的报纸《革命》。“这是当时《岭东民国日报》的副刊。”陈汉初说。该报由周恩来于1926年1月20日指导创办，为了唤起潮梅民众的革命精神，报纸大量刊登马列主义和进步文章。我抚摸着书桌木凳，眼前仿佛出现了周恩来不分昼夜、兢兢业业伏案办公的身影。

---

[1] 陈汉初主编《周恩来在潮汕》，中央文献出版社，2004，第74页。

主政25县：吏治清明开白日

“政治家的爱毕竟不同于宗教家、慈善家的爱，他不是施舍，而是施政。”[1]周恩来胸有成竹，并立志任职一方，造福一方。

第一，肃清军阀余孽。军阀陈炯明、林虎盘踞东江各属已久。他们勾结洋鬼子和土豪，施行苛政，鱼肉百姓。长久以来，百姓饱受折磨，民不聊生。周恩来由衷感叹：“我东江潮梅海路各属，处反动军阀铁蹄之下，勒饷种烟，剥肤及骨，商场凋萎，耕野流离……大多数人民，莫不呻吟，辗转凄然，不知生命何时。”[2]面对民众疾苦，周恩来决心严惩贪官污吏。周恩来走马上任后，澄清吏治，肃清陈、林余部，废除苛捐杂税，解散地方民团，整顿社会秩序。

第二，惩治党内腐败。1925年12月3日的《汕头星报》有一篇醒目短评《究办卖官》：“当陈、刘诸逆柄政的时候，他们毫不忌惮地任意卖官，对于人民的呼吁，全部置之不理。他们把‘官’当作一种货品，不管要做官的人格如何，只看出钱多的便卖给他。因之善于敲诈的劣绅，都出重资以捐官做，尽量地吸取民脂，而人民冤抑沈【沉】痛遂无处诉却……因为：（一）卖官的积弊既深，洗除不可不力；（二）执法一弛，弊必再起；（三）阳奉阴违，因以破坏革命政府的党治政策，罪在不赦；（四）要解民悬，非从吏治着手不为功。有此四因，惩办如何可以不力？我希望周主任对于这事始终看为最严重的，而认真给利令智昏的贪官们以巨大的惩创！”对究办卖官，周恩来当仁不让，下令彻查携款潜逃的市长陈箇民，撤销多个不法县长（涉及饶平、澄海、揭阳、普宁、潮阳、惠来等县），提议处决私任官吏的潮梅军副长官杨占鳌，严惩占公地造私房的五华县税务局局长张谷山。他多次致电国民政府，控告汕头市市长陈箇民，先后查办揭阳县县长曾靖圣、潮阳县县长孙家哲、惠阳县县长罗伟疆等，清除一批贪官污吏。与此同时，周恩来当机立断，处置一批案件——制裁鸦片商，查办贩卖烟土案；取缔各县劣绅把持的县议会。

---

[1] 梁衡：《周恩来的普世价值》，载《爱国四章》，中国人民大学出版社，2014，第172页。

[2] 陈汉初主编《周恩来在潮汕》，中央文献出版社，2004，第227页。

1926年2月23日《广州民国日报》专访记载："惠阳被撤县长罗伟疆，自莅任以来，从来解款于财政分处，且无报销于行署，亦无一字报告，此等玩法失职县长，何能久留？故一面电行撤差，转委刘祖汉代理，于未到任前，暂令刘采亮处长代理，并清算交代；一面电呈省政府请提出省务会议。乃罗伟疆不自内疚，复被蒙蔽，为之通电解脱……除另令刘代县长严查其经过一切外，特此报告，以明真相，并请省政府付之惩戒。"当时，上海《申报》为此做了专门报道，标题为《革命旗帜下的潮汕——周恩来治理潮梅》。

主政期间，周恩来主张召开人民代表会议，引导人民参政议政，聊期实现总理训政主张之初期，立潮梅革命之基础。1926年2月1日，周恩来在永平酒店招待汕头各界代表，宣布施政方针时指出：一定要使人民知道政府政策实施之目标，然后合作可成。他请各界代表对政府的施政方针"严厉地加以批评"。会议发表《各界联合宣言》，表明政府与人民关系密切，共赴国民革命。民主政治实施是目前最迫切的工作。对此，周恩来具体论述：在乡村当图实现农民的自治；在城市当早开成县民会议、省民会议和人民团体代表大会；商会、工会更需促成其统一；教育会当图根本上整顿；学生会首须助其团结。而召开人民代表会议，目的在于纲举目张。

◎ 汕头市外马路129号东征纪念馆

我们来到位于外马路129号的汕头外马路第三小学。这座百年学校，与周恩来有着深厚的历史渊源。学校正厅前，耸立着周恩来雕像。身着国民革命军军装的他，外表英俊、气质温厚。雕像后面刻着周恩来的名句："扰乱中国的两大障碍物，一个是国际帝国主义，一个是国内武人政治。我们民众要期望统一和平，须要打破这两大障碍物。"周恩来这句话，一针见血地道出了民族救亡的目标。有着一百年历史的"文学堂"牌匾背后，是一个约400平方米的民国建筑风格的礼堂。木梁灰瓦，屋顶加固钢筋。墙壁已脱落，工人流着汗，正在修缮。陈汉初老师边走边说："那会儿学校正放寒假，公署借这学校的礼堂开会。"他领着我往里走，继续说："看！具有人民代表大会性质的东江各属行政大会，当年就在这里召开！周恩来在台上主持会议，参会的有124位代表啊！"行政大会召开的那一天，木棉花开，会场门庭若市、人头攒动，参加会议的有惠潮梅地区各县县长、教育局局长，穿着粗布的农民、手长老茧的工人、当时社会地位卑微的妇女，还有商人、学生，等等。在古老的商埠汕头，对于长期受帝国主义侵略者欺辱、跪拜求神的人们来说，这一天，是一个庄严而神圣的日子。周恩来主持会议，恽代英、邓颖超、彭湃等为特邀代表，人们聚集一堂，商议民主政治怎样实施。周恩来拿出提案："先由广东各地职业团体代表（依总理所规定）开人民代表会议，将来由县而省而国，得尽力推行，以促成全国国民会议之实现。"他同时提出："今者北方政局混乱，帝国主义者军阀自身呈崩溃之象，全国人民复以自身环境之关系，需要真正统一之国民政府。而先总理所发起国民会议为适应此需要之唯一手段。"国民政府重视周恩来这一提案，批示由法制委员会起草国民会议组织法，于1926年3月，核准颁布于《中华民国政府公报》第28期。

周恩来主政东江，第一次主持召开人民代表会议，第一次做政治报告，第一次收集提案及计划书294件、报告书及调查表254件（涉及各地户口、财政、教育、交通、实业、治安等），第一次讨论制订市政、县政教育、实业、水利、交通各项计划，第一次人民代表大会通过治河疏港、造林筑堤等93件议案，迈出施政的第一步。1926年2月22日至3月3日，在这个古老而不起眼的学堂，首次汇聚职业团体代表参政议政，周恩来做了一件了不起的事情！

我留意到一张温馨的照片，这张照片上，27岁的周恩来身穿中山装，坐在石凳上，左手牵着妻子，舒展内心的一缕缕温柔。21岁的邓颖超穿着素雅的旗袍，依偎在丈夫身旁，他们会心地微笑，心有灵犀。瞻仰周恩来故居时，我知道在两位母亲

◎ 1926年，周恩来与邓颖超在汕头办公楼下的花园合影

的爱护下，少年周恩来在私塾勤奋好学，性格好静、开朗，善解人意。母爱的丰厚和仁慈，使他的情感中也带有一份女性的柔韧。我问陈列馆主任谢琼燕："这张照片是在汕头照相馆拍摄的？"谢琼燕答："这张照片就在东楼前小竹林拍的。"这张照片的出处我已寻找多年，真是"踏破铁鞋无觅处，得来全不费工夫"。谢琼燕告诉我，这张照片的原件在汕头博物馆。我看到一张国家文物登记表，表格中有一段文字："根据专家考证，该照片的拍摄地点，应是现在汕头东征军纪念馆的小竹林前，拍摄时间是1926年。"周恩来与邓颖超之间的爱情被世人称颂，但因革命工作需要，两人聚少离多，年轻时的合影本就稀少，迄今为止，在汕头的合影仅此一张，故显得愈加珍贵。

下午4时许，陈汉初老师神秘地说："带你们去寻找另一个旧址，伍治之先生曾带我去的。"采访车一路前行，穿梭于古城旧巷，花木在眼前掠过，街道标识牌一闪而过，一栋栋旧式洋楼呈现眼前。90多年前，汕头开埠码头吞吐量为全国第四位，华侨和商人云集此处。这时，街道左侧出现一棵参天大榕树。"停车！停车！"陈汉初带我们急忙下车，沿门牌仔细辨认。"就是这一间，当时叫卧龙酒店。1986年的一天，伍治之先生指着旧楼告诉我：'1926年春，邓大姐来汕头后，和周委员曾住在这里。'"我仰头望去，这是一栋几层高的民国建筑，虽楼体陈旧，凉台上却开着鲜花，植物攀墙生长，旧宅依然柳色青。当年他们住在二楼，但不知是哪一间房。我们设法进去，无奈大门关了铁闸，出入口上了锁，门牌上写着"汕头市侨联客属侨房咨询站"。

1926年，周恩来夫妇在潮汕过春节。潮汕街头张灯结彩，人们有的泼墨挥春，有的点街灯挂春联。腊月二十四后，各家都会蒸一种叫"粿"的年糕。这是周恩来夫妇在潮汕共度的第一个春节，也是他们新婚后共度的第一个春节。初一早晨，锣鼓声响，一支惠来五乡踩高跷舞狮队一路欢歌，到汕头给周恩来拜年。这是怎么回事？原来，1925年冬至前夕，惠来五乡盐业工会代表吴开振等人到东江各属行政委员会，向周恩来控告惠来盐场知事杨天育迫害盐工的罪行。周恩来即派秘书关学参接待工会代表，并主持会议，传汕头盐务总署的代表和杨天育到会对质。会上，盐工代表吴开振痛诉盐工悲惨情境，声泪俱下，杨天育哑口无言。会后，周恩来宣布四项措施：第一，所有盐警撤出盐场，由盐工自己选出纠察队监督盐入仓，并检查买卖私盐；第二，盐场及时组织盐运销，并规定合理盐价，不得任意压低；第三，盐民有自己组织工会的权利，盐民犯错误，要通过工会教育说服；第四，盐场机关只负责检查走私漏税，不得侵犯盐工自由。为答谢盐业工人的友谊，周恩来送舞狮队每人一枚纪念章。

伍治之跟我们谈起一段往事："当时，邓颖超是潮州女子师范的老师。1926年春节后，学校快开学了。组织上决定从团澄海支部调蔡楚吟同志当团汕头地委妇运组长，同我一起工作。当时，我是团汕头地委书记……她告诉我们一个好消息，说：'女师就要开学了，邓颖超大姐已经答应当我们女师的政治老师，多么好呀。'邓大姐不久前从广州来到汕头，和周恩来同志住在外马路卧龙酒店二楼。女师开学以后，楚吟是邓大姐的学生……杨石魂带我和蔡楚吟去恩来同志的住所看望恩来同志与邓大姐。我们谈话时，邓大姐站在恩来同志的后面，抚摸着他的头发，气氛十分亲切。"[1] 1926年的一个星期天，学校在二楼召开会议，挤满党员、团员，俊朗的彭湃成为焦点，他正在做农民运动专题报告。那时，周恩来身穿浅色中山装，邓颖超穿白衣和黑裙，他们满面笑容，挥手致意，安静入场。教务室老师搬来几张藤椅，他们就坐在讲台旁，聆听彭湃演讲。

周恩来平易近人、善解人意。他把对妻子、对亲友之爱，扩展到对民众的爱怜。而他对普通劳动者的情感，源于自幼的私塾教育，是嗣母种下的"善根"。用他自己的话说，就是"我的外祖母是淮阴乡下农村妇女。因此，我的血液里还有农民的成分"。乳母蒋江氏，教他播种蔬菜，挑水做饭。1919年在南开学校读书时，他经济拮据，节衣缩食，一连多天不吃肉食，只吃豆腐。那个寒冬，他触景生情，写下这样的诗："西北风呼呼响，冬天到了。出门雇辆人力车，车夫身上穿件棉袍，我身上也穿件棉袍。我穿着嫌冷，他穿着却嫌累赘；脱下来放在我的脚上。我感谢他爱我，他谢谢我助他便他……"[2] 正是这样的情感和信仰，成为他主政东江、施政为民的精神底蕴。

正当周恩来描绘东江地区蓝图时，1926年3月16日，广州国民政府免去他东江行

---

[1] 陈汉初主编《周恩来在潮汕》，中央文献出版社，2004，第595页。

[2] 周恩来：《周总理诗十七首》，山西人民出版社，1978，第26页。

政委员的职务，但他仍担任国民革命军第一军的副党代表兼政治部主任。3月17日，他从汕头回到广州。树欲静而风不止，3月20日，这是“中山舰事件”发生的前夜。

在历史上，周恩来是第一个主持地方政权的共产党人，也是国民党政府职级最高的共产党员指挥官。我再次采访曾庆榴老师，问：“东江是国民政府以战争收复的首个地区，却为何任命共产党人周恩来担任行政首长？”他答：“这是共产党人参加国民革命，在斗争中赢得人民的信赖和拥护，并赢得国民党左派、各界同盟者信任的结果。其实，周恩来不愿意当这个官，其中有波折。他说自己‘年少识浅，身兼数职’，请国民政府收回成命。那时，周恩来任国民革命军第一军副党代表，他觉得军队工作比政权工作更重要。在此之前，没有共产党员成为政府官员。”当时，陈独秀担心共产党员参加政府会成为“官僚”。行署宣誓之前，周恩来再三请辞未果。之后，他自信地走上东江政坛，开创了共产党人主政的先例。

潮汕七日红：春风动地卷红旗

1927年，南昌起义部队南下，周恩来第三次到潮汕。南昌起义部队入粤前，周恩来指出：“我方目的在先得潮汕海陆丰，建立工农政权。如情势许可，自以早取广州为佳。否则，在潮汕须一月余之整顿，子弹兵源之补充乃是最急。”9月18日，起义军主力进驻大埔县三河坝。半个月风雨行军、频繁作战，至此仅剩下10000余人。

9月，南昌起义军受挫，经福建沿韩江直下。时隔半年，时局急转直下。陈济棠、徐景唐、黄旭初几个师围追堵截，起义军百折不挠。9月24日，先头部队进入汕头，许多工人给起义军打水端茶，亲如兄弟。照片《周恩来率官兵入汕头》，记录了周恩来第三次入潮汕时的场景：4万多群众夹道欢迎，周恩来率领的官兵英姿勃发。起义军在汕头建立革命政权七天，史称“潮汕七日红”。汕头民权路95号大埔会馆，是南昌起义南下部队的总指挥部。9月26日，在牛屠地举行的群众大会上，周恩来饱含激情的讲话赢得了民众阵阵掌声。许美勋在《南方日报》发表的《潮汕七日红》一文中说：“昨天的西湖山，差点给欢迎红军的人群踩踏了！那种浩大热烈的气势，真有如狂风暴雨，不可抵挡。任何人看到这种场面，都会深深信服革命力量的伟大。红军在群众的心眼中，就像旱天的豪雨，一切苦难的救星。”大街小巷，挤着欢迎的群众。许美勋说：“我亲眼看到有很多工人自动要求跟部队走，死也不肯离开。他们愿意当向导，抬担架，抢着代牵马、代扛枪……有一位老太婆抱着仅有的一只鸡来到大埔会馆前，她连喊带哭地说：‘我只有一条老苦命和这只鸡，我老了，没有什么能帮助革命了，就把这只鸡送给同志们，让你们吃了有力量，革命早日成功，我儿子、媳妇的仇有得报！’”

第九章

红色交通线｜上海、香港、汕头、大埔

THE STORY OF
ZHOU ENLAI
IN LINGNAN

1930年，建立红色交通线迫在眉睫。周恩来毫不犹豫地挑起这个重担。他说：『宁可放弃苏区一个县，也要办好交通线。』

周恩来是红色交通线的主要创始人。在20世纪30年代初，党中央机关秘密设在上海，而中央苏区核心区却在赣南、闽西一带。怎样相互沟通？在毛泽东提议下，由周恩来直接领导和组织，中国共产党开辟了一条红色交通线。这条红色交通线从上海经香港、汕头、大埔，进入闽西中央苏区核心区，全长三千多公里，连接起党中央与中央苏区。

从上海到中央苏区：历险横空捷有神

1927年4月，蒋介石实行“清党”，无数共产党员和革命群众被杀害。4月14日下午，周恩来被迫转移到上海吴淞附近的徐家宅。这里远离市区，偏僻荒凉，巷子狭小，房屋破旧，居住着吴淞机器厂的许多工人。周恩来在一个工人家的小阁楼中继续工作。1929年12月22日，中央政治局常委、组织部部长、军事部部长周恩来代表中共中央，对闽、粤、赣及朱毛红军、闽西红军作“单独的指示”，他指出：“中央认为必须与闽西红军、朱毛红军共同设立一独立的交通网，这一交通网，可以解决红军与江西或广东的联系问题，可以解决你们与红军及红军与中央的联系问题。”

广东党史专家王国梁告诉我，1930年12月，因党内出现叛徒，中共中央南方局（简称“南方局”）和广东省委机关遭受重创，相继有五六十位党内领导人被捕。党组织被迫转入地下。1931年6月22日，中共中央总书记向忠发擅自外出过夜后被捕。查实向忠发叛变后，周恩来停止与他联络，并迅速隐蔽。敌人发动第三次“围剿”前后，党员领导、技术工人分批转移，秘密文件及兵工厂、造币厂、印刷厂的重要物资等，亟须送达苏区党中央。9月，国民党特务机关登报悬赏通缉周恩来，他的生命安全受到威胁。中共中央果断指示周恩来转移至中央苏区。1931年底，周恩来通过地下交通线从上海经汕头、大埔、永定，抵达江西中央苏区。

黄平，曾任李大钊英文翻译，当时与周恩来在中共广东省委共事，负责上海中央交通工作。他回忆说：“他（周恩来）当时住海宁路与山西路转角处的一家小店（大概是烟纸杂货店，夜晚看不清楚）楼上。”“恩来离沪那天，我是晚上八时许到他家的。当时他穿着对襟蓝哔叽中式短上衣和一条蓝哔叽中式裤子。这是广东熟练工人的打扮。”“化装就绪，他拿了一只小手提箱，我们两人就一起下楼，雇了两辆人力车就动身了。为避免引人注意，邓颖超也未下楼送行。到了十六铺，我们立即就上了一艘太古洋行或怡和洋行的轮船，经过香港或直放汕头，我不能确定，但决不会冒被捕的危险，在香港上岸。在统舱里找到绰号叫‘小广东’的交通员，恩来认识他。我把恩来交给了‘小广东’，就告别下船。”[1] 黄平回忆中的交通员“小广东”，真名肖桂昌，被称为中央特科的“神枪手”，是护送周恩来到中央苏区的贴身警卫。

当时，周恩来乘一艘客货混装的小火轮，在海上颠簸了几天，抵达汕头。当地一个绝密交通站安排他们住在金陵旅社。肖桂昌是永定交通大站的负责人，紧跟在周恩来身边。下楼时，肖桂昌机警地发现金陵旅社一拐角处，有一个玻璃镜框，里面有一张照片，拍摄的是“1925年汕头市各界欢迎黄埔学生军大会”，周恩来居照片中央。参加第二次东征的黄埔军校总政治部主任周恩来，经常在群众中演讲，引人注目。刻不容缓！周恩来果断起身，借助陈彭年的社会关系，当即转移到棉安街一家小旅店中。此旅店由国民党独立第二师师长张瑞贵秘密开设，他镇守潮汕，

[1] 金冲及主编《周恩来传》（一），中央文献出版社，1998，第294—295页。

地痞、流氓均不敢骚扰，每夜巡逻的国民党公安局也不会来“查夜”。利用这个漏洞，周恩来住在敌人的“心脏”内——最危险之处，同时也是最安全的。闽西交通站站长李沛群回忆：“当时汕头市这个绝密的交通中站，是直接由上海中央局单线联系的，我虽是永定交通大站的负责人，对此也不知晓，只有中央委员以上一级干部来时才启用，负责人是陈彭年同志。”

第二次险情，发生在赴潮安途中。第二天，离开棉安街的小旅店后，周恩来和肖桂昌从潮州坐火车到潮安。当时，周恩来装扮成画匠，身着长袍，头戴礼帽，带着宣纸、画笔、颜料之类的物品。肖桂昌便和另一名交通员买了三张二等火车票。谁知，上车后环顾四周，二等车厢只有他们三人。周恩来胆大心细，急忙走入三等车厢。这里人多嘈杂，老乡们挤在一起，他们仨就拉下帽子，假装看着报纸。谁知事不凑巧，来查票的是一个铁路职工骨干。1925年国民革命军东征时，他曾到当时的东江行政专员公署向周恩来请示工作。周恩来认出他后，忙拉低毡帽檐，扭头去看窗外。肖桂昌机智地连忙站起，下意识地摸着腰间的短枪，用身体挡住周恩来，随手把车票递过去。那个检票员见是二等票，便用手指着前面的二等车厢，要他们三人到那边去。肖桂昌当面答应，等检票员走后，就坐着不动。三人面面相觑，幸好没被发现，一场虚惊！火车隆隆向前，全程只有几十公里，在忐忑不安中，他们总算到潮安了。

梅州市委党史研究室主任邓文庆对我说，在赤白交界的封锁线，周恩来等人又遇一险！这一带土匪成群，经常拦路抢劫。国民党反动派军队在龙岗一带修筑碉堡，设置关卡、哨所。在大埔至汕头的轮船上，反动派军队检查客人衣物、行李、铺盖，每次往来检查五六遍之多。为了确保安全，周恩来第三次改换装束。这次他改扮成了当地土豪，头戴礼帽，身着对襟府绸长衫，像个当地的土财主。看着镜子里的自己，他忍俊不禁。在潮安吃过午饭，他们乘电船去大埔。他们买的是电船尾的小厢房票，上船之后，就关门休息。船到大埔县城后，他们转乘开往虎头沙的小电船。

虎头沙民团强悍，无恶不作，时常骚扰百姓，附近还驻有平沙团防、洋门团防、永定峰市团防，因处境险恶，这一地交通站故称“虎口交通站”。周恩来一行绕开虎头沙民团，到达青溪时上岸，寻找青溪交通中站（亦称青溪站）。此时，手枪队赶来护送，三人星夜赶到多宝坑交通小站休息。敌人在公路明处设卡，他们就绕道走，翻越人迹罕至的茂林峻岭；敌人白天搜查，他们就白天隐蔽，夜晚摸黑走，翻山越岭，穿过荆棘。手枪队人数少，经常遇到几十倍、成百倍于己的敌人。中央保卫局执行部科长卓雄回忆，他带领武装小队护送博古、陈云由大埔去永定时，1000余名敌军就包围了他们的住所。敌人开始搜索，一面吆喝着，一面放冷枪。为拔掉盘踞村镇的拦路虎，红十二军军长罗炳辉派一个主力团、第36师师长张宗逊率106团击溃悍匪，扫清障碍。前面是铁坑小站，白天，周恩来等人歇息在村民谷仓内；天黑之后，他们一路跋涉，不辞辛苦。掩护队由小站派出，由可靠的向导和交通员组成。走在人烟稀少的羊肠小道，蚊虫叮咬不算事，就怕野猪成群，老虎出没，被毒蛇咬。穿过伯公坳，翻过前面的一座山，就是广东与福建的交界了！

然而眼前却是一片凄凉：那里的山坳、山头烧得光秃秃。原有一个村庄，却因国民党保安队、民团的“剿共”，眼下到处是断壁残垣，万户萧疏鬼唱歌。李德回忆：“到处是淤塞的稻田、野草丛生的薯地、烧成废墟的房屋，四周几乎渺无人烟。村里有一个农卫队员叫邹清仁，对这一带了如指掌。然而，他的亲属已被民团杀光，只剩下他孤零零一人。他常冒着生命危险给我们引路，周恩来和肖桂昌就是由他带过界的。李沛群说越过了那几个山头，再行10余里，就到达永定地界的陶坑，那里设有一个交通小站。沿途的小站间距二三十里远，各小站的负责人都是本地人，区、乡都有我们的组织，敌人来犯时，赤卫队掩护我们上山隐蔽。陶坑到金沙乡有几个小站，即上金、中金和下金。到永定后，再走一周左右的山路就到达汀州了。”

后人追忆：出入风波笑险艰

我采访了交通员李沛群的女儿李蔼华。她说：“父亲在任闽西交通站的站长前，参加过省港大罢工、广州起义。”1931年，第三次反“围剿”的枪声中，红十二军军长罗炳辉调兵从江西冲杀而来，8月拿下汀州，中央苏区和闽西苏区连成一片。当时，交通员分站传送特急件，一站接一站。他们晚上点马灯走，白天顶烈日行，日夜不停地传递，随时可能被国民党军警和特务杀害。这年11月底的一天，李沛群接到永定县委书记肖向荣来信，命他带两位精干马夫、两匹好马，去永定接人。后来他才得知，这两匹马是接周恩来用的。周恩来到达汀州的时间是下午。当晚他和罗明（代理省委书记）、李明光（组织部部长）、郭滴人（宣传部部长）开了个碰头会，第二天上午召开省委扩大会议。

第二天，周恩来召集罗明、李明光、肖桂昌、李沛群开会。前一次，周恩来和黄华（又名黄有恒，汕头交通中站站员）、肖桂昌等同志进入苏区，经过大埔青溪时，屡遇险情，幸得肖桂昌熟悉情况，找到了手枪队护送，否则后果不堪设想。交通局决定任命李沛群为闽西交通站站长。李沛群回忆："周恩来到达后第二天，邓小平（瑞金中心县委书记）派人来汀州采购东西，写了一封信给我，叫我协助采购。我在用笔写回信时，周恩来同志刚好从他的住房出来。由我身后经过时，他便俯下头来，在我的左边看我写字，还说：'你的毛笔字写得真快啊！'约在周恩来同志到达汀州的第五天，上午9时我和肖桂昌一起去永定。我和肖桂昌骑着接周恩来同志时用过的马，走了40里路，当晚到河田就宿。第二天，我们走了30多里，碰到何叔衡同志和刘伯承同志……1932年1月2日，我们从太拔到丰稔市，在那里住了一晚，翌晨启程去永定。"

重走交通线：欲将血泪寄山河

2018年冬季，我重走这段交通线：上海—汕头—大埔—永定—瑞金。立冬后一日，中央红色交通线学术研讨会在梅州大埔召开，中共梅州市委党史研究室的邓文庆主任邀我参加。那天，沿着汀江东岸溯江北上，我寻觅着中央红色交通线遗迹。山路弯弯，汀江青溪河段上，青溪水电站将汀江拦腰截断。中共大埔县委党史研究室主任黄佳清开车，送我和中共广东省委党史研究室的专家们。我问："当年红色交通线上的'联络站永丰号'在哪里呢？"黄佳清主任答："它和一段长长的交通线已淹没于水下。1931年，上海临时党中央机关被国民党破坏后，一条秘密交通线被开辟，由上海经香港、汕头到大埔青溪，再进入永定虎岗、瑞金。之前有三条都被破坏了，这条是全国唯一没有被破坏的中央红色交通线！"当时，国民党特务登报通缉周恩来，他的处境是何等危险啊！一阵阵流水声，拍打我的心；青山绿水之间，仿佛回响着周恩来的声音；泥泞小道上，依旧留着他的足迹……

益奋是当年的中共交通员，1931年底，他护送周恩来到大埔青溪站。他说，冬日水浅，一只小艇溯江逆风而上，比预定时间晚了一天半，才抵大埔城郊西子口。青溪站交通员恐有失误，便由站长蔡雨青、副站长杨献林率领一个武装中队着短装便衣，埋伏于离城5里处。蔡雨青还命一个武装中队到沙坝江边等候。当他们赶到时，只见下游有两只小艇，一前一后，向前驶来。他们唱起客家山歌，船上人听到暗号，接应小队队员帮助划桨，赶紧靠过来。这里距青溪站还有15公里。渡过此关口，蔡雨青等松了一口气。护送中队分为两个小队居小艇两侧，一路随船护卫，一路沿山路掩护。夜里9时多，周恩来等到达青溪站时，站里很少人知道他的到来。休息一天后，他们夜走崎岖山路，不说话，不点马灯，不打手电筒。交通站准备了一顶改装的轿子，又挑选了四名可靠群众，想请周恩来坐上轿子。不承想，他摆摆手，果断拒绝了，和队员一起，始终步行。蔡雨青派出武装队伍，分前后两队，秘密护送。他们白天从容步行，每行二三十公里，遇一交通站便停下喝茶歇息，吃着没有什么油水的番薯、青菜、糙米饭。经过艰苦跋涉，他们最终安全到达江西苏区中心——瑞金。

当晚，周恩来被护送到虎市村的交通员邹日祥家中。该村与福建永定仅一山之隔。如今，梅坎铁路穿过2.5公里的多宝坑隧道，有高铁途经永定峰市镇。但1931年的青溪至永定路，沿途人迹罕至，有野兽出没。周恩来等要步行数十里山路，道路崎岖，如果遇到暴雨、山洪或野兽，危险难以想象。

我们赶到交通站旧址缵诒堂时，了解到交通员邹日祥已逝多年。他61岁的侄孙邹铁平说："叔公告诉过我们，周恩来到来的当晚，他特地煮了一只鸭子招待，随后，安排周恩来在缵诒堂后面的密室休息。"第二天早晨，经周密安排，周恩来被安全地送往中央苏区。我推开后门，看见缵诒堂后面那间民房依山而立，周围有树林，长满荒草，周恩来等攀爬上去，隐蔽其中，真不易被发现！

设在大埔的交通中站建在青溪镇，那是国民党反动派对中央苏区布置的一道封锁线。沿途荒野，山高水急，毒蛇猛兽出没，而更险恶的是交通站设在国民党反动派守军的虎口之下。埔北石上区署有驻军镇守，附近有张茨波团防，洋门有张占庭团防，永定有王石甫、江在田团防。

中央交通局局长吴德峰的女儿吴持生，曾听她的父亲提起过往事。她告诉我："1931年9月，中央决定让周恩来、李富春、蔡畅等分批转移至苏区。10月，我父亲吴德峰先行去苏区打好了前站。"12月，周恩来身着棉长袍，戴着毡帽、大口罩，扮成商人模样，从上海出发，乘坐货轮到必经之地的汕头，吴德峰启用汕头绝密交通站。吴持生说："这个由我父亲直接控制的交通站是很少启用的，陪同的秘密交通员有肖桂昌和黄华。"他们精明可靠，以中央交通局巡视员身份在汕头蹲点，从汕头坐火车到潮安，然后坐电船沿韩江而上，在青溪沙岗上岸。因蒋介石对苏区实行的极度残忍的屠杀政策，周恩来沿途几次易装。正如国民党政府在报告书中所述，在"清剿"区内，"无不焚之居，无不伐之树，无不杀之鸡犬，无遗留之壮丁，闾阎不见炊烟"。周恩来紧急撤退后的1932年8月，国民党反动派军队卷土重来，实施白色恐怖，竟"围剿"棣萼楼交通站。一次，李阿应、江阿征率武装赤卫队把军用物资等紧急撤到后山，反动派军队"围剿"扑空，怒火之下，端着枪四处扫射，在棣萼楼留下的弹孔痕迹，至今清晰可辨。撤离时，江阿征不幸牺牲。此前，她曾三次被捕入狱，家人和群众出钱营救。1936年，红色交通员孙世阶被国民党枪杀。在押赴刑场沿途，他不断高呼口号"中国共产党万岁！""革命者是杀不绝的！"路边杜鹃花似血如朱，在先烈们走过的小道上，听着他们的事迹，我和吴持生等无不动容……

黄佳清主任说："1930年至1936年期间，大批干部经红色交通线被安全护送进入中央苏区，共有200多位啊！有项英、任弼时、叶剑英、徐特立、董必武、陆定一、刘伯承、周恩来、聂荣臻、刘少奇、蔡畅、林伯渠、陈云、张闻天、邓颖超、邓小平、瞿秋白等。"

我问："邓颖超也走过这条交通线？"黄佳清回答："1932年，李沛群去汕头，接送一批转移人员。他抵达汕头交通站后才知道，他的任务是护送邓颖超等进入中央苏区。"

当时，设在香港的中共两广省委已遭破坏，国民党反动派正调集重兵"围剿"大南山革命根据地，派遣特务军警四处捕杀中共党员。李蔼华对我说："我父亲李沛群化装为商人，与邓大姐互称表姐弟。"邓颖超和项英等进入交通线，都隐藏身份。邓颖超头盘发髻，扮成客商的夫人。他们走的是周恩来走过的路线，由汕头乘火车到潮安，再乘电船到大埔茶阳。当他们抵达大埔时，遇河水上涨，无法渡河，当地交通站便安排了小舢板停在河边，在竹竿上放一顶帽子，作为特殊标记。他们正准备出发时，突然，一个警察过来盘问李沛群要去哪里，哪里来的小船。领导人不懂当地方言，开口必被对方察觉。紧急时刻，李沛群用潮汕话应答如流，警察查不出破绽，最后放行。

交通员卢伟良也护送过周恩来。他说："当时冬天下雪，交通站的交通员没有棉被盖。恩来同志让我住在他的房间里，他却和秘书长欧阳钦、任弼时等继续工作。"卢伟良睡醒时，发现周恩来把自己的大衣盖在了他的身上。这虽然是一件小事，但周恩来如此爱护同志，卢伟良终生难忘。

吴德峰领导的交通局还负责筹集、运送物资，特别是黄金、银圆、钞票和电信器材等。之前，党中央的经费主要是共产国际通过上海的德、法银行汇入的。但从1929年下半年开始，从这种途径获得经费越来越困难，党中央唯有通过中央交通局向苏区运送物资和资金。曾护送周恩来进入苏区的卢伟良担此重任。1930年夏，他从闽西护送500元光洋（银圆）至香港，交给党组织。为避免被发现，他在自己两个手臂上各缠250个光洋，外面再套上衣服。当日天气炎热，光洋把他的手臂都磨破了。但他泰然自若，闯过重重难关，到达香港时，内衣都被血肉粘住，皮肤已生疮化脓……1930年秋冬，他到鄂东特委书记胡梓处，取回重达5公斤的巨额黄金，返回上海。

交通员邹日祥的妻子江崔英回忆说："当时我还不知道呢，是新中国成立后对着照片，才认出周恩来总理。他们当时一行六人，记得有周恩来、蔡雨青、肖桂昌、黄华、卢伟良，另一个忘了姓名。我把他们带到我家……吃饭的时候，周恩来很高兴，他还说：'你们这里白色恐怖，但是不要怕，将来通通会红掉的。'1965年，周总理来广州视察，还问大埔多宝坑是否有个邹日祥，生活好吗。总理还想到交通站的老同志，我们真感动。"

如今，大埔青溪镇群山簇拥，高山流水。周总理及这条红色交通线的往事，将继续被人们传颂……

第十章

诀别 | 汕尾海丰桥东村

THE STORY OF
ZHOU ENLAI
IN LINGNAN

『朝闻道，夕死可矣』，这是周恩来和挚友们在艰难岁月的信念。为此，他们不惜抛头颅，洒热血。

周恩来交友：捐躯许国丈夫事

周恩来一生多结交挚友，他说：“相勉以道德，相交以天真，相待如兄弟。”他与这些挚友肝胆相照，甚至经历了生死诀别。其中一位，被毛主席称为“农民运动大王”，与周恩来在日本留学时相识。周恩来曾这样描述这位挚友：“他只有20多岁，身材不高，脸长而白，像一个百分之百的文弱书生。他身穿普通的农民衣服，脚着一双草鞋。有一个高而直的鼻子，浓密的眉毛下，闪着一对炯炯有神的眼睛。”他叫彭湃。

走进彭湃烈士故居，那些实物、那些照片，似乎都在向我讲述90多年前周恩来与彭湃的往事。1925年黄埔学生军东征时，海陆丰指挥部设在彭湃家，蒋介石和苏联专家鲍罗廷曾在此开会。彭湃长期领导海陆丰农民运动，一呼百应！蒋介石对彭湃恨之入骨，抓捕彭湃后下令斩立决。

彭湃烈士故居有一石碑墙，刻有彭湃临刑前的遗书。午后的斜阳，照射在石碑墙上，星星点点。我屏息细看，啊，这是彭湃在得知蒋介石下处决令后，戴着镣铐写下的，与挚友周恩来（冠生）做最后诀别：

> 冠生暨家中老少：
>
> 我等此次被白害，已是无法挽救。张、梦、孟都公开承认，并尽力扩大宣传。他们底下的丘及同狱的人，大表同情。尤是丘等听我们话之后，竟大叹气而捶胸者。我们在此精神很好，兄弟们不要因为弟等牺牲而伤心。望保重身体为要！余人还坚持不认……

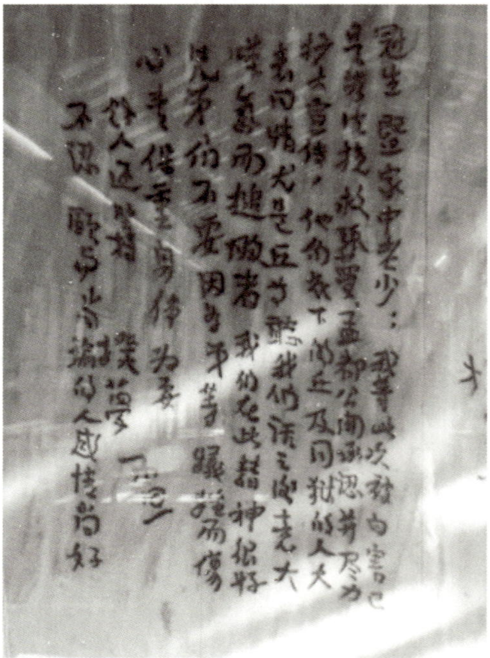
冠生暨家中老少：我等此次被白害，已是无法挽救。张、梦、孟都公开承认，并尽力扩大宣传。他们底下的丘及同狱的人，大表同情。尤是丘等听我们话之后，竟大叹气而捶胸者。我们在此精神很好，兄弟们不要因为弟等牺牲而伤心。望保重身体为要！余人还坚持不认

© 1929年8月30日，得知蒋介石下处决令后，彭湃写下遗书

石碑墙3米高、10米长，遗书文字竖刻在白色大理石上，由右至左排着，像一滴滴烛泪，又像一簇簇炬火，我仿佛听到彭湃临刑前的一喘一息。周恩来的悼念文章中写道：“敌人动用了酷刑，彭湃‘晕去九次之多，弄得手足俱折，身无完肤，其他四人所受惨刑亦同样令人不忍尽述’。”

彭湃就义时年仅33岁，留下老母亲和妻儿。见遗书如见人，我上前一步，用手轻轻地触摸凹凸的文字，仿佛触碰到他血肉模糊的腿，触碰到他满身的伤痕，顿时泪水涌出。

1929年8月24日，在上海沪西区新闸路经远里12号二楼，彭湃正主持军委会议，突然大批巡捕冲入房内，逮捕彭湃、杨殷等人。本来，周恩来亦要参加此次会议，但因病缺席。

当时，汕头市警察局局长方乃斌出面指认，彭湃的真实身份暴露。被捕时，彭

湃任中共中央政治局委员、中央军委委员，是国民党眼中的重量级人物。随后，彭湃等人由小北门水仙庙拘留所被转送至龙华上海警备司令部，内有重兵驻防。

8月24日当晚，彭湃等战友被捕的噩讯，惊动了正在上海主持中央军委和中央组织部工作的周恩来。他立即召开紧急会议，决定开展武装营救。8月28日，在枫林桥附近乔装的中央特科人员中，有的假装在摄影，有的扮观众，有的装商贩，他们埋伏在囚车的必经之路，准备截击囚车，营救彭湃等人。然而，他们等待了几个小时，仍未见囚车经过。原来，国民党怕出意外，已提前完成押送。同时，中央特科运来的枪支，因枪械故障无法使用，营救未遂。

8月26日法院开审，法官与公安局代表故意做作一番，将彭湃、杨殷、颜昌颐、邢士贞、张际春五位同志交予公安局。当晚公安局开审，问官一无所得。而彭、杨等五位同志在看守所中仍宣传民族救亡事业，许多保安队员为之感动。8月27日下午复审，审问长达四五个小时。问官询其经过历史，彭湃慷慨陈词，历时一个多小时，从未入党以前在海陆丰做农民运动起，一直谈到在海陆丰建立苏维埃政权。

开庭时，审判官历数彭湃罪状：“你们建立赤匪政权，妄图推翻国民政府，这难道不是滔天大罪吗？”彭湃仰头大笑，说：“你们想论罪吗？那么，你们的蒋总裁就是最大的罪人，十恶不赦的罪人。是他在1927年4月12日在上海公开背叛革命，破坏国共合作，残杀了我数十万革命同志和无辜的百姓，我们面对你们的屠杀政策，陆续发动了南昌起义、秋收起义、广州起义和其他地区的起义，只不过是以革命的武装反抗反革命的武装罢了。”彭湃继续说：“蒋介石在南京建立国民政府，这是一个对外卖国求荣、对内独裁专制的反动政府，我们的目标就是要推翻它，这是我们公开的主张。为此，我参加过南昌起义、广州起义，并于1927年10月在海陆丰领导了第三次武装起义（海陆丰起义军民在1927年9月7日至10月底共举行三次起义），在陆丰和海丰先后召开了工农兵代表大会，成立了中国第一个红色政权——海陆丰工农兵苏维埃政府。我为此喊出‘一切土地归农民！一切武装归工农！一切政权归工农兵代表会！’的口号。我在海陆丰号召农民群众，要坚决镇压土豪劣绅的反抗，搜查契约，掘除田埕，没收地主的土地……由于我们的力量暂时弱小，我们的起义失败了。你们攻占海陆丰后，残酷镇压人民群众，烧、杀、抢、掠，无恶不作。仅海丰一县，被杀害群众就达5932人，被烧毁房屋7246座，被抢耕牛2994头。这些都是你们国民党反动派向人民欠下的血债。”

审问完毕，彭湃被押回看守所，五位同志齐唱《国际歌》，以赋同仇，震撼监狱。周恩来在《彭杨颜邢四同志被敌人捕杀经过》中写道：

第二审过后，公安局深惧有意外，至二十八日清晨即转解警备司令部。适当晚发生了蒋介石被刺事，一切嫌疑卫兵统押至司令部。上至熊式辉，下至司法科，统忙得屁滚尿流。被押卫兵，经严刑拷打，血肉横飞，骨折肢断，无一肯供出刺蒋来源。于是五同志在押的三天中（二十八—三十日）未经一审，只是手铐脚镣，铁链叮铛，被严重地看管在司令部看守所中。在这三天中，五同志没放过一刻机会，不断向在狱群众与司令部内的士兵宣传。当彭、杨诸同志与士兵谈至痛切处，士兵中竟有捶胸落泪，痛骂国民党军阀非杀尽不可的。当他们说至激昂处，便齐唱《国际歌》与《少年先锋歌》，士兵与狱中群众亦高呼口号和之，于是愁苦惨淡的狱中，一变而为激昂慷慨的沙场。有些因贫穷而走入抢劫的盗犯，他们都感动而觉悟道：只有跟共产党走，才是我们穷人的正当出路！有些因革命嫌疑而下狱的群众乃更加坚决说：我们今后只有革命的一条路了！有些被难的同志则说道：到底是我们的中央领袖，能做我们的表率！有些久闻彭湃大名的人，闻得彭湃在此，均争相来看；还有几个识得彭湃的人，均以旧时相识为荣。

他们入警备司令部后，已知必死，故传出书信多是遗嘱之辞。他们嘱咐党中同志不要因他们被捕而伤痛，要继续努力谋得革命的发展。他们嘱咐党中重要负责同志要为党惜身。……他们都是谈笑自如，杨殷同志曾笑说：“朝闻道，夕死可矣。”他们对于自己爱人的遗嘱，都是勉其为党努力。

在三十日这天，临时法院忽又故意票传五人复审。司令部遂亦于当天午后，在形式上将五人严密地解送至法院。到法院时有步兵一排，公安局包探多人，司令部副官几个，并有捕房巡捕携手提机关枪两架跟着警戒。法院在特别法庭开审，不许人旁听，问辞与供辞如上次。法官与陪审之帝国主义领事及捕房律师都含糊其辞地说了一些，并未将彭、杨等同志罪状究是些什么公开宣布。被告律师虽说了一些，法官等并不注意，最后判决文亦无人能听见法官究竟读了些什么。直至彭、杨等四同志已经枪毙了，上海英文报上忽皇皇地登着法院判决文是处彭、杨等同志以八年的有期徒刑。这一复审，简直是帝国主义强盗与国民党军阀合作的一出滑稽的杀人剧。他们想以法律的手续来欺骗群众，但又深恐怕群众晓得。其实，广大的革命群众老早就不相信你们这种鸟法律了！从1927年的“四一二”到现在，帝国主义者与国民党不知暗杀了冤杀了几多群众。屠杀成河的血，早已染红了工农劳苦群众的心，他们只知道以群众的斗争力量来回答你们的白色恐怖，谁还管你们的鸟法律！

周恩来哭悼同志：神州落日泣哀鸿

彭湃等四位烈士英勇就义的第二天，即8月31日下午，在上海戈登路（今江宁路）善庄里114弄的一座小楼里，周恩来坐在一张桌前，一边流泪，一边奋笔疾书，替党中央起草《为反抗国民党屠杀革命领袖告全国劳苦大众书》。他写道：“彭湃、杨殷、颜昌颐、邢士贞四同志之被捕，日期在1929年8月24日下午4时许。那时，帝国主义的武装巡捕与公安局的中国包探，驾着几辆红皮钢甲车，如临大敌地到沪西叛徒白鑫夫妇的住家。彼等于弄堂内外布置妥帖后，登楼捕人如可预知一样，按名拘捕共五人（除彭、杨、颜、邢外，还有张际春同志），而对白鑫夫妇则置诸不问。”

9月14日，周恩来继续悲愤地写下《彭杨颜邢四同志被敌人捕杀经过》：

……被捕五同志当即为警探拥上汽车，直驶向新闻捕房。此事发生后，各报均禁止登载，因此广大的群众直不知其领袖有此被捕的事件……

彭浩，是彭湃之孙、彭士禄之子，广东省红色文化研究会副会长。他对我们说：“当由法庭回至囚车时，颜昌颐举手呼‘共产党万岁’。我爷爷和被捕战友相视而笑。”进入司令部，先回看守所，当即送进一桌酒饭，他们都知是死期已届，无人理会酒饭。牢门打开，彭湃、杨殷、颜昌颐、邢士贞四人，拖着残体，镇定自若。他们慷慨告别囚友，唱着《国际歌》，呼着口号，出了狱门……

上海市龙华烈士纪念馆，就是当年的龙华监狱刑场，空旷而寂静。风在吹，细雨在飘。我们捧着鲜花，来到彭湃烈士碑前，花岗岩上刻有金字“彭湃烈士”，仅两尺宽、三尺长，平卧在绿草之中。彭浩和挚友蔡智森、我和丈夫陆游站在碑前，放下一束百合，含泪读着周恩来的悼文：“引得一般士兵及狱犯都痛哭失声，甚至看守所员都为之掩面。行刑是秘密的，枪毙地点并未出司令部……四同志死时的枪声，狱中群众隐约闻见。有一狱犯特杀鸡一只望空致祭，可见其感动之诚！四同志死时特留下内衣三件作为纪念，成为最后的遗物！死后，司令部又秘密地派人掩埋，以图灭迹。但是，广大的革命群众虽看不见他们领袖的英勇遗体，然他们领袖之英勇的战绩，却永远光明地纪念在每一个人的心中，永远不会湮灭！”❶

2018年清明时节，和我一起祭拜烈士的有中共广东省委组织部原副部长、省直机关工委原书记罗东凯，广东省红色文化研究会会长冯胜平。彭浩领我们进入龙华路2591号，曾经的国民党淞沪警备司令部。黑色大门、黑色牢窗、黑色囚车。当年，彭、杨、颜、邢四位烈士，就是被押上这种1710号囚车，从国民党上海公安局被移送至龙华监狱的。男牢门口的黑色脚镣钉在牢廊，我见狭窄的走廊两侧分布牢房，走廊尽头是厕所。每间狭窄的牢房分两列，放着四张上下铺床；高高的小窗，是牢房唯一的通风口。室外阳光普照，这里却仍弥漫着阴森之气。从龙华看守所去往刑场，要先入一阴暗的地下层，走过一段甬道，再上阶梯，便是刑场，肃杀之风扑面而来。旁边有两米高的大麻石，正面刻着“龙华革命烈士就义地”，背面刻着“此处是原国民党淞沪警备司令部军法处刑场遗址。1927年至1937年，数以千计的共产党人在此慷慨就义”。这里原是一片枫树林，我一眼看到的土丘，是由被枪毙后的烈士遗体堆积而成的。在这里，刽子手杀害的烈士有罗亦农、彭湃、杨殷、恽代英、杨匏安、林育南、何孟雄、李求实、柔石、殷夫、胡也频、恽雨棠、罗石冰、

❶ 周恩来：《周恩来选集》（上），人民出版社，1980，第26—27页。

王青士、龙大道、欧阳立安、费达夫、肖保璜等。土丘的两边野草泛绿，中间一条麻石路，仿佛还残留着血迹……彭湃等烈士手足俱断，是被拖到这里杀害的。一件烈士的毛衣，胸前留有四五个枪洞，被血染红，我的视线渐渐模糊……1950年春，人民政府发掘出部分烈士遗骸，有些遗骸上还锁着镣铐，有的遗体和泥土融在了一起……我们是参观者，尚且能够从同一段地下甬道返回，但对于被处极刑的彭湃等英烈，他们知道没有回头路，一路喊着口号，这是何等气节！何等壮烈！让士兵和狱犯都痛哭失声！

周恩来与彭湃：谈笑相逢肝胆倾

彭湃被杀害了！像惊雷突起！

他的学生钟敬文惊呆了。他在街上碰到的战友在泣诉："他临死前高喊口号，从监房提出用刑前，他走近一位囚徒面前，把自己身上外面的一套衣服脱下来，送给那位难友。"海丰农会领导人林甦在《哭彭湃同志》里一声声泣喊："陆丰百万农民痛哭了！像海啸，像山林呜咽！'你死了！你死了！你当真死了吗？'当噩耗传来，赤心崩裂！我悲哀激愤，痛哭，流泪！"

此时，最伤痛的莫过于周恩来，他和彭湃有着超越生死的友谊。彭湃生于1896年，年长周恩来两岁。他们人生本无交集，一个生在潮汕平原，一个在江南水乡驸马巷。但是，他们一相遇，精神之泉就汇成洪流，一泻千里。

他们诞生的时代，中华民族被列强践踏于铁蹄之下；他们求学的时代，"恰同学少年，挥斥方遒"。1916年10月，周恩来在天津南开学校《敬业》学报作诗言志："茫茫大陆起风云，举国昏沉岂足云。最是伤心秋又到，虫声唧唧不堪闻。"为寻求真理，1917年，他们留学日本，寻找民族救亡真理。无独有偶，他们同往东京神田区，先后考入东京成城学校预科，补习日语。1917年冬季，十月革命一声炮响，他们透过阴霾，看到一线曙光。1918年5月16日，日本与段祺瑞政府签订《中日陆军共同防敌军事协定》。对此卖国条约，彭湃和周恩来拍案而起，组织3000名留日学生集会，反日反军阀，奋起发表演说。遭日本警察残酷迫害后，他们发起爱国运动"舍学、舍生而谋废约救亡"。共同的信仰，使他们志同道合。受早期马克思主义刊物《社会问题研究》启发，1919年4月，周恩来弃学回国，而彭湃完成三年学业（早稻田大学政治经济科）后，于1921年回国。

紫荆花，在广州越秀南路89号摇曳。彭湃辗转到广州时，住在国民党中央党部三楼。1923年，陈炯明残酷镇压农民运动，海丰农民运动转入低潮。1924年，孙中山改组国民党，实行三大政策。因海丰总农会被取缔，廖仲恺和谭平山皆提出派代表去香港接彭湃，让他接任国民党中央党部农民部秘书工作。同年7月，彭湃开办农民运动讲习所。1925年，周恩来鼓励彭湃写出《海丰农民运动报告》。第二年，周恩来为这本书题写书名。在彭湃烈士故居的橱窗里，我看到了这本书的原稿，书页残旧，但是周恩来的封面题字，遒劲挺拔，依然醒目。

1924年9月，周恩来从香港乘船抵穗，彭湃偕阮啸仙、林务农等迎接他。久别重逢，彭湃与周恩来彻夜长谈。周恩来听彭湃讲第一届农民运动讲习所，彭湃听周恩来谈法国政治、经济、工人运动，两人肝胆相照，共同的信仰，深入骨髓，滋养理想。虽然，马克思主义思想刚刚在中国萌芽，但他们已“在暗房中打开了天窗，见

◎ 东征中的周恩来（前排右一）与彭湃（前排左一）

到了阳光”。一次，谭霆和我走过广州文明路，他指着街道说他父亲谭天度当时也去了码头接周恩来。彭湃看到周恩来他们五人同挤一房，便把自己位于广州文明路72号二楼的住所让给周恩来，他自己则搬进广州东皋大道仁兴街3号二楼。

两次东征，彭湃和周恩来并肩作战。1924年10月，周恩来和彭湃同被选为中共广东区委委员，周恩来任区委委员长，11月任黄埔军校政治部主任。彭湃领导区委农民运动委员会，以国民党中央农民部特派员身份赴广宁领导农民减租。

当周恩来接到彭湃报告，陈述在减租过程中遇地主武装袭击时，周恩来建议廖仲恺派大元帅府铁甲车队开往广宁，保护农民减租斗争。彭湃让黄埔军校的李劳工组织广州人力车俱乐部，周恩来出函由廖仲恺到黄埔军校领取武器，组成海陆丰农民自卫军。1925年春，黄埔学生军东征讨伐陈炯明，在海陆丰农民自卫军的支持下，击败了陈炯明部队。彭湃的战友柯麟回忆说：“东征总司令是蒋介石，政治部主任是周恩来，彭湃负责农民运动。他们三个人东征时寸步不离。蒋介石离不开周恩来，周恩来离不开彭湃。”我想，如果没有“中山舰事件”，如果没有广州四一五反革命政变，如果没有对海陆丰“见一村烧一村”的“清剿”，结果会是怎样？“忍看朋辈成新鬼，怒向刀丛觅小诗。”

彭湃毁家纾难：自有苍苍鉴赤诚

立冬后的潮汕平原，依旧绿意盎然。在海丰县海城桥东社，有一条龙津河，是海丰的母亲河。母亲河的水，日复一日地流淌着。河旁边有一栋两层的小洋楼，就是彭家故居。它建于清末，前廊仿西式建筑，风火式山墙，面积约300平方米。彭家是海丰有名的大户人家。彭丹、彭浩引我从一楼沿木梯而上。站在小洋楼的阳台上，他们指着一片无际的农田说：“彭家原有着鸦飞不过的田产，每年收租千余担。但是，爷爷彭湃从日本留学回来，却烧掉地契，给佃户分田分地。他脱去学生装，说着方言土语，走到哪里，都和农民一起摸爬滚打。”1925年，革命军第一次东征抵海丰后，2月28日，彭湃领着周恩来等走进家门。彭湃的母亲周凤腾出正厅，让给周恩来、谭平山、鲍罗廷（苏联军事顾问）、加仑将军住。周恩来对周凤说：“我与阿湃是兄弟、同志，我应称您为母亲，您叫我恩来。”他们喝了周凤端来的

◎ 周恩来曾在彭湃故居彭达伍（彭湃二哥）的房间住过

咸茶。二楼也有一个宽敞明亮的客厅，摆着大理石圆桌和几个红木椅子。彭浩告诉我，周恩来、谭平山、鲍罗廷、加仑将军常坐在这里开会。彭湃用这两层房子当指挥部。彭浩领我往左走，见一间卧室。他说："我跟你常唠叨周爷爷在我家住的，就是这一间。"房间敞亮，有一个木柜、一套桌椅，有一张一米五宽的木床，旁边写着"彭达伍同志（彭湃二哥）卧室，1925年2月28日，东征军本部进入海丰后，周恩来同志住于此"。我走到床边，看见朱漆的木框架，床板上铺一层席子。这床原是彭家二少爷睡的。当年行军劳顿、昼夜忙碌的周恩来，受到彭家特别的厚爱。

蒋介石背叛革命后，彭家遭到残酷的屠戮。在1928年到1933年，短短5年间，周凤先后失去了二儿子彭达伍、三儿子彭汉垣、四儿子彭湃、七儿子彭述、儿媳蔡素屏、儿媳许冰和长孙彭陆七位骨肉至亲。客厅墙壁上，挂了彭湃七位家人的遗像。彭浩沉痛地告诉我，反动派血洗焚毁彭家时，只遗留下两堆残垣断壁（墙基）。眼前的彭家大院，为1986年重建。四一二反革命政变后，时任工农革命军第四师师长的徐向前描述："听从广州逃出来的人说，反动武装正在那里大肆屠杀。……敌人就像得了'恐红病'，只要从哪家翻出了一条红布、一块红绸子，或者捉到一个说北方话的人，不问青红皂白，一概就地格杀勿论；甚至连穿红衣服的新娘子，也被推到火里烧了。"[1] 彭浩陪我走进彭湃烈士故居，穿过一条小径，一片绿草地上，一棵红棉树拔地而起，高十几米，直径一米，笔直挺立，冲向云霄！我自幼在广州长大，但从未见到如此壮硕高大的红棉树。树身后有一排三层的红房子，墙壁斑

[1] 《海陆丰历史文化丛书》编纂委员会编著《海陆丰历史文化丛书（卷二）·红色文化》，广东人民出版社，2013，第251页。

驳，显得十分沧桑。彭浩告诉我，那是当年彭湃为农民办的一所医院，当时挤满伤员，如今空寂无声。墙体和海丰红场的墙一样，皆是朱红色。海陆丰苏维埃政权失败后，国民党反动派军队血洗每个村庄，工农革命军医院也在劫难逃。彭湃战友金山回忆说："整个海陆丰没有现代医疗的。我们到达时，发现用作医院的干草棚屋已被国民党反动派军队焚烧了。里面有30位伤员被活活地烧死，只有3个能走动的伤员，隐藏在草丛里死里逃生。"

1927年8月1日，中共前敌委员会书记周恩来，委员李立三、恽代英、彭湃等组织领导南昌起义。南昌起义失败后，10月3日周恩来带病主持起义军南下部队军事会议，他高烧不退，彭湃、叶挺、聂荣臻就商议将周恩来速移香港治病。10月7日，彭湃和李立三等从陆丰湖东乘船撤往香港。11月，彭湃回到海陆丰，与董朗率领工农革命军第二师坚持武装斗争。

红宫，红宫：红旗照海压南荒

广州起义发动前，海丰人民取得第三次武装起义胜利。1927年11月18日至21日，海丰县第一次工农兵代表大会在明代学宫召开，在此期间举行了庆祝海丰县苏维埃政府成立大会，场面壮观。会场内，红布覆盖墙壁，中国第一个红色政权在此诞生，后来该会场改称为"红宫"。许冰回忆说："那一天集会就在一个百亩的广场上，地下铺满青松。用红布扎了三四个讲演台，分三个座位，中间是工人和士兵，右边是妇女，左边是农民。到会的人数有十万多。满空红旗招展，言语无法形容当时那一种庄严和威武。"

1928年1月，周恩来出席中共临时中央政治局常委会议时，起草中共中央给广东省委的信，他说："中央认为广东全省暴动的布置除海陆丰的发展、北江的发动以外，应特重琼崖的割据。"[1]"农民运动和土地革命最重要的结果，是创建红军。如果能够把参加农民运动的人们争取过来……这将对今后的局势有更大的意义。"[2]

---

[1] 中共中央文献研究室编《周恩来年谱（1898—1949）》，中央文献出版社，1989，第135页。

[2] 中共中央文献研究室编《周恩来年谱（1898—1949）》，中央文献出版社，1989，第141页。

1928年1月24日，在海丰的红场上，万众踊跃，欢迎工农革命军第四师。海丰县苏维埃领导人彭湃在会上进行了讲话。徐向前回忆道："他声音洪亮，革命热情高涨，对革命的前途充满着必胜的信心。当他讲到广州起义失败，他把手一挥：'这算不了什么，虽然失败了，但我们共产党人，从来不计失败，不畏困难，失败了再干，跌倒爬起来，革命总有一天会成功的。'"[1]

此刻残阳如血。彭湃烈士故居内有两座石碑，海丰县副县长郑永城对我们说："一座碑是纪念工农革命军第二师的：800人，由董朗、颜昌颐等率领的南昌起义部队幸存者和新志愿者组成；另一座是纪念工农革命军第四师的：由叶镛、袁裕、徐向前率领的广州起义部队幸存者和新志愿者组成。1928年1月2日，两支部队在海丰胜利会师，彭湃率领工农革命军第四师，解放陆丰、惠来、普宁、潮阳，开辟大南山红色区域。"

战友彭湃牺牲后，周恩来第一时间让地下党组织，将彭湃的母亲周凤从澳门接到上海。就像儿子一样，周恩来唤周凤为母亲，替彭湃尽孝照顾她。直到病重，周恩来还在关照着彭湃的亲属，关照着其他烈士的遗孤……"一声托孤，泣血无语泪千行；莫道别离，超越生死亦相随。"红棉树孤寂地矗立，经历多少凄风血雨？他是一个不可战胜的英雄！敌人无耻地侮辱他，明明知道他就是彭湃，还挂上别人的名字。"高尚是高尚者的墓志铭。""如果世间一片黑暗，我就是唯一的光。"他从牢房前往刑场途中，一路高呼："我是彭湃，我的牺牲是值得的。同志们保重！共产主义万岁！"

彭湃曾写下《就义诗》："急雨下江东，狂风逾大海。生死总为君，可怜君不解。"他这种以生命为代价的牺牲值得吗？值得！如今新时代的人们，能够理解彭湃那代人的信仰，能够理解他们30多岁时的慷慨和英勇！他们是中国共产党人的先驱，他们坚持真理、英勇斗争、不怕牺牲、不负人民的伟大精神，是共产党人的精神之源。

---

[1] 《海陆丰历史文化丛书》编纂委员会编著《海陆丰历史文化丛书（卷二）·红色文化》，广东人民出版社，2013，第252页。

第十一章

大营救 | 深圳白石龙村

如果那次秘密大营救不成功，中国当代文学史写的就不是现在这个样子了。

——周而复

抗战大转移：潜藏飞跃尽由心

我一直在寻找深圳的白石龙村，那里有中国文化名人大营救旧址。2015年的一天，深圳热心传播和支持红色文化的企业家彭伟杰约我探访大营救旧址。他和我一路寻问，走进深圳市龙华新区一个十字路口，拐入小巷深处，一个砖墙院落门口有一块麻石，上面立有红色的字“中国文化名人大营救纪念馆”。

当日，寒风扑面。纪念馆内屹立着周恩来、廖承志、张文彬等人的石雕像。旁边的一块黑色大理石上刻有相关信息：1941年底，日本占领香港后，在港的国内外大批文化名人和民主人士陷入危险境地。在中共中央南方局周恩来的指示下，在廖承志、张文彬、尹林平等组织领导下，动员各方力量，展开了为期一年的秘密大营救，先后救出文化精英、民主人士、国际友人共约800人。

这里就是大营救的旧址，周围是莽莽阳台山山麓，高处的密林中有数间草寮。我低头看说明牌，分别写着“公木坑兵工厂遗址”“草寮招待所遗址”“后方医务所遗址”。登上台阶，我走进一间草寮屋，顶层三角形，以竹木、稻草盖顶。我触摸木房墙壁，一半黄泥一半树皮。泥巴地面上，两边以树干支撑着大通铺。见我一脸惊讶，中国文化名人大营救纪念馆的朱赤馆长比画着说：“宽5米，长10米，50平方米，屋内可住20多人。文化人抵达白石龙村第二天，再转移到附近阳台山山麓。”枯黄的稻草上，铺着几张草席，草寮南北两头无门，门口挂着草编门帘，可遮风挡雨。1941年冬季，南粤阴雨寒冷，密林深处的白石龙村藏着一个秘密：这不足200人的村庄，是地下党的重要隐蔽地和交通站，多位文化名人，曾在此地的草寮停留，再跋涉千里，躲避日军搜捕，逃离香港沦陷区，转移到大后方。

◎ 深圳白石龙营救文化名人的草寮旧址

离开重庆：寻得桃源好避秦

山雨欲来风满楼。1940年12月25日，西安事变和平解决四周年，蒋介石在重庆邀见周恩来，蒋介石有一段对“自相残杀”的剖析。蒋介石说：“现在八路军、新四军还不都是我的部下？我为什么要自相残杀？就是民国十六年（1927年），我们何尝不觉得痛心？……只要你们说出一条北上的路，我可担保绝对不会妨碍你们通过。只要你们肯开过河北，我担保至一月底，绝不进兵。”[1]但是，就在蒋介石向周恩来说了诸多好话后，不到10天，震惊中外的皖南事变发生了。1941年1月4日，新四军军部和所属部队9000人奉命北移。1月6日行至安徽泾县茂林地区时，他们突然遭遇国民党军队7个师8万多人的包围袭击。经过七昼夜血战，终因众寡悬殊、弹尽粮绝，除突围的2000余人外，大部分壮烈牺牲。1月17日晚，蒋介石反诬陷新四军“叛变”，宣布撤销新四军番号，要将叶挺“交军法审判”。周恩来得知后，立即打电话给何应钦，痛斥：“你们的行为，使亲者痛，仇者快……你何应钦是中华民族的千古罪人！”为此，新华日报社准备了两种不同版本，应对国民党审查。周恩来在《新华日报》第二版，愤然题词“为江南死国难者致哀”。第三版刊登周恩来的题词：“千古奇冤，江南一叶。同室操戈，相煎何急？”这年2月起，《新华日报》文稿经常被删被扣。2月6日下午，送报车夫运报至两路口时，被宪兵拦截。宪兵诬陷《新华日报》为汉奸报纸，扣留后送重庆曾家岩市区宪兵队企图销毁。周恩来得到消息，义愤填膺，立即赶往宪兵队提出抗议。经过两个小时的斗争，宪兵队被迫交出部分报纸。

皖南事变后，重庆进步文化活动遭查禁。在城里，周恩来工作的曾家岩50号被特务层层封锁，对外称“周公馆”。这是一栋三层楼房，可俯瞰滔滔不息的嘉陵江，离国民党机关所在的上清寺地区不远。无论去哪里，必经一条通向崖边的马路，路旁一栋白色砖墙楼房，是国民党军统头子戴笠的住宅。马路尽头，有一条蜿蜒而上的小巷，两侧店铺鳞次栉比，其中有特务哨所，监视往来人员的一举一动。

---

[1] 军事科学院军事历史研究部：《中国抗日战争史》（中卷），解放军出版社，2015，第585页。

为应对国民党顽固派迫害，周恩来决定除中共中央南方局、八路军办事处、新华社留少数人外，其他人员分别分散隐蔽、转移和撤退。一些留在重庆有生命危险的党外进步文化人士，由周恩来帮助疏散。周遭环境险恶，稍有不慎，疏散过程中易发生意外。新华日报社在疏散工作人员时，周恩来仔细询问他们每个人的经历、特长和短处。为了应对特务盘查，周恩来和他们模拟对答，及时发现漏洞，及时改进。第二天清早，他又送去一封信，补充几点实施的意见。

周恩来紧盯着地图，谋划着文化人士长途跋涉的路线：由内地向香港转移。时任南方局文委秘书的张颖，是延安鲁迅艺术学院第一期毕业生，1939年从延安调到重庆红岩嘴办事处。她回忆说："恩来同志领导文化组开会，通宵达旦，具体研究每个人的情况和他们所处的环境。……如欧阳山、艾青、草明、罗烽、白朗等，就尽快送回延安。"[1]

已经暴露的中共党员和文化人士不适宜留在重庆，有的便去西南和香港。戈宝权时任《群众》周刊主编，当时主动要求到延安学习，周恩来对他说："你的去处我早已考虑好了。你到香港去，你是搞外文的，在那里有更多的工作要做。"周恩来让戈宝权买好长袍，再去见他。但周恩来还是不放心，要亲自看戈宝权的化装效果。他嘱咐再三，戈宝权不可以戴眼镜，以防被人认出，直至装扮到"改头换面"，他才准许戈宝权离开。

此时，茅盾、叶以群、金山、凤子、夏衍等，正从桂林奔赴香港。胡风是文学杂志《七月》和《希望》的主编，他离开重庆前，周恩来四次约见他，交代离渝抵港途中的安全、到港后的工作，细枝末节，无一遗漏。胡风回忆："深夜，我已睡下，恩来同志来了，轻轻叫醒我，说'来晚了很抱歉'，他交给我一百美元和若干法币，还说'可惜港币没有了'……临走，他不让我起身，又和我握了握手，还轻轻地为我掖了掖被子。"当时撤退的人很多，周恩来常常是上半夜看稿子、写文章，下半夜逐个审查撤退人员的名单和材料，找出漏洞，标明对策。直到第二天清晨，送走了人，他又进城会客去了。

---

[1] 章文晋、张颖：《走在西花厅的小路上——忆在恩来同志领导下工作的日子》，社会科学文献出版社，2013，第121页。

筹谋大营救：但得斯文留脉在

一晃8个月过去，1941年12月，沉浸在圣诞节温馨氛围中的香港岛，被日本军机轰炸，启德机场首当其冲。民众走上马路，日军举枪射杀。周恩来致电廖承志、刘少文，急切询问："少文对工作如何布置，能否有一部分人隐蔽？""承志与港政府关系如何？在港所存汇款如何解决？"12月7日，周恩来两次急电廖承志等，迅速应变准备，抢救受国民党迫害、聚居香港的民主和文化人士，速经广州湾或东江，转入后方安全地区！

在白石龙村中国文化名人大营救纪念馆展示区，两沓纸静静地躺在玻璃罩里，旁边注明："周恩来的电报！"当时，炮声震天，十万火急！朱馆长对我说，12月8日，日寇占领香港，这两份电报，攸关性命！周恩来急电八路军驻香港办事处主任廖承志。当时，南方局直接委派情报干将潘汉年、刘少文、李少石等赴香港援助。12月9日，周恩来致电廖承志、潘汉年、刘少文，指出太平洋战争爆发后"菲律宾均将不保"，"新加坡或可守一时"，估计香港人员的退路只有广州湾、东江和马来西亚。12月12日，九龙半岛失守后，周恩来几次发电询问："港岛中文化界朋友如何处置，尤其九龙朋友已否退出。"当日军登陆香港岛鲗鱼涌、北角时，周恩来发出紧急电报:

廖、潘、刘并书记处：

（一）太平洋战争爆发，香港已成死港。香港接朋友，如有可能，请先至澳门转广州湾，或先赴广州湾后集中桂林。

（二）请即刻派熊子民往桂林告梅龚彬、胡西民，并转在柳州左洪涛，以便招待你们。

（三）政治活动人物可留桂林，文化界可先到桂林，新华日报出去的人（如戈宝权、张企程等）可来重庆，戏剧界朋友可要夏衍组织一旅行剧团专赴西南各地，暂不来重庆。

（四）极少数的朋友也可去马来西亚，但这要看港的交通条件，恐不可能。上海、马尼拉已不可能。

（五）少数部分能留者尽量留，但必须合秘密条件，宁缺毋滥，必须估计到日军占领香港后能存在。上海必为日军全都占领，饮冰能存在否，请考虑。

（六）汉年部分，想已有妥当布置。

（七）港中存款全部提出，一切疏散及帮助朋友的费用，均由你们分别负责开支，并经过你们三人会议决定动用。存款共多少望告。

（八）承志欲与港英政府见面，并得令与他们一并撤退，可留港到最后再走。海南岛事应该与他们立即确定，如港政府派军护送人物及军火至海南岛，则可送一批人去，并进行破坏日机场及其仓库交通线。

（九）孙、廖两夫人及柳亚子、邹韬奋、梁漱溟等，望派人帮助她（他）们离港。

周恩来

1941年12月20日[1]

20天内，电报如此频繁，措辞如此急切，撤离方向如此明确，周恩来用心良苦，寝食难安。

12月19日，廖承志收到中共中央南方局电报时，日军已登陆香港岛北角，时不我待。他表情严肃，召集各方商议营救方案。参与此次行动的交通员杨奇，曾在《香港沦陷大营救》中记录，日军封锁九龙到香港岛的交通，个人之间的联系也中断了。要将几百名文化精英从日军魔爪偷渡出去，转到日伪军进攻的抗日游击区，再闯过特务密布的国统区，送到安全的大后方或其他地方去，这比打一场战役困难得多，遇到的问题也复杂得多。当时，八路军驻香港办事处的廖承志、连贯、乔冠华等人，公开身份是八路军干部，已被列入日军的黑名单，为重点抓捕目标，处境危殆。香港沦陷后，身在九龙的尹林平与廖承志失联，他惦念战友安全，通知在深水埗开药房的何鼎华去油麻地佐敦道14号找来交通员李健行。尹林平交予李健行一

[1] 周恩来：《周恩来书信选集》，中央文献出版社，1988，第210—211页。

封密信，并核对联系暗号，默记香港跑马地的地址，下了死命令：“三天之内，把廖承志、连贯、乔冠华带到九龙来。”几经坎坷，在铜锣湾避风塘一艘大驳船上，李健行找到连贯。翌日清晨，避开了日军巡逻艇路线，廖承志、连贯、乔冠华乘船抵九龙红磡，藏入旺角一栋旧楼中。尹林平约见廖承志等，商议营救路线。

香港由香港岛、九龙半岛和“新界”地区组成。当时，刘少文负责香港的联络和营救；潘静安、陈汉文和李健行等承担香港岛和九龙的营救任务；尹林平任东江人民抗日游击纵队（以下简称“东江游击队”）政委，负责九龙半岛到东江游击队的护送任务；曾生、杨康华负责大营救的接待；王作尧负责从九龙半岛至抗日根据地的保卫；黄冠芳、蔡国梁率领东江游击队第三大队武工队，曾鸿文率领短枪队，负责“新界”西贡、九龙市郊、“新界”元朗地区的护送任务。乔冠华建立韶关到桂林的秘密联络站。廖承志和连贯经东江游击区，深入国统区惠州、老隆、韶关，布置掩护地点和交通线。

朱赤馆长告诉我，日军入侵香港时，东江游击队派出两支精干短枪队，进入港九，护送文化人士。他指着两条红色路线说：“游击队开辟了一条陆上交通线，是从青山道经过荃湾、元朗，进入宝安游击区；另一条是水上交通线，从九龙至西贡，经沙鱼涌进入惠阳游击区。”廖承志等先行一步，以身探路。

日本侵占香港后，粮食匮乏，香港百万余人疏散，文化人士便混入难民中，乘机撤离。在中国文化名人大营救纪念馆内，我看见一张黑白照片上，一个小路口的日军头戴钢盔，端着刺刀检查几位路人，动作凶狠。我细看，这几位路人有的穿着黑上衣，头戴鸭舌帽，有的穿着唐装。我问：“他们是谁啊？”朱馆长解释说：“是李健行护送下的廖承志、连贯、乔冠华。靠着这身打扮，他们平安地走出旺角。来接应的，是东江游击队港九独立大队队长黄冠芳。”据黄冠芳回忆，当时看到这三人，他也感到莫名其妙：微胖的头戴鸭舌帽，矮个儿的穿着中式棉袍，高个子的戴着眼镜，模样斯文。原来，这些人就是他要沿途保护的人。黄冠芳走上前去，把备好的香烛、供品交给他们，混入香客中，走出九龙城，进入观音山。

牛池湾是廖承志一行必经之地。他们经过九龙坳的启德机场，发现岗哨戒备森严。东江游击队短枪队队长江水带着四五个人，穿着大褂，戴着中式礼帽，化装为商人，如遇紧急情况，便率领突围。当时他们的接头方式是：黄冠芳带一黑雨伞，看见江水队长，撑开雨伞，双方照面，一拍即合。探路的廖承志等人，顺水而上，到达惠阳游击区，经坪山、茶园、淡水，经历几番险情后，由惠州中转。廖承志发现，广九和粤汉铁路南段已被日军控制，送脱险文化人士返回内陆地区，必由惠州北上，经老隆中转西去韶关，从湖南转桂、黔、川，或走东路转闽西南、闽西北，辗转去皖南、苏北。廖承志奔往重庆，向周恩来汇报详情。

当时的潘静安，是八路军驻港办事处机要员。在离港前，廖承志找到潘静安，千叮万嘱：未离港的有邹韬奋、茅盾、张友渔、夏衍、胡绳等，还有何香凝、柳亚子，一定要设法尽快找到他们，安全地将他们送到九龙。临别时，廖承志掏出身上仅有的几百港元，双手交给潘静安。机警的潘静安紧盯着报馆和书店。他在《华商报》张友渔的住房旁，苦等两日，终于等到了张友渔。潘静安又找到胡绳住所，开门者是一位陌生的女人。当他离开时，却听到背后有人呼唤，回头一看，正是胡绳。他跟胡绳穿行胡同，碰到戈宝权。按照戈宝权提供的地址，他再找到茅盾和叶以群。顺藤摸瓜，一个接着一个，一串连着一串，随后，他在跑马地寻到于毅夫，在铜锣湾登龙街找到邹韬奋。日寇刺刀之下，文化人士默默地牵起手来，他们按照周恩来的精心部署，分批住入香港临时联络点。此时此刻，伏案运筹的周恩来和廖承志，不知此行会遇到多少险情！也不知能营救多少文化人士！潘静安寻踪觅迹，作家茅盾来了！邹韬奋来了！电影导演蔡楚生、司徒慧敏来了！抗日民主人士何香凝、柳亚子等来了！前面纵有日寇万重封锁线，也挡不住周恩来和战友们百折不挠的意志！

陆路离港：前瞻叠嶂千重阻

走陆上交通路线，第一步怎样从香港岛渡至九龙？朱赤馆长让我去寻一位神秘的亲历者，当年机敏的游击队员杨奇。他曾接待一部分文化人士进入“深坑”（今深圳白石龙村）。至2022年，大营救已过去80年了，亲历者和见证人多已作古。茫茫人海，杨奇在何处？他是否安在？根据有限线索，我速查资料，终于在一个风和日丽的下午，走进广州先烈中路一条静谧小巷，敲开了杨奇老师的家门。

92岁的杨老师知我来意，送我一本《香港沦陷大营救》，并将尘封的往事娓娓道来："我经香港岛偷渡到九龙。1942年1月8日上午，我悄悄地告诉他们，明天可以过九龙去了。行李不能多带，都得改换服装，买一套黑布的短衫。"杨奇比画形容香港人称为唐装的衣服。1月9日清晨，他和交通员从联络点启程，沿途保护茅盾夫妇、邹韬奋、戈宝权、张友渔、廖沫沙、叶以群等。他们不敢声张，唯有祈求快快离开香港岛，早一分钟也好。杨奇说："我带着他们混入被疏散的难民队伍中。黄昏时刻，到达铜锣湾的糖街。埠头上的船，挤得密密麻麻。凌晨4时30分，他们换上粗布短衣，有的把钱用橡皮膏贴在脚心，以防海盗洗劫。天亮得很慢，每个人都感到心脏的狂跳。离会合时间还有20分钟，东方出现隐隐的微光，我们轻轻地走下楼，一个跟着一个，沿着墙，不管黑暗、高低地疾走。到了码头，我简直不敢相信这样的小船可以渡海。我们要渡过的是有名的伶仃洋呢。但，谁也没有迟疑，趁岸上没有日寇哨卒，一窝蜂地挤上小船。船家仔细点明人头银数，撑开岸，喊了一声'上帆利市'，就这样轻轻地滑出海面去了。"

杨奇引领茅盾等人先乘小船出海，再移到另一艘大船上。几经折腾，漫长等待，在黎明前最黑暗的刹那，小船上的文化人士接到通知，上了一艘大船。等舱内满员，船就悄悄地起航。

次日凌晨3时，日军开始换岗，看着闪亮亮的刺刀，大家的心提到了嗓子眼。这天正有浓雾笼罩在海面上，杨奇回忆，当时从（小艇）竹篷的缝隙里向外窥望，远处有一团黑蒙蒙的东西，一闪一闪发着亮光。这是一艘日本军舰，那闪光的是舰上的信号灯。

偷渡船由黑社会把持，日寇四处抢船。李健行和廖安祥（亚洲贸易公司商人，协助八路军驻港办工作）挤上船时，被日本快艇发现，日军鸣枪喝令停船。子弹从他们头顶飞过。大家伏在船舱，不敢抬头。快艇追上，日军逐个搜查。李健行当即就把张文彬的密信嚼碎吞入肚中，躲过一险。茅盾说："我突然愣住了。这哪里像逃难，这简直像开会；许多熟悉的面孔都在这里了。闹哄哄地交换谈着这十八天'香港战役'中个人的经历。"

翌日清晨，这一批文化人士进入九龙地界。杨奇老师对我说："翻过土匪盘踞的大帽山，我们来到了一个叫'梅林坳'的山坳。黄昏时分，进入宝安区白石龙村。山坡下有一个荒村，这里是游击区司令部所在地。我们俯望山下，人烟稀少，只剩下破烂的房屋。这是敌人‘三光’政策其中的‘一光’。”我问：“你当时看到的荒村，就是我去过的白石龙村？”杨奇老师点头。全村唯一没有被破坏的是一座白色的教堂。传教士已逃离，剩下一座空教堂。他们以松树为房柱，草棚搭屋顶，茅草和泥做围墙；屋内架上横杆，铺上竹子，搭一张长两米的竹床，就是利用这些简陋的茅寮，暂时安顿了下来。杨奇老师指着一张珍贵的黑白照片说：“这是1942年拍摄的宝安县白石龙村，我们护送的文化群英从香港脱险后到达的第一站。当时，不许自己生火做饭，一旦有烟火痕迹，容易暴露目标。”大山之下，农舍成排，残墙断瓦。我说中国文化名人大营救纪念馆内，有两个锈迹斑斑的铁桶和一根竹制的扁担。杨奇老师点头说：“当年，白石龙村的村民就是用这样简陋的工具，把饭菜送到山里。”

山风呼啸，落叶一片。当时，白石龙村不足200人。为掩敌耳目，第二天，杨奇一行不敢停留，走进深山密林之中。晚上7时，队伍开始秘密转移至“深坑”。这是密林中的一个山窝，地处阳台山和宝安龙华圩之间，树林重叠，隐蔽曲折。当时，杨奇带着茅盾、邹韬奋、戈宝权、张友渔、廖沫沙、叶以群等人，他说：“他们没在晚上走过山路，我就给每个人发了一根竹棍，让他们借力。邹韬奋眼睛不好，走得跌跌撞撞。”当时，东江地区日军“扫荡”，国民党军队出没，游击队的生存异常艰辛。每天每人伙食供应两顿，仅有生油一两、菜金一角。

杨奇难忘1942年的除夕。那晚，本应是万家灯火，但他和文化人士却风雨跋涉，疾走近50公里。杨奇老师对我说：“我们到惠州时已是深夜。日军正在惠州城抢掠，我们不敢在此停留。暴雨如注，难觅灯笼。通过一座小石桥时，我们听见‘扑通’一声，茅盾大叫：‘德沚掉进河里了！’蓝造和张友渔忙打开手电筒找她。当时，河水冰冷刺骨，石桥离河面二丈高，护堤峭壁垂直。护送员顺着斜坡，把德沚背了上来。茅盾等人进入惠州城时，这里刚被日军狂烧滥杀，尸横遍野，惨不忍睹……”

第二天，文化人士就被分流。杨奇老师告诉我，掩护人卢伟如号称“罗老板”，他以昌业公司护身。他严肃告诫茅盾等人，如果成群而行，被兵匪认出就后患无穷。他公布几条纪律，让茅盾等文化人士上交身上的笔记本和钢笔，不准随便上街，不和陌生人说话。百密一疏，因为天天不能出门，第一批住在“东和行”的文化人士憋坏了，一次在门口透气，茅盾等刚说了几句话，就遇到两个巡警，一听他们的口音，非要搜查“东和行”。千钧一发之际，“东和行”牌友、国民党一个当地人营长的弟弟来了。他上前说情，警探收了好处，转身而去。酒桌上，罗老板向国民党军官提出：这些商人返回内地，需要难民证。随后，罗老板如愿拿到难民证。多则几十人，少则几个人，他陆陆续续送走了几百位“熟人”。2月17日下午，杨奇带茅盾等人，登上开往老隆的大船。

海路离港：浪淘风簸自天涯

海上营救路线又如何？沿着周恩来筹划的海上路线，几百位抗日民主人士和文化人士撤离香港。原住上海的何香凝，1937年七七事变后，举家迁至香港。杨奇老师指着一张旧照片说，这是香港中环山区罗便臣道蔡廷锴将军的故居。当时，何香凝和儿媳经普椿就住在这里。日本侵占香港，何香凝遭遇险情。一次，日本兵前来搜查，凶恶地盘问她是做什么的。何香凝面不改色，用日语回答：“原来住在这里的家人走了，我是给他们看房子的。”日本兵便无趣地离开。潘静安把何香凝一家转移、安顿在香港中环永胜街海陆丰会馆，又找到一条机动帆船，于1942年1月10日，由中共党员谢一超护送何香凝及柳亚子父女去海丰。当时，日军下令没收一切机动船只，船主无奈拆下设备。机动帆船只能靠风力行驶，海上风险俱增。

何、柳两家上船，若按帆船往常速度，两天后可抵达长洲岛。但是几天后，他们杳无音讯。潘静安心急如焚，赶去长洲岛探明虚实。长洲岛阴云密布，日军封锁严密。潘静安回忆，当时已做最坏打算。他写了一封信交给南方局的刘少文，告知如果三天后不归，自己可能牺牲，到时请他转交营救名单。当潘静安平安到达长洲岛时，才知何、柳两家已乘船前往海丰。

何香凝等人乘坐的帆船漂到牛尾海海面，粮尽水绝。万分焦虑之时，幸遇游击队巡逻船给他们送上食品，装满淡水。在中共党员谢一超、蓝奋才等人的护送下，何、柳两家安全抵达海丰。何香凝感慨地写下七言绝句：

水尽粮空渡海丰，敢将勇气抗时穷。

时穷见节吾侪责，即死还留后世风。

范长江当时是《华商报》副总经理，由香港返回桂林后，蒋介石再下逮捕令抓他。周恩来指示八路军驻重庆办事处，让张友渔通知范长江立即离开，去武汉附近的李先念部队，或去苏北陈毅部队。范长江脱险后，到达苏北解放区。

从惠州走出的大部队，此时有一人，却滞留老隆。他是谁？知名报人邹韬奋。当时他在难民证上的名字为“李尚清”，职业为“香港某商行的股东”。杨奇老师对我说：“当时，邹韬奋已被通缉，甚至被下令格杀，如果循旧路线离开，危机四伏。”情报显示，国民党特务察觉邹韬奋逃出香港，密令各地特务机关沿途设卡，散发照片，严查邹韬奋行踪。韶关特务头目夏某下令：“一经发现，可就地解决。”

周恩来特别派人帮助邹韬奋离港，并指示：立即设法把邹韬奋安全送到上海，然后转往苏北抗日根据地，并派干部冯舒之参加护送。当时，特务缉捕邹韬奋、柳亚子，风声很紧。1942年2月，周恩来电嘱中共中央南方局南方工作委员会，强调接待邹韬奋、柳亚子要“指定专人负责，以免暴露”。3月17日，周恩来又电示中共中央南方局南方工作委员会书记方方、副书记张文彬，并报中共中央书记处：“邹韬奋夫人及子女可暂时住桂林，我们按月送津贴，邹韬奋本人经苏北转华北。”4月9日，夏衍向周恩来汇报：文化人士已分批安全撤离香港。周恩来急问邹韬奋、柳亚子、茅盾等人的安全。当得知国民党通缉邹韬奋后，他立即电示连贯：“一定要邹韬奋就地隐蔽，并保证他的安全。”[1]在周恩来的指示下，在党组织帮助下，邹韬奋暂避广东梅县乡下。陈启昌家住梅县江头村，曾负责营救邹韬奋。此时，国民党当局四处搜不到邹韬奋，推断他住在东江乡间，便专门派特务头子刘百闵千里迢迢来到梅县。

9月25日，在中共地下党胡一声、郑展、冯舒之护送下，邹韬奋离开江头村。梅江清清，一条小船送兴宁；山路弯弯，改“侨兴行”（陈启昌在韶关创立侨兴商行）驰韶关。每逢关卡检查，冯舒之就拿出通行证，声称“老板有病，不便下

❶ 中共中央文献研究室编《周恩来年谱（1898—1949）》，中央文献出版社，1989，第531页。

车”，以蒙混过关。

为甩掉“尾巴”，他们抵达韶关后，栖身船舱一夜，第二天才匆匆登上驶往渌口的列车。火车上，日本宪兵登上这节车厢，例行检查。地下党员郑展让邹韬奋佯装高烧，额头敷毛巾呻吟。宪兵摆摆手，放过盘查。1942年11月22日，邹韬奋在渌口登船，驶往长沙，当天坐上去武汉的轮船。但是，开航不久，船就搁浅了。他们只得弃船步行，六天跋涉，午夜抵汉。从武汉去上海途中，他们多次遭遇日本宪兵盘查，提心吊胆。到达上海后，他躲在陈其襄家中，昼夜不敢出行。邹韬奋几经辗转，最终安全抵达苏北解放区。

这场文化名人大营救，历时11个月，参与者涉及数个省市的地下组织和广东抗日游击队伍，抢救了800多名文化人士。他们无一人被敌人截获，无一人死伤。夏衍指出：“大营救表明了党中央、南方局对知识分子的关怀。大营救以生动的事实，说明共产党人和游击区军民在万分困难的环境中，舍生忘死地执行统战政策的史实，这是真正的肝胆相照。”但是，协助周恩来指挥营救的廖承志和张文彬却身陷囹圄，张文彬甚至献出宝贵的生命。

1942年1月底，廖承志与连贯、乔冠华撤离香港，奔赴广东乐昌，参加中共中央南方局南方工作委员会领导工作。由于叛徒告密，5月30日，在乐昌县坪石镇，廖承志被国民党中统特务逮捕，秘密押于赣南马家洲集中营。同年6月6日，叛徒郭潜带领特务闯入高陂镇德和旅店，逮捕中共中央南方局南方工作委员会副书记张文彬。入狱后，张文彬遭受酷刑，致肺病病情恶化。中统特务不给他治疗，以此要挟，逼他叛变，张文彬宁死不屈。特务恼羞成怒，给他套上脚镣，加重刑罚。张文彬严词拒绝，坦然地告白：“宁可坐牢而死，决不跪着爬出去！”1944年8月底，34岁的张文彬，牺牲于江西泰和狱中。

1943年秋，马家洲集中营有一个看守叫姚宝杉，他同情廖承志，愿意帮助廖承志传递信件。在韶关城边一间旧竹寮里，姚宝杉找到了心神不宁的何香凝。在昏暗的灯光下，何香凝打开儿子廖承志的信：“我被关在江西监狱，死不足惜，但决不做对不起父母、对不起老百姓的事，请放心。”

廖承志在给周恩来的信中说：

胡公（周恩来）：

我于五月卅日被捕，现在泰和附近的所谓青年训练所中。其中一切，纸上难述。希望你相信，小廖到死没有辱没光荣的传统！其余，倘有机会，可面陈，无此机会，也就算了。就此和你们握手。中国共产党万岁！

收到廖承志的信后，在重庆的周恩来立刻电告中共中央。1945年8月29日至10月10日，毛泽东与蒋介石重庆谈判。43天后，两党签订《双十协定》，其中一条是“释放政治犯”。此时，宋庆龄和何香凝口诛笔伐，连续向蒋介石要人，提出以第十一战区副司令长官马法五等人，交换廖承志和叶挺。道义无争，在被关押数年后，廖承志、叶挺被释放，重见天日。

1946年1月22日下午，廖承志被带到歌乐山后，被送往邵力子的办公处。狱警离去后，他听到屋外有人咳嗽，正是周恩来！“小廖！”周恩来一声呼唤，与廖承志紧紧拥抱。此刻，在国民党监狱饱受折磨、未曾流一滴泪的他，望着周恩来，骤然泪下……

周恩来布局：谋国定知有长算

1948年4月30日，中共中央发布纪念五一国际劳动节口号：

“各民主党派、各人民团体及社会贤达，迅速召开政治协商会议，讨论并实现召集人民代表大会，成立民主联合政府。”

此时起，中央军委副主席周恩来，既要辅助毛泽东主席调兵遣将，决胜千里之外，又要筹备召开新政协会议，精心策划护送工作。香港至解放区的交通线，是一条生死线！杨奇老师对我说：“1948年还有一次文化人士的大营救，也是周恩来亲自指挥的。”这一批民主人士有谭平山、沈钧儒、李德全、蔡廷锴、朱学范、章伯钧……

1945年8月，日本侵略者投降。次年6月，蒋介石点燃内战烽火。1947年7月，炮声隆隆，中国人民解放军从战略防御转为战略进攻。在距西柏坡2.5公里的李家庄，有几栋砖木房屋，根据周恩来的建议，统一战线工作部（统战部）在此办公。香港与解放区的陆上、空中交通中断。这里仅有一部电台，与上海、香港中共的秘密电台频繁联络。此时，周恩来正伏案盯着地图，思考如何把旅港各党派民主人士、文化人士送往解放区。最初，周恩来试图开辟空中营救路线：（中华民国）香港—英国—苏联—（中华民国）哈尔滨。为此，他密电在香港负责中共事务的潘汉年，安排《华商报》总经理萨空了（曾任中国民主同盟中央副主席）与香港大学副校长史乐斯沟通。史乐斯是港英当局与中国共产党和民主党派的接头人，他向香港总督葛量洪陈述，李济深、沈钧儒等人想经伦敦去苏联，转赴哈尔滨。然而，因为英国和国民党政府有外交关系，葛量洪婉拒了史乐斯。对此，周恩来当机立断选择海上路线：让旅港各党派民主人士、文化人士从香港坐外国轮船到大连或营口，再进入解放区。

1948年夏，香港风声鹤唳，草木皆兵，民主人士如坐针毡。港英当局敲山震虎，于1948年7月，突然传讯章汉夫（《新华日报》总编辑），检查新华社香港分社，搜查连贯住宅，逮捕谭天度，扣留中华剧艺社岳野、马珊、苏文、朱天秀等的护照。7月22日，周恩来致电中共中央香港分局书记方方："要准备香港环境恶化，我党公开机关和人员不能立足，港分局和工委本身对此必须预为之备。"8月2日，周恩来致电大连的钱之光，嘱咐以解放区救济总署特派员名义赴港，与香港分局方方、章汉夫、潘汉年、夏衍、连贯同心协力，保护民主人士。

接到周恩来这份电报时，中共中央香港分局书记方方深知分量，写下："兴奋与担心交并。"方方致电大连市中华贸易总公司总经理钱之光，要他从大连租船来往香港，以运送货物为掩护，分批运送民主人士北上。之后，钱之光赴港，与中共中央香港分局接头，协同行动。8月9日，周恩来为中共中央起草致方方并中共中央香港分局电："为邀请与欢迎港、沪及南洋民主人士及文化界朋友来解放区，并为他们筹划安全的道路，望指定汉年、夏衍、连贯负责计划，并协商一个名单电告。"

同年8月23日，周恩来与陆定一、李维汉联名，致电香港分局和夏衍，望夏衍将分散在上海、南京、重庆、香港等地的电影戏剧人才，除留下少数人外，其余动员去东北或华北，发展解放区戏剧和电影事业。11月21日，周恩来和陆定一联名致电夏衍：

望从沪、港调集电影人才前来，在上海的有：蔡楚生、司徒慧敏、郑君里、史东山、陈白尘、孙坚白、耿震、王为一、徐韬（以上编导演员）、辛汉文（化妆）、舒模、盛家伦（以上音乐）；在香港的有：章泯、瞿白音、王逸（以上导演）、特伟、丁聪（美术）、伍华（摄影）。其他未提名者及摄影、布景、录音、拷贝、洗片、剪接与机器制造人员，能来者亦望约来。

海中历险：屹如砥柱立中流

九龙弥敦道180号四楼灯光不息。这是中共中央香港分局书记方方的寓所。方艳明是方方之子，他接受我的采访时说，中共中央香港分局成立五人小组，潘汉年负责统筹，他父亲负责接送民主人士北上，夏衍、连贯负责联络各民主党派要人，许涤新负责筹措经费，饶彰风负责接送。钱之光抵港后，与方方、潘汉年会合，当即商议分批护送文化人士北上。中共香港工作委员会（简称“中共香港工委”）负责上船前的联络与后勤；钱之光的贸易公司租赁货船，派人随船照顾。万事俱备，一场史无前例的海上旅程，即将悄悄地启程！

杨奇老师对我说：“我们租用了苏联的‘波尔塔瓦’货船，本想多载些人，当时船渡公海，多有疑虑。1948年9月4日，当潘汉年、连贯到李济深家开会落实名单时，有人提出放缓第一批离港，有人担心途经台湾海峡是否安全。唯有沈钧儒、蔡廷锴等毫不犹豫，说走就走。第一批北上的民主人士有：沈钧儒、谭平山、章伯钧、王绍鏊、蔡廷锴及其秘书林一元等。”他们由中共香港工委书记章汉夫、秘书长李嘉人陪同，钱之光派祝华、徐德明随船照顾。

真是一场惊险之旅！他们每人只限随身带一小提包，行李由罗培元搬上货轮。大家先在连贯家集合，晚饭后化装。沈钧儒、谭平山胡子长难收藏，扮作老伯；章伯钧身穿布长袍，头戴瓜皮帽，变身大老板；蔡廷锴身穿褐色薯莨绸，足蹬旧布鞋，俨然是一位运货员。他们不苟言笑，一路疾行，10多分钟后抵达铜锣湾海边，乘坐雇租小艇。小艇划向停泊在维多利亚港的“波尔塔瓦”货船，他们扶着摇晃的吊桥，登上了货船，如释重负。

9月12日上午，神秘莫测的“波尔塔瓦”货船驶离香港，向北航进。9月16日，在澎湖列岛遇上强劲台风，狂风恶浪，货船被冲进一座荒岛。触礁在即，船长大喊救急！蔡廷锴将军挺身而出，站在前面！这位曾率领19路军在一·二八事变后奋起抗日、击败侵占上海日军的热血将军，奋起救船！他指挥船员，手持铁条，顶住岩石，终于脱险。

9月18日为日本侵略我国东北17周年之日，众人面容肃穆，朝北站立，齐唱《义勇军进行曲》。9月27日，“波尔塔瓦”货船已在海上航行16天。晨曦里，当朝鲜的罗津港出现在前方的海面上时，货船上疲倦的人们兴奋地冲出船舱。中共代表李富春受周恩来的委托，到罗津港迎接他们，一行人29日乘车抵达哈尔滨。此后几天，蔡廷锴致函李济深，劝他尽早北上，共商国是。70多岁的蔡醒民是蔡廷锴的孙子，他告诉我，回哈尔滨后不久，蔡廷锴写信给儿子蔡绍昌，要他把在罗定老家封存多年的大批武器捐出，支援中共军队。

1948年10月3日，毛泽东、朱德、周恩来致电沈钧儒等人，欢迎他们到解放区，筹备召开新政协会议。随后，周恩来又将亲笔起草的《关于召开新政治协商会议诸问题（草案）》经由李富春等转请他们商榷。

每一批民主人士离港北上都是密云不雨秘密进行。郭沫若未雨绸缪，从离港前两个月起就开始在《华商报》副刊《茶亭》上撰写《抗战回忆录》，每日一篇，连载不断。杨奇老师对我说：“为了掩饰自己离开香港北上的目的，不让连载中断，郭沫若在离港的前三天，赶写八篇文稿，预先交给报社。12月5日，当最后一篇连载完毕时，郭老已离开香港半个月了。”1950年10月，郭沫若将《抗战回忆录》改名为《洪波曲》交出版社付印时，在书稿的后记补了一句话：“这件事，与北上文化人士性命攸关。”

10月中旬，第二批民主人士欣然北上。由于租用的“阿尔丹号”货船到港时与他船相撞，11月23日深夜，他们另租挪威货轮“华中号”从香港开赴大连，由连贯随行护船。11月底，马叙伦、郭沫若一行乘坐的“华中号”终于驶进渤海湾，后在丹东市大东沟抛锚。中共中央东北局负责人李富春、张闻天前往迎接，将他们送至丹东。第二批文化人士转乘专列，经沈阳转赴哈尔滨休养。马叙伦一行到达哈尔滨时，辽沈战役获胜，东北全境解放！人们欢欣鼓舞！马叙伦亲自执笔，以中国民主促进会的名义，致电毛泽东主席和朱德总司令，表示祝贺：

> 人民解放战争，未及三年，胜利无算。……遂使民主之光，焕若朝阳，独裁之焰，微同爝火，全球为之刮目，美帝于焉坠心。行见敌势山崩，吾威海泻……凯歌讴遍，大业永昌；作大寰民主之矜式，为世界和平之保障……

杨奇话锋一转："胡绳、沙千里离港北上，却经历颠簸。"当时，连贯通知胡绳、沙千里，原定在当年10月中旬与郭沫若等人同行，乘坐苏联货船"阿尔丹号"抵达大连。胡绳后来透露，由于该船抵达香港时出事故，连贯便出了一个"怪招"，从香港乘坐外国客货轮，先到韩国仁川，再从仁川搭走私帆船，直赴大连。10月下旬，胡、沙二人抵达仁川时，不料情况异常：当地商人惧怕国民党兵船，不敢冒险走私货物到东北。无奈之下，胡、沙二人只能滞留仁川。他们身陷仁川，进退两难。

11月底，胡绳、沙千里终于找到一艘走私布匹的商船。然而，当这艘船漂流多日接近大连时，船主用望远镜发现左前方有一艘大船，估计是国民党军队的船只，于是急驶往一座荒岛，躲藏一夜。次日他观察清楚，大船已经远离。胡绳、沙千里上岸才知，他们躲避的那艘大船，正是挪威货轮"华中号"，船上当时有马叙伦、郭沫若、丘哲一行人。

周恩来救济深：星象风云喜共和

杨奇感叹说："最困难而又最有传奇性的，莫过于安排李济深秘密离港了。"1947年2月，李济深从上海到香港后，坚持参加爱国民主运动。经过与国民党内各个民主派领袖协商，1947年11月12日召开中国国民党民主派第一次联合代表大会，选举宋庆龄为中国国民党革命委员会中央执行委员会名誉主席，李济深为中央执行委员会主席，柳亚子为监察委员会主席。1948年元旦，成立中国国民党革命委员会，通过成立宣言、行动纲领等文件，公开与蒋介石决裂。

此时，美国看到蒋介石大势已去，便物色“中间势力”企图组织“第三政府”，与中国共产党划江为界，南北分治。他们派人游说李济深，请他出面与中国共产党和谈。广东省主席宋子文抵达香港，会晤李济深，建议他组织一个“和平民主大同盟”，在广州建立新政府。白崇禧曾派人携亲笔信，拜访李济深，“敦请任公到武汉主持大计”。对此，李济深婉言拒绝。相反，李济深经常在《华商报》发表谈话，接受路透社、合众社记者访问，严词抨击蒋介石的独裁统治。对此，蒋介石恼羞成怒，宣布开除李济深的国民党党籍，还派特务赴港暗杀他。

中国共产党希望李济深早日北上，但他却因遇到不少阻力，难以动身。1948年12月中旬，中国共产党安排第三批民主人士北上。李济深之子李沛金讲述：“周恩来通过何香凝给我父亲送来消息，力促我父亲为人身安全尽快离开香港。他亲自为我父亲离开香港制订了一个计划。”

杨奇也参与了此次行动。他指着地图告诉我，中环半山区罗便臣道92号，是李济深的寓所。在马路的对面，港英当局政治部的华人帮办黄翠微租了一层楼，安排特工日夜监视李济深。怎样巧妙地避过港英当局特工的耳目？中共中央香港分局五人小组研究，决定安排李济深夜间上船，12月27日凌晨驶离香港。

12月23日，饶彰风约杨奇到寰翠阁喝咖啡。杨奇对我说：“我到达时，看见潘汉年也在座，他西装笔挺，戴着金边眼镜。饶彰风向我交代接送方案、时间、地点和接送程序。潘汉年面授机宜，再三叮嘱我要十分谨慎，高度保密，不容出错。”说到这儿，杨奇神秘一笑：“我花了120港元，买了一件英国牌子货衣服，打扮成一个采购货物的小老板，每次外出执行任务时，就穿上它。我坐的士，不时从后窗留意观察有无小车跟踪。”

1948年圣诞节，香港放假三日。12月24日晚，杨奇到跑马地凤辉台一位朋友的家里。他说：“我取走李济深暂存在饶彰风、吴荻舟家的两个皮箱，当作自己的行李，到湾仔海旁的六国饭店订了一个房间住下。12月26日，香港太平山下，歌舞升平。李济深的寓所灯火通明，宾主宴客，谈笑甚欢。李济深身穿一件小夹袄，外衣挂在墙角的衣架上。这一切，对窗的特工看后，便安享晚餐了。殊不知，晚宴开始不久，李济深却离席进洗手间，随即悄悄走出家门。在距离寓所20多米远处，我借用《华商报》董事长邓文钊的小轿车，依时静候。待李济深迅速上车后便直奔坚尼地道126号，这里是被称为‘红屋’的邓文钊寓所。方方、潘汉年、饶彰风等，早已在此等候。同船北上的民革要员朱蕴山、吴茂荪、梅龚彬、李民欣也已到达，何香凝和陈此生前来送行。这时，晚宴才真正进入正题，大家纵情谈论国事。”

时钟敲响九声，杨奇起身告辞，回六国饭店打点行装。“我观察岸边如常，海面平静，便通知服务台结账退房，由侍应生将行李搬到我租用的小汽船上。与此同时，我打电话到邓文钊家，按照约定的暗语通知饶彰风：‘货物已经照单买齐了。’于是，饶彰风借用邓文钊的两辆轿车，将李济深等五位‘大老板’送到六国饭店对面停泊在岸边的小汽船上。这时，周而复负责接送的彭泽民等民主人士也按时到来。会合之后，我便带领他们沿着岸边的石级上了小汽船，然后朝着停泊在维多利亚港内的‘阿尔丹号’货船驶去。”

“阿尔丹号”拉响汽笛，杨奇、周而复与这些“大老板”握手告别。回到岸上，周而复径直返回英皇道住所，杨奇到中环临海的大中华旅店向饶彰风汇报。清晨，“阿尔丹号”货船通过检查，驶出鲤鱼门。

李济深等一行人在海上漂泊了12天，于1949年1月7日抵达大连。中共中央派李富春、张闻天及民革中央常委朱学范等人在码头迎接。按照周恩来的叮嘱，中共中央东北局给他们送来貉绒大衣、獭皮帽、皮靴等衣物。

1949年1月4日，《华商报》《大公报》等均刊登了同一则新闻：“美联社香港3日讯，据可靠人士告诉本社记者：李济深已离港赴华北中共区。据说是经北韩赴哈尔滨。这是北上准备参加新政协的其他民主人士所采取的途径。”消息见报后，英美和蒋介石的特务如梦初醒，恼羞成怒。港英当局政治部的黄翠微找到民革副秘书长吕集义，说：“李济深先生的安全，我们是要负责的。他离港北上，为何不告诉我们一声？连我们都不知道，叫我们怎样向上头交代？”

据中共广东省委党史研究室有关资料统计，从1948年9月至1949年8月，接送民主名流和文化精英等，共20多次1000多人，其中民主党派和文化界人士350多人，其中115人成为中国人民政治协商会议第一届全体会议正式代表。

说到此，杨奇老师放下茶杯，无限感叹：“护送工作堪称一项伟大的‘系统工程’，上自中共中央，下至地方，南起香港岛，北达哈尔滨，航经台湾海峡，停泊大连、塘沽，真不知费尽多少人的心血！而担负‘总司令’职责的中共中央书记处书记周恩来，功德无量。在他周密的指挥之下，千人大营救，精心策划，周密安排，忙而不乱，全无错失。”

1949年的开国大典上，除了毛泽东、朱德、周恩来、刘少奇，还有宋庆龄、李济深、黄炎培、张澜、沈钧儒、林伯渠、董必武、赛福鼎、郭沫若等登上天安门城楼。参加开国典礼的，有新中国领导人、政协代表、候补代表共622人。其中张治中、傅作义、李烛尘、李章达、章伯钧、程潜、张奚若、陈铭枢、谭平山、张难先、柳亚子、张东荪、龙云等代表，分别来自中国国民党革命委员会、中国民主同盟、中国民主建国会、中国民主促进会、中国农工民主党、中国人民救国会、三民主义同志联合会、中国国民党民主促进会、中国致公党、九三学社、台湾民主自治同盟……

◎ 周恩来（三排左一）与新政治协商会议筹备会常委合影

这一天，在天安门观礼台的一角，周恩来面容沉静。他穿着一件浅色旧中山装，左胸前挂着红缎条，两手微握，侧目远眺。开国大典现场有百万雄兵，万众欢腾，旗海涌动，他静默不语……这位为中国共产党与各民主党派合作呕心沥血的总理，此时此刻在思考什么呢？我想起毛泽东的《咏梅》：

俏也不争春，
只把春来报。
待到山花烂漫时，
她在丛中笑。

第十二章

恤孤｜广州竹丝岗路某街34号

周恩来在白区经常做的一件事，就是搜寻烈士遗孤，安排抚养。他常说：『不这样，我怎么能对得起他们的父母？』他在延安时亲自安排将瞿秋白、蔡和森、苏兆征、张太雷、赵世炎、王若飞等烈士之子女送到苏联好生教育、看护，并亲自到苏联去与斯大林谈判，达成了一个谁也想不到的协议：这批子弟在苏联只求学，不上前线（而苏联国际儿童院中其他国家的子弟，在战争中上前线共牺牲了21名）。这恐怕是当时世界上两个最大的人物，达成的一个最小的协议。总理何等苦心，他是要为烈士存孤续后啊。

——梁衡《大无大有周恩来》

周恩来和烈士孤儿：衔恤终天向谁道

1927年4月12日，蒋介石在上海发动反革命政变，许多中共党员被蒋介石杀害。有一天，我寻访龙华路2591号——上海市龙华烈士纪念馆，该馆负责人告诉我，1927年至1937年，仅在龙华监狱牺牲的党员和革命志士就有彭湃、罗亦农、陈延年、杨殷、陈乔年、林育南、杨匏安、许白昊、杨培生、李启汉、李求实、胡也频、殷夫、柔石、冯铿、王青士、何孟雄、恽雨棠、龙大道、郑复地、颜昌颐、宣中华、蔡慎真、孙炳文、欧阳立安、张恺帆等。他们幼小的子女，有多少成了孤儿？有多少流离失所？

◎ 周恩来（二排左一）、邓颖超（二排右一）与到苏联国际儿童院学习的中国革命烈士子女合影

在国统区，周恩来重要的工作之一，就是搜寻烈士遗孤并安排抚养。他手里有一份名单：父亲张太雷（烈士），母亲王一知，儿子张知春1927年10月生于上海；张太雷牺牲后，王一知将孩子送到湖南湘潭老家。父亲罗亦农（烈士），母亲在莫斯科溺水身亡，儿子罗西北1926年冬天生于上海；1927年4月12日共产党员遭遇屠杀时，外婆带罗西北回到四川老家。父亲王一飞（烈士），母亲陆缀霞，儿子王继飞在大革命失败时出生，父亲被国民党杀害，王继飞被送到上海的舅舅家抚养。父亲郭亮（烈士），母亲李灿英，儿子多难（小名）1925年生于长沙，随同母亲多次转移，先后在上海、武汉、湖南等地，现在随母亲住在长沙。父亲李硕勋（烈士），母亲赵君陶，儿子李鹏（小名兰兰），父亲在海口牺牲时，3岁的兰兰随母亲居住在成都……更多的烈士孤儿无确切姓名、无地址，几乎销声匿迹。在几年的采访中，我发现在广东的一些党员被杀后，家族连遭祸殃，后代被屠戮殆尽。为了孩子的安全，亲属和抚养人必须隐藏遗孤的真实身份，或改名换姓，或远走他乡。

周恩来没有放弃寻找烈士遗孤。中共早期青年领导人之一恽代英牺牲后，他的妻儿曾历经艰难徒步到延安。我找到恽代英的孙女恽梅，她告诉我当时周恩来派警卫员牵两匹马，把沈葆英、恽希仲母子接到杨家岭，并亲切地对恽希仲说："知道你爸爸是什么样的人吗？他是我党最优秀的党员，又会写文章，又会演讲。"中华人民共和国成立后，周恩来送恽希仲到莫斯科学习航天科技。他常说："不这样，我怎么能对得起他们的父母？"

养女孙维世：锦屏屈曲梦谁边

一日，我和彭伟豪陪党史专家李海文到黄埔军校旧址纪念馆，走进跑马楼西一层的政治部办公室。该馆管理部主任梁莹指着一张大办公桌，说："这是军校政治部主任周恩来坐的。"然后又指着对面的一张桌台说："这是孙炳文教官坐的。他们不仅是同事和战友，周主任还是孙炳文的入党介绍人。"原广州卫戍司令部大院内也有孙炳文的足迹。同行的李海文老师告诉我："1926年3月20日，蒋介石制造'中山舰事件'，孙炳文教官和黄埔军校40余人遭逮捕，就关押在这里。周恩来、中共广东区委与共产国际代表据理力争，迫使蒋介石全部释放。"同年7月，孙炳文任国民革命军总政治部后方留守处主任，领导粤、桂、闽的工作。1927年4月10日，孙炳文离开广州去汉口。4月16日途经上海时，因叛徒褚民谊指认，孙炳文被国民党特务逮捕，囚禁于上海龙华警备司令部。4月20日凌晨，蒋介石密令，“不必递解就地处决”。在龙华监狱内密林处，孙炳文被秘密杀害。

江苏省周恩来研究会常务理事、党史专家秦九凤，曾经采访过孙维世的妹妹孙新世。秦九凤对我说：“孙炳文被蒋介石残忍杀害后，妻子任锐和五个孩子皆被打成‘匪属’。五个孩子饥寒交迫，任锐将还是婴儿的孙新世送养，带着孙宁世、孙维世、孙济世、孙名世东躲西藏，甚至流浪街头。”

1937年抗日战争全面爆发后，周恩来被任命为国民政府军事委员会政治部中将副部长。任锐带着孩子乘难民船，到武汉寻找周恩来。跨进八路军驻武汉办事处，22岁的孙宁世被留下，16岁的孙维世因年幼被拒。此时，寒风凛冽，倔强的孙维世站在门外，痛哭流涕，不肯离去。这时，周恩来归来，得知她是挚友孙炳文之女后，带着她走进办事处。他仔细端详烈士遗孤，想起她曾抱着布娃娃，为党组织开会放哨，用童音报警，他连声说：“孩子，你们受苦了。”不久，周恩来引导任锐和孙维世母女俩上延安抗日军政大学。

为保存烈士的血脉，周恩来亲自将瞿秋白、蔡和森、苏兆征、彭湃、张太雷、赵世炎、王若飞等烈士后代送往苏联留学。周恩来夫妻还认孙维世作养女，让她经历磨炼。1939年，孙维世从延安赴莫斯科留学，攻读戏剧。1941年6月22日，德国法西斯突袭，苏联卫国战争炮火连天。孙维世等一批烈士遗孤报名上前线，却被拒。原来，周恩来曾亲自到苏联与斯大林谈判，达成特殊的协议：这批子弟在苏联只求学，不上烽火前线。周恩来何等苦心，他是要为烈士存孤。

邓颖超爱女儿明：布慈云兮洒甘露

赵炜，是跟随周恩来和邓颖超37年的秘书。每次来广州，她必到华侨新村，去看望一位与周家有缘之人。2013年12月底，“纪念周恩来诞辰115周年珍品展”在穗举行，我到机场迎接赵炜秘书。一下飞机，赵炜推辞了会议的晚餐，直奔华侨新村。

开门的是一位八旬女性，满头银发，戴着眼镜，一见赵炜，两人相拥。看我纳闷，赵炜秘书说："这是你七奶奶邓颖超的养女张清明。"

咖啡色旧沙发上，我们坐着聊天。我看着茶几上有一本旧相册，好奇地翻开：一个女孩坐在高凳上，旁边是沈从文和另一个女孩。我问："中间坐着的女孩是谁？""这是我呀。"张清明答。随后她指着另一张黑白照片说："我父母的合照，张采真与苏国才，1930年拍摄的。"这张照片，也是张清明父母的唯一合照。

张采真是张清明的父亲，1926年毕业于燕京大学，他的毕业论文信封上，留有一副对联"一半黑时还带骨，十分红处变成灰"，其才华与情操，跃然纸上。赵炜秘书告诉我，1928年邓颖超任上海中共中央直属总支部书记，张采真任委员，他们在一起工作。1930年，张采真任中共长江局秘书长，从上海赶往武汉，在任弼时和关向应身边工作。同年11月14日，因叛徒告密，张采真不幸被捕。12月27日，张采真被押赴刑场，惨遭杀害，年仅25岁。当时，张清明才刚一岁半，而弟弟小铁尚在母亲的腹中。张清明说："1931年夏季，母亲苏国才生下小铁，后把我们姐弟俩寄养在北京外公家。别的孩子有父亲，我们的童年没有父亲，心里总是很苦的……"张采真牺牲后，邓颖超想方设法寻找他妻儿的下落。张清明从旧抽屉里缓缓取出一个书夹，说："1932年3月，邓颖超妈妈从上海寄给母亲的信，我现在还保留着。立春时节，在北平女青年会工作的母亲，寄小铁的照片给邓颖超后，收到她的复信。"

亲爱的才妹，时时记念着而不能忘的才妹：

天天盼得看你的消息，每每见着友朋问你的行止。我的天，整整等了半年，等到今天和芬妹住在一起，才知道你，尤其见着了我未见面的小铁。你想我是如何的欢跃，喜出望外呢！！

知道你收到我的前信，然而我至今却不能见你回来只字。这种滋味只有我们能够享受着吧！

说不尽的千言万语，谈不了的别后情事，才妹！从何处说起呢？好，想着什么说什么罢。

你近来身体可好？服务慈善事业，想你能得些兴趣与安慰。我可爱的明明长高了几多？可还记得她的干妈吗？未见面的小铁真胖得可爱啊！

铁！愿意铁能将我们的恨锤消。望你如此这般地教勉铁与明。

江南春好，你最好还是和家人商议南来罢！尤其是到乡间去，于你的身体精神尤合宜。我的他已经回乡了，我因为留此好读点书，哪知天不能如人之愿，等到今天，因为经济问题无法，只好作罢，正预备着改途了！

才妹！望你能飞函报我回音！将明与铁的小照寄一张给我！回信请寄沪三马路浙江路福宁里陆德泰耿医生转杨凤鸣收即妥！

生兄和霞妹于一月时已回家来了。他们都很好，你听着也高兴罢？

话是未说完，写却写不出了。一切尽在不言中……

匆此不尽。祝你健康！请你代我吻我爱的女儿明，吻我爱而未见面的铁。并请

伯父母大人的安！

五姐

1932年3月19日[1]

1938年，邓颖超冒着生命危险，在香港登门探望苏国才和张清明。1943年回到延安后，邓颖超又托地下党的同志上门问候他们。张清明先在广州上学，再赴香港求学，其间她秘密加入地下团，高中毕业后投笔从戎，投奔东江纵队。新中国成立后，张清明出差去北京或邓颖超来广州，总要相互看望。

“文革”期间，张清明在中南局担任机要工作。但因她曾在香港生活，被怀疑是“特嫌”，难逃隔离审查。之后，她被下放到粤北山区劳动改造，“历史问题”压得她难以喘息。1972年冬，白雪覆盖田野，她披着棉袄含泪写信，请赵炜秘书转呈邓颖超。当时，张清明附上一张照片，她说：“四个小孩坐在一张藤椅上，我和小铁、清华大学施昉的女儿、罗中正的儿子，四个儿童皆是烈士后代。3岁的我穿浅绿的秋装，衣布是周爸爸买的，邓妈妈给做的。”慈母手中线，游子身上衣。这件秋衣，是她最喜爱、舍不得穿的衣服。

1970年庐山会议后，“四人帮”势力猖獗，周总理的处境十分艰难。张清明告

---

[1] 中共中央文献研究室第二编研部编《邓颖超书信选集》，中央文献出版社，2000，第1页。

诉我：“邓妈妈让我慢慢等待。但是，他们以两个党员的名义，将我的情况写信给民政部。”1983年6月，在周恩来逝世七年后，民政部补发烈士遗属的证明给张清明，证明为白色封面，印着红旗，上面端端正正地写着：

张采真在第二次国内革命战争中壮烈牺牲，经批准为革命烈士，特此证明，以资褒扬。

中华人民共和国民政部

1983年6月11日

这张印有国徽的烈士遗属的证明，证明了张清明父母的特殊身份，证明了张清明历史清白。之后，邓颖超在西花厅约见张清明，送她一张自己在柬埔寨访问时的照片，照片的背后写着：“送给张清明女儿——邓颖超。”至2022年，邓颖超辞世30年，她口中的那个“吻我爱的女儿明”，那个扎着蝴蝶结的女孩，此刻已白发苍苍。80多岁的张清明经常念叨：“我一岁多就成孤儿，是周爸爸和邓妈妈给了我父母之爱。”

关注曹氏兄弟：谆谆自昔承严训

曹云屏，是烈士曹渊之子。

2013年霜降过后，花城落叶满地，曾庆榴老师带我采访曹云屏。走进广州竹丝岗，一条小巷未见竹林，却有些参差的楼院，闹街中取一处静。敲开房门，89岁的曹云屏坐在凉台花丛旁，悠闲地晒着太阳。他刚出医院，穿着一件深蓝暗花丝棉袄。知我们来意，他的儿子曹海星托出一本画册，首页就是曹渊烈士的遗像。曹云屏说：“我父亲曹渊，是安徽寿县瓦埠南务人，黄埔军校第一期第三队学员。跟着周恩来主任平定广州商团叛乱，两次英勇东征，战功突出。”东征后，受周恩来的信任，曹渊被提拔为国民革命军第一军第三师第九团一营营长。1926年3月20日，蒋介石制造“中山舰事件”后，周恩来被蒋介石软禁在广东造币厂一天，当时的随身警卫就是年轻的曹渊。4月上旬，蒋介石提出共产党员暂时退出军队，已暴露身份的

250多名中共党员不得不撤离黄埔军校，曹渊被迫离开第一军。

曾庆榴老师提到，这年5月，国民政府在广州酝酿北伐。国民革命军第四军叶挺独立团以共产党员、共青团员为骨干组成，2100余名官兵挥师北伐。时任广东东江各属行政委员的周恩来和曹渊从汕头赶回广州。广州司后街的叶家祠，此时正在召开独立团连以上党员干部会议。周恩来主持会议，根据团长叶挺提议，任命周士第为独立团参谋长，曹渊为第一营营长。周恩来鼓励大家“饮马长江”“武汉见面”。

北伐战场上，共产党员曹渊率一营顽强勇猛，攻克平江、奇袭汀泗桥、大战贺胜桥，屡立军功。团长叶挺撰文赞：“第一营在敌强渡汨罗江时，与谢文炳千余人相对抗，将敌击溃。官兵英勇精神为友军所赞。”1926年9月，各路北伐大军合围武昌城，叶挺独立团受命组织奋勇队（敢死队），突击攻城。9月5日深夜，宾阳门至通湘门之间，北伐军久攻不下，伤亡惨重。奋勇队队长曹渊，身先士卒，率队员拼死登城。眼见天已拂晓，登城仍未成功。百名官兵血溅城下，剩余不足一个班。此时，城下弹雨纷飞，曹渊提笔向团长叶挺报告：

> 团长，天已拂晓，登城无望，职营伤亡将尽，现仅有十余人。但革命军人有进无退，如何处理，请指示。

曹渊写完名字的最后一笔时，他不幸被城头射下的一颗子弹击中头部，倒在血泊之中，年仅25岁。得知曹渊壮烈牺牲后，周恩来悲痛难抑，叶挺失声痛哭。部队连夜抢回曹渊的遗体，将他与当天攻城牺牲的191名官兵，安葬于洪山公墓。

曹云屏对我说：“父亲牺牲时，我才2岁。家人瞒住消息，让我叫二伯‘爸爸’。孤儿寡母相依为命，我苦熬到14岁。那时，家乡寿县被日寇攻陷，人民饥寒交迫。国共携手抗日后，1938年周恩来到武汉与国民党谈判。这时，堂兄曹云露从延安学习返乡，担任中共安徽省工委书记。见我家境窘迫，无钱读书，他说：‘周恩来在武汉、叶挺在南昌，你写信求助他们吧。’于是，我分别给周恩来、叶挺各写了一封信。”

不久，曹云屏收到新四军军长叶挺的亲笔回信。在信中，叶挺深情地写道：

“尔父是模范的革命军人，且是我的最好的同志，不幸殉职……清夜追怀，常为雪涕……”在信中，对资助曹云屏继续读书之事，叶挺一力应承。20天后，曹云屏又收到了周恩来的回信。

云屏贤弟：

来函收阅。令尊曹渊同志为谋国家之独立、人民之解放而英勇地牺牲了，这是非常光荣的。我全党同志，对曹渊同志这种英勇牺牲精神，表示无限的敬意。

此次接读来函，知云屏弟尚在家中，以家境贫苦，虽无法升学，而求深造之心甚切，足证曹渊同志有其子也。如弟能离开家庭，则望来汉口，以便转往陕北延安抗大或陕公受训，并付来洋贰拾元，藉作来汉路费。

此致

近好！

周恩来

1938月3月19日[1]

信写好后，周恩来又在信笺眉加上一句话：“如来汉，望到日租界中街89号大石洋行找办事处可也。”这封信用的是第十八集团军驻武汉办事处（即八路军驻武汉办事处）的公用信笺。他在信中提到的“延安抗大”“陕公”分别是指延安中国人民抗日军事政治大学、陕北公学。周恩来的信，字里行间透着殷殷关怀。他不仅汇来20元大洋路费，还交代了详细的地址。曹云屏对我说：“收到周伯伯的信和20元大洋后，母亲一个劲儿地流泪，她已失去丈夫，不舍我再入炮火。我祖父曹守却不反对。父亲曹渊虽然牺牲，但是祖父支持我到延安学习。”曹守支持曹云青（堂兄）陪曹云屏同赴武汉。曹云屏告诉我：“祖父说，周恩来寄来了路费，哪有不去的道理？”1938年4月，寿县党组织根据周恩来的指示，送曹云屏和曹云青奔赴延安。风萧萧，兵荒马乱。皖北到湖北路程不远，曹氏兄弟从九江搭船，溯江而上。

[1] 曹云屏编著《求索——一门三烈士》，中共党史出版社，2008，第83页。

他们踏上汉口码头，四二九空战断杀刚停。舟车辗转，他们步履艰难。曹云屏说：“耗时一月，找到八路军驻武汉办事处，才见到想念的周伯伯。”

曹云屏告诉我：“那天，刚好是为纪念五一节开晚会，一百多人聚集小礼堂。会议开始，吴玉章介绍欧洲反法西斯的战况。曹云露带着我俩找到周恩来，他穿着八路军军装，英俊而儒雅。曹云露说：‘这是你们的周伯伯，快去。’周恩来迎上来，摸着我的头，仔细打量着说：‘个头不小啊！’我怯怯地叫了一声：‘周伯伯。’他高兴地问：‘怎么来的？’当时我很紧张，第一句话不知怎么讲。周恩来十分和蔼，话语亲切：‘我搬到杨家岭了，知道你们到了很高兴！’他先问我爷爷和母亲的生活境况，又问：‘你读几年书？’我答：‘小学毕业，读了半年私塾。’他又让办事处的同志，发给我们八路军的胸章和臂章。周伯伯关切地问：‘延安那里的生活是很苦的，你们怕不怕？’我和堂兄昂着头回答：‘不怕！’随即，周恩来提笔写信给八路军西安办事处的林伯渠。经长途跋涉，我们到陕北公学学习。”

两个月后的一天，陕北公学校长成仿吾突然通知曹氏兄弟去延安城。西山脚下的石窑洞，门窗是陈旧的木头，起风时风沙扑面。兄弟俩赶到一看，原来是周恩来要接见他们。曹云屏说：“走进一个窑洞，窑洞内墙面剥落。靠窗有一个办公桌，周伯伯坐在那儿。他刚从武汉返回延安，不顾疲累来见我们，亲切地对我们说：‘快请坐。’那时我傻乎乎地，不知坐垫是软的，用力太大，摔了一跤，周伯伯哈哈地笑了。他连忙扶我。接着问：‘你母亲缠着脚能不能工作？’我站着说：‘母亲不识字，又缠过足，出来不方便。’周伯伯话题一转：‘到了延安，就是回到了自己的家，要抓紧时间学习理论和文化知识，今后好为党和人民做更多的工作。’”

曹氏兄弟在延安上学时，周恩来还帮他们订购一份杂志《解放》。每遇有事，曹氏兄弟就给他写信。三个月后，曹氏兄弟转入陕甘宁边区中学就读。十月的陕北，北风呼啸，滴水成冰，周恩来再次回到延安。曹云屏说：“我们迫不及待地去看他。一见面，周伯伯就问我们学习、生活的情况，还问到我母亲的情况。听了回答，周伯伯沉思良久。抬头看见我们衣着单薄，周伯伯就问：‘你们冷不冷？’我俩硬扛着说我们不冷。”几天后的一个傍晚，兄弟俩正在操场上锻炼时，周恩来的警卫邱南章找来了。他受周恩来委托，给曹家兄弟送来了60元边币，嘱咐每人拿这钱做一件棉衣御寒。说到这，曹云屏深情地抚着棉衣：“延安风雪刺骨啊，冷到打哆嗦时，我们就穿着这件棉衣御寒。我们感到周伯伯对我们的关心真温暖。”

到延安的第一年，曹氏兄弟品学兼优，还加入了中国共产党。兄弟俩商量着向周恩来汇报。然而，周恩来已离开延安，主持共产党与国民党谈判工作，殚精竭虑，奔走在武汉与重庆之间。夜晚满天星斗，曹云屏望着周恩来窑洞的方向，喃喃自语：“周伯伯，您何时回来呢？”

1939年6月中旬，蒋介石不断制造摩擦，掀起反共高潮。为与中共中央商讨对策，周恩来从重庆返回延安。曹云屏对我说：“这年8月的一天，我从报纸上看到一则消息：周恩来已经从重庆回到延安。我心里一阵高兴，急切地向周伯伯写信汇报。我和同学们对抗战前途有所猜测，想请周伯伯指点迷津。”

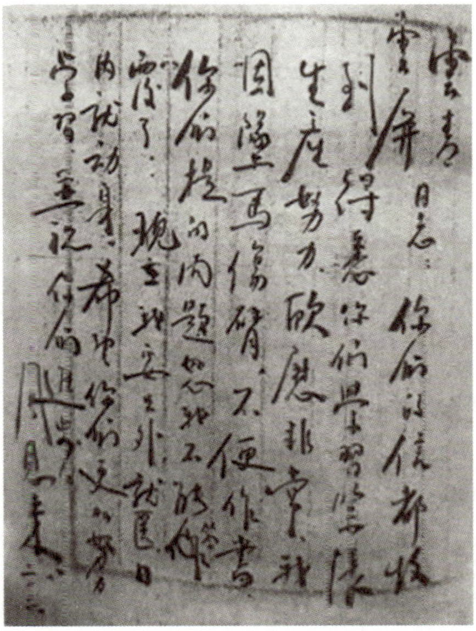

◎ 周恩来给曹渊烈士之子曹云屏写的回信

延安邮件由边区政府交通站转递，周恩来收到了曹云屏的信。不巧的是，1939年7月10日，周恩来去延安中共中央党校作报告途中，骑马摔伤，致右臂骨折。但是，周恩来仍然给曹家兄弟写了回信：

云青、云屏同志：

你们的信都收到。得悉你们学习紧张，生产努力，欣慰非常。我因坠马伤臂，不便作书，你们提的问题，恕我不能答复了。现在我要出外就医，日内就动身。希望你们更加努力学习，并祝你们进步。

周恩来

1939年8月23日[1]

---

[1] 曹云屏编著《求索——一门三烈士》，中共党史出版社，2008，第84页。

周恩来不顾自身疼痛，用左手给曹云屏回信。曹云屏说："周伯伯用左手写的。手臂疼成那样还给我们写信，我们心里都有说不出的痛。"

1939年，在国民党制造的"夏家山事件"中，曹云露壮烈牺牲，组织隐瞒噩耗。在很长时间内，堂兄曹云露杳无音讯，曹云屏辗转难眠。1943年7月13日，周恩来回延安参加整风运动。曹云屏急向周恩来写信，问询曹云露的情况。于是，周恩来给曹云屏写了第三封信。

云屏同志：

你的两封信早收到了，一因忙，二因想打听下皖北的情形再回答你，可是皖北始终没有人来，故遂一搁至今。

我下星期二（十四日），大概要到你们那里去，到时可以和你谈了。特告。

周恩来

1943年12月9日[1]

1945年抗战胜利前夕，曹云屏从延安大学毕业。他很想回家乡安徽工作，便跑去请示周恩来。周恩来说："干革命，为什么一定要去家乡呢？你应该争取到革命最需要的地方去，到基层去，到连队去。"于是，曹云屏背上背包、干粮袋，奔赴东北合江地区，发动群众，剿匪反霸。此后，他参加了辽沈战役。1949年，曹云屏随着解放大军南下江西、湛江等地做公安工作。1953年，他又调回羊城，历任广州市公安局三处处长、广州市纺织局局长、市政府秘书长等职。每次赴京开会，曹云屏总会去西花厅看望周恩来夫妇。他一往情深地说："我走进中南海西北角的这个院子，海棠花已竞相开放，满园春色。周伯伯和邓妈妈住所的院子，是我心灵的归处……"

1984年春，邓颖超视察广州。她会见叶选平市长时问："怎么不见曹云屏？你叫他带全家来见我。"曹云屏得悉后，扶老携幼拜见邓颖超。曹云屏对我说："我

---

[1] 曹云屏编著《求索——一门三烈士》，中共党史出版社，2008，第85页。

从孤苦伶仃到儿孙满堂，如果没有周伯伯寄的20元大洋，如果没有他指点迷津，我这个曹家岗的赤脚娃，不知是怎样一种命运呢？！”想起周恩来省吃俭用寄的路费、一封封信、一声声叮嘱……曹云屏拭了拭眼角的泪：“周恩来伯伯的爱，一直悄悄地温暖着我啊……”

彭湃一门英烈：孤儿以忠报罔极

周恩来非常关心彭湃烈士的母亲周凤、儿子彭士禄和彭洪。

2004年夏，我到汕尾红海湾采访，认识了彭丹。彭丹是彭湃烈士的孙子，彭洪的儿子，长我一岁。他说：“周恩来爷爷住过我们家。”当时我将信将疑。2015年春，我来到海丰县海城桥东彭村，柔和的龙津河旁，有一栋两层的白色小洋楼，楼后一片苍翠，这就是彭湃烈士故居！彭洪的妻子陈平陪我走进彭湃烈士故居，一楼客厅里，阳光穿过窗户，照进烈士之家。客厅正中，挂着周凤参加全国烈军属大会时与毛泽东、周恩来等的合影，周围的墙壁上，还挂着七张遗照，他们分别是1928年至1930年两年间，被国民党所杀害的周凤的二子彭达伍、三子彭汉垣、四子彭湃、七子彭述、儿媳蔡素屏、儿媳许冰和长孙彭陆。一家中竟有7位至亲被杀害，令我大为震惊！

彭洪的妻子陈平告诉我，1928年2月下旬，彭湃辞别身怀六甲的妻子蔡素屏，率领南昌起义保存的部队转战大南山。几经殊死战斗，海陆丰失守。后蔡素屏随苏维埃政府退到公平山区，转入地下斗争。此时，敌人悬赏一万大洋，取彭湃的头颅，更威胁要斩草除根。彭干仁和彭士禄，由周凤抚养，隐姓埋名。彭洪出生60天时，母亲蔡素屏不幸被捕，敌人用麻绳将其捆绑，押至海丰刑场枪杀；彭洪1岁时，父亲彭湃在龙华监狱慷慨就义。一位叫彭承训的乡亲，冒着杀头之险，将彭洪养育成人。“文革”期间，彭湃被诬陷为“叛徒”，他的家族也受到林彪和“四人帮”迫害，冤案涉及上千人。当时96岁高龄的周凤也未能幸免，两度入狱，命悬一线。危难时刻，彭家想到了与彭湃有生死之交的周总理。

陈平告诉我，1967年4月，她和彭述遗孀杨华到北京，找到中央文革小组办公室和国务院联合接待站中南组组长李明，反映周凤老人身陷囹圄之事。李明转告她，根据周总理指示，中央文革小组办公室和国务院办公室联合致函广州军区，要求他们尽快把周凤接到广州治病。中国红色文化研究会的黄硕忠说："这次冤案中，被抓捕批斗的有我叔伯黄秀文。他是中共地下党，曾任中共南塘区委书记。"1967年黄秀文被诬陷为"彭洪反党团伙成员"。4月，他与彭洪一起被关押在监狱。在押送途中，黄秀文身患疾病，借看病机会逃离广东，一路乞讨至北京。逃到北京后，忍饥挨饿、衣衫褴褛的黄秀文在聂荣臻家附近等候。一天，当聂荣臻的汽车出现时，黄秀文慌忙拦车，聂帅认出黄秀文，惊讶不已，关切地拉他上车。他向聂帅汇报反彭湃事件，含泪叙述彭湃母亲周凤的悲惨遭遇。聂帅大为震惊，速报周总理解决此事。但是，海丰县造反派一再进京阻挠，广东省革委负责人和彭述遗孀杨华等亲属赴北京急报求助，周恩来得知后力排险阻，让广东省委领导人陈郁、王首道设法营救。当晚，周凤坐进省民政厅派来的专车，由赤山部队武装护送，离开海丰转至广州的医院疗养，终于躲过一劫。

黄硕忠说，1968年8月初，海丰造反派请示黄永胜，经广州军区的批准后，押送彭洪"借"回海丰批斗，后彭洪惨遭毒手不幸离开人世。彭家要求调查彭洪的死因，但每次皆石沉大海。1973年，黄秀文再次奔赴北京，在聂荣臻秘书的帮助下，进中南海见到周总理。时隔16年，两人相见，百感交集。黄秀文汇报彭湃亲属惨遭不幸、自己被批斗的情况后，周总理亲批字条交叶剑英处理。

陈平对我说："1978年初夏的一天，在珠岛宾馆，第一次见到习仲勋书记。当时，习仲勋书记手里拿着一封信，周总理亲自在这信上批了字。习仲勋书记握着我的手关切地说：'彭洪同志的案子，中央很重视，省委一定会抓紧落实好，对案件进行调查。'"1978年七、八月间，习仲勋到梅县、汕头、惠阳等地考察，历时30天。在汕头地区，他考察海丰县，听取了彭湃问题的汇报，亲自主持召开省委常委会议，严肃处理海丰县严重违法乱纪者。10月30日，省委常委会议决定："要加快清查和落实政策工作的步伐，对错案、假案、冤案，要大张旗鼓地平反昭雪。"1978年夏天，省委联合调查组进驻海丰。11月10日，海丰县委为彭洪举行追悼大会，为受害者平反，依法惩治罪人。

自彭湃英勇就义后，周恩来立即派人把彭湃母亲周凤从澳门接到上海。1953年，根据周总理的指示，中共广东省委省政府为周凤建造房屋，并配置人力脚踏车。采访时，彭浩陪我走进鸟语花香的小院。平房左侧，有一辆人力脚踏车，在二十世纪五六十年代，这是稀罕产品。1956年，在全国烈军属大会上，周凤受到毛泽东、周恩来、刘少奇、宋庆龄的接见。“文革”期间，周凤再度入狱，经周恩来派人营救，她才死里逃生。

彭士禄，是烈士彭湃第二个儿子。1929年彭湃牺牲后，周恩来迫切寻找战友遗孤。我采访彭士禄的儿子彭浩，他说：“何梁何利基金科学与技术成就奖、光华工程科技奖，奖励父亲的奖金，他一分未取，全捐给了单位。”如今，彭士禄是中国工程院院士，中国核潜艇第一任总设计师，原六机部、水电部副部长，核工业部总工程师，核动力专家。彭浩说：“如果没有周爷爷的关心，8岁的父亲被抓入牢房后，很难逃出厄运。”

冬至时节，彭浩回京陪伴病中的父亲。他告诉我，父亲在北京住院，但记忆力衰退。彭浩送给我一本《赤诚——彭士禄图传》。我一打开书，就被“彭士禄自述”吸引：“我3岁时母亲牺牲，4岁时父亲就义。奶妈背着我东逃西藏。不久，我被转移到潮州一带，开始过着百家姓的生活。我有20多个‘爸’‘妈’，他们都是贫苦善良的农民，对我特别厚爱。平时他们吃不饱，我吃得饱；逢年过节难得有点鱼肉，我吃肉，他们啃骨头……”[1]

彭浩说：“爷爷彭湃在龙华监狱牺牲。那时，风声太紧，在海丰的敌人三天两头查户口，叫嚣着：‘彭家的人，抓一个杀一个。一个不留，斩草除根。’”当时乡亲们横下一条心，不管怎样，要把彭湃烈士的根苗保住。1931年，顾顺章叛变，他指认了恽代英，并带领特务抓获向忠发、蔡和森等人，致恽代英、蔡和森被害。9月，国民党四处悬赏通缉周恩来，周恩来的安全受到威胁。

1932年，国民党赣粤闽边区“剿匪”总司令部调集近40万兵力，对中央苏区发动第四次“围剿”。在总司令朱德、总政治委员周恩来的指挥下，红军主力诱敌深入，活动于黎川等地区。1933年夏，令周恩来担心的事发生了，国民党报纸和书刊登发“共匪彭湃之子被我第九师捕获”的消息。

彭士禄回忆说：“1933年农历七月十五日（9月4日）晨，由于叛徒出卖，我和

---

[1] 杨新英、熊继祖：《赤诚——彭士禄图传》，广州出版社，2019，第1页。

姑妈被捕，8岁的我成了小囚犯，被关进潮安县监狱女牢房。在女牢里，我又见到曾经抚养过我的‘山顶阿妈’，她是先被捕的。真有幸，竟有两位妈妈护着我坐牢，生怕我受饥寒。姑妈是那么善良，忍受着审讯的痛苦，宁把牢底坐穿，也不供认我是彭湃的儿子……几个月后，我哭别了两位母亲，被单独押至汕头石炮台监狱，后又转押到广州感化院监狱受‘感化’一年。这下可真苦了我，差点病死在狱中。”[1]

早在1931年夏，中共党组织派东江特委负责人张国星和林甦来接彭士禄去苏区，但后来两名特派员皆被敌人逮捕，杀害于梅县。彭士禄复仇心切，从养父彭泽民家逃出，跑到坪山东江支队当兵。周恩来闻讯，立即让中共党员柯麟把彭士禄接到澳门，后改道香港，转移至安全地带。

彭浩说，彭家逃到澳门后，20多口人皆是妇幼老弱，生活窘迫。1928年，彭汉垣曾到上海找周恩来，两人相见，难掩激动。周恩来说广东环境恶劣，国民党反动派到处通缉彭湃兄弟及其家属，劝他再勿回广东，并给他一笔钱，叫他秘密转寄澳门，资助彭家渡过难关。

龙飞虎曾在中共中央南方局担任保卫科长，他的女儿龙铮接受我采访时说，她父亲当过周恩来11年的卫士。抗日战争爆发后，周恩来牵挂彭士禄安全，派副官龙飞虎专门赴港，亲自去接彭湃遗孤彭士禄。几天几夜，龙飞虎有时步行，有时坐大卡车，朝行夜宿，到桂林时，柯麟把彭士禄交给贺子珍的妹妹贺怡。贺怡和几位老师便负责照顾十几位中共烈士的遗孤（包括彭士禄）。不久，龙飞虎一行又一路颠簸，平安抵达八路军重庆办事处。彭士禄说：“我们这些小孩后来被送到重庆。在八路军重庆办事处，周恩来和邓颖超来看我们。”

在曾家岩50号，龙飞虎把14岁的彭士禄送到周副主席面前。周恩来深情凝视，如同见到牺牲的战友彭湃。彭士禄说：“周恩来留着很长的胡子，穿着夹克。走到我跟前，凝视了我一阵子，拉起我的手，第一句话是：‘孩子，终于找到你了！’他抚摸着我的头又说：‘你爸爸和我是好朋友，1924年我从法国回到广州，是你父亲接我的，你父亲让我睡他的床，你父亲很会开玩笑。你应该向你父亲学习，他出生于大地主家庭，但烧了田契，变成为无产者。现在要送你去延安，孩子，到了

[1] 杨新英、熊继祖：《赤诚——彭士禄图传》，广州出版社，2019，第1页。

延安一定要服从组织的安排，要继承先烈的遗志，要好好学习，努力参加革命斗争。”[1]

1940年底，彭士禄和十几位烈士遗孤抵达延安，先就读于泽东青年干部学校少年班。1942年春，他们进入延安大学中学部学习。彭浩说：“周总理千方百计保护烈士遗孤，亲自护送他们到延安。周总理高瞻远瞩，让他们学自然科学，为建设新中国储备人才。他让我父亲彭士禄学习核潜艇技术，后来我父亲成为中国核潜艇第一任总设计师；让叶挺的儿子叶正大学航空科学，回国后他设计研究飞机高达12项；让蔡和森之子蔡博考入莫斯科钢铁学院冶金系炼铁专业，后来他成为新中国第一代杰出的冶金专家……”

1951年7月，彭士禄被选拔参加留学考试，派往苏联喀山化工学院化工系学习。1956年，他以全优成绩获“化工机械优秀工程师”称号。1970年，他参加核潜艇研制工作，是中国核潜艇第一任总设计师。同年7月15日下午，周恩来、叶剑英、聂荣臻、邓小平听取彭士禄等人汇报对核潜艇动力有关实验情况。在人民大会堂福建厅，周恩来在人群中寻找：“彭士禄来了吗？”“总理我来了！”彭士禄忙回答，一股暖流涌向全身。周恩来慈父般地看着他，微笑地点点头。当彭士禄汇报时，周恩来聚精会神地听着，不时地询问每一个环节。彭士禄等向周总理请示，希望在7月18日启动反应堆。周总理再次叮嘱：“要充分准备，一丝不苟，万无一失，一次成功。”会后，周恩来用自己的专机送彭士禄等专家回基地。临行前，周恩来握住彭士禄的手，满含深情地说：“小彭，记住，无论什么时候，无论走到哪里，你是海丰人，你姓彭，是彭湃的儿子。永远不要改名换姓！记住了吗？”彭士禄含着热泪答道：“记住了，总理，我记住了。”

1971年7月，我国潜艇第一次实现了核发电；8月，我国第一艘核潜艇驶向蓝色的海洋。担任中国核潜艇首任总设计师的，正是周恩来始终关心的彭湃烈士之子彭士禄！后来，我无意中翻到一张旧照，是彭湃抱着幼儿彭绛人、彭士禄的合影：彭湃蹲着，笑着抱着两个儿子。照片左侧彭湃亲笔写下“彭湃及他的小乖乖，

---

[1] 彭士禄：《他视农民为兄弟，被誉为“农民大王”》，载张黎明主编《我的父辈——中国共产党著名烈士后代深情回忆（英烈篇）》，上海人民出版社，2011，第94页。

◎ 2005年，彭士禄（前排右一）八十寿辰时全家人的合影

一九二六年二月二十二日”，我想，彭湃烈士若九泉有知，看到彭士禄成为中国核潜艇首任总设计师，一定很欣慰，正是：忽报人间曾伏虎，泪飞顿作倾盆雨……

第十三章

知己 | 惠州惠阳秋长镇会水楼村

广州起义失败，叶挺受了委屈和挫折。周恩来对他说：『总不能放弃信仰，连革命都不干了吧？……干革命不必自我。』

皖南事变后，叶挺被国民党秘密囚禁，辗转于江西上饶，四川重庆，湖北恩施，广西桂林、柳州等地。他在牢中以《题壁诗》予以回应：『威武不能屈，贫贱不能移。三军可以夺帅，匹夫不可夺志。』

初秋的斜阳，洒满岭南大地，给浩然正气的铜像镀上一抹金辉。走进叶挺将军纪念园，我仿佛听见战马嘶鸣，看它跃蹄云天，驮着扬眉剑出鞘的叶挺，跨越关山，勇往直前。雄风起兮，乱云飞渡，天边绚烂的彩霞，顷刻化作铁血疆场的滚滚狼烟。我想起“中山舰事件”后，周恩来骑马奔往高要前线。叶挺“神打团”一仗取胜。回师路上，山高坡陡，他们并辔徐行，说起一个危险信号：蒋介石命何应钦逮捕第一军40多位共产党员。他们并马行走在山水之间，眼里闪烁着共产党人的信仰光芒。

周恩来筹建独立团：金戈铁骑走千峰

2015年一个秋日，我和弟弟周伟兵去惠阳会水楼村采访，这是叶挺的出生地。村北耸立着海拔400米的乌石鼓峰。两道清澈的溪水，在村边交汇流过，故取村名“会水楼”。寻至惠阳乌石鼓峰下，我们顺着一条小石板路远远望去，看到一棵参天大榕树，树荫庇护着一座乡居，白墙素瓦，正门上方，有一木匾书“叶挺将军故居”。叶家世代务农，叶挺排行第八，人称“八郎”。他于1916年入保定陆军军官学校学习。而后，周恩来的一封介绍信，改变了叶挺的命运。

1924年9月，周恩来从欧洲回国。当时，国共两党正携手领导国民革命，反对帝国主义和北洋军阀。奉中共中央指示，周恩来加入临时指挥部，平定商团暴乱。这一年，国民党一大通过“联俄、联共、扶助农工”的政策，国共第一次合作开始。此时，叶挺赴苏联留学。临行前，黄埔军校校长蒋介石请叶挺吃饭，席间告诫叶挺：一定不要白的进去，赤的出来。

1925年秋，两次东征取胜，革命形势向好。周恩来和中共广东区委书记陈延年感到，要凝聚国民革命军的核心力量，组建一支我党自己掌握的革命武装队伍迫在眉睫。中央文献研究室第二编研部原主任廖心文告诉我，在征得国民政府，特别是国民革命军第四军军长李济深的同意后，中共广东区委决定在广东肇庆建立以大元帅府铁甲车队为基础、共产党人为骨干的国民革命军第四军第三十四团。因叶挺在粤军第一师任过职，军事经验丰富，并且受过苏联红军学校正规训练，周恩来考虑再三，决定把重任交给他。

1925年9月，叶挺从苏联回国接受重任后，不顾旅途劳顿，秣马厉兵。此时，周恩来在第二次东征途中，十分挂念独立团的组建工作。东征军收复汕头后，周恩来立即返回广州，与叶挺商谈，周密部署。11月21日，以铁甲车队为骨干的三十四团（后改独立团）宣告成立，叶挺任团长。这支浇灌着周恩来与叶挺心血与汗水的革命队伍，是一支由中国共产党人掌握的革命武装，也是周恩来与叶挺深厚革命友谊的开端。

肇庆市江滨东路西江河畔，云秀山清。叶挺独立团团部旧址，坐落在西江河畔的阅江楼。南楼檐下悬挂“阅江楼”木匾，为清代两广总督劳崇光所书。阅江楼筑在高山岗上，坐北向南。“叶挺独立团团部”七个字苍劲有力，为朱德元帅所题。肇庆电视台副台长漆明明知我来意，带我参观。他说抗日战争期间，阅江楼和黄埔军校一样，也遭日机轰炸，直至1959年，才在此重建叶挺独立团团部旧址纪念馆。

阅江楼前有一个广场，高温之下，我停留片刻，已经大汗淋漓。想当年，艳阳酷暑，独立团和高要农民自卫军，穿着草鞋，摸爬滚打，何等艰辛！1926年，国民政府决定出师北伐，独立团奉命为先锋，开赴湖南前线。5月初，叶挺率独立团由肇庆出发抵达广州。此时，因“中山舰事件”发生，周恩来不再担任国民革命军第一军副党代表兼政治部主任的职务，出任国民革命军政治训练部主任，在广州大佛寺举办特别训练班。被迫离开第一军的共产党员聚集一堂，似感到乌云压顶，山雨欲来。昔日战友重逢，周恩来听取叶挺汇报情况。周恩来告知叶挺，蒋介石已经背信弃义，磨刀霍霍，广东区委将疏散人员，转移档案。危急时刻，党中央对叶挺独立团寄予厚望。

距离肇庆不远的广州，有条东连仓边路，西接吉祥路，与正南路、广仁路相交的小街。街边古老的越华书院里的叶家祠堂，是独立团北伐离穗前叶挺的寓所，见证了一夜的灯火通明。叶挺召开独立团连以上干部会，周恩来特来鼓舞士气：“独立团是北伐先锋，任务是光荣的，也是艰巨的。党把重担子放在你们身上！民众把希望寄托在你们身上！”他对参会的军官说：“独立团是中国共产党直接领导的军队，应不怕牺牲、英勇作战、争当先锋。”他还用“饮马长江”这句话鼓励大家。临走时，他与同志一一握手告别，并充满信心地说：“武汉见面。”这次话别，叶挺难以忘怀，周恩来的这番话给予他巨大的力量。廖心文说：“在日后艰难的斗争中，这始终是鼓舞他率领独立团前进的动力。”

曹渊烈士的孙辈曹雪源、曹米莎、曹海星告诉我，在寻找先辈足迹的历程中，他们曾去祭拜武昌城下191位烈士。在北伐战争中，叶挺率领的三千独立团精英，为北伐军的开路先锋，为胜利之矛。五岭山脉，艰难跋涉；挺进湖南，势如破竹；击溃军阀，勇猛顽强；进军湖北，浴血奋战；智取汀泗桥，夺捷贺胜桥！曹米莎倾诉：“在攻克武昌的恶战中，我祖父抱着一叠官兵的‘遗书’宣誓，最后血溅城门。湘门炸开后，刘玉春部队负隅顽抗。叶挺大喊：‘调重机枪来！’他左膝跪地，亲自充当弹药手！18名军官、173名士兵以牺牲为代价，夺得吴佩孚军把守的重镇。”独立团的官兵英勇作战，所向披靡，屡建功勋。就在洪山顶峰，叶挺亲自主持为牺牲的官兵在武昌城下建墓立碑。石碑上刻着：先烈之血，主义之花；诸烈士铸成铁军荣誉。

周恩来、叶挺起义南昌：朝论国计暮论兵

四一二反革命政变发生后，遭受严重挫折的共产党人终于醒悟：必须以武装斗争反抗国民党反动派的屠杀政策。南昌起义由此发起！周恩来、叶挺是这次起义的重要领导人。中央文献研究室第二编研部原主任廖心文告诉我，1927年7月中旬，中国共产党中央政治局临时中央常委会决定在南昌举行武装起义，由周恩来任中共前敌委员会书记。起义的基本力量是贺龙率领的国民革命军第20军、叶挺率领的国民革命军第11军第24师（1927年3月由第四军第10师扩编而成），以及朱德领导的第3军军官教导团等。聂荣臻回忆南昌起义时说，他在奉命赶往第24师司令部之前，周恩来曾嘱咐他:“到九江时第一个通知叶挺。”7月26日，周恩来赶到九江，第二天聂荣臻秘密抵达南昌时，叶挺也率部赶到。7月30日至31日，以周恩来为首的前敌委员会召开紧急会议。叶挺、彭湃、恽代英等参加了会议。会上，周恩来、叶挺等驳斥党内的错误主张，确定起义时间。叶挺力挺周恩来，认为起义已箭在弦上，刻不容缓。8月1日凌晨，炮火染红南昌城。在周恩来、贺龙、叶挺、朱德、刘伯承的领导下，起义军两万余人打响了武装反抗国民党反动派的第一枪。周恩来、叶挺指挥部队与敌激战，解决了贡院的敌人。此时，缩在松柏巷教堂的敌人仍负隅顽抗，叶挺一边加强火力，一边喊话：“我们是北伐铁军！赶快投降吧。”另一支队伍插入敌人心脏，敌人溃不成军，吹起“投降号”。贺龙的一支部队攻破驻筐路中学敌人防线。起义胜利后，周恩来、贺龙、叶挺、朱德、刘伯承双手紧握，他们为组建人民军队立下卓越的功勋。

起义部队南下时，遭国民党反动派军队围追堵截。朱德率军血战三河坝，登上井冈山。周恩来、叶挺、刘伯承等率部南下途中，被国民党反动派军队“围剿”。当时潮汕地区正值酷暑，革命军遇到诸多困难，如行军坎坷、给养困难、病员增多

等。起义部队领导人出现意见分歧，但叶挺和多数人支持周恩来的主张，勇夺会昌战役胜利。聂荣臻回忆说："叶挺不主张去海陆丰，他说海陆丰已有了敌人。同时，我们到那里后，受到广州和汤坑这两个方向敌人的夹击，而且那里是不大的一块地方，又是背水作战，地形也不利。"

李淑卿是叶挺的四子叶华明之妻。年近七旬的她告诉我，叶华明曾说他父亲处境比较惨的阶段是南下广东失败后，当时战士们衣不蔽体，食不果腹。这也是周恩来的危急时刻！队伍被打散时，周恩来身边只剩下叶挺、聂荣臻，以及两个警卫。当时，周恩来患上恶性疟疾，高烧40℃，病重昏迷。几批南昌起义领导人分别撤退到香港。叶挺不顾敌人搜捕，坚持请医生为周恩来治疗。在撤往海陆丰的途中，杨石魂、叶挺、聂荣臻、黄秀文等轮番抬着担架上的周恩来翻山越岭。在普宁莲花山一战，他们遇敌人截击，部队被打散，情况极度危急，叶挺和聂荣臻守住周恩来，他们藏山洞、睡草垫，生死相依。10月底的一个深夜，他们互相搀扶着坐在小船上，迎着大海风浪，颠簸两天一夜，抵达香港。辞别时，叶挺把随身携带的一支手枪留给了周恩来。中央文献研究室第二编研部原主任廖心文说："他们经历了生与死的严峻考验，更加深了他们之间的友谊。或许正是这个原因，在不久之后，当叶挺在革命道路上遭遇严重挫折时，周恩来对他保持了信任和理解。"

周恩来劝慰叶挺：意气相倾两相顾

1927年11月，中共中央决定发动广州起义，由叶挺担任总指挥。当时，叶挺是国民党重点搜捕的对象。考虑到周恩来的安危，广东省委没有通知他筹备起义，而是让他在香港待命。聂荣臻是广州起义的领导人之一，他回忆说："叶挺是预定的起义军军事总指挥，起义前的几小时——12月10日晚上才赶到广州。虽然要叶挺晚到是组织上有意安排的，是为了保护他的安全。但由于提前起义，这就显得太匆忙了。他是在什么情况都不清楚的状态下，来指挥起义的。"叶挺的二子叶正明回忆："结果临起义发动的前一天，父亲被匆匆召来广州。他到达指挥部时，离发动起义只剩下几个小时了。就在父亲到达后的几个小时里，他先与起义军最高领导碰头，得知中共中央对起义的正式指示，了解起义领导班子在他到达前进行的各项准备、设定的行动方案，分析敌我力量的对比和分布。随后，父亲召开战前调查会，与参加起义的中层干部会面，掌握起义参战力量的战备、武器装备等情况，详细了解起义后各部之间的呼应、战场救护和后勤保障等事项。”之后，叶挺与参谋长徐光英调整起义方案，明确时间，下达作战命令：教导团、警卫团按原部署不变；12月11日凌晨两点前，工人赤卫队7个联队、敢死队，必须在凌晨3点到达预定地点，准时发动起义；第一联队和敢死队攻打公安局，第二联队攻打国民党第四军军部等目标，第三联队攻打西区警察局、粤汉铁路局等目标，第四联队攻打警官讲习所等军警机关，第五联队攻打国民党省长公署等目标，第六联队兵分两路作战……

广州起义开启倒计时！参与者神情肃穆，都扎起红布带。当时，对发动广州起义，广东省委内部意见各异，军委委员聂荣臻等认为时机不成熟，工人代表黄亚恒也提出了起义时机等问题。起义军仅数千人，虽广州城内敌军兵力空虚，但外围敌军达10万余人。叶挺重视黄亚恒的意见，他对广东省委书记张太雷说，鉴于敌我力量悬殊，起义即使成功，也不宜在穗久滞，而应将队伍带往海陆丰，与彭湃领导的农军会合。共产国际派来的诺依曼反对叶挺的意见，他认为叶挺把“广州起义队伍拉到农村”，是“土匪主义”。因起义在即，叶挺全身心指挥战斗，无暇争执。

在陆丰参加纪念南昌起义活动时，我与叶挺的孙女叶莲相遇。叶莲对我说起一段细节：1927年12月13日，广州起义进攻时，有一处暗堡负隅顽抗，叶挺机智地碰了一下身边军官，说：“大炮准备射击！”里面敌军传出话来：“不要打炮，我们投降！”一面白旗从枪洞里伸出来。军官们相视一笑：“叶军长一句话，胜几门大炮呢！”以铁军著称的叶挺独立团，让敌军闻风丧胆。

然而，因敌我力量悬殊，广州起义以失败告终。1928年1月初，中共中央派李立三赴港处理广州起义善后事宜，给予叶挺“留党察看六个月的处分”。中共临时中央政治局接到报告后，立即召开会议。中央决定派周恩来拨乱反正。周恩来指出：“这次省委会议对广州暴动的认识太粗浅了，省委这种指导的影响是很坏的，对同志的严厉处罚是不对的。”[1] 叶正明说，新中国成立后，周总理同叶家几个孩子讲过：“当年党中央和广州起义的主要领导没有接受你父亲的意见。如果接受了你父

---

[1] 中共中央文献研究室编《周恩来年谱（1898—1949）》，中央文献出版社，1989，第134页。

亲的意见，革命很有可能还要早胜利几年。”

广州起义失败后，叶挺作为被国民党通缉的“要犯”，处境十分艰难。党组织决定让他赴莫斯科向共产国际汇报广州起义的经过。谁知在莫斯科，叶挺遭到米夫、王明等人的横加指责。他心灰意冷，离开莫斯科后便流亡到德国。周恩来说：“叶挺在莫斯科的日子非常不好过，那个以百分之百的布尔什维克自居的王明，根本就没有参加广州起义，却写了篇所谓的《广州起义纪实》，向叶挺身上泼污水。叶挺写了篇广州起义的总结报告，却不许他申辩，反而由共产国际的代表越飞出面，通知叶挺被开除党籍。”

叶挺四儿媳李淑卿告诉我，1928年秋至1931年秋，叶挺在德国度日如年。他先靠翻译德文著作糊口，再靠给中国留学生当厨师谋生，最后竟卖起豆腐。生活窘困时，他甚至变卖身上值钱的物品以求温饱。一天，叶挺在街头卖豆腐，一个戴礼帽、穿着风衣的人来到豆腐摊前，说：“你的豆腐不够硬，不太地道。”叶挺一看，此人正是他想念的战友周恩来。周恩来推心置腹地对叶挺说：“总不能放弃信仰，连革命都不干了吧？”其实，南昌起义失败后，中共中央在上海召开紧急会议，周恩来为中共前敌委员会书记，也受到警告处分。周恩来语重心长地对他说：“干革命不必自我。”正是这次交谈，使叶挺顿悟。18年后，回想起这段痛苦经历时，叶挺向党组织坦诚地交代：“那时党内清算中国革命失败的问题，我觉得有些脱离事实。同时因失败情绪的影响，我与国民党、共产党都脱离了关系。”作为历史的见证人，周恩来理解叶挺的困境，他说：“广州起义失败后，叶挺到了莫斯科，共产国际代表还说他政治动摇。共产国际没有人理他，东方大学请他做报告，共产国际也不允许他去。这样他就离开党组织跑到德国去了。这件事，我们应该给叶挺申冤。”1928年3月中旬，中共中央派周恩来主持召开广东省委扩大会议，他分析广州起义的历史意义，纠正李立三的错误做法，并宣布撤销原来的处分决定，将叶挺等起义领导人带出困境。

周恩来支持和营救叶挺：义气相与吞长虹

1937年7月7日卢沟桥事变爆发，日本帝国主义发动全面侵华战争。叶挺从报纸上读到："日军悍然侵犯宛平，中国第29路官兵和北平市民奋起抗击。"他再也无法平静，夜不能寐。国难当头，日夜牵挂着祖国的叶挺，主动与中共党组织取得联系。周恩来代表中共中央，第一个向他伸出热情的双手。周恩来不顾个人安危，代表中共中央与国民党进行谈判。组建新四军，为谈判的一项重要内容：如何改编十年内战时期留在湘、赣、粤、闽、浙、鄂、豫、皖8省13个地区的红军游击队，谁来出任新四军的领导人，周恩来费心思虑。如同当年组建独立团一样，他很快想到了叶挺，并认定他是最合适的人选。

1937年8月，在赴南京与国民党谈判途经上海时，周恩来会见了刚从海外归国的叶挺。在谈话中，他肯定叶挺强烈的抗日愿望，并恳切地请他出面改编南方红军游击队。周恩来的理解和信任，深深感动了饱经磨难的叶挺。但国民党否决了中共的第一次提名，因为蒋介石希望这支部队能为己所用。叶挺找到蒋介石，提出改编后的抗日队伍番号为"新四军"，使其保留北伐时国民革命军第四军的"铁军"声誉。蒋介石采纳了他的建议。9月，经国民政府军事委员会任命，叶挺出任新四军军长。当军号一响，叶挺庄严宣布："完全服从和直接接受中国共产党的领导。"

1938年4月，蒋介石命令新四军集中撤出南陵，依大茅山脉向芜湖、宣城一带行动。这时，军长叶挺与副军长项英对蒋介石的这一命令持不同看法，项英向党中央提出："蒋压迫叶，不能反抗。应由党负责直接交涉四军。因党不出面，以间接方式解决，使问题愈弄愈棘手。"[1] 项英坚持己见，叶挺举步维艰，心情苦闷。

同年8月28日，周恩来准备到延安参加中共六届六中全会之际，收到叶挺欲辞去新四军军长职务的电报。周恩来等立即回电挽留："当前战役已到紧急关头，兄必须到前方督战，万万勿误。我们深知兄在工作中感觉有困难，请明告。我们正帮助你克服这一困难，延安会毕，我们拟来一人帮助整理四军工作。"[2] 但是，会议尚未结束，叶挺却"辞职愈坚，无可挽回"。这时，武汉已沦陷，周恩来火速抵重庆。他认为，叶挺现在虽不是中共党员，但热爱党的事业，德才兼备，应紧密团结他，为他排除工作中的困难。周恩来批评项英的错误："一方面，处处向国民党让步，

---

❶ 金冲及主编《周恩来传》（二），中央文献出版社，1998，第545页。

❷ 金冲及主编《周恩来传》（二），中央文献出版社，1998，第546页。

◎ 1939年春，周恩来（右三）与新四军领导人在一起

甚至把蒋介石的‘演说’‘宣言’编进新四军的政治教材，把党绝对领导的新四军称为统一战线的队伍，却还要听从三战区的命令；另一方面，对群众、对朋友却缩手缩脚，不敢发动、不敢争取！你们甚至连叶军长也不想要啊！”周恩来微皱着双眉，在办公室里来回踱步。他说：“也许，我的话说重了。国民党和日寇都怕与叶挺指挥的新四军作战啊！你们却不给他指挥权！连参谋处也不让他住，叫他指挥谁啊？可是党中央、毛泽东同志很尊重叶军长，中央已经决定：叶挺同志参加中央军委新四军分会。今后分会会议，一定要通知叶挺同志参加！”这番话语，让项英大为震动。周恩来致电中共中央书记处，提出叶挺仍回新四军，解决的原则是：“共产党的领导必须确定，工作关系必须改变，新四军委员会可以叶正项副，项实际为

政委。”[1] 中共中央十分赞同他的意见。他随即跋山涉水，亲自陪送叶挺回新四军。

1939年2月16日，周恩来与叶挺飞往桂林，再转列车前往皖南会见项英。他们此行目的，一是调研作战方针，二是缓和疏通关系。1939年3月14日，周恩来和叶挺离开新四军军部，前往浙江。途经青弋江时，江面上一条竹筏轻驰，竹筏上放着一张藤制躺椅，是为周恩来预备的。可是，他一定要让叶挺坐下，叶挺又坚持让周恩来休息，结果两人都并立筏头。尽管，项英对叶挺的成见未能消除，但“从他（指周恩来）的关心与爱护中，叶挺依然感受到了党对自己的信任与关怀，更加坚定了革命的信心。临别前，那清清的江水，留下他们的身影，这是他们深厚友情的历史见证”。[2]

1941年1月，蒋介石制造震惊中外的皖南事变，国民党7个师来势汹汹。叶挺无私无畏，毅然接受中共中央的命令，挑起重担，指挥全军突围！在8万敌军的包围下，新四军“血战七昼夜，死伤惨重，弹尽粮绝”，除2000人突围外，大部分壮烈牺牲。叶挺为解救部队冒死深入虎穴，被敌人扣留。对叶挺的表现，周恩来评价说：“皖南事变中，叶挺将军很勇敢，站在最前线和国民党斗争。”

1月30日，蒋介石发布训令，宣布撤销新四军番号，将叶挺“革职”，交军法审判。消息传到重庆，周恩来义愤填膺，他打电话痛斥何应钦是“中华民族的千古罪人”。他向张冲提出抗议，用各种方式揭露国民党顽固派的阴谋，并在《新华日报》题写“千古奇冤，江南一叶。同室操戈，相煎何急？”字字句句，饱含悲愤，轰动山城。周恩来还通过美国进步记者斯特朗在纽约一些报纸和《亚美》杂志上，揭露皖南事变的真相。此后，国统区局势日益恶化，中共中央急电周恩来返回延安。但是，周恩来不顾个人安危，坚持留在重庆，亲自与国民党谈判，解决新四军问题，营救叶挺。后来，周恩来回忆这段历史时说：“那时候，有一个条件，就是要把叶挺将军放出来。”

李淑卿讲述，从1941年初到1946年3月，叶挺被国民党囚禁近2000天！蒋介石威逼利诱，黄埔校友轮番劝降，以高官厚禄相许诺，劝叶挺回头是岸，同享富贵荣

---

[1] 金冲及主编《周恩来传》（二），中央文献出版社，1998，第547页。

[2] 廖心文：《人生得一知己可以死而无憾——记周恩来与叶挺》，《红岩春秋》1990年第2期。

华。但是，叶挺全都断然拒绝。他先是在牢中以《题壁诗》予以回应："威武不能屈，贫贱不能移""三军可以夺帅，匹夫不可夺志"；再写4000多字的《囚语》以抗争。他正气凛然，宁死不屈，又写下这首《囚歌》以明志：

…………

我渴望着自由，

但也深知道，

人的躯体哪能由狗的洞子爬出！

我只期待着，那一天，

地下的烈火冲腾，

把这活棺材和我一齐烧掉，

我应该在烈火和热血中得到永生。

周恩来和叶挺子女：居仁自有勇兼慈

触及伤心事，李淑卿哽咽地说，1942年1月，周恩来与陈诚谈释放叶挺。陈诚提出："联合几位前方将领，保释叶挺，条件是叶挺要写一份悔过书。"周恩来当场拒绝陈诚的提议："叶挺是决不会写悔过书的。"5月，为安排叶挺夫人李秀文探监，周恩来致电避居澳门的廖梦醒，陪同李秀文和叶扬眉到重庆。8月，李秀文母女到重庆，周恩来亲切接待，无微不至。1943年5月，周恩来获悉叶挺囚禁于湖北恩施，便设法联系《新华日报》记者陆诒，让其利用参加国民党"鄂西将士慰问团"的机会，单独访问叶挺。周恩来写了一封致陈诚的亲笔信，让陆诒带去慰问。周恩来叮嘱叶挺："两党谈判此刻仍在断断续续地进行，在每次谈判中，都提出恢复你自由的问题，切望你耐心等待，多多保重。"叶挺深受感动。几年的劝降、囚禁、颠沛流离，他信念未改。

叶挺深知举家度日维艰，带走三个孩子，能减轻妻子负担。当时，叶正明、叶华明、叶扬眉随父亲被关押在重庆的白公馆里。

“1945年，我丈夫仅10岁。9月14日早晨，父亲写了一张条子放华明衣服内，嘱咐扬眉等三个孩子溜出旅馆门口，躲过特务盯梢，奔向曾家岩50号周公馆，找周恩来伯伯，报告八路军办事处，叶挺已到重庆。”李淑卿对我说，“当时周伯伯外出开会，由于值班员一时疏忽，华明错过机会。等周伯伯归来，和孩子们循路去找，赶到关押叶挺的处所时，旅馆已经人去楼空。一向稳重的周伯伯，气得直跺脚。他只好另做打算，先带三个孩子回办事处。失去父亲、饱受惊吓的孩子，一见到邓颖超妈妈，抱着哭成一团。邓妈妈流泪对周伯伯说：‘这些孩子离开爹娘真够可怜的，我们一定要保护好他们，要不怎么对得起叶将军和夫人？’周伯伯也流泪了，他抱起扬眉，为她擦去泪水，对妻子说：‘我们把叶将军的两个儿子送到延安去读书，扬眉跟我们一起过，反正我们也没孩子。’他让警卫员给孩子们换上干净的衣服，又陪他们吃了中午饭，让三个孩子住在红岩村。有时周伯伯有空，还亲自辅导他们做作业。当他知道两个男孩的名字分别叫福麟、福恒时，就说：‘你们的名字太陈旧了，改个名字吧。你们的大哥叫正大，你们也按哥哥的名字叫吧，福麟改正

◎ 叶挺一家合影

明，福恒改华明，扬眉名字好，就不改了。’以后，正明和华明就在延安读书，扬眉就跟周伯伯、邓妈妈住一间屋。每天夜里，寒风刺骨，周伯伯都要起来，为小扬眉掖几次被子。”

叶莲对我说起周恩来乘飞机经过秦岭时遇险，救护扬眉的故事。1946年1月底，李秀文已被党组织从广东接到重庆，准备迎接叶挺出狱。1月初，周恩来参加旧政协会议，带扬眉乘机到重庆准备与叶挺重逢。飞越秦岭时，受恶劣天气影响，机翼结冰，迫使飞机急速下降。大家都取出降落伞。11岁的叶扬眉因没有降落伞，吓得大哭。机舱摇摆不定，周恩来踉跄地走过去，将自己的降落伞交给惊慌失措的叶扬眉，亲切地安抚她不要哭，要勇敢、坚强，同困难和危险作斗争！飞机不断下降，情况愈发紧急，这时飞行员提议，将飞机上的东西都抛下去。大家将自己的行李、书籍抛出飞机，可是飞机依然下降，周恩来看了看最后几大箱军用物资和钱币，忍痛下令丢下去……飞机最后降落成功。

1946年立春后，经过周恩来的不懈努力，蒋介石被迫接受交换条件：以叶挺交换国民党第11战区副司令长官兼40军军长的马法五（邯郸战役中被我方俘获）。1946年3月4日，被扣押五年之久的叶挺，终于获得自由。

3月6日，周恩来从延安回到重庆。渴望见到战友的叶挺，匆匆赶到机场。出狱后的叶挺终于见到了周恩来。周恩来说：“你辛苦了。”叶挺说：“多谢周公的恩情。”两人长时间拥抱。叶挺出狱后做的第一件事，是向中共中央提出重新入党的要求。3月7日，中共中央给他回电，毛泽东称他为“亲爱的叶挺同志”，并决定接受他加入中国共产党的申请。中共中央批准了他的请求，通知他前往延安参加整军工作会议。

不幸的是，由于天气恶劣，4月8日，叶挺等人所乘的飞机，在山西兴县黑茶山遇险坠毁！噩耗传到重庆，周恩来悲痛万分。4月19日，在悼念“四八”烈士的大会上，周恩来含泪读了悼文，概括了叶挺光辉的一生：“你是人民队伍的创造者。北伐抗战，你为新旧四军立下了解放人民的汗马功劳。”

叶莲告诉我，为了保证叶正大三人的安全，周恩来千方百计将他们送回延安。他们到达延安后，住在周恩来的窑洞里，每天三餐饭由朱德总司令安排。周恩来从重庆返回延安后，立即将他们送到学校里读书。

那时，延安的生活十分艰苦。1946年5月初，周恩来亲自安排叶正大兄妹转移到条件较好的张家口，生活由聂荣臻照顾。1947年初，为了保证烈士后代的安全，党中央把叶正大、叶华明转移到华北安全地区。叶正大后被送往莫斯科航空学院飞机设计与制造专业学习，叶华明被选派到莫斯科军事航空工程学院学习。同去莫斯科留学的，还有彭士禄、李鹏、邹家华等20余名烈士的遗孤。“没有周爷爷的关心，哪有叶家后代的今天啊！”叶莲不胜感慨。

站在偌大的纪念园里，松涛呼啸，那个飞跨白马、手杖在握、威风凛凛的叶挺，那个迷摄影、搞翻译、做豆腐、童心未泯的将军，似乎从未从我们身边远去。我想起廖心文一段深情之语：“怀念叶挺时，我们怎能忘记对他建立的卓著功勋有着重大影响的周恩来？我们怎能不更深切地体会叶挺将军饱含深情说出的‘人生得一知己，可以死而无憾’的全部含义！”

第十四章

永恒 | 广州红花岗刑场

视生如归时，死就当如归；而视死如归时，生就当如归。

——何时光

陈铁军是谁？在中南海西花厅，我曾经这样好奇地问七奶奶邓颖超。

夏日的一天上午，阳光洒落在西花厅。我和七奶奶邓颖超聊天，她问起我在学校的业余生活，我说：“北京广播学院（简称‘广院’）饭堂就放了一部电影，是《刑场上的婚礼》，讲广州起义前后一对共产党员恋人的故事。枪声响前，他们举行‘刑场婚礼’，悲壮而浪漫。我觉得作者编故事有些夸张，把革命者写得惨凄凄的……”七奶奶邓颖超收起笑容严肃说道：“这是根据一段真实历史事件写的，就发生在广州东郊的红花岗刑场，你可去找一找……”真有陈铁军这个人？提到1927年4月15日的广州，听到陈铁军的名字，七奶奶邓颖超欲言又止，情绪有些激动。

1985年清明节的前一天，我父亲携全家探望邓颖超。她知道我在广东广播电视台当记者，问我："你找到陈铁军和周文雍的墓在哪里了吗？"不久后，广东省妇联的一个同志告诉我，有一次全国妇女代表会刚结束，邓颖超就找到时任广州妇联主席陈明问："陈铁军的后人在哪里？"我越发好奇：为何七奶奶邓颖超一提陈铁军就流泪？为何她难忘墓中人？

红岗刑场：几树半天红似染

清明，广州雨潇潇。寻至广州中山三路，我从一个路口转弯朝北，穿过别具岭南建筑特色的小巷、骑楼，穿过一片嘈杂，广州起义烈士陵园出现在眼前。一扇石门静静地敞开着，迎面的石壁上，镌刻着漆金的周恩来手书的几个大字：广州起义烈士陵园。旁边的白色石碑刻记着："1927年12月11日，在广州起义中死难的5700多位烈士遗骸埋于此。"这是什么地方？是东郊红花岗刑场，是国民党屠杀革命者之处；这是什么树？几树半天红似染，是岭南英雄木棉树，高壮挺立，花开正盛。我记起《刑场上的婚礼》里，殷红的木棉花，驱走了寒冷，一对红色恋人，在树下英勇就义……

园内松柏环绕，地上铺满青草，寂静安宁，偶尔传来几声鸟鸣，有一座血祭轩辕亭专为纪念周文雍、陈铁军烈士而建造。我捧上几束百合和白菊，敬献在周文雍和陈铁军的塑像前。这座雕塑栩栩如生，还原了他们英勇就义的场景：在最后时刻，他俩目光坚定，相互依偎，双手紧握。他们从何而来？因何而去？在相爱得如此炽热的时刻，为何诀别人生倒在刽子手枪下？

邓颖超与陈铁军：一别难酬知己恩

1925年6月23日，为声援五卅运动中的上海工人，黄埔军校师生与广州市民一道举行了示威游行，周恩来率黄埔军校两个营守护现场。他神情严肃，穿着一身军装，臂缠黑纱。谭天度、陈铁军、区梦觉等人表情严肃，在群众游行队伍中高喊口号。游行队伍进入沙基路，突遭沙面租界的英法等国军警伏击。他们用机关枪、步枪向游行队伍猛烈射击，外国军舰在白鹅潭向游行队伍开炮，顿时血肉横飞，与周恩来并肩前进的战友也中弹牺牲。此时，陈铁军组织同学们救护受伤的人，她死里逃生。

随后，在广州文明路215号大院——国民党中央党部教室，陈铁军聆听中共党代表周恩来、恽代英、邓中夏、彭湃、谭平山演说，学习中华民族解放运动史、工人运动、农民运动、妇女运动。谭天度的儿子谭霆说：“这里最早是广东贡院，1912年改为国立广东高等师范学校，后为中山大学。我父亲的学生中有区梦觉、陈铁军、范桂霞等。1925年，父亲把她们介绍给邓颖超和蔡畅。邓颖超讲一口流利粤语，大家乐于和她交流。邓颖超和蔡畅的言传身教，让陈铁军破茧成蝶，成为妇女运动的中坚力量。”1926年1月，国民党第二次全国代表大会在广州召开。宋庆龄、何香凝、邓颖超组成妇女运动报告审查委员会，提交的妇女运动决议案被大会通过。8月，陈铁军当选为广东妇女解放协会第三届执委，任中共中山大学文学院支部委员。9月，国共两党合作创办的妇女运动讲习所，在广州国民党中央党部妇女部正式开办。金秋十月，中山大学西堂响起钟声，妇女运动讲习所训练班开课。春江水暖之时，陈铁军担任中共广东区委妇委委员，学着邓颖超、蔡畅梳短发，换工装衣裤，扬主义精神。她上台讲课，培训了两期的妇女干部。外表温和的她，内心总有一股坚韧。她告别养尊处优的生活，为女工读报解疑惑，协助女工发动“清薪运动”。周恩来和李富春对她赞誉有加。

广州万福路190号一楼是南华银行，二楼是广东区委军委办公室旧址。四一二反革命政变后，广东区委军委机关被“清剿”，周恩来夫妇居住的南华银行二楼被军警搜查。正在办公的三名中共党员被捕，一人翌日惨遭枪杀，另二人死于狱中。国民党军警搜查前，一名同志机警地把周恩来刚发来的电报交给一名女工，让她务必送给邓颖超。

当夜，大批军警包围中山大学，他们点名抓捕中共党员陈铁军。女工立刻通知陈铁军说：“你赶快逃跑吧！外面有警察来捉你呢！”广州城腥风血雨，陈铁军冒死爬上墙头，一跃而下，矫健而勇敢。十万火急，党组织要陈铁军去通知邓颖超！在西关一家德国产院，正在分娩的邓颖超痛苦地呻吟了三天三夜。因为难产，当时又没有剖宫产手术，她的第二个孩子夭折了！此刻，周恩来不在妻子身边，而在上海指挥工人起义。此刻，街上警车呼啸，军警追捕共产党，逮着就杀！陈铁军逃避追捕，救人心切，从城内跑到西关。为躲敌人耳目，陈铁军装扮成贵妇人，赶去西关德国产院。警车呼啸，邓颖超让母亲到外面查看，巧遇送电报的女工接到了周恩来从上海发来的电报。这时房门一响，走进一位打扮入时的贵妇人，邓颖超定睛一看，是陈铁军，后面跟着的女仆是沈卓青，她们都在区委妇女部工作。“出大事了！”陈铁军紧紧握着邓颖超的手，言语急促。国民党“清党”，四处搜捕中共党员和进步分子，党组织要邓颖超立刻离开广州！邓颖超母亲刚好拿着电报进门，邓颖超读完丈夫的电报，知道大祸临头！在时势最艰难的时刻，党组织派陈铁军化装前来通知，于党组织而言已是助力极限。而离开广州，邓颖超必须自己想办法。特务再次到医院搜查时，在医生王德馨的帮助下，邓颖超已转移至多宝路的一间民宅，后由陈铁军亲自护送邓颖超和她的母亲上船，转移到香港。

刑场婚礼：壮士头颅为党落

国民党反动派大开杀戒后，陈铁军遇三劫。

第一劫，四一二反革命政变后，国民党反动派追捕共产党人。当时，追捕风声正紧，陈铁军秘密逃回佛山。投身商海的陈铁军三哥见妹妹死里逃生，便好言相劝：“现在外面风声很紧，若被警察捉去了，连命都没了！你要读书，我供你去香港或出洋留学，你要为自己的前途和幸福着想！”陈铁军不为所动。三哥见陈铁军不听，让二妹陈铁儿去劝陈铁军。没想到，陈铁儿却被姐姐感化，也投笔从戎。此时此刻，共产党人血染珠江。经过慎重考虑，党组织把陈铁军派到周文雍的身边，两人假扮夫妻，开展秘密工作，租住在广州荣华街17号的一间洋房中。

1927年11月1日，周文雍率领数千名工人群众，在东山葵园汪精卫住所示威，揭露汪精卫、陈公博等“新左派”欺骗群众的行径。他高呼口号“打倒新军阀”“释放政治犯”。示威群众行进到文德路时，周文雍受伤，与30多位工人一同被捕入狱。中共地下党决定让陈铁军参与营救：首先送食物给周文雍，利用他患肺病及受刑重，迫使敌人将他转院治疗；之后，陈铁军以探病为名，从医院把周文雍救出。一天清早，几个工人从车上跳下，把一个蒙着白被单的人背上汽车，而后飞驰而去。营救成功！

第二劫，广州起义中的枪林弹雨。1927年12月10日，广州起义前几个小时，周文雍和陈铁军在火车站左等右盼。叶挺来了！他穿着长衫、戴着墨镜，从火车车厢中走下。广州起义负责人周文雍、杨殷迎上，陈铁军上前与叶挺握手。上车后，叶挺问周文雍："这位女士是你的夫人吧？"周文雍笑了："假扮的。"叶挺说："这么天造地设的一对。一个女孩子怎么叫铁军？你跟文雍的名字换一换，你温文儒雅、雍容华贵，叫陈文雍正合适。"陈铁军说："马上要起义了，我们的秘密工作该结束了。"周文雍汇报："一切准备就绪，恽代英、叶剑英、聂荣臻、张太雷、黄锦辉、黄平，都在等候您，总指挥。"在展开的广州地图前，他们分析布置各路进攻路线，此时不知谁提醒了一声，叶挺、张太雷和众指挥员拍下一张合影。

广州起义打响，炮声轰鸣，地动山摇！起义军兵分三路，向观音山方向冲锋。此时，来自黄埔、虎门、江门、韶关的敌军，蜂拥而至广州。广州起义的第二天，长堤方向告急！警卫团的领导不懂粤语，需要一名翻译。周文雍环顾左右，目光落在陈铁军身上，唯有她能胜任。生离死别，两人互道珍重。在敌人猛烈的炮火中，数千名战友接连倒下。12月13日，国民党反动派军队从西北和南面两个方向，攻入珠江以北市区，企图杀绝共产党人。12月17日，《大公报》报道："共产党由广州东门退出时，在东较场遇伏，死伤逾千人。逃白云山，复为薛岳部兜击，闻被擒千余人。14日，第二师枪决共党百余人，公安局枪决31人，其他各街枪决80余名。女共产党多人，她们被棉花包裹，浇火油焚毙。夺回广州之李福林军，搜索潜伏市内各地之共产党极端严厉。一经发觉，立即捕获枪决。其数达1000余名。衔头尸体累累，凄惨之状，不堪入目。"广州起义失败后，东郊红花岗血流成河。

第三劫，因叛徒出卖被捕。广州起义失败后，李立三采取惩办办法，大批处分这次的起义领导人，黄平、恽代英、叶挺、陈郁、杨殷等均受到处分，他们分别被撤职、留党察看等，周文雍则被撤销省委委员职务。1928年春节，周文雍秘密返穗，负责联络党内同志。殊不知，敌人利用叛徒抓捕中共党员。大年初五（1月27日），爆竹声依稀。当天上午，特务包围广州乐安坊（原荣华西街17号），这个中共秘密联络点暴露了。

一天，我和暨南大学李胜利教授（革命烈士李云扬、伍乃茵之子）寻访乐安坊。几经询问，我们沿十八甫西路走，在一棵大榕树处右拐，原荣华西街17号即现眼前。这是一座三层小楼，依两旁楼房墙而建，除了前门的砖墙，楼内全是木板结构，在通往二楼一道窄小楼梯的入口处墙上，钉了一块不大的金属牌，上书“周文雍、陈铁军被捕地点”，牺牲时间是“1928年2月6日”。

那是一个悲伤的早晨，有人知悉叛徒告密，通知陈铁军赶快逃跑。但是，陈铁军想到周文雍外出未归，不忍离开。她急忙走到窗户前，把窗帘拉向左边，发出危险信号，转身清理文件。不久，特务果然闯到门外，大声吆喝，急促撞门。陈铁军慢条斯理地开门。特务进门后，翻箱倒柜，搜索检查。他们像猎狗一样，嗅出挂着的窗帘别有用意，便一把把它扯下。他们盘问陈铁军：周文雍在哪里？这时，陈铁军担心周文雍回家，看不见窗户前的报警信号。突然，周文雍踏进屋来，他哪里知道屋里有国民党特务！特务狞笑一声说：“好了，你们都到齐了，局里请你们去问话，立刻就走！”陈铁军从容不迫地回到屋里，换了一件半新的马蹄袖长袍，披上一条绒线织的大围巾，又将屋里的东西仔细检查一番，从容走出。陈铁军和周文雍在监狱里、在法庭上，都表现出凛然不屈的气概。特务用“吊飞机”“坐老虎凳”“十指穿心”等种种残酷的刑讯逼迫陈铁军招供，但陈铁军咬紧牙关，沉住气，一字不说。

1962年10月，在这对红色恋人牺牲34年后，作家伍乃茵采访了当年这一事件的幸存者，从他们的口述中还原出当时的情景。拘留所里，他们遭遇酷刑后醒来，陈铁军挂念周文雍。她记得第一次见周文雍时，穷学生周文雍已是工人运动的领袖。他激昂演讲，英俊阳光，气质独特，令她怦然心动。周文雍是广东开平人，1925年入党，曾任中共广东区委工委委员、中共广州市委组织部部长、市委工委书记等职。在负责工人运动时，周文雍对陈铁军心仪已久。但每天危机四伏，随时都有生命危险，他们只能将爱情深埋心底。

警察局审讯室充满血腥，局长朱晖日亲自提审。酷刑面前，周文雍几次昏厥，醒后仍不吐一字。在监狱墙壁上，他题写了一首《绝笔诗》：

头可断，肢可折，
革命精神不可灭。
壮士头颅为党落，

好汉身躯为群裂。

朱晖日恼怒之下，决定公开处决他们。1928年2月6日，正是农历正月十五。按中国人的习俗，元宵节要煮汤圆，祈福团圆。但这一天对陈铁军、周文雍而言，将是他们生命的终点。被宣判处以死刑后，不惧重刑的周文雍平静地提出一个要求：请一个照相师来，他要和陈铁军拍一张结婚合照。一分一秒过去，周文雍从容地梳理头发，穿上一件呢子短外套。这时，他听到一阵镣铐声，狱警押着陈铁军来了！她穿着宽短袖上衣、黑色筒裙，肩上披一条枣红色宽围巾。两人相见，紧紧拥抱，深情凝望。陈铁军看着受了重刑的周文雍，热泪盈眶。周文雍轻声说：“不要让反动派看到我们的眼泪！这事我没有跟你商量，向他们提出了要求，你不会怪我吧？”陈铁军回应他：“在我们即将走向另一个世界之前，我愿意做你的妻子。”此刻，广州卫戍司令邓世增下令执行死刑！镁光灯亮了，他们彼此搀扶着，他们的表情从容而坚定。摄影师按下快门。

◎ 1928年2月6日，周文雍和陈铁军夫妇就义前留影

1928年2月8日《华侨日报》的一篇文章中写道：

枪决共匪首要周文雍等

周匪夫妻同时伏法，临刑时供词

广州卫戍司令部缉捕队，于日前捕获赤卫队总指挥周文雍及其妻陈影萍。……司令邓世增以该犯既自认不讳，即于昨六日下午一时许将共党周文雍夫妻宣布死刑执行枪决。其时，卫戍司令部军法处遂命令照相师就狱中周文雍夫妇，各摄一次置备存案。摄影时周夫妇已知死期将至，遂互嘱壮胆。摄毕执法官传令周夫妇出堂，周遂携其妇昂然直出。

周文雍身着杂绒西装，颈围冷巾，双手插裤袋中，侧首作睨视状。其妻则手持纸烟，且吸且作微笑。外着鹅绒旗袍，内衣为红棉袄，头戴淡紫冷织软帽，姿容颇美。两人挽手观看，偶或喁喁私语，毫无惧容。至罪状时周曰："前供尚有未果，刻欲更正。"法官许之，周乃指其妻言曰："渠此前供述陈影萍之名，实伪托也，渠本为中大学生，名陈铁军。"此时周妻接曰："余本名陈燮君，及投身共产党工作，始易名陈铁军"……

时已二时五十分，法官遂以供词以授两人，使其署名毕，宣读判决之文，照叛逆罪枪决。周力争改写铁军之名，惟法官卒谓供词当为照录，犯由牌无（须）更改。宣判既毕，即命捆绑。周犯请求无须，然卒未邀准。周乃将围颈之巾转绕其妻颈上，并与之握手，其妻则手持周颈之绳，使勿缚急。然两人仍面无变色，态度从容，并向法官问，一若不知死在目前者。绑毕，即将纸签分别插于该犯等背上，即解出门使用。手车分载，解赴红花岗执行枪决。而该犯仍沿途高呼"共产党万岁！"等口号。当时邓世增为缜（慎）重办理，免生意外起见，特派军一连，另谍捕队员六名随同押解。在出门口时即临时宣布戒严，所有车辆行人概不准通过，迨将该共党押去后，始复交通。当时防范可谓异常慎（缜）密。枪决后即发出布告云……

看着李胜利教授赴港拍回的珍贵史料，我不胜唏嘘，为英烈沿途高呼"共产党万岁"而深受感动。李胜利取出一本1939年8月版的《中国青年》，其中有一篇冯文彬写的文章提道：十多年前，有两个共产党员，一个叫周文雍，一个叫陈铁军，他们共同工作了三年，双方感情很好……后来他们不幸被捕，而且被判了死刑。直到临死之前，他们才向法庭要求结婚。他们用围巾围住了两人的头，最后接了一次吻。李胜利教授告诉我，陈铁军高声跟群众道别："亲爱的同胞们，在被敌人杀害前，我们就要举行婚礼了，让反动派的枪声，来作我们结婚的礼炮吧。同胞们，同志们，永别了，望你们勇敢战斗，共产主义一定会胜利，未来属于我们的！"

周恩来夫妇：再见英雄阴阳隔

广州东郊红花岗，见证了这对红色恋人悲壮的瞬间。枪声响起，鸟群飞散。就义时，周文雍年仅23岁，陈铁军24岁。他们在刑场上举行悲壮的婚礼，惊天地，泣鬼神。两天后，他们被杀害的消息和一张临刑前拍摄的照片，见诸报端，传遍粤港。标题是“他们走向另一个世界，在镜头留下美好瞬间”，而照片旁边留有这样一段话：“我们俩过去在一块工作，一直没有结婚，现在我们宣布举行婚礼。”报童满街叫卖，轰动一时。战友看后，怆然泪下。当聂荣臻把消息告诉周恩来夫妇时，邓颖超不禁失声痛哭；周恩来称他们的爱情，是人世间最纯真最高尚的。

1962年2月，在中南海紫光阁，周总理召开全国剧作家会议，建议编写周文雍和陈铁军事迹。此时，距这对烈士牺牲已有34年。同年3月，在广州起义烈士陵园不远处的一座宾馆，周恩来总理正主持全国话剧、歌剧、儿童剧创作座谈会。一间小会议室里，挤满百位参会代表。聊了有关创作的话题后，周恩来动情地讲述了周文雍夫妇的故事，人群中有人落泪了。

我谨记七奶奶邓颖超的嘱托：“周文雍、陈铁军烈士墓在何处？”一次，开平市委常委、组织部部长余文锋致电我：“在开平百合镇，有周文雍、陈铁军烈士的纪念馆。你快来看看吧！”在岗圩广湛公路旁，有一座由靛青和灰白色组成的牌坊，上书“周文雍陈铁军烈士陵园”，高耸入云霄。这两位烈士安息于此。我的心猛然一颤，赶快下车，和作家程晟亚、开平市委组织部的同志沿阶而上，鞠躬致礼，献上鲜花……我终于可以告慰七奶奶邓颖超，我找到了这片绿草地，这是周文雍和陈铁军长眠的地方。

纪录片导演廖定国和我寻找到广州起义路200号——原国民党广州公安局。当年，广州苏维埃政府占领此地，为广州公社旧址。四面土黄色围墙，两米多高，大门后有花园，正中为苏维埃政府办公楼，北楼为工农革命军指挥部，南楼为警卫连连部。如今，这里是广州起义纪念馆。

我往东北走，旁边有一幢土黄色砖楼，每间房约8平方米。这是国民党监狱，面积5992平方米。记得一次，广东革命历史博物馆原馆长黎显衡带我进去当年关押

◎ 曾经关押周文雍等六烈士和革命者的拘留所

周文雍的拘留所，窗户狭小，呼吸有些压抑。当我走过一道没有窗户的长廊时，感受到阴风阵阵。出门回眸，我顿时心惊肉跳。铁牌冰冷写着“关押六烈士的拘留所”，上面第一个名字就是周文雍。我想还有陈铁军吧。一想到他们曾在这里受到非人的酷刑，我禁不住泪如雨下。黄墙暗楼，铁门监仓，密不透风。当年特务刑逼革命者，这里昼夜传出拷问声、惨叫声，令人毛骨悚然。

我沉重地走在碎石小道上，泪流满面：那个正月十五，那条寒风凛冽的不归路，23岁的生命，告别身后的父母兄妹，走向另一个世界……他们就是拖着沉重的镣铐，遍体鳞伤，一血一滴，一步一喘，艰难地从这里，走向红花岗刑场……

我深情眺望着北楼——工农革命军指挥部，那一盏灯是否还明亮？当年的12月10日，将士们在广州地图前，秣马厉兵。起义前，众人围拢在张太雷、叶挺的身边，那一张自拍合影，永远留在我心里……我想起他们的微笑，多么迷人，多么绚丽！

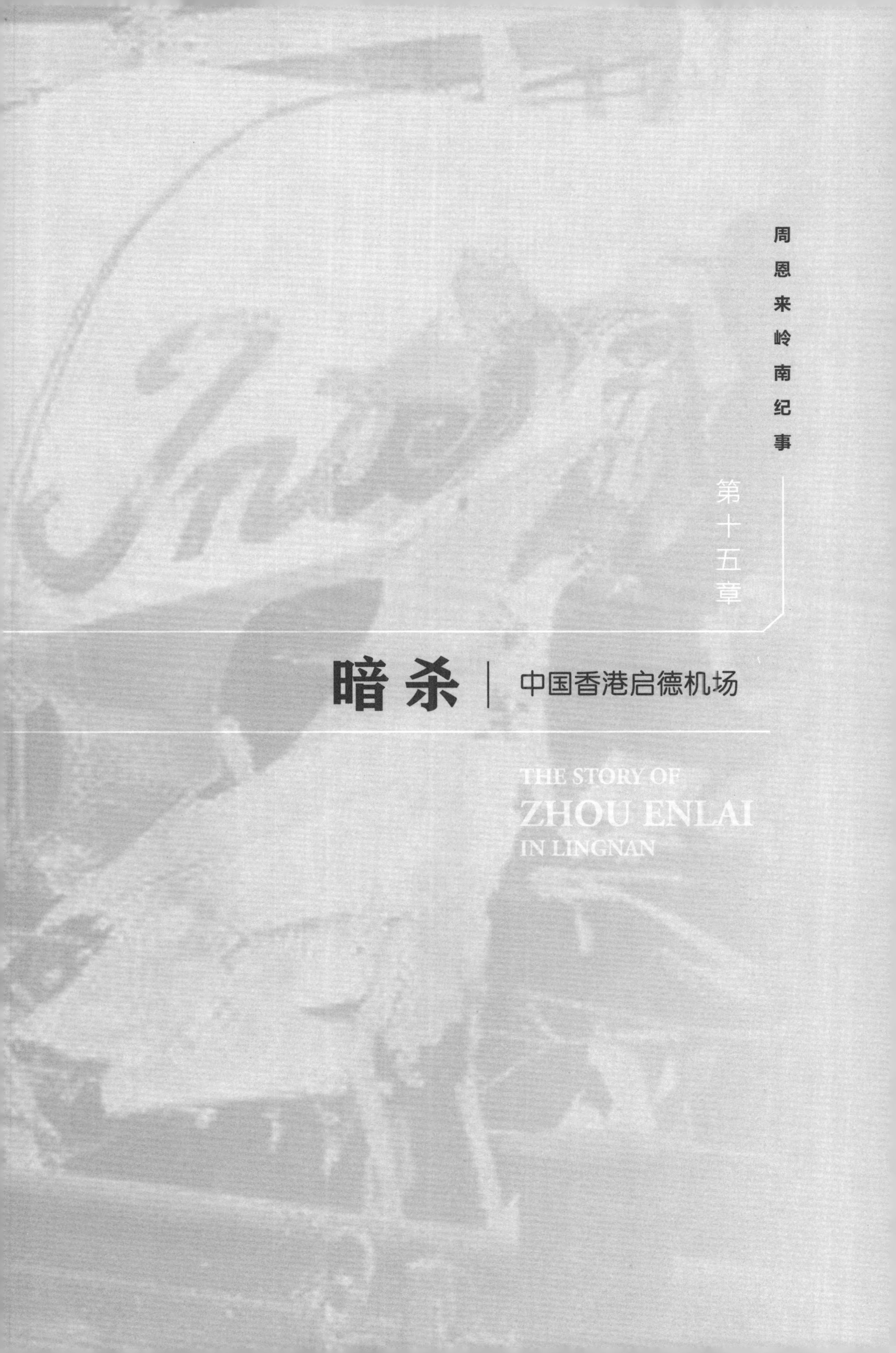

第十五章

暗杀 | 中国香港启德机场

1925年10月22日，周恩来和陈赓帮蒋介石脱了被围之险。

1927年四一二反革命政变后，蒋介石悬赏25000元，通缉周恩来。

1936年12月西安事变，周恩来与蒋介石和平谈判，再救蒋介石一命。

1955年4月，中国代表团乘『克什米尔公主号』参加万隆会议。蒋介石台湾保密局香港情报站组织暗杀周恩来……

成元功的名字，是我父亲周保常经常提起的。父亲曾经说过：“1954年5月6日上午，在北京一个招待所，一位军官找领队问询我的情况。当时我还挺纳闷，这是谁呢？等到他微笑着带我去西花厅，我才知道他是成元功，七伯的卫士。”

1945年8月，日本投降。9月初的一天，成元功正在操场上打篮球，领导找他谈话，要调他到周恩来副主席处工作。第二天，他就背上行李，跟着赶毛驴的人到中央办公厅报到。在田畴的带领下，成元功来到杨家岭一间窑洞前，紧张地大喊一声“报告”。邓颖超说：“见面不要再敬礼了，不要叫首长了。以后你叫我大姐，我叫你小成。”不久，周恩来副主席从重庆回到延安。他笑容满面主动和成元功握手说：“欢迎你来！”自此，成元功跟随了周恩来23年。

“克什米尔公主号”事件：虽千万人吾往矣

2014年1月的一天，北京滴水成冰，我从西华门拐进黄城根北街，成元功的家就在这条街上。成元功家的客厅简朴，墙上有成元功夫妻年轻时的合影。成元功80多岁的妻子焦纪壬，与我一见如故。她说，在1945年至1968年的23年里，成元功参与了周总理的几乎所有的重大活动。在与周恩来相关的文史资料中，随处可见成元功的影像。我说：“寻找成伯伯，是因为他跟随周总理万隆之行。”她轻声地叹息：“你成叔叔2012年5月逝世了。”

我的目光停留在墙上的一张照片上：周恩来和外宾在前面走，成元功紧跟在他的身后，眼睛警觉地注视左右。焦纪壬说，1955年4月，成元功跟随周恩来赴万隆会议时正和她谈恋爱。她翻开《周恩来总理卫士长回忆录》，成元功在书中讲道：“万隆会议前后，我一直跟在周恩来的身边，寸步不离。‘克什米尔公主号’事件，我算是经历了一半。”

在代表团赴昆明之前，周总理突发阑尾炎需做紧急手术。为减少旅途颠簸，代表团选择乘坐飞机。当时，中国民航没有远程飞机，便租借印度航空公司的“克什米尔公主号”，载送代表团去印度尼西亚。印度航空公司的飞机没有来过中国，只能到香港启德机场等候。然而，此行却布满阴霾。3月初，据可靠情报：台湾特务正筹划在万隆展开暗杀行动。当时，有人劝周恩来放弃此次参会。成元功深知总理性格，他知道万隆会议将是中国在国际上的一次试音，周总理是不可能放弃的。

会前，缅甸总理吴努邀请周恩来会前先到仰光，处理中缅两国之间的一些问题。代表团在4月7日离开北京，第二天到达云南昆明。当时，毛泽东和政治局委员们担心周恩来的安全，考虑不让周恩来出席这次会议。但周恩来坚持认为，这次会议可以扩大中国的影响，促进中国与亚非国家的团结和友谊。

周恩来认为，外交也是斗争，有斗争就有牺牲。他说：“如果我因为怕死而不出席会议，就辜负了亚非人民的希望，也对不起吴努、尼赫鲁、苏加诺、沙斯特罗阿米佐约，他们诚心邀请我出席亚非会议，而我却不能如约对印尼进行访问，谈好了的计划日程不能实行，岂不是失信于人吗？所以就是刀山火海，我也要出席。”

关于出国的路径，起初周总理提出由香港坐船走海路。有关方面研究认为，走海路不行。因来往于香港和印度尼西亚之间的船只，只有荷兰的两艘小型商船，一艘5000吨，一艘3000吨，单程要走一个星期。如果国民党特务沿途破坏，安全很难保障。于是，他们改为由香港乘飞机去印度尼西亚。当时商定，4月11日代表团所乘的飞机，上午作为正常航班飞抵香港，下午再改为包机，从香港启德机场直飞雅加达。

中国代表团决定兵分两路：一路由周恩来、陈毅带队从北京出发赴昆明，等待缅甸方面的专机，先访问仰光再去雅加达；另一路8名工作人员因工作需要直接从香港乘坐“克什米尔公主号”赴雅加达。4月7日上午，在北京西郊机场，成元功正准备护送周总理离开候机室，总理办公室副主任罗青长赶来，将刚刚收到的一份重要情报交给周总理：“蒋介石特务机关高价收买启德机场地勤人员，准备将炸弹放入‘克什米尔公主号’油箱。”对这份重要情报，周总理当即指示，请转在京有关领导办理。这纸情报被迅速转到外交部。外交部与印度航空公司和香港方面再三交涉后，印航经理回答“应该没问题”，并增加了安全保障措施。

4月11日中午，中国代表团的8名工作人员乘坐“克什米尔公主号”准时起飞。这天，身在昆明的周恩来坐立不安，每隔几分钟看一下表。陈毅大口抽着烟，劝说：“莫急嘛。”下午1点钟，外交部来电：“‘克什米尔公主号’12点15分准时起飞，一切正常。”周恩来和陈毅都松了一口气。下午6点左右，周恩来正在吃晚饭，忽然接到北京来电：“克什米尔公主号”飞机由香港起飞3个小时后，和导航台失去了联系。一家通讯社报道说，当日在中国南海上空有巨大的爆炸声，不知是否与“克什米尔公主号”有关。周恩来神色凝重地放下饭碗。果然，悲剧发生了！

时任中共中央办公厅主任的杨尚昆，当时负责周总理出行的安全工作。夜里，他亲自打电话来。几分钟后，外交部副部长章汉夫打来电话说：“1点钟左右，杨主任接到苏联驻华大使尤金的电话，尤金讲了莫斯科传来的消息，说中国代表团乘坐的一架印度客机中途爆炸，坠毁在中国南海。杨主任立即打电话问新华社和中央人民广播电台有没有得到这个消息，都说还没有。没过多长时间，新华社打电话来，说已经有几家外国通讯社报道了这个消息。而台湾电台已经播发周恩来座机坠毁的消息。杨主任得到这些消息后，立即打电话报告少奇同志，少奇同志指示杨主任立即将此情况，报告给在昆明的周总理和在杭州的毛主席，并指示说要外交部就此事件发表声明。”

众人震惊不已，目光都投向周恩来。叶季壮说：“蒋介石的主要谋害目标是总理。我建议，总理不要去万隆。”乔冠华说：“为安全计，我认为总理不能去。”陈家康、黄华、达浦生都说：“总理不能去。”

周恩来坚持说：“这要从政治上考虑。我怎么能不去？我若不去，岂不是中了蒋介石的诡计！外交斗争是有风险的。我们是为促进世界和平、增强亚非人民对新中国的了解和友谊而去的，即使发生了什么意外也是值得的，没有什么了不起！”

周恩来一夜未眠，4月12日清晨，接听了杨尚昆的电话。杨尚昆说：“少奇同志要我把凌晨召开的政治局在京同志紧急会议情况速告你。这个会议，也是在杭州的毛主席建议召开的。会议上，多位同志从你的安全出发，建议你不要出席亚非会议了，首席代表由陈毅同志担任。少奇同志说这要征求和听取你的意见。因为新华社将在明日（1955年4月13日）正式发布消息，宣布毛泽东主席任命中国出席亚非会议代表团首席代表……所以少奇同志要你立即表示意见。”

周恩来果断地回答：“临阵不换将嘛，首席代表一职不要变动。”[1]

周恩来与邓颖超：唤声亲爱诉衷肠

这天深夜，周恩来困倦极了。但是，邓颖超4月10日的来信，牵动着他的心。他坐到写字台前，从口袋里掏出信来，在台灯下展开，逐字逐句地看。妻子的信是用毛笔写的，她已经很多年没有写这么长的信了。邓颖超在信中说：

亲爱的人：

刚才三日，但禁不住要写几个字给你。这次蒋贼是蓄意决下毒手施行暗害的，他并从各方面的可能着手。因此往返途中停留时，飞机着落后严加封锁，起飞前的严密检查，是必须而不可疏忽的。在逗留地区对所用交

[1] 姚力、枫亚：《周恩来在万隆》，上海锦绣文章出版社，2007，第66页。

通工具，亦应该看守与检查。你外出活动，必须严密警惕，仔细机警，为了人民的利益，为了人类进步崇高的事业，为了你能做更多工作，你必须善于保卫你自己，在这方面，亦必须取得对敌斗争的胜利的。我衷心地祝福你胜利平安的归来！

你的知己兼好妻

1954. 4. 10[1]

邓颖超写这封信时，“克什米尔公主号”的空难事件还未发生。4月12日凌晨，周恩来复信邓颖超：“超：来信收阅，感你的好意和诤言。有这次教训，我当更加谨慎，更加努力。文仗如武仗，不能无危险，也不能打无准备的战，一切当从多方考虑，经过集体商决而后行。”[2]

周恩来智慧过人，一眼看穿敌人暗杀阴谋的主要目标是他本人。他特意将邓颖超的来信，和自己的回信一并寄回给妻子。从这一举动来看，他当时已经做好了最坏的打算。

蒋特暗杀周恩来始末：魍垒诡异难具论

2007年某日晚上，我无意中打开《凤凰周刊》，看到谷正文接受香港记者的独家专访，首度揭开尘封于1955年的情报黑幕！谷正文原名郭同震，曾担任台湾保密局侦防组组长。他讲出制造“克什米尔公主号”空难暗杀周恩来的始末。

谷正文披露：1955年万隆会议召开前，台湾情报部门获悉周恩来将率领中国代表团包租印度航空公司的“克什米尔公主号”飞往雅加达开会，专机将在香港短暂停留。台湾特务决定在香港下手，在飞机上安装炸弹。具体策划者一个是赵斌丞，他曾是戴笠的得意门生；另一个是他的手下，叫陈鸿举。两人均为台湾当局派到香港执行颠覆活动的情报人员。“克什米尔公主号”事件也是谷正文向蒋介石提出建

[1] 中共中央文献研究室编《周恩来邓颖超通信选集》，中央文献出版社，1998，第102页。

[2] 周恩来：《周恩来书信选集》，中央文献出版社，1988，第514页。

议，并由其指挥实施的。

谁来安装炸弹？他们盯上了香港启德机场清洁工周驹。周驹当时20岁左右，除了一个嗜赌如命的父亲，并无家累。此外，他个子瘦小，长相普通，不引人注意。在50万港币的重赏下，周驹同意了。计划拟定后，赵斌丞与陈鸿举由港返台，向台湾保密局局长毛人凤作口头报告。毛人凤当即表示同意。最后，两人决定请当时的侦防组组长谷正文出马。谷正文听完计划后，连声赞成。1955年4月10日，赵、陈二人从台湾带着50万港币偷渡到香港，把炸药交给周驹。这种炸药在当时是一种高科技产品，由美国中情局提供给台湾情报网使用。

4月11日，为了应付机场安检，周驹特意把炸药伪装成西药。混过安检后，他开始进行清洁工作。这时，来加油的“克什米尔公主号”静静停在跑道上。周驹掩饰着内心紧张，跟着一组工作人员进进出出，东扫西擦。他何时钻进轮舱装了定时炸弹，又何时逃跑，无人知晓。

4月11日下午6时30分，在飞越马来西亚沙捞越州（旧称砂拉越州）附近时，“克什米尔公主号”突然传来一声巨响，飞机起火燃烧，冲进海里……飞机上中国代表团3人、记者5人，波兰、奥地利和越南记者各1人，共11人全部遇难。事后，毛人凤向蒋介石汇报，受到了重赏。而罪犯周驹则逃往台湾落户。

台湾特务大失所望！尽管他们的电台播发了周恩来座机坠毁的消息，但是飞机上却并没有周恩来。吴努的临时邀约，竟然挽救了周总理的性命。事后，成元功心有余悸地说：“会前，要不是缅甸总理吴努与周总理有会晤之约，后果不堪设想啊！”

成元功和罗青长是这段历史的亲历者，却不幸先后离世。幸好广东电视台专题片《“克什米尔公主号”暗杀阴谋》留下了他们珍贵的影像。我回台查寻到这盘磁带，里面有罗青长和成元功的口述：

罗青长：“在西郊机场起飞时，我们要走了，马上送来一个电报，就说国民党特务在香港鼓动地勤人员，在‘克什米尔公主号’到达后，利用加油机会把定时炸弹放到油箱里。得到国民党的暗杀计划后，周恩来曾经多次要求外交部告诫香港当局，要求他们加大保卫力度，确保代表团人员及新华社随行记者等的安全。外交部也派专人赶到香港，负责机场的保卫工作。在4月11日之前，新华社接到了外交部的通知，（4月11日）凌晨1点多，派专人通知印度航空公司的经理，刻不容缓！当时情况紧急，必须保证机组人员的安全！但是，印度航空公司的经理将信将疑，他认为飞机到达香港后，仅1个小时停留加油时间，飞机周围全部都有警卫人员看守，不可能有人靠近飞机。但是百密一疏，警卫恰恰忽略了那个叫周驹的清洁工。”

记者问：“外交部不是接到与港方交涉确保安全的电话吗？”

成元功说：“那晚，周总理和大家都没有吃晚饭，谁也没想到蒋介石特务机关冒天下之大不韪，对中国代表团下毒手！4月12日，中国政府就‘克什米尔公主号’事件发表郑重声明：这一不幸事件绝非一般的飞机失事，而是美国和蒋介石的特务机关蓄意制造的谋杀……”

周恩来到万隆：红溪藏有铁血团

印度空军“空中霸王号”飞抵仰光后，周总理和陈毅副总理一行住进总统府。成元功回忆说：“吴努总理将周总理、陈毅副总理迎进客厅，我和李福坤则一面在院子里等，一面研究下一步的工作。大约（下午）5点钟，一名服务员用盘子端着几件衣服走来，向我和李福坤同志打手势，意思是要把衣服交给我们。我们一看是周总理、陈毅副总理和浦寿昌同志的衣服，不知发生了什么事，不由大吃一惊。我想问一下服务员，但语言又不通……我们用手势告诉服务员让他把衣服送到车上后，便快步向客厅冲去。一进门，只见周总理、陈毅副总理、吴努总理、奈温将军和浦寿昌同志都换上了缅甸民族服装，正谈笑风生地起身往外走。浦寿昌同志把情况一说，我们才知道是吴努总理让周总理、陈毅副总理换了衣服去参加泼水节。虚惊一场，一块石头落了地。”[1] 成元功和李福坤步步惊心，唯恐再有闪失，便紧紧跟

[1] 成元功：《周恩来总理卫士长回忆录》，中央文献出版社，2009，第191页。

随，不离左右。

成元功回忆说，周总理的随身警卫仅有两人，要去参加缅甸泼水节时，警卫秘书何谦却突发阑尾炎病倒了，仅剩成元功一人。幸好公安部副部长杨奇清以顾问身份赶来，李福坤暂时兼任警卫工作。

1955年4月14日，周总理不顾个人安危，决定和陈毅副总理率代表团乘印度空军“空中霸王号”从仰光飞往雅加达。“空中霸王号”原定早上8点起飞，但考虑到安全问题，起飞时间被提前到凌晨3点。

这架飞机性能弱、飞不高、时速慢，飞行8个小时后遇雷雨天气，无奈之下只能在新加坡降落。当时，我国与新加坡还没有建立外交关系。飞机抵达机场后，代表团都无法走出机舱。当机场方面得知这是周恩来包机后，才联系了英国驻马来西亚高官麦克唐纳，让他安排代表团在贵宾室休息。

在新加坡机场，惊险的一幕又出现了！“克什米尔公主号”失事后，台湾的特务并不甘心，继续展开对周总理的暗杀行动。成元功回忆说：“当时的休息室是个平房，两个特务鬼鬼祟祟，就在窗户外面晃悠。我特别紧张，因为警卫只有两个人。我就看里面，李福坤盯外面。”飞机广播雷雨过去了，两个特务才悻悻离去——新加坡的暗杀计划又失败了！

下午5点30分，周总理一行抵达雅加达马腰兰机场。现场戒备森严，岗哨林立，欢迎的人们都在警戒线以外。想起那11位遇难的同志，成元功非常伤心，他们本应先到此地，也在等候的人群之中，现在却看不到他们的身影，再也见不到他们的笑容了。

雅加达树木参天，海鸟密集，花团锦簇。为安全起见，大使馆准备了三辆轿车，外形一模一样，每辆车都挂着中国国旗。乘车次序为大使夫人坐第一辆，周总理和中国驻印度尼西亚大使黄镇坐第二辆，陈毅副总理坐第三辆。

4月17日上午10点，周总理一行抵达万隆达门沙里路10号，住进当地的一栋别墅。

4月18日，亚非会议开幕。与此同时，一宗参与人数众多的暗杀计划开始了！美国虽不参加会议，却派出一个70多人的“记者团”，其中有在板门店谈判和日内瓦谈判时活动了很久的间谍。在距离万隆几十公里外，一支反动武装也蠢蠢欲动。蒋介石特务在雅加达组建的“铁血团”，秘密派遣行动小组执行任务。万隆之途，格外凶险。

4月19日，代表团在住地的临时休息室聊天。只见大使馆的人匆匆给黄镇送了一个紧急情报，黄镇一看，大吃一惊；然后递给杨奇清副部长，他一看也大吃一惊；然后又把它传给了陈家康等几个同志，他们看后也很紧张。

谁写的这封信？内容是什么呢？原来这是一个署名"反省过来的暗杀队员"的人，写给中国驻印度尼西亚使馆的告密信。信中说逃亡到印度尼西亚的国民党中下级军官奉蒋介石之命，准备暗害周恩来。这个敢死暗杀队由28人组成，3月10日已在红溪出现。我国驻印度尼西亚大使馆参赞陈叔亮回忆："他们使用无声手枪、匕首等凶器，进行谋杀活动，暗杀一名代表团团员给20万印度尼西亚盾。暗杀总理的，另加40万盾。告密人说自己作为一个中国人，不忍心谋杀周恩来。"[1]

陈毅副总理动员说："代表团人人都要做保卫工作、当警卫员，就是我，也是总理的警卫员。"为保证周恩来总理的安全，中国驻印度尼西亚使馆立即联系该国安全部门，通告情报。印度尼西亚方面抽调3个步兵营和1200名警察戒严，专派一名陆军上尉做周恩来的贴身护卫，5名警察随卫。中国代表团驻地都加强了警卫。周总理外出时，除两辆摩托车开路外，还加派吉普车护卫。周总理在印度尼西亚的饮食居住均暗藏风险。中共广东开平市委常委、组织部部长余文锋对我说："关崇润是开平市塘口以敬三板步村人，1912年与妻子离乡别井，到印度尼西亚谋生，后来成为万隆市中华总会副主席，并经营椰城酒家，担负起接待中国代表团的重要任务。"关崇润的儿子关汉鼎说："当时，'铁血团'及反动势力想用种种的手段暗杀周总理，我父亲协同中华总会和印度尼西亚政府立即停止酒店对外营业，保证中国代表团的食宿。从采购到运菜、烹饪，均由专人负责。每一个环节，父亲都亲自过问。有一次，父亲听说采购食材的人曾被人追踪监视，马上把全部的食材弃掉，自己从后门悄悄地出去，重新采购一批回来，以防止特务在食材上做手脚。为了确保不出一丝一毫的差错，父亲做每一件事都很小心。"因此，敌人的暗杀阴谋再次落空。

---

1. 访问陈叔亮谈话记录，1984年1月26日。

周恩来到万隆会议：樽俎自折万里冲

4月18日，亚非会议开幕，周恩来总理成了会场内外的风云人物。有报道称："他出现在哪里，哪里就有欢呼声和掌声。"当周恩来坐着飘扬着五星红旗的小汽车驶向大会会场时，街头群众不顾警察的阻拦，从四周围上来并发出了雷鸣般的欢呼。有美国记者感叹："人们都为他发疯了！"

亚非会议中，中国面对的情况错综复杂。参加会议的29个国家中，有22个没有同新中国建交。不少国家对新中国不甚了解，心存疑虑。特务在万隆暗杀周恩来的阴谋失败后，台湾国民党当局转而挑拨离间，利用亚非国家社会制度和意识形态隔阂来制造矛盾，挑唆中国和其他亚非国家的关系。当时参加会议的29个国家中，同美国有援助关系的有22个。会议伊始，有的国家代表提出所谓"共产主义威胁"和所谓"颠覆活动"等，令会议气氛剑拔弩张。

4月19日，会议第二天的下午，轮到中国代表发言。周恩来把原定的发言稿改为书面稿印发给与会者。他利用午间短暂的休会时间，重新起草了发言稿。下午，周总理在会议上宣布："我现在代表中华人民共和国发言。"

一瞬间，会场里爆发出一阵雷鸣般的掌声。在场的中国新闻记者李慎之、张彦记录下了这一幕："环顾全场，每一个座位现在都坐满了人，没有座位的地方也站满了人。当周恩来走上讲台的时候，水银灯一齐亮起来，照相机一齐动起来，没有人不意识到这一刻的重要。"[1]

周恩来总理从容地踏上讲台，平静地说："中国代表团是来求团结的，而不是来吵架的。我们共产党人从不讳言我们相信共产主义和认为社会主义制度是好的。但是，在这个会议上用不着来宣传个人的思想意识和各国的政治制度，虽然这种不同在我们中间显然是存在的。"[2]

从这时起，人们感到会场气氛变缓和，会场上鸦雀无声。周恩来总理继续讲：

---

❶ 李慎之、张彦：《亚非会议日记——日内瓦会议通讯》，中国新闻出版社，1986，第15页。

❷ 周恩来：《周恩来选集》（下），人民出版社，1984，第153页。

◎ 1955年4月，亚非会议休息时，周恩来（前排左一）为各国朋友签名留念

“中国代表团是来求同而不是来立异的。在我们中间有无相同的基础呢？有的。那就是亚非绝大多数国家和人民自近代以来都曾经受过，并且现在仍在受着殖民主义所造成的灾难和痛苦。这是我们大家都承认的。从解除殖民主义痛苦和灾难中找共同基础，我们就很容易互相了解和尊重、互相同情和支持，而不是互相疑虑和恐惧、互相排斥和对立。”❶

周恩来分析不同的思想意识和社会制度、有无宗教信仰自由的问题、所谓颠覆活动的问题，并说：“中国俗话说‘百闻不如一见’，我们欢迎所有到会的各国代表到中国去参观，你们什么时候去都可以。我们没有竹幕，倒是别人要在我们之间施放烟幕。”❷

周恩来话音刚落，会场上就响起经久不息的掌声！代表席、来宾席、记者席的人们都有些激动。当他回到自己的座位时，许多代表上前跟他握手祝贺。周恩来

❶ 周恩来：《周恩来选集》（下），人民出版社，1984，第153—154页。
❷ 周恩来：《周恩来选集》（下），人民出版社，1984，第155—157页。

18分钟的发言，使会场上的气氛陡然发生变化！美国记者鲍大可报道说：“这篇发言最惊人之处就在于它没有闪电惊雷。周恩来用经过仔细挑选的措辞简单说明了共产党中国对这次会议通情达理、心平气和的态度。他也回答了在他之前发表的演说中，对共产党所做的许多直接间接的攻击。”[1]他的谦逊、诚恳、善意，他对和平的真诚希望，他提出“求同存异”的方针，使会议主题回归正道。

周恩来一行回国后，“克什米尔公主号”爆炸事件并未就此完结。卫士成元功记录：4月15日，在仰光与印度总理尼赫鲁会谈时，周总理建议派一名官员去香港调查处理“克什米尔公主号”飞机事件。会议期间，他接见印度情报局副局长尔·纳·高氏，商谈和安排有关调查处理事宜。

5月9日和5月15日，周总理先后约见英国驻华代办处杜威廉，确定印度情报局副局长尔·纳·高氏和我方熊向晖（时任外交部新闻司副司长）赴港与港英政府共同调查“克什米尔公主号”事件。在约见杜威廉时，周总理反复强调，这件事情绝不是一般的谋杀，而是蓄谋已久的政治暗杀。既然事情已经发生，中英双方互相指责已无意义，重要的是，尽早破案，缉拿凶手。杜威廉也表示，将尽快按照周总理的要求破案。在中方大力配合下，香港当局开始全面开展侦破工作。

5月15日夜，周恩来把罗青长、熊向晖找去，简要讲了同英方交涉“克什米尔公主号”案件的情况，然后对熊向晖说：“英国政府同意合作破案，明天你做些准备，后天就同高氏去香港。高氏代表尼赫鲁和印度政府，你代表我和中国政府，这样便于执行任务。你把新的情况提供给香港当局，把高氏转告的香港当局破案的情况报回来。代表不是传声筒，特务案件不同一般，如果你认为香港当局处理有问题，时间允许就报回请示，时间紧迫就马上向高氏表态，不要错过时机。”

5月17日，熊向晖和尔·纳·高氏一起离京。18日，他们由广州出发抵达香港。

追凶祭英魂：风雷神惊鬼惊

侦破过程一波三折。炸弹是在香港机场停留期间被装上的，香港当局难辞其

[1] ［美］鲍大可：《周恩来在万隆——美记者鲍大可记亚非会议》，弓乃文译，中国社会科学出版社，1985，第9页。

咎。成元功说，1955年5月18日晚，香港当局开始展开侦破行动，当晚便逮捕了一批国民党特务。经过半年多的取证、调查，终于证实此爆炸事件，是台湾保密局香港情报站策划的，目的是暗杀周总理。主要策划者是赵斌丞，陈鸿举参与策划，直接执行者是周驹——他原是香港航空公司的清洁工，住九龙太子道公共汽车站附近。定时炸弹由“四川号”轮船海员张祖顺，从基隆港秘密运到香港，经香港情报站特务李益民转交周驹。周驹将定时炸弹伪装成西药带进机场，安放在“克什米尔公主号”右翼轮舱附近。飞机于1955年4月11日中午12时15分起飞，下午6时30分，在距马来西亚沙捞越州首府古晋市100海里处上空爆炸。

英国政府将此案拖了一年后，分两次报告中方结果。1956年1月16日，英国驻华代办处照会中国外交部称，港方拘留13人，将已逮捕的其余31人驱逐出境，这些人被判定“曾在香港进行国民党的情报活动”“但不能提出有关破坏事件的控告”。6月24日，香港当局竟置中国外交部的一再抗议于不顾，声称香港与台湾没有遣返条件，无充分证据交付审讯，将拘留的13人驱逐出境。也就是说，香港当局将44名案犯，包括证据确凿的要犯周驹，以驱逐出境的方法全部释放了。8月4日，周恩来以外交部部长的名义照会英国驻华代办处，对其释放重大嫌疑犯的行为提出严正抗议，并郑重声明，此案尚未破案，英国政府仍然负有不可推卸的国际责任。

对这次空难事件中的遇难者，中国政府授予“参加亚非会议死难烈士”的称号，并于1956年清明时节在北京八宝山革命烈士公墓举行公葬仪式。大理石的墓碑上，刻写着他们的名字：石志昂、李肇基、钟步云（中国政府代表团工作人员）；沈建图、黄作梅、杜宏、李平、郝凤格（中国记者）；王明芳（越南代表团工作人员）；斯塔列茨（波兰记者）；严斐德（奥地利记者）。周总理在烈士的墓碑上亲笔题词：“为和平、独立和自由的事业而光荣牺牲的烈士们永垂不朽！”

第十六章

让座 | 江门新会螺山村

1958年7月初，周恩来到广东新会调查七日。2006年，作家梁衡曾去采访，写了一个周总理为一位农民水稻专家让座的故事。周总理提出：『党内讲平等，是同志；党外讲服务，是公仆，何必争坐？何敢争坐？』

周总理到新会：桃源何处更寻真

作家梁衡曾写过一个《周恩来让座》的故事。有一次，他跟我说："新会现在是江门市的一个区，我万没有想到在这样一个小地方，竟有一个资料丰富的周恩来纪念馆。周总理政务缠身，能下到一个县连住七天，一生仅此一次。"

2015年7月初，我带着深深的怀念之心，和淮安市委张明东摄制组一道，重寻周恩来当年的足迹。

周恩来纪念馆建于20世纪50年代，三层楼，朴实无华。我刚想上楼梯，忽然听见周总理的讲话声，带着浓浓的淮安音。我惊呼："是周总理？！"周恩来纪念馆原馆长邓键冰笑着点头。我三步并作两步跑上楼去，果真是！荧屏上播放的正是周总理的画面：当年视察新会时，周总理在简陋的大会堂给干部群众做报告。他站在木

桌旁，跟社员们说："城乡结合、工农结合、体力劳动与脑力劳动结合，你们做出了成绩。但是我希望你们再前进……"周总理讲了整整三小时。江门广播电视台党委书记戴卫平把这段话的原音保存了58年，我听着听着，眼泪簌簌而下。

周恩来纪念馆的二楼是主展馆，展出了上百张黑白照片。其中有一张是周总理头戴草帽，身穿白色短袖衣、浅灰布裤，脚穿一双布鞋，正大步地走来……1958年7月1日，一辆敞篷吉普车从广州驶往新会，一路全是土路，凹凸不平，车子一过，尘土飞扬。路上没有桥，要经三次摆渡。到达新会时，周总理等人满脸尘土，一身汗水。

"没有呼啸的警车开道，没有前呼后拥的人群。人们怎么也不会想到，这辆普通的吉普车上坐着的竟是共和国总理周恩来。"[1] 周总理第一次来新会，在小县城也是头号新闻！周总理下了吉普车，对出来迎接的人群和县领导陈江天说："你们好，我是受毛主席委托，看望大家来了，是向你们学习，向新会人民学习。"[2]

周恩来视察劳动大学：事国一心勤以瘁

7月2日上午8时多，周总理一行前往北郊的圭峰山，第一站视察一所劳动大学。党向民、甘伟光等和周总理同坐一辆吉普车，一路颠簸，进入劳动大学。周恩来纪念馆原馆长邓键冰对我说："解放前，圭峰山是荒山秃坡，常有土匪出没。1952年，新会县委在这里办起了一所干部学校，将县机关300多名干部，下放这里劳动。几年间，荒山变果园，山窝变玉湖。"

那日，周总理顶着烈日，上高山下沟壑，步行两个小时。看了荔枝园、菠萝山、养猪场、职工宿舍，他已大汗淋漓。他问学员："下放劳动思想通不通？劳动辛不辛苦？工资收入有多少？一天吃几餐饭？一餐花多少钱？能否吃到猪肉？"学员们一一回答。

座谈会时，一位学员说："我们单位还没有正式名称，请总理提名吧？"于

---

[1] 陈扬勇：《走出西花厅——周恩来视察全国纪实》，中央文献出版社，2009，第6页。

[2] 新会电视台纪录片《寻访曾与周总理合影的有缘人》。

◎ 1958年7月，周恩来（左一）冒着酷暑，到新会视察

是大家在饭桌上铺开了一张八开白纸。周总理问大家：“怎么写好？”有学员说叫“圭峰农场”，也有学员说叫“劳动大学”。周总理说：“还是叫劳动大学好，办一所抗大式的劳动大学。”又问：“是写圭峰劳动大学，还是写新会劳动大学？”大家说：“新会，新会。”于是，周总理挥笔写下“新会劳动大学”几个苍劲有力的大字。接着，他又写下“工农结合，城乡结合，体力劳动与脑力劳动结合”。临别时，他勉励干部学员说：“要以抗大为榜样，发扬自力更生、艰苦奋斗的优良传统……”

后来，周总理走进一间简陋的茅棚宿舍，看望因患病躺在床上休息的学员叶鹏飞。叶鹏飞认出进来的是周总理，急忙要起来。总理走近床边，轻轻地按住他的肩膀亲切地说：“不要起来。”他弯下腰，用手摸着叶的额头，关切地问：“得了什么病？请医生看了没有？现在感觉怎么样？”当时，成元功陪着总理视察新会。他后来回忆说：“在骄阳似火、酷暑难耐的七天里，新会没有一次阴天或下雨。除了去台山一天外，每天都是上午出去下午回来，都是汗流浃背，只能先冲凉再吃饭。到了第五天，总理身上长满了痱子，背上腿上的痱子很厉害，已经无法冲澡，只能用热水擦澡。这些只有我和赵行杰知道，别人谁也不清楚。总理心里装的全是群众，唯独没有自己。”当时，县委想安排周恩来一行住在新建的招待所，不过，周恩来婉言拒绝了。他说：“我是共产党员，县委有地方，还是住在县委吧！这里很好嘛！与同志们住在一起，工作方便。”县委的同志说：“县委的房子太简陋，不好住。”周恩来说：“我是来新会工作的，是你们中间的一员，你们住在哪里，我就住在哪里。不要特殊照顾，大家平等嘛。”[1]时任县委书记党向民回忆：“我们就

❶ 成元功：《周恩来总理卫士长回忆录》，中央文献出版社，2009，第263页。

在我那一间简陋的办公室里，为总理临时架起硬板床。周总理满意地说：‘这样就好。’”白天，周总理深入工厂、农村调查研究；晚上，就在这间办公室兼卧室内汇总新会的调查情况，经常工作到深夜。

住宿解决了，饭怎么吃？为此，当时省委专门派来了一位厨师，但他还没显身手，就被总理劝了回去。见状，县委食堂的炊事员曾义说：“总理啊，我只会做大锅饭，不会煮小灶呀！”周恩来笑着说：“我就喜欢吃大锅饭。”每次开饭，两三个菜、一个汤。他还一再叮嘱新会县委：“我们吃得已经比群众好多了，不要搞什么特殊照顾，要朴素，不要公家请客。”后来，新会区妇联主席李小玲对我们说：“当时看完劳动大学时已中午1点多了，周总理就在县委匆匆吃午饭。”于是，这天到了午饭时间，我来到区委（县）食堂，感受了一下当年总理吃饭时的环境。七月酷暑，我们口干舌燥，炊事员便端来了一盆陈皮红豆汤给我们解暑。有人说当年饭堂也熬过陈皮红豆汤给周总理喝，山里农民常在柑田里劳动，家家都煮这种汤，陈皮对肺和皮肤有消炎作用呢。我一边喝着陈皮红豆汤，一边想起当年热得满身长痱子的周总理，敬佩之情油然而生。

后来，我和胡明东找到了80多岁的叶发琼（原新会县委办公室秘书）。叶发琼指着一栋旧楼说：“周总理七天都住在二楼西面，那间房约15平方米，睡的是木板床，坐的是硬板凳，没有电风扇，只在床头放一把蒲扇。”思维清晰的叶发琼继续告诉我们：“7月2日午后，周总理乘车往大泽区，视察五和乡第二农业合作社。当时新会县委安排了两辆吉普车，正在新会检查工作的省、地领导，想陪同周恩来下乡。但周恩来不同意，要轻车简从，只能开一辆车。县委书记党向民说：‘一辆吉普车，坐不下几个人。’周总理说：‘坐不下，人可以再少一点嘛。’怎么坐呢？一辆旧式军吉普，仅能坐五六个人，县委尽量减少陪同人员。开车时，人坐满了，周总理就叫工作人员搬来一张小板凳，放在车厢中间，自己笑呵呵地坐了上去。”

五和乡第二农业合作社原是荒山秃岭，1958年被开发成20多级梯田，梯田上种满了菠萝、花生、番薯，还间种大红柑，柑树上挂满了果实。周总理见到后，高兴地说：“你们发展山区经济很好！我们社会主义制度优越，可以做到前人没有做到的事。这里潜力很大，我们要把山区建设成繁荣昌盛的社会主义新农村！”

下山时，已是下午6点多。晚霞尽染，遍地农舍炊烟，而此时周总理还没吃饭，随行的干部便试探性地询问："还去不去农民育种专家周汉华家？"周总理坚决地说："去呀，多晚也要去！"

周恩来为农民专家让座：一身不惜惜人才

周汉华是何许人？为何得周总理如此厚爱？我查阅资料得知：1958年，《人民日报》报道23岁的周汉华用水稻与高粱进行远缘杂交，培育出5个水稻优良新品种，震动了国内农科界，受到了共青团中央委员会的表彰和奖励。我托江门电视台总监龚广平寻找农民专家周汉华。我说："如果周汉华还健在，该是年过八十的老人了。他可不简单啊，曾经被周总理请到西花厅做过客呢。"

几经周折，龚广平来电话了，说只找到周汉华的儿子周锦辉。他说："周汉华在1967年就病逝了，留下孤儿寡母。"听完，看着周总理和周汉华数稻谷的照片，我一阵心酸……

这天午饭后，我们的采访车绕进大泽山区，来到了周汉华生前所在的螺山村。这里山清水秀，峰峦叠翠。1958年，这里是个水库移民新村，只有两间大屋，住着多户农家。如今，新公路一个岔口有一栋二层楼房，周汉华的家掩映在一片茂盛的竹林之中。我的突然来访，令周汉华的妻子万运妹有些紧张，我试着用粤语和她沟通。她握住我的双手时，眼里盈起泪光。我来到周汉华家的前院，这是周总理曾经坐过的地方。昔日的晒谷场，如今菜瓜满园。坐在遮阴的瓜棚下，喝着自种的清茶，我们聊了起来。周汉华虽英年早逝，却留下四个儿子：长子周伟胜，二子周锦辉，三子周胜威，四子周锦堂，一个个健壮开朗。看着周总理与丈夫周汉华相谈甚欢的照片，80岁的万运妹想起了1958年的那个夏天。

1958年7月2日临近傍晚，螺山村的村干部气喘吁吁地跑来，说："周总理来了！""一辆小吉普车，坐了7个人，一个干部拿了个板凳坐在车上，看样子岁数也不小了，真辛苦。"万运妹对我说，"没想到的是，那个人竟然就是周总理。"周锦辉翻出父亲周汉华的一篇文章给我看。周汉华写道："7月2日那天下午4点，我在试验田里犁田，临时接到通知说周总理来了。我不顾满身污泥，就往社委会跑。总理亲切地握住我的手，问我的名字。总理听完汇报天色已不早了，我以为总理要离开了，没想到总理提议到我家去，要看看我们的高粱和水稻杂交试验，我高兴得差点叫嚷起来。一路上总理问我家庭情况、文化程度……还看了我们小组的试验田。我说1956年开始搞试验，没有成功。去年成功了。现已经是第三代了。总理笑了：'既然（可以用）高粱做父本和水稻杂交，为什么不可以用高粱做母本和水稻杂交试一试？如果做到一穗一千粒，一颗一斤，你到北京来，我请你吃一顿饭，有一颗就够。'总理看到一株杂交水稻特别长，把它拿了起来说：'啊，这么长！'我说：'它比普通稻长一倍多。'接着，总理又察看了海岛棉和剑麻，这也是我培育试验的。六旬的周总理兴致勃勃，他边问我边答。有时站着，有时蹲下，有时弯腰。拿着试验田水稻，周总理还细心地盘数株数。"

"天越来越暗了，周总理还是坚持看完柑、橘、橙等试验果园后，才动身回螺山村来我们家。"周锦辉对我说。那晚，螺山村的晒谷场上，一轮月亮升起。周汉华搬来两张凳子，有靠背的竹椅请周总理坐，自己坐矮的四脚竹凳。周总理却给周汉华让座，自己坐在一张无靠背的四脚竹凳上。周锦辉说："最后，父亲只好坐在那把有靠背的竹椅上。他们一左一右，促膝谈心。左邻右舍的村民，打着赤脚，也坐在周围。"这一幕，被摄影记者蔡忠植抓拍了下来，也被梁衡老师写入了散文《周恩来让座》中。

周总理说："你们这一代青年要敢于创造出前人没有创造的事情。"周总理听周汉华说经费困难，没有水稻试验的必要工具，也没有仪器，他便马上请成元功拿来一盏空气电池灯，送给周汉华说："这盏灯可以用8个月。"接着，又手把手地教周汉华如何使用。不知不觉，聊到夜晚9点多，周总理才乘车返回县城。村民们哪里知道，这时的周总理还没吃晚饭哩！

周锦辉说："周总理走进我们的家，和我父母握手。"穿过院子，周锦辉带我走进客厅左侧的一间房，说："这里原来有个木梯，周总理当时就爬着木梯上阁楼，打开手电，察看父亲科研的杂交水稻标本。搞水稻标本科研，需要看时间，周总理就摘下自己的手表，送给我父亲。"

周总理很爱惜他的这块手表，他曾经对华侨说过："这是我们的国产手表，我用上后就没有换过。虽然暂时比不上外国的好，但还是很准。"在经济困难时期，那是他身上所戴的最值钱的物品。

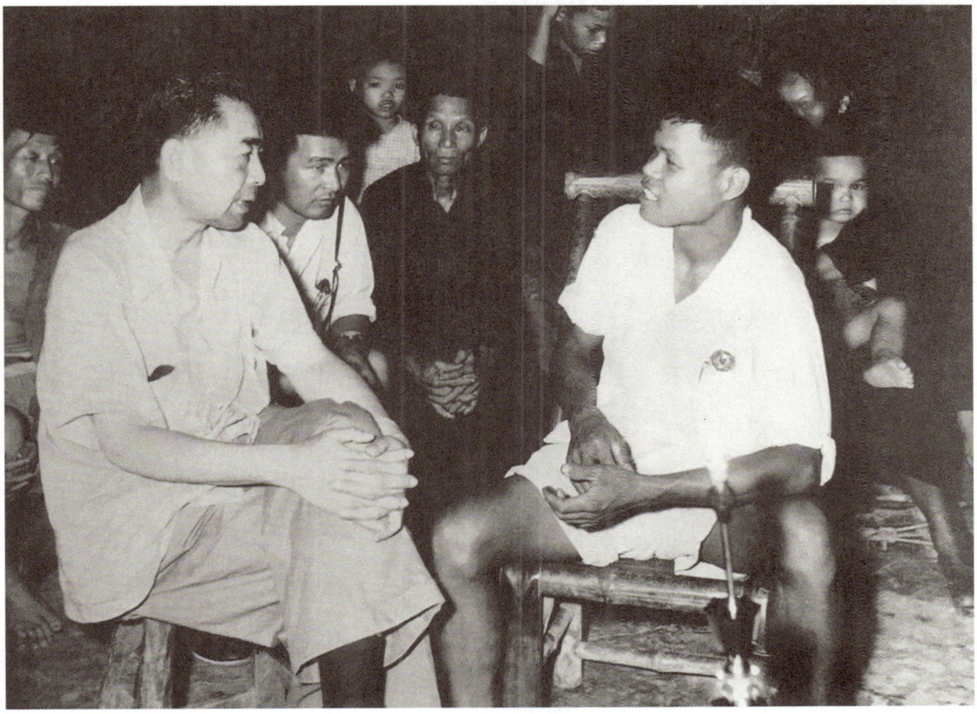

◎ 1958年，周恩来（前排左一）在新会螺山村晒谷场与周汉华交谈

我问周锦辉："周总理送给你父亲的那块表还在吗？"周锦辉难为情地说："60年代初，哥哥和我嗷嗷待哺，加上父亲病重，就用表换了食品和药……"听完，我一声叹息，内心五味杂陈，这块手表救了周家几口人的生命啊！

《周恩来让座》中有一段评论："在试验田旁，周恩来见到了这位农民。可以看出，那个时代生活条件还很差，乡干部和农民一律都打赤脚，总理的穿着也就比他们多一双布鞋，衣服稍整洁一些。周汉华找了一把带靠背的小竹椅、一个小方竹凳放在晒谷场，本意让总理坐小竹椅，没想到总理一到就坐在小凳上，把小椅子推给周汉华，还说'你长年蹲田头，太辛苦'。这就是周恩来的作风，尽量为他人着想，不摆什么架子。"

周恩来冷对浮夸风：质实先明朴在心

为了解真实情况，周恩来一到广州，就对广东省委提出要求：这次调查活动要轻车简从，不要跟陪，不要搞迎送，不要公家请客。当时，随同周恩来到新会的，仅有广东省委农村工作部副部长李子元、省公安厅副厅长苏汉华、佛山地委第二书记杜瑞芝等人。

当时，正处"大跃进"年代，不切实际的浮夸风也刮到了这里。吉普车颠簸一个小时来到五和乡第二农业合作社，周恩来此行要弄清楚水稻的亩产量。他问合作社主任钟丁财："稻谷一年两造吗？""两造。""晚造收成会不会好？""一定好。一方面晚造种的田比早造多，同时，肥料也多一些。晚造准备实现亩产1200斤。"接着，周恩来回头问新会县干部："行不行啊？能达到这么多吗？""得（行）啊。"干部用粤语答。

随后周恩来又转过身问后面的妇女社员："得不得（行不行）啊？"妇女社员笑着回答："得！"党向民插话问："你们全社计划产量多少斤？""亩产粮食2020斤。豆类不包括在内。"钟丁财回答。周恩来问："行不行？能否达到这么高的产量？"钟丁财肯定地说："行，可以达到。""全社有多少劳动力？""360人。""16岁以下多少人？""115人。"周恩来说："不对。不止115人。我看是错了，300多人。"听

◎ 1958年，在五和乡第二农业合作社，周恩来（左一）深入调查，听取当地干部的汇报

完，会计立即去查了人数，果然是316人。周总理博闻强记，社员们不得不服。

视察期间，周恩来和农民打成一片。社干部万运是当年的亲历者，他回忆说："就在这个座谈会上，周总理伏案做笔记，我就坐他旁边。当时'大跃进'，水稻、花生的产量都在'放卫星'，报纸甚至登亩产运到4000斤，这怎么可能？上面提新会水稻亩产2000斤。"同样的问题，周总理最后问万运："你们亩产水稻2000斤行吗？"万运涨红脸，磕巴一下，说"行"。社员们哄笑了起来，周总理没有笑。

《羊城晚报》著名记者许实当年随周总理赴新会采访，他告诉我，那时新会杂交水稻技术比较先进，年亩产600～800斤，这粮食产量在全国已经名列前茅。干部夸口说"亩产能够达到2000斤"。但是，周总理头脑冷静，他是打问号的。新会副县长陆其俭说："全国吹浮夸风，粮食产量喊得越高越革命。当时各省唱高调，推行农作物高度密植。新会记住周总理说的实事求是，依照实践经验，合理密植。结果，1958年其他地方粮食都减产，唯独新会县粮食增产。"周恩来认为，要从客观存在出发，不能从主观想象出发。进行调查研究，必须实事求是。在和周汉华的谈话中，他特别问到有没有亩产超千斤的水稻，周汉华坚定地说没有，周恩来点点头，没有说话。这些深入调查，使周恩来能够比较客观地分析"大跃进"中的一些生产指标。在这期间，毛泽东批评有的地区报告粮食产量不够实事求是。周恩来回到广州召集一些县的负责人了解情况，指出报粮食产量要避免虚假，要保证社员的口粮，并告诫与会人员，千万不要讲大话，损害群众的利益。[1]

采访那天中午，我们走进五和乡第二农业合作社，当年周恩来和农民聊天的农家祠堂被保留了下来。一进门，房屋正中是57年前周总理坐过的方凳及当年的木桌，桌上放了两盏煤油灯，左边墙上挂着一张熟悉的老照片《谁是生产队长》。龚广平指着这张照片，俏皮地眨着眼睛问道："你们猜猜这里面谁是生产队长？"我端详着这张照片，果然有趣：在这个生产队旧祠堂里，长木桌边围了几圈人。围桌第一圈坐着公社、生产队干部，第二圈和第三圈是男女社员。大家的目光都集中在周总理身上，认真地听他读报表。他左手扶着眼镜，右手记录，那股专注劲真像一位"生产队长"。

---

[1] 中共中央文献研究室编《周恩来年谱（1949—1976）》（中），中央文献出版社，2007，第152页。

7月3日下午1点多，周恩来走进社委会，与周郡社的干部一起吃饭。看总理一路辛苦，周郡社的干部准备了一些地方小食。开饭时，看到饭桌上摆放着鹅、鱼、猪肝，周恩来就笑着问："我看见你们这里种了豆子、番薯，怎么不拿来给我们做菜？"社干部回答："这都是本地特产，我们不敢搞太多菜。"他接着又问："像这样的菜，你们的社员一年能吃几顿？"社干部说："社员逢年过节也是这样吃的。"周总理笑着说："请我们吃得这样好，你们不怕社员贴大字报？你们不怕，我是怕的！"席间，周总理很少向装满鱼和肉的盘子伸筷子。吃完饭，他还惦记着这顿饭的费用，对省里的干部说："这两桌饭菜要花不少钱，就由省里出吧，不能让社里和县里负担。"

7月4日，周总理乘坐电船前往官冲村视察。由于电船动力小，船上颠簸，途中航行花费了几个小时。到了午餐时间，他和大家共进午饭，桌上只有馒头、油炸花生米、咸菜等。视察结束时，官冲村一渔民送给周总理一条大鲤鱼，周总理致谢，却不肯收下。这位渔民不甘心，便悄悄地把鲤鱼放在总理乘坐的电船上。细心的周总理发现后，如数付了钱。结束视察工作时，周总理在干部会议上再提起："下次来，你们可不要这样招待我了。这样招待，我就不敢来了。"

周总理在民间：广爱民物怀深仁

周总理劳而无怨，官而不显，不仅为农民让座，还关心农民的白蚁防治问题，更给火画工人扇凉。一张黑白照片记录下了这样一个场景：青年工人赵文达专心画扇，桌前摆了一叠葵扇，周总理站着，一边微笑，一边为他扇凉。图片下方注明：周总理视察新会葵艺厂。新会周恩来纪念馆馆长林卫红跟我说："当时，铁画笔插在烧热的炭火上，温度高，你看，总理随手拿起一柄火画葵扇欣赏。在火画葵扇车间，总理观看赵源师傅用烧热的铁画笔，在半透明的葵扇扇面上烙画着独特的火烙画。接着，他来到青年工人赵文达身旁，这时，烧铁笔的熊熊炭火加上闷热的天气，赵文达只穿一件背心，热得满头大汗。总理见状，顺手拿起一把葵扇，为赵文达扇凉。"摄影师蔡忠植抓拍下了此瞬间，一动一静，一热一凉。没有贵贱，没有等级，缕缕清风里，传递着总理对工人的体贴。

寻街走巷，我找到了赵文达，他今年80岁，听力、记忆力有所衰退。我拿着1958年周总理给他扇凉的照片问："您记得1958年周总理看您画扇吗？"听完，赵文达的话变得多了起来："总理来看画，我心里紧张，只顾低头烙画。烧铁笔要用炭火，旁边温度很高，我的背心汗湿。突然，我感觉背后有一阵凉风吹来，回头一看，总理在帮我扇扇子！我停笔，说：'这怎么行？您帮我扇扇子？''怎么不行？你辛苦了。'周总理一边笑一边扇。烧铁笔烙一个画，要几分钟，我烙两张画，他就扇那么久。我是一个普通工人，从来没见过什么大首长，更没有领导帮我扇凉，那可是周总理啊！"

江门市委组织部副部长宋岩送我一本《周恩来在新会》图片册，新会党校副校长黄定杏告诉我，周总理还视察了棠下周郡小学。我找到林巨峰老师，当年照片里满脸朝气的他，如今已年老退休，满头白发。林老师告诉我，周总理对孩子有着特殊的感情。当年周总理来到周郡小学时，上课铃声正响起，他走进课室，侧身坐好。林老师说："我当即认出是周总理！便停止讲课，紧张地想上前问好，总理和蔼可亲地挥手，示意我开始讲课。就这样，总理以普通学生的身份，和小学生一起听了一堂课，讲的是方志敏烈士。"下课时，总理才走上讲台，与林老师握手，并用广东话说："讲得唔（不）错。"林老师激动地介绍道："同学们，他是我们敬爱的总理——周伯伯。"同学们边鼓掌边叫："周伯伯好。"周总理微笑地来到同学们中间，仔细翻看同学们的笔记和作业。林巨峰感叹："总理一点架子都没有。这么忙，还来关心农村的教师和学生。"

走出周郡小学后，周总理见到几个天真烂漫的农村儿童在田埂上唱着、跳着。于是，他和社主任跟农民一样蹲在田埂上，饶有兴致地看着。有两个3岁多的儿童，围在周总理的身旁。一个男童站在周总理的左边，吃（含）着自己的小手，痴痴地看着眼前这位爷爷。看着孩子们手舞足蹈，周总理开心地笑了。

清澈的西江边，有一个棠下周郡农业社。1958年7月3日上午，周总理信步走向粮食加工厂。社主任谢广湾告诉周总理，这是与排灌站连在一起的综合加工厂，洪水来时开机排涝，平时利用抽水动力加工碾米、磨粉、榨油等。周总理高兴地说："啊，多种利用好。"烈日当空，热浪逼人，周总理戴着草帽，走在狭窄的田埂上。水田上有插秧船，旁边插着一排排秧苗，他看得颇有兴致，微笑着问："可不可以表演呀？”社员容翠娥答：“可以。”随即卷起裤管，坐在插秧船上，麻利地插起秧来。总理用广东话问：“好唔（不）好用？”女社员答：“几好（很好），比弯腰插秧舒服。”

顶着酷热，周总理先后参观了幼儿园、育蚕房、供销社分销店、葵艺厂等。正午时分，周总理来到新会粮食工作展览会一展台前，被一幅干部画的漫画吸引了。画中有一名统计人员正爬着梯子填报表，旁边配有一首粤语顺口溜：

官僚主义大到死，
此表长度四尺几，
摆在桌面拖到底，
写得头来漏了尾，
计起数来怒火起，
你话浪费不浪费？

周总理念完后，开怀大笑地说：“诗很好，这是将陈国栋（时任国家粮食部代理部长）一军。要改善报表，来一个革命。”他对秘书说：“回北京后，请你转告陈国栋部长，要以革命的精神，革掉报表重叠的命。”

7月5日，周总理视察新会农械厂，他观看拖拉机和插秧机下田操作表演。表演结束，工人说：“我们搞得还不够好。”周总理鼓励说：“搞得不好不要紧，可以继续完善，这是个方向嘛！”当晚，周总理就和县委商量，给工厂亲笔题名为“新会农业机械厂”。

离开新会的前一晚，党向民书记对周总理说：“这次您来新会，我们想表表心意。请您尝尝新会的特产。”周恩来笑着说：“好，但不能花国家钱，你自己请。”那时，几十元就是一个月工资，党向民自己掏了30元，请周恩来和随行者吃了一顿工作餐。党向民又说：“新会的干部群众知道总理来了，很想见见您。”周恩来爽快答应了，一转身问：“我来新会，大家都知道，为什么没有干部群众来找我呢？”“因为您住在县委里头。”县委委员谢柏如说。周恩来委婉地批评：“噢，看来你们县委比国务院还要森严，所以群众不敢进来啊！”

7月7日上午，周恩来迈步登上新会人民会堂的讲台，向2000多名干部群众说：“我声明，不是来检查工作，是来学习的……我这次特地选了你们这个中国南方最热的地方，来看一看，学一学……在我们社会主义的新中国，大家都是普通的劳动者，所以希望新会县要给我们这么一个机会，能跟大家生活在一道，彼此能以平等态度相待，以普通劳动者的姿态接触。新会县在全国来说，是模范县之一。”“周总理来了！”群众奔走相告，纷纷涌到礼堂外，隔着窗户和大门，朝会场里观望，想一睹总理的风采。工作人员出于安全考虑，把礼堂的门关上了。周总理看在眼里，笑着对县委书记党向民说：“为什么把大门关上呢？群众想进来听，就让他们进来嘛，我们要相信群众。”“咣当”一声，20多扇大门豁然打开！门外群众高兴地走了进来。整个会堂被挤满，两边的过道、后面的座位都是人。

周总理一口气讲了3个小时。他谦虚地说：“将来我们要是来了，要能同你们中间的人一样，没有多少区别，当然也还有那么一点区别，就是我们没有像你们这样会劳动，会工作，会接触群众，懂得实际。就是这个区别，我们也要努力去革掉。你们要把我们来的人，看成是你们中间的人一样，不要任何特别的照顾。我不但来这一次，我希望以后再来的时候，你们能给我这样一个机会……”

江门市委组织部副部长张学东带我走进新会大会堂，来到周总理当年作报告的地方，他感叹说：“周总理说话带淮安和天津口音，而新会农民说广东话，所以总理在讲话中，时不时夹杂着粤语，亲切生动，大家时而欢笑，时而鼓掌。”

《周恩来在新会》的摄影作品，大多是新华社广东分社的蔡忠植拍摄的，他接受我采访时说：“在我40多年的新闻生涯中，拍摄过许多党和国家领导人……最使我难忘和铭记于心的，是当年荣幸地采访周总理视察新会的全过程。”蔡忠植曾听卫士成元功说，总理不喜欢拍个人照，他有点紧张。可是，走村串乡，周总理总笑着对蔡忠植说：“记者同志，你照吧。不过，多照些群众，不要老照我。”在一张周总理视察周郡卫生站的照片中，卫生员和村干部站在中间，周总理站在最左边，专注地询问中草药医治的情况。因为拍到的是总理的侧面，又在画面边上，乍一看，还真找不到周总理呢！

在短短7天里，周总理走访了三个区镇、三个农业社、几个工厂、一所大学，与2000多人聊过天，他们当中有农民、工人、知识分子，更有干部和归国华侨。张学东副部长告诉我，在《寻访曾与周总理合影的有缘人》这部纪录片中，寻访到当年曾与周总理有过接触、至今在世、有名有姓的有150多人。在码头一上岸，周总理就和群众握手。有几位挑粪工人，他不回避，把手伸了过去；有农民身上满是汗水，他不介意，把手伸了过去；有工人手上满是油污，他不计较，把手伸了过去。

我寻访到一位当年的亲历者陈德庭，八旬多的他兴致勃勃地跟我说：“周总理见了我就问粮食够吃吗，柴米油盐够吗，理发有钱吗，农村能看到电影吗……他问得好仔细，就像家里人一样啊！”新会县委书记党向民说：“一个国务院总理，衣服跟我们穿得一模一样，吃饭跟我们吃得一模一样。走到哪里，都把自己放在群众中间。到农村找农民，到工厂找工人，到学校找老师，周总理说：‘我就是你们当中的一员。要看成是你们中间的人一样，不要任何特别的照顾，彼此能以平等态度相待，以普通劳动者的姿态接触。’”

周恩来离开新会时，县委拿了一些葵扇、柑饼、陈皮、梅姜、葵牙签等新会土特产，按一人一份，请周恩来秘书带回去分送。卫士成元功很为难地说：“总理一向不收礼的。”“这是土特产，值不了几个钱。”不料，周恩来叫秘书给党向民送来200元钱和一包花生米，秘书罗青长说：“总理吩咐这200元钱一定要收下。”这200元，是党向民请大家吃饭的30元，以及县里送给周恩来土特产的钱。

“让”与“不让”：不为身谋为国谋

新会采访后，我再读梁衡老师的《周恩来让座》，读出了“让座”的深刻历史背景和现实意义。

> 存在决定意识，在没有椅子坐时，当然没有座次。我看过西柏坡七届二中全会的会场。那是一间大伙房，没有座椅。五六十个中央委员、候补委员，随手从房东家带一个小板凳来就开大会。难的是有了椅子后怎样办？这里有个公心、私心之分。以公心论坐，党内讲平等，是同志；党外讲服务，是公仆，何必争坐？何敢争坐？以私心论坐，则私心无尽，锱铢必较，事事都要争个高低。周恩来的一生是为公的一生，这从他位次变化

中可以看出来。他早年就坐到党内的第二把交椅。长征开始时，党务、军务大事由最高三人团负责：博古、周恩来，还有一个外国人李德。遵义会议后，他把军事指挥的椅子让给毛泽东，一、四方面军会师，为团结红四方面军又把红军总政委的椅子让给张国焘。解放后他又有两次让位。一是一九五八年六月，就是这次到新会调查之前，因为几次受到批评，周就提出辞去总理职位，后来政治局不同意，算是让位未果。但随之而来的经济困难立即证明周的意见对，他又毫无怨言，以总理的身份来收拾这个烂摊子。第二次是让位给林彪当副统帅，后林自我爆炸，驾机出逃。当晚，他把办公椅子搬到大会堂，整整一个通宵，坐镇指挥，力挽狂澜，化险为夷。大位无形，不管周在历史上曾将位置让毛、让张，还是'文革'中让位于林，或者还要对江青忍让三分，但在老百姓的心里他永远是国家的总管，是仅次于毛的二把手。这个位置是永远也变不了的。后来的年轻人不理解，总爱问周为什么要这样一让再让？我听说一位领导同志当面问过周，周说，如果那样党就会分裂，局面更不可收拾。他是仔细衡量过利害的，'文革'最困难的时期，他说过一句话，我不下地狱，谁下地狱。还是为公，为了国家利益。其实，共产党无论全党还是党员本人，都没有自己的私利。西安事变，抓蒋而不杀，反而还承认他的领袖地位，为抗日，为挽救民族危亡，这是党最大的忍让。周是代表党亲自到西安处理这件事的。周几次让位，也是出于党性的忍让。无论对内对外，若让而能利天下，他都义无反顾。[1]

采访时我问梁衡："那么，周恩来争过椅子没有？"梁衡答："争过，在西安、在重庆、在南京与国民党长达10年的谈判就是在争椅子，为党争，为民争。周恩来说，谈判都把人谈老了。但还是谈不成。周就甩手回延安，而蒋最后落得只能到台湾给自己安一把小椅子。从新中国成立到周总理逝世共27年，周总理主持外交，参加或指挥了所有重要的国际谈判，与美国人在朝鲜谈，在波兰谈；与苏联人

[1] 梁衡：《周恩来让座》，载《栏杆拍遍——梁衡政治散文集》，同心出版社，2013，第50页。

谈，甚至在莫斯科与老大哥吵翻，拂袖而去，都是要为中国在国际上争一把交椅。而他自己却忙得坐不暖席。周恩来出行几乎全坐飞机，不是飞机的椅子好坐，是为省时，多一点时间去工作，去为民为国多争一点权利。最危险的一次是去开万隆会议，他的座机为敌特所炸，幸亏他临时换机，免于一难。而身边的工作人员总不会忘记周的一个工作细节：每临大会，他都要到主席台或会场上看一下座席，特别是党外民主人士的座位摆得是否合适。最后，又不会忘记检查一下毛主席的座椅，摇一摇，稳不稳，再看看角度，视线清不清。这就是周恩来。他心里有一个座次，孰重孰轻，何让何争，明白见底。”

1972年，在全国计划生育会议上，周总理关心地问广东代表：“新会农民的收入增加了吗？新会劳动大学怎么样了？”如今，新会农民的生活今非昔比。江门市委组织部副部长张学东带我来到山里的一片柑林，并对我说：“这就是当年周总理视察过的柑田。”当时，周汉华的幼子周锦堂正与新会新宝堂陈皮有限公司董事长陈柏忠签合同，发展周汉华留下的百亩柑林。周锦堂告诉我，现在柑农的收入提高了，他靠卖陈皮住上了商品房，买了汽车。最后周锦堂感慨地说：“我们能够告慰敬爱的周总理，依靠现代农业产业园和龙头企业，柑农的生活会越过越好了！”

周总理在新会七天的调查，给群众留下了永恒的记忆。人们的耳边常回响着周总理的那句话：“别把我同人民群众隔开来啊！”

第十七章

农民浴室 | 广州从化翠溪

周总理发现从化农民洗不上温泉水。他说：『修干部疗养院就有钱，给当地群众建浴室就经费有困难？……你们在温泉边，修建这么好的房子给领导干部住，可温泉地区的老百姓却洗不上温泉？我和小超都感到不安。』

周总理关爱身边人员：躬亲为民行劳苦

我去从化采访，是想要寻找一张黑白照片的来历：周总理送毛毯。我第一个就去找关相生，想问个究竟：这张老照片是哪一年照的？有什么背景？94岁的关相生住在东湖畔的一条小街——新河浦三横路。父亲曾告诉我，关相生13岁入党，1938年到延安读书，曾任中共广东省委办公厅副主任。

关相生家中客厅挂着一张照片：背景是机场的一架民航飞机，前排站着周恩来、邓颖超、朱光、曾志等，关相生则站在这排最右边。关相生品一口清茶，说：“四次搬家，这幅照片我一直带在身边。这一辈子我接待过许多党和国家领导人，但是最崇敬的还是周总理。”

从化温泉的松园，是民国时期广东著名民族工商家梁培基、梁尚博修建的。新中国成立后，松园扩建为干部疗养区。二十世纪五六十年代，党和国家领导人、外国贵宾多来这里疗养。我坐在客厅沙发上，打开电脑，找出那张老照片，问："伯伯，您见过这张照片吧？"关相生眯着眼，辨认了一会儿，说："这是周总理骑着三轮车送毛毯。1959年1月5日下午，周总理视察从化，顺便看望在这里疗病的妻子邓颖超。这张照片是当时拍的。"

照片里有三个人物：周总理骑着车，邓颖超跟在车后，三轮车右边还有一位女服务员。照片里的女服务员是谁呢？当时周恩来夫妇为何要送毛毯？当时发生了什么故事？如果这位服务员健在，应略知一二。我求助从化国土局党委书记杨小彦，她便热心地带我去见从化档案局的徐局长。端详这一张照片，徐局长也一脸困惑。他在从化温泉宾馆问了个遍，但谁也不认识这位服务员。广州农商银行天河支行行长刘蔚接过照片打量，说："可能是省里派的护理人员？从照片上看，她个子瘦高，不像南方女子。"之后，我又寻找从化文史馆负责人，她想起来一个人，那就是从化区公安局的邝柏辉政委，他曾为周总理夫妇站过岗，还写过一本书叫《难忘的回忆》。据说他还办了一个家庭文档室，常给青少年讲课。

此时，邝柏辉政委正病重住院。后来，邝柏辉政委寄来的回忆录里，除了他和邓颖超的合影，还帮忙找到了一个名字：郑淑芸。我随即拨通了成元功女儿成宇的电话，成宇告诉我："郑淑芸是邓颖超的护士。"我又找到了周研森（原周恩来总理的行政秘书）的儿子周广利，他告诉我："郑淑芸阿姨已经80多岁了，住在离西华门不远的黄城根北街。"

这天下午4点多，我拨通了郑淑芸的电话，电话那头传来她清亮的声音："早几年，从化温泉的邝柏辉政委也来问过呢！没错，总理和邓大姐运毛毯时，照片上跑在车右边的就是我。"年过八旬的她行走不便，如今坐在轮椅上。采访得知，原来我和她见过面呢！有几次我去见七奶奶邓颖超，她也在西花厅照顾。1992年7月14日至17日，我们一起为七奶奶邓颖超守过灵。她说："最后在八宝山告别厅遗体告别，我们都见过面的。"当时，我站在亲属队伍里，她站在西花厅工作人员行列中，我们擦肩而过。

我问起周恩来骑着三轮车送毛毯的故事，她回忆说："这张照片是在广州从化

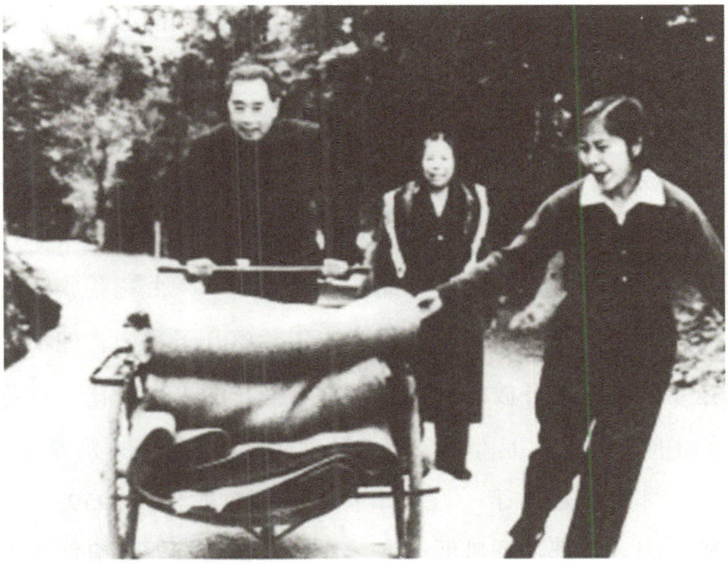

© 1959年1月5日，在从化温泉宾馆，周恩来帮服务员送毛毯

温泉宾馆照的。1959年1月5日，总理、大姐和我三个人去散步，有公安处徐良同志陪同。走到妇联副主席章蕴大姐住处，看见门前停有一辆三轮车，是服务员用来送毛毯的。装有毛毯的车停在那里，服务员进屋送毯子去了。总理就问我：‘会骑三轮吗？我这几十年没骑过车了，我骑一下试试。’说完，总理就跨上三轮车去。我和邓大姐始料不及，紧紧地扶着车，但没想到总理蹬了起来，这下我可害怕了，赶快追上去扶车。那是沙子路面，前面又有个拐弯，两边都是深的排水沟，道路有坡度，如果刹不住车可怎么办？我站在车的侧边，用手紧紧抓住车帮，随着车跑起来。邓大姐跑不快，紧随在车后，也快步跟着。三轮车一骑起来，总理很高兴，像回到自己的少年时代。从没见总理那么开心过！最后，问清楚送毛毯的路线后，我们三人就一起去送毛毯了。61岁的周总理跨上三轮车，运了一车又一车。”我问道：“当时你会蹬车吗？”郑淑芸说：“我不行，以前因交通事故翻过车，腿部负过伤，跑步都得谨慎。”

这张照片仅记录下当时的一个历史瞬间，我想询问更多的细节，不料却触到郑淑芸内心的痛处。她说：“回忆周总理和大姐，对我来说，不是慰藉而是痛苦，孩子你能理解吗？”

1979年12月16日，室外下着雪，西花厅一改往日的繁忙景象，73岁的邓颖超安静地坐在室内沙发上。郑淑芸回忆：“大姐约我们一家来给周总理的照片行礼。那时，总理病逝近三年了。在客厅里，邓大姐指着相册对我们说：‘这些就是我们俩的财产了。’邓大姐还向我的家人介绍总理的办公室、卧室……”郑淑芸沉默了一会儿，抽泣起来，“在别人眼里，他是受人尊敬的总理，她是和蔼的总理夫人。但在我的眼里，他们就是相濡以沫的平凡夫妻。他们走了这么些年，西花厅，我真不敢轻易回去，不敢再去想那里的一草一木，一石一桥。站在那儿，一幕一幕重现眼前，会看到总理办公室的灯光是亮的，一家人欢声笑语，海棠花下老两口快乐地散步……”郑淑芸轻轻地念诵：“春天到了，百花竞放，西花厅的海棠花又盛开了。看花的主人已经走了，走了十二年，离开了我们，他不再回来了……你不在了，可是每到海棠花开放的时候，常常有爱花的人来看花。在花下树前……仿佛你仍在我们中间……”这是邓颖超写的怀念文章《从西花厅海棠花忆起》中的文字。

郑淑芸还讲了一段往事：三年困难时期（1959—1961），周总理和邓大姐的粮、肉、油都降到最低标准，他们用自己省下的粮食和副食，请文艺界、体育界、医务界和身边的工作人员等吃饭。总理说：“现在是困难时期，没什么招待大家，我和小超个人请大家吃顿便饭。”我们看到戏剧界的梅兰芳、程砚秋来了，两位各自表演了一段，邓大姐也唱了一段；乒乓球冠军庄则栋、徐寅生、张燮林、邱钟惠来了，表演打乒乓球，总理也跟着挥拍；新闻界的人也来了！电影界的人最热闹，谢添表演变脸，陈强讲故事，赵丹模仿卓别林，逗得大家捧腹大笑……

郑淑芸说，工作在周总理和邓大姐身边，没有尊卑贵贱之分。有一次，冬天寒风刺骨，卫士韩福裕跟周总理去西花厅的后厅。后厅门大，为了挡风，一条又大又厚的棉布帘挂在了门上。总理走路步伐快，韩福裕在后边没跟上。快到门口了，韩福裕忙跨前一步，伸手拉开厚重的门帘。他原以为总理会很快进去，谁知周总理停下脚步，生气地说：“放下，放下。我有手，我自己来。”韩福裕后来回忆说：“我当时还朝四面看了看，周围并没有其他人，就我和他两个，我们卫士就应该处处照顾他，稍微长点心眼的人都会这么做。但是总理就是和别人不同，他表里如一，言行一致，对自己要求严格，对身边的普通工作人员也平等对待。”

霍英华是在邓颖超身边的服务员，她负责给周恩来、邓颖超打饭。有一次吃完饭后，霍英华收拾碗筷，放进托盘欲端回厨房。周恩来一见，即站起身来，走前两步，“唰”地一下帮霍英华开了门，等霍英华走出去才带上门。郑淑芸无限感慨地说：“身为一国总理，阻止警卫员为他掀门帘，却为他身边的服务员开门。所以，当年凡是在西花厅工作的同志，都是心情舒畅，其乐融融，谁都没有尊卑贵贱的感觉。”

1976年1月8日周总理逝世后，西花厅冷清了下来。郑淑芸说：“后来，邓大姐也走了，西花厅变得空空荡荡的。我在他们身边工作12年，失去他们，是一种触景生情的痛！是夜不能寐的痛！现在提及这一张‘送毛毯’的照片，想起总理骑车的朗朗笑声，想起两位老人的音容笑貌……”郑淑芸泣不成声。

2014年，一场群众路线教育文物图片展览在广州农讲所举办。就在《周恩来骑着三轮车送毛毯》的照片下，有一辆旧式三轮车，锈迹斑斑，车座开裂，静静地立在那里……

建农民温泉浴室：此意忧乐斯民同

中共广东省委办公厅原副主任关相生有一个笔记本，记载着他接待过的中央领导。看见我来，他将其从木柜抽屉里翻出来。他摘下老花镜说：“周总理因国事活动和考察，曾八次到从化。每次到从化温泉，他都住在翠溪区2号楼。”

关相生说，1959年1月5日，天气严寒，周总理和邓颖超一下车，从化县委第一书记张永信和县委委员、公社党委书记等人便迎了上去。周恩来先在县礼堂讲话，后视察街口公社深耕改土情况，还视察了门口江小学（今广州从化区流溪小学），当晚7时后才返回宾馆。

1月11日下午，周总理冒着刺骨的寒风，步行经过碧浪桥，视察温泉村及村里的小学、幼儿园、保健站等。走过流溪河，见有人担水回家，他上前询问。村民答：“担温泉水回家洗澡。”村民守着温泉，却很难洗上温泉澡，周总理听完一愣。细心的他很快发现问题：原来温泉都给干部疗养院占了。

当天参观温泉小学时，周总理悄声问老师：“孩子们有没有地方洗澡？”“洗澡房眼下还没有修建。”老师如实回答。周总理转过身来问大队干部：“普通群众有没有洗澡的地方？能不能洗上温泉澡？”大队干部欲言又止，想了一下，说：“社员们一般就在池塘边洗，有的打水回家洗。洗温泉澡还有一定的困难。”

“为什么不给群众建一些浴池？”总理问。

“因为经费困难，还没能给当地群众修建浴室。”大队干部回答。

“修干部疗养院就有钱，给当地群众建浴室就经费有困难？都知道洗温泉水好，能治病，可当地群众祖祖辈辈生活在这个地方，却洗不上温泉水？你们在温泉边，修建这么好的房子给领导干部住，可温泉地区的老百姓却洗不上温泉？我和小超都感到不安。”总理忧虑地说。

一连几个反问让大队干部低着头，无言以对。那天，周总理在村里停留了几个小时。温泉村的农民洗不上温泉，这让他闷闷不乐。

关相生对我说：“那天晚上，我由从化回到广州珠岛4号楼，周总理把我叫了去。他说，你们在从化温泉村修了那么好的地方给我们休息，我们很感激，但温泉村的老百姓没有地方洗澡，使我很不安。我和小超商量，每人捐100元，请给温泉村的老百姓修一个洗澡的地方。凡北京来的人，都请他们捐点钱来支持此事。明年我来检查结果。”听周总理这么说，关相生心生惭愧。那时的100元，可不是个小数目，是一对夫妻一个月的收入啊，吃穿住行全在里面。他说：“总理，钱您收起来，给老百姓洗澡的地方保证搞好，请总理放心。”说完，关相生一声不响地离开了。

关相生回到家没多久，有人敲门。他开门一看，是总理的秘书，专门送来200元。周总理言而有信，关相生不敢怠慢，连夜跑到广东省委第一书记陶铸家汇报。陶铸听后说：“总理批评我们，你明白吗？你们先提出一个建设方案，抓紧办，经费我解决，不能要客人募捐。”

第二天，关相生找到侯甸（时任广东省政府副秘书长）商量公共浴室的设计施工方案。从筹集资金到施工完成，用了数月时间。年底，一幢上百平方米的公共浴室就建好了，分为男、女和儿童三个区。根据周总理指示，他们特地为儿童设计了两间浴室。开放使用那天，农民如赶圩一样，男女老少，接踵而至，村民们用上了温泉水洗澡。翌年，周总理又来从化温泉视察。他一见张永信书记就问：“农民温泉浴室好不好用？群众满不满意？”得知浴室共18间，能同时容纳50多人洗澡，周总理满意地笑了。

关相生翻着笔记本，如数家珍：从1954年7月至周总理病逝前，他因外事活动和广交会来过广州二十多次。其中从1966年8月到1972年4月，总理来过广州8次。总理有一个习惯，出差总让卫士成元功带上钱。有一次，总理见到一册碑帖，就问秘书身上带钱没有，成元功说没带钱，总理转身就走。当晚，他们找关相生、苏汉华（时任广东省公安厅副厅长），邀请几位省市负责人第二天到北京路太平馆西餐厅饮茶，邓颖超还特别交代要点蛋挞等。关相生有些不解：省委小岛招待所安排早餐啊，为什么舍近求远？

第二天早晨，陶铸、陈郁（时任广东省省长）、朱光（时任广州市市长）等人到达北京路太平馆西餐厅。大家坐定，面面相觑。周总理站起来笑着说："1925年8月，我和小超在广州结婚，张治中帮着操办，就在这家餐馆宴请我们。今天按当年的样子，请大家一块儿来饮茶。"一看座位摆成马蹄形，还摆了两桌，陶铸这才恍然大悟。

关相生对我说："这次早餐，是周总理掏钱请客。我记得，吃完早餐后，他的卫士成元功就去付账。解放后，周总理来广州，大多数我都参与接待；我去北京开会，也见到过总理很多次，我还在总理家里吃过饭呢。"

两个月后，北京举行全国外事工作会议。广州市市长朱光、广东省外事办主任任泊生、广东省政府副秘书长侯甸和关相生赴京。关相生对我说："会议期间，总理专门请我们到西花厅吃饭。那是我第一次到总理家，总理亲自下厨做菜，还给敬酒，我们都不好意思了。"

1967年，关相生受审查，下干校劳动。1973年1月他恢复到省委办公厅工作。"'文革'期间，总理到广州，我都没有接待过他。"说着，关相生眼睛湿润了。说起1976年1月8日听到总理逝世的消息时，关相生悲伤不已。他说："广州天气寒冷，我和左本彬（时任中共广东省委办公厅副主任）一起主持追悼会，我负责主持，左本彬负责宣读悼词。参加追悼会的人都戴着小白花和黑纱，在哀乐声中，向总理遗像默哀、三鞠躬。那天，很多人都哭了。"

念叨起周总理，关相生眼圈红了，"他是带着遗憾走的。他走了，很多人都很伤心。周总理一走，我们下面的人能活得好吗？老百姓心里很苦啊……"关相生老泪纵横，我不忍再问下去。

周恩来夫妇随乡俗：与谁共话桑麻事

1955—1963年，周总理夫妇曾八次到从化，卫士邝柏辉常守护在他们身旁。退休前他是从化区公安局政委。

2014年9月的一个下午，我沿着珠江边走到孙逸仙医院，在一楼尽头，一个8平方米、阳光不足的单间里，80多岁的邝柏辉刚做完化疗，躺在病床上歇息。我不忍心打扰，唯有等他恢复。

几日后，他的精神好些，我又来拜访。邝柏辉政委告诉我，1959年1月8日下午，在坐了近两个小时的车后，周总理走进了从化县委会议室。书记张永信打开一幅水电建设规划图，周总理戴上眼镜，接过来仔细观看。他边看边问："全县规划建多少个水电站？发电量多少？"张永信答："规划建404个，装机容量1.5677万千瓦。""已经建好多少个？""建好25个，能发电的只有20个。"周总理逐个询问每位干部的姓名、籍贯等。了解到有几位是北方的干部，周总理就问他们："你们的广东话讲得好吗？"山东籍的县委副书记单德成说："讲得不好，广东话真难学。"这时，周总理指着邓颖超风趣地说："你们可以向大姐学习。"这时，性格开朗的邓颖超立即用粤语和大家聊起来，还说了一段往事：1926年妇女运动在广州兴起，邓颖超任妇女部部长何香凝的秘书。广东籍的何香凝说一口粤语，而祖籍河南光山、生长在天津的邓颖超，却对粤语一窍不通。邓颖超刚到广州时，问路和传讯，或请人翻译，或打手势、用笔交流。为了扫除语言障碍，邓颖超专心致志地学了三个月，后来粤语说得十分流利。

当日，从化县展览馆大礼堂挤进600多人，机关干部、工人、学生等都闻讯赶来听周总理做报告。时任县委干部张风度说："礼堂是南北向的，主席台在北面，当时部队坐在东侧，从化干部坐在西侧，我坐在前面第四排位置。"周总理一步入会场，众人就起立鼓掌。他几次挥手，请大家坐下。邓颖超跟着进场后，静静地坐在台下座位上。县委书记张永信扶着麦克风说："现在请周总理做重要指示。"周总理起身说："不要这样讲，没有什么重要指示。"这时，场内又响起一阵掌声。周总理做手势示意大家停止鼓掌。他说："我是来参观学习的，见到大家感到特别亲切。”然后，周总理讲起了国内外的时事形势，最后话题一转说：“从化是个好地方，做好了从化的工作，不仅对广东省，甚至对国家也有重要意义。”周总理还勉励干部群众：“不论在工厂、农村、学校、军队，都要按照党对我们的要求去做好工作。”话一停，掌声经久不息。

“散会后，礼堂的每个窗口都挤满了群众。”当时担任警卫的邝柏辉说，周总理走下台阶，在靠近主席台的第一个窗口，询问每一位农民的姓名、家境等情况。法院干部谭湛、妇联干部朱银英也挤在其间，周总理主动与她们握手，二人难掩激动。最后，群众闪出一条道，和周总理一边握手，一边相送。

那天，察看完门口江小学，周总理等人走过村道，步入街口公社雄锋生产队的公共饭堂。饭堂简陋，门口贴了一张纸条：“同志们、社员们，请讲普通话。”周总理看了一眼，微笑着进入大饭厅，收工回来的社员们高兴地围在周总理身旁。一位中等个子的负责人和一位炊事员走上前，倒上白开水请总理喝。周总理问：“你是饭堂的堂长吧？”负责人连忙用不流利的普通话回答，因吐词不清，自己都觉得尴尬。周总理说：“你用广东话慢慢说。”负责人立即风趣地回答：“嗨，我系堂长。”周总理一本正经地说：“啊，你系堂长。”在场的社员们都笑了起来——因为他是饭堂主任，总理说是“堂长”，他便顺水推舟地说自己是“堂长”了。

开饭时间是6点，但时间未到，周总理问：“可以到里面看看吗？”“欢迎来检查。”“堂长”便领着总理进厨房。走到灶边，周总理低头看了一下锅内的干饭和稀饭，再走进一间小房间，餐柜里放着煮熟的青菜，热气腾腾。他打开一个柜门，夹了一块熟菜，正要品尝，忽然摄像记者的闪光灯一闪，菜掉在了地上。张永信书记着急地朝记者直摇手。

周总理进入饭堂大厅，桌子和椅子摆得整整齐齐。一缸缸米饭香喷喷的，冒着热气。他尝了一口小饭团，说：“做得不错，吃多少个菜呀？”“堂长”答：“三菜一汤。”此时，邓颖超参观完幼儿园、托儿所也回来了。周总理给邓颖超介绍说：“他是‘堂长’，他们饭堂搞了三个菜，有肉、有青菜，我尝了，很有味道，不错。”邓颖超用标准的粤语纠正说：“系‘堂长’。”顿时，社员们都哄笑起来。

邝柏辉对我说：“回忆曾经和谐的场景，我才想起，周总理在门口驻足不前，若有所思。农民称普通话为‘官话’，在乡村，一般入乡随俗，哪有入乡随‘官’的？”虽然农村的饭堂门口贴纸条，让社员们“请讲普通话”，但敬爱的周总理却乐于听着邓颖超和农民用粤语聊天。

周恩来手植红梅：寒梅已绽岭南枝

之后，邝柏辉带我寻到一条小道。清泉水旁，竹木成林。邝柏辉说：“就是在这条路上，周总理专门走过来握住我的手。”1959年1月12日，周总理准备从温泉宾馆返往广州。清晨，北风强劲，草木凝霜，周总理穿着黑大衣从温泉翠溪2号楼走出来。邝柏辉说：“我和两名警卫在10多米外的路边站岗，看到总理过来，马上立正敬礼。平时，领导上车就离开了。但是，那次周总理专门绕道，越过一片杂草地走到我们面前。他伸出手，亲切地说：‘你们辛苦了！’当时，我激动得说不上话，握住总理的手，感到特别温暖。”邝柏辉说着，眼圈红了：“当时的情景，至今我仍难以忘怀。”

随后，周总理来到温泉翠溪1号楼，在楼前石阶上与工作人员合影。参加合影的有省保卫局、省政府交际处、从化温泉人民公社、从化县公安局、从化温泉招待所的干部和员工。邝柏辉痴痴地看着，想走过去，却因为要值勤守卫，不能上前与总理合影。看着总理的车远去，他心里遗憾，有些难过。事后，邓颖超知道了，对他说：“小邝，下班后我们一起照个相。”邝柏辉的心情一下子转阴为晴。

邝柏辉回忆说：“站岗下班后，邓大姐和我们就一起散步到温泉瀑布。在香粉瀑的木桥上，我和邓大姐、郑淑芸、霍爱梅（邓颖超的秘书）等一起合了影。”采访后，我在邝柏辉的相册里，找到了一张照片：周总理和工作人员的合影。画面有五排群众，前一排人沿楼梯而坐，在第二排左边的服务员当中，站着穿大衣的周总理。簇拥在他身边的服务员，有的坐着，有的站着，有的挤着露脸，有的微笑着，他们表情轻松，就像站在一位老朋友身边一样。

我踏上从化翠溪地界的那一刻，窗外山峦叠翠，绿水清幽。1958年11月27日，我就来过从化温泉宾馆。不过，那时我年幼，是被父母抱来的。父亲周保常曾对我说：“你七爷爷忙着陪金日成在广州参观。27日那天，我们一家人在八一新村门口等，军区来了一辆旧式工具车，上面装着电影放映机、胶卷、灯光等。司机和放映员坐前面，我们抱着你坐后面，一辆放电影的顺风车搭着我们去见你七奶奶。”

在温泉宾馆，我吸着新鲜空气，抚着一花一木，踏着一级级石板路，沉浸在寻访之中。宾馆的工会主席彭粤湘陪我走进1号楼，门口左边有一块牌子，写着“翠溪一号，建于1955年，建筑面积400.8平方米，接待过党和国家领导人周恩来、朱德、李先念、邓颖超、陈毅、聂荣臻、彭真、陶铸、李富春、张治中、蹇福鼎、谢觉哉、黄克诚、周士第、蔡畅、沈雁冰、邵力子、李立三”。彭粤湘说：“除了2号楼，周总理夫妇也住过1号楼，里面保持着原貌，除了一楼这间客厅被省美协租用外，二楼住房基本没有动过。周恩来夫妇住过二楼。这里建筑陈旧了，正准备翻修。”我走进二楼卧室，朝南是阳台，室内一张普通双人床、两张单人沙发、一张茶几、一张书桌、一张椅子。地下铺的是旧木地板。我蹲下身去，用手触摸，有的木板已残缺，再抚摸沙发、桌椅、茶杯，一切是如此亲切！

周恩来夫妇关心的农民温泉浴室还在吗？我循着柏油路，一路询问，朝宾馆宿舍前行百米，旧的温泉浴室就在眼前。农民温泉浴室是一座青瓦平房，红砖黄墙，因年久失修，墙角上长着青苔。不知如今浴室荒废，温泉水能进村民家吗？

邝志坚是邝柏辉之子，也是一位民警，他帮我联系了矿泉派出所，找到了大围村一位名叫徐炜斌的村民。我问：“温泉浴室废弃了，村民在家能洗温泉澡吗？”徐炜斌告诉我，他出生于1964年，洗了十多年温泉浴室，但是到20世纪80年代初，农民温泉浴室停用了。他说：“以前地是归村的，但土地未确权。政府调整土地政策，要等重新规划吧。”我采访获悉，比起1958年，村民生活今非昔比，500多户村民中，有三分之一当了宾馆服务员，三分之一外出打工，三分之一种水果。邝柏辉对我们说：“周总理每来一次从化，都想帮农民解决一个困难。如果他知道农民茅房换楼房了，会感到安慰啊！”

年过八旬的邝柏辉，走路有些踉跄，却意犹未尽。我们扶着他，绕过1号楼、2号楼，来到翠溪大楼前台的庭院。他兴奋地叫道：“看！这就是周总理夫妇亲手种的红梅！”我远远眺望，那棵红梅茂盛的绿叶正在风中摇曳。走近一看，木牌上写着：“1959年1月，周总理夫妇亲手栽种宫粉梅。”我仰望此梅，树干粗壮，两人才能合抱，树枝像伸出热烈的手臂，蓬勃冲天！

周总理喜爱梅花。他童年读书的庭院淮安漕运西路174号院内，就有一株他亲手种下的腊梅；国共谈判时期他居住的小院——上海思南路73号里，也有他亲手种下的两株腊梅。在岭南从化的山坳里，他和邓颖超也种下了腊梅。

◎ 1961年3月，周恩来在钓鱼台当众为邓颖超插戴花枝

我久久地站在1号楼前，睹物思人。2018年3月5日，是周总理诞生120周年。看那梅花又盛开，我记得和作家梁衡曾去淮安参观周总理故居，他一气呵成，撰写名作《周总理手植一品梅》。今日，我站在梅树下，深情地朗诵：

周总理在时，此腊梅静生默长，人们亦不觉有奇。墙外风雨墙内树，落叶飘飘送华年。花开花落，无论冬夏短长。然自1976年总理大去，举国同悲，万家悼伤，怀念之情与日俱长。虽开国总理，这960多万平方公里之国土竟无一碑之立、一石之安，魂之所系不知何方，祭之所向一片空茫。今年是周总理诞辰115年，念神州大地，有何物曾与总理同生同长，却仍在生命绽放；又有何物曾经总理手泽，却依然长此留香。唯此株手植腊梅，玉树临风，山高水长！于是仰树怀人，对梅神伤，游人如织，默念忠良。念总理当代宰相，官居一品，却党而不私，官而不显，劳而无怨；念总理德高一品，却生而无后，死不留灰，去不留言。噫，大道无形，大德无声。其大智、大勇、大德、大才、大貌，齐化作这株一品古梅遗爱在人间。

周恩来岭南纪事

第十八章

广州会议 | 广州羊城宾馆

THE STORY OF
ZHOU ENLAI
IN LINGNAN

1970年4月24日，我国第一颗人造地球卫星『东方红一号』在酒泉卫星发射中心成功发射。晚年的钱学森回忆起周恩来运用外交手段帮助自己回国，曾说：『周总理非常尊重知识分子，我十分感谢周总理。』

1962年广州会议：国计已推肝胆许

广州小北路越秀公园的东门，有一道明清时期的城门。古城墙对面有一个历史悠久的宾馆。它看似平凡，却有一段与中国知识分子命运攸关的历史。

1962年3月2日，周恩来在这里参加广州会议，“脱帽加冕”被永久地载入史册。之后，我请教中共广东省委党史研究室巡视员陈弘君“脱帽加冕”是什么意思，他说：“1962年初，周恩来亲临指导‘广州会议’，给知识分子营造一个灿烂的春天。会议召开之前，周总理做过调查，有的领导给作家创作乱扣帽子，周总理要摘掉知识分子头上‘资产阶级’这顶帽子。”

广州会议其实是两个会，一个是聂荣臻主持的全国科学技术工作会议，一个是全国话剧、歌剧、儿童剧创作座谈会。广州会议为何在1962年召开？为什么说周总理广州之行给知识分子撑起了一个春天？为此，我请教了中央文献研究室第二编研部原主任廖心文。她告诉我，召开这次会议，有特定的历史背景。经历了1958年“大跃进”、1957年和1959年“反右倾”运动带来的巨大困难后，党开始对各项工作进行全面调整，广州会议在此形势下召开。她说：“具体会议所要解决的知识分子问题，当时出现了三个十分有利的条件：一是从1961年上半年开始，党中央在调查研究的基础上，着手制订一系列有利于解决知识分子问题的条例，如‘科学十四条’‘高教六十条’‘文艺十条’（广州会议后报送中央批准）等。……二是在广州会议之前，召开过两次对解决知识分子问题十分有意义的会议。三是1961年6月，根据毛泽东大兴调查研究之风的精神，在周恩来直接指导下，由中宣部、文化部分别召集的文艺工作座谈会和故事片创作会。召开这次会议的目的之一就是通过对文艺界情况的调查研究，搞清楚党在执行知识分子政策上究竟存在哪些问题，产生这些问题的原因是什么。”[1] 廖心文告诉我：“在会议期间，周恩来进行了三天调查，不仅看了大量文字材料，同时深入代表中听取意见。他感觉到一种普遍存在的情况，是人们不敢讲话了，而不敢讲话的原因‘和领导有关’，同时也同他们所背负着的‘资产阶级知识分子’这顶帽子有关。当时，周恩来把两个会议代表请到一起。在会上，他尖锐地指出‘现在有一种不好的风气，就是民主作风不够’，并表明了纠正错误的决心。他说：‘有一个时期好像觉得1956年关于知识分子的那些问题可以不讲了，不是的，那些原则仍然存在，只是三年来由于忙，这方面有所疏忽，讲得少了些。……现在统一战线应更扩大、更深入，而不是更缩小、更淡漠。’”[2] 1956年周恩来关于知识分子的“绝大多数已经是工人阶级一部分”的论断，使广大知识分子获得了一些新的感受。一位会议代表这样比喻：周恩来的讲话“是在一个长久时期的沉闷的政治空气中打了个惊雷，发人深省”。[3]

---

❶ 廖心文：《1962年广州会议的前前后后》，《党的文献》2002年第2期。

❷ 周恩来：《周恩来选集（下卷）》，人民出版社，1980，第335—336页。

❸ 徐桑楚：《一位对电影创作有关键性影响的人》，载陈荒煤、陈播主编《周恩来与电影》，中央文献出版社，1995，第165页。

我问廖心文有关广州会议的背景，她说1962年元月中共中央召开扩大的中央工作会议，也叫七千人大会，会议的主要内容是检讨和纠正1958年以来各项工作中“左”的错误。毛泽东在会上没有再提“大多数是资产阶级知识分子”。他说：“知识分子，例如科学家、工程技术人员、教授、教员、作家、艺术家、演员、医务工作者、新闻工作者，他们不是一个阶级，他们或者附属于资产阶级，或者附属于无产阶级。对于知识分子，是不是只有革命的我们才去团结呢？不是的。只要他们爱国，我们就要团结他们，并且要让他们好好工作。工人、农民、城市小资产阶级、爱国的知识分子、爱国的资本家和其他的爱国民主人士，这些人占了全国人口的百分之九十五以上。这些人，在我们人民民主专政下面，都属于人民的范围。”❶同时，毛泽东再次承认工作中犯了错误，并说错误“首先是中央负责，中央又是我首先负责”。❷毛泽东提出，不论党内、党外都要充分发扬民主，让人讲话。这是解决知识分子问题的一个契机，使广州会议应运而生。

广州会议之前，张颖比谁都心情焦急。这位时任中国戏剧家协会书记处书记，毕业于延安鲁迅艺术学院首届戏剧系。一天晚上，她到周总理办公室找童小鹏主任，请示召开一次全国戏剧创作座谈会。正值三年经济困难时期，食品匮乏，召开全国性会议须报国务院批准。当时，文艺创作帽子满天飞，话剧创作难上加难。广州会议前，周总理把张颖和周扬、齐燕铭、林默涵这三位部长都请到办公室，谈戏剧创作座谈会的事。

为了了解这些细节，我联系了《周恩来》纪录片摄制组的负责人胡明东、李潇，希望能采访张颖书记。他们遗憾地告知我，她已于2015年冬在北京病逝。在他们的帮助下，我找到了章文晋和张颖的儿子章百家，他是中央党史研究室原副主任。周恩来与章百家的爷爷章以吴，同是天津南开学校的学生。章百家的名字，还是邓颖超起的。1948年初，部队从延安撤退，东渡黄河向西柏坡转移。那时，瘦弱的章百家刚满月，随父母行至三交镇时，驮着孩子和行李的毛驴，从一座独木桥上掉进河里，孩子顺流而下被冲出几百米，侥幸被河中的一块大石头挡住。等孩子救

❶ 毛泽东：《建国以来毛泽东文稿（第十册）》，中央文献出版社，1976，第26—27页。
❷ 毛泽东：《建国以来毛泽东文稿（第十册）》，中央文献出版社，1976，第42页。

上时，部队已走远，恰遇周恩来随总部机关到达三交镇。听闻险情，周恩来把自己的一些营养品留给张颖的孩子。事后，邓颖超闻悉章家三口路上坎坷，就说："过去小孩子生下来要穿百衲衣，这孩子一路吃百家饭长大的，就取名叫百家吧。"

我问章百家："听说当时你母亲张颖有个解不开的难题？"他答："母亲向总理说了这样一件事：南京部队话剧团有位同志写了一个剧本，反映部队进入大城市后，有个别基层干部（排长）受资产阶级思想影响，要和自己农村的妻子离婚，经过大家帮助，破镜重圆。母亲看过剧本，认为写得生动，有思想、有人物。但是，有些领导认为写了部队的黑暗面，不能演出。周总理听完后，把我母亲带到陈毅副总理的办公室，开玩笑地对陈毅副总理说：'陈老总啊，你管的部队真了不起啊，连个排长都不许有缺点，难怪作家叫苦啊。'陈毅副总理一听，也生气道：'真是乱弹琴，一个娃娃子排长，就那样了不起？一点毛病都不许有？我看这种瞎指挥要不得！怪不得人家知识分子满腹牢骚！'周总理还对我母亲说：'你们的广州会议就请陈老总去打头炮，然后让大家畅所欲言，这样才能振奋一下人心。'"

周总理擅长调查研究。去广州之前，他请来北京的话剧、歌剧、儿童剧作家开会，地点在中南海紫光阁，有100多位在京的艺术家参加。周恩来指出，1959年以来文艺上存在的缺点和错误，主要表现在打破了旧的迷信（厚古薄今），又产生了新的迷信（厚今薄古），因此要破除新的迷信，再一次解放思想。

广州会议召开前，周总理正主持起草第二届全国人民代表大会第三次会议的《政府工作报告》，聂荣臻前来反映科学家们提出的问题："解放十几年了，知识分子一直为党和国家工作。有的已经做出相当的成绩，还叫知识分子是资产阶级，我们不理解。"周总理感到飞赴广州势在必行，这是纠正1957年对知识分子属性误判的一个契机。

聂荣臻和郭沫若等向周总理汇报了两个会议的情况，声学家马大猷等代表对知识分子阶级属性感到疑虑，希望周总理给两个会议的代表说说知识分子问题。周总理召开座谈会，向张劲夫、于光远、林默涵、范长江等逐个征询意见。当时，中共广东省委第一书记陶铸说："我的观点很明确，对知识分子不能叫资产阶级知识分子，应该称作劳动人民的知识分子。"聂荣臻等同意陶铸的意见。当晚，会议代表刚到广州驻地，周总理和陶铸就去探望大家，100多位作家坐在一间不大的屋子里，将屋子挤得满满的。周总理找了个地方坐下，和作家们轻松地谈起来。对一些不认识的同志，总理就从姓名、籍贯聊到创作，谈得亲切愉快，就像久别重逢的朋友一样。周总理说："中国什么时候有知识分子？讲起来很远，远在奴隶社会就有。这是属于郭老、范文澜等历史学家们研究的问题。我只讲中国现代知识分子的发展过程：（一）从旧社会来的知识分子，无疑地都受到帝国主义、反动统治阶级的种种影响。我也是其中的一个，是封建家庭出身，头上留过辫子。存在决定意识，怎么能没有影响？（二）我们曾为旧社会服务，纵然不是为北洋军阀或国民党直接服务，也是为旧社会服务，不能说没有受旧社会的影响。（三）我们都受过资产阶级教育，甚至一部分人还受过封建教育，如上塾馆，拜过'天地君亲师'，磕过头，手心挨过打，罚过跪，封建教育嘛！不过现在也还有些用处，知道些诗云子曰。解放后我去天津，回到曾读过书的南开中学，第一句话就说：'我在这里受过资产阶级的教育，但是也要感谢，当时对我有启蒙作用。'受到资产阶级教育，不能光说不好，它对我也有启发。这样说才全面一点。"[1]

夜晚12点已过，周总理的秘书轻声提醒张颖说："应该让总理休息了，改天再谈。"但周总理意犹未尽，他说："我难得和大家一起谈谈天。"又谈了一阵，陶铸书记把周总理给劝走了。张颖回忆说："一连几天，作家们如沐春风，谈着总理那样平易近人，一见如故，又是那样对我们关怀备至。"

会议开始后，马大猷先声夺人。后来，他回忆当年的情景时说："总觉得我们解放已经10多年了，大家都认真工作，并且做出相当的成绩，但是一直老被称为资产阶级知识分子，对这个很不了解，很不理解。"[2]当时，马大猷的意见被登在会议简报上，引起了很大的反响和许多人的共鸣。

周恩来论知识分子：华灯万炬照沉渊

1962年3月2日，花城街巷依然喧闹，而广州会议现场鸦雀无声，代表们屏声

❶ 中共中央文献研究室编《周恩来文化文选》，中央文献出版社，1998年，第846页。

❷ 中央文献研究室十二集文献纪录片《周恩来》剧组，访问马大猷记录，1997。

静气，聆听周总理正在作的报告《论知识分子问题》。报告从理论的高度阐述了中国知识分子的历史地位和作用，充分肯定了新中国成立以来知识界的转变和进步。周总理提出：虽然从旧社会过来的知识分子过去都属于资产阶级知识分子类型，但不论是在新中国成立前还是在新中国成立后，我们历来都把知识分子放在革命联盟内，算在人民队伍当中。十二年来，我国大多数知识分子已有了根本上的转变和极大的进步。不管现在情况如何，不能抹掉过去的历史。他还认为他自己经过革命锻炼，现在当然不再是资产阶级知识分子，应该说是革命知识分子了，但写历史不能把过去那一段抹掉。

周恩来批评了1957年以来对待知识分子问题时存在的失误。他要求："过去对同志们批评错了的、多了的、过了的，应该道歉。……利用这个机会，再作个总的道歉。他提出知识分子必须加强自我改造，因为这是'为了进步，是光荣的事情'。希望知识分子把由于党的工作没有做好而形成的'扣子'解开。"[1]

3月3日，因参加中央召开的会议，没有等广州会议结束，周恩来就匆匆乘机返回北京。留在广州的陈毅副总理，传达周总理的嘱托，明确为知识分子"脱帽加冕"。

3月5日，陈毅副总理分别给两个会议的代表作报告。他说："周总理前天动身去北京的时候，我把讲话的大体意思跟他讲了一下，他赞成我这个讲话。他说：'你们是人民的科学家、社会主义的科学家、无产阶级的科学家，是革命的知识分子，应该取消资产阶级知识分子的帽子。今天我给你们行"脱帽礼"。'""十二年的改造，十二年的考验，尤其是这几年严重的自然经济灾害带来的考验，还是不抱怨，还是愿意跟着我们走，还是对共产党不丧失信心。十年八年还不能考验一个人，十年八年十二年还不能鉴别一个人，共产党也太没眼光了"，"不能够经过了十二年的改造、考验，还把资产阶级知识分子这顶帽子戴在所有知识分子的头上，因为那样做不符合实际情况。我们劝所有做党的工作的同志、做行政工作的同志，要在这方面进行反省，要有自我批评"。[2]

---

1. 中共中央文献研究室编《周恩来年谱（1949—1976）》（中），中央文献出版社，2007，第462页。
2. 陈扬勇：《走出西花厅——周恩来视察全国纪实》，中央文献出版社，2009，第28页。

会场上，掌声一次次地响起。历史学家周谷城得知“脱帽加冕”后，激动不已。马大猷则兴奋地喝起了酒。他接受采访时说：“会议开了以后，大家回去非常高兴。晚上大家一起吃饭时，我就买了一瓶茅台酒，大家都喝一杯来庆祝。”

3月27日，第二届全国人民代表大会第三次会议召开。尽管，党内对知识分子阶级属性存在观点上的分歧，党内高层对周恩来和陈毅的广州讲话也有不同意见。但是，周恩来代表国务院作的《政府工作报告》坚持这样的推理：“知识分子中的绝大多数，都是积极地为社会主义服务，接受中国共产党的领导，并且愿意继续进行自我改造的，毫无疑问，他们是属于劳动人民的知识分子。如果还把他们看作是资产阶级知识分子，显然是不对的。知识分子是社会主义建设事业取得胜利的不可缺少的重要力量。”[1] 这段措辞，经过了中央政治局讨论，是中央做出的正式结论。

广州会议后，全国戏剧创作出现了一片繁荣的景象。涌现出一批优秀的作品，比如话剧《霓虹灯下的哨兵》《年青一代》《第二个春天》《南海长城》等，还有一批优秀的现代戏曲。我上小学的时候，这些话剧已被拍成电影。在广州军区灯光球场，我曾陪着父母和弟弟津津有味地观赏这些电影。殊不知，这是近在咫尺的广州会议为作家们“脱帽加冕”的结果啊！

1962年，在广州会议上作报告尾声，周恩来充满信心地说：“新的局面来了，从经济形势上看还会有一个时期的困难，但已开始好转；从政治条件看，会出现一个生动活泼的局面。”但是很遗憾，知识分子望穿秋水盼来的这个春天，很快被多变的政治风云所遮挡。

周恩来关怀知识分子：人生知己总相怀

采访中共党史专家李海文老师时，我问：“1955年周总理面临三大问题，一是政府组织形式，二是工资问题，三是知识分子问题。他是怎么处理的？”李海文老师说：“周总理最重视知识分子问题。1950年8月，他在中华自然科学工作者会议上做报告说，在满目疮痍的旧中国破烂摊子上建设，现有专家不是太多而是不够。”

[1] 中共中央文献研究室编《周恩来年谱（1949—1976）》（中），中央文献出版社，2007，第467页。

听完这个报告后，北京大学的马寅初校长请周总理来校演讲。1950年9月29日，北京、天津各大学1700多位教师听了周总理的报告《关于知识分子改造问题》，五个小时的报告亲切感人。有的老师说："周总理以自我批评的精神，坦白地说出自己的社会关系，听者莫不感动。"著名哲学家金岳霖教授晚年回忆道："前一时期的领导同志当中，对我这一年龄层的知识分子来说，交往最多，对我们影响最大的是周总理。早在1949年，我们就经常在北京饭店看见他，听他讲话。头一个印象就是共产党员也仍然干干净净，整整齐齐，而谈吐又斯斯文文，总的印象是非常之特别，又非常之平常。……我从来没有听见过有周总理这样地位高的人，在大庭广众中承认自己犯过的错误。对我们这些人来说，这是了不起的大事。"[1]

李海文老师告诉我，1951年8月19日，新中国首批375名留学生被派往苏联。出发前夕，周总理会见他们时说："国家现在很困难，送你们出去学习，是为了将来回国参加建设。"1949年8月到1955年11月，从西方国家回来的高级知识分子有1536人，包括李四光、华罗庚、钱学森、老舍、吴阶平、汪德昭、邓稼先、吴仲华等。

◎ 1964年5月，周恩来和科学家钱学森在一起

钱学森是世界著名的空气动力学专家，原在美国加利福尼亚州工作。新中国成立后，他决心回国，便辞去了美国国防部空军科学咨询团、美国海军炮火研究所顾问等职务。不料，当其准备回国时，却遭到了美国联邦调查局的调查，继而被扣留。一位美军将领说："无论在哪里，他都能抵得上五个师，宁可杀了他，也不能放他走。"1955年，钱学森写信给父亲的好友陈叔通求救。同年8月1日，中美大使级会谈在日内瓦举行。周总理亲自指示王炳南大使

[1] 金岳霖：《哲意的深思》，百花文艺出版社，1999，第44页。

与美方交涉。中方提出释放11名美国战俘，要求美国政府取消对钱学森回国的无理限制。同年10月，钱学森归国。周总理委托他起草《建立我国国防航空工业的意见书》，并开始进行导弹的研制工作。

李海文老师说："如果没有自力更生地研制新的推进器，苏联毁约停援，我们就一筹莫展了。"周恩来对钱学森关怀备至。据钱学森回忆："1970年，我国第一颗人造卫星'东方红一号'发射前夕，周总理召集相关的科研人员在人民大会堂开会。临别之际，周总理特意叫住我：'钱学森，你不要太累了。'我心中一热，连声回答：'总理，您比我要辛苦得多！'"

周恩来和老舍：深情何忍匆匆别

老舍也是在周总理关怀下从美国纽约回国的。李海文老师告诉我，她采访过老舍的儿子舒乙。舒乙说："父亲见周总理第一面，是在抗日战争时期。父亲非常崇拜周恩来，一直到解放后也经常提起总理。1946年，父亲接受美国国务院的邀请，与曹禺先生到美国讲学。那时，周恩来还在重庆。我父亲去同周恩来告别，同时请示他：'我们该不该去？去了要注意什么？'周总理支持他们去美国，还搞了一次小型欢送会，请了许多人给他俩送行。"

1949年6月，解放区和国统区两支文艺大军在北平会合，召开了第一次文代会。推选第一次文代会的领导人时，在周恩来的授意之下，二三十位知名文艺家联名写了一封信，邀老舍回国。

舒乙说："这封信通过地下党的关系转到纽约，被送到我父亲手里。我父亲接到这个邀请以后，立刻回国。当时，他患有严重的坐骨神经痛，刚刚做完手术。他忍痛秘密地赶回来，但还是没有赶上开国大典。"

《茶馆》是老舍写的一部很有意义的戏（话剧），当时引起很大争议，幸亏周总理出来保了这个戏。舒乙说："因为当时'左'的思想已经出来了，很多人觉得这个戏怀旧，没有红线。但是，演员喜欢得很，观众喜欢得很，文艺界艺术家也喜欢得很，就请周总理看。周总理看过后称赞这是一部好戏，尤其是第一幕，是精品。《茶馆》最大的价值就是告诉年轻人，旧社会是多么可怕，这是很好的一堂课，而且写得极其生动，特别好。‘文革’的时候，这部戏整个被否定了。‘文革’初期，我父亲受到严酷的迫害。得到消息以后，我和大妹妹给周总理写了一封信，我就在衣服里面套了我父亲的血衣，我要告诉周总理，我父亲受到严酷的摧残，情况非常紧急……我还没到家，妈妈就接到电话：‘信收到了，周总理对这件事表示极大的关注。’可我回到家时，我父亲已投河自尽了。”

1975年，重病的周总理在北海旁的305医院医治。8月23日这天，他走到北海边上，对着湖水默默沉思了一阵，突然问旁边的医护人员：“你知道今天是什么日子吗？”医护人员想了一想，说：“今天是8月23日，好像不是什么特别的日子。”周总理说：“我来告诉你，今天是老舍先生的祭日，你知道他是怎么死的吗？”他便同医护人员详细地讲了老舍去世的经过。

“文革”期间，有一次老舍吐血了，家人把他送到医院后，他非常想见周总理。但是他考虑到周总理太忙，情况又非常复杂，他便没有提出。舒乙说：“他去世后，我们才发现他枕头旁边有一本小学生用的小本子，上面写了一句话：‘总理你不要来看我。’他实际上很想让周总理来，两个人再进行一次掏心窝的谈话。他绝对把周总理当成最贴心的人。对我父亲来说，无论发生什么事，主心骨都是周总理。当然他最后的信息没有发出去，突然就去世了。他的去世是一个大的悲剧。周总理是历史巨人，也是我父亲的知音，是我们一家人的恩人。”

1978年6月中旬，我去西花厅看望七奶奶邓颖超时，七奶奶告诉我，她刚刚参加了老舍先生的悼念活动，她还送了我一本《老舍文集》。李海文老师对我说，在老舍先生的骨灰安放仪式上，邓颖超来得最早，到了以后，她把老舍先生的妻子和孩子们召集到一起，说：“我今天是故意提前半个小时来的，为什么？就是因为恩来生前多次提到老舍先生的名字，对老舍先生的死，他表示了非常大的悲痛，一直念念不忘这件事。所以，我今天来是代表恩来同志来的，如果他活着，他肯定提前来，他肯定对这件事情表示悲痛。”周总理对老舍先生非常尊重，他们俩之间的友谊非常深厚。

舒乙说：“他们之间这种深厚友谊，我在父亲生前多次谈话当中也能够体会出来，他很爱说的一句话是：‘总理是个伟人。’”

周恩来保护知识分子：黄金台贮俊贤多

李海文老师说，周恩来学习马克思主义，并不墨守成规。他众多的亲属都是读书人，他的祖父、伯父等人当中有官吏、医生、教师、作家等生活状态各异的人，甚至是革命者。通过对这些人的观察和对社会的研究，他认为知识分子当中的许多人也是受剥削、受压迫的，也是革命的依靠对象。

早在1956年1月14日，周恩来在中共中央召开的知识分子会议上就指出："我国旧时代的知识分子在过去虽然受了帝国主义和反动阶级的种种影响，但是他们中间的绝大多数同时也受着帝国主义和国民党的压迫，因而一部分参加了革命，一部分同情革命，多数对于革命抱着中立的观望的态度，反革命分子只占极少数。"

我问李海文老师，周总理为什么这么重视知识分子问题？李老师翻开《周恩来选集》中的一段话给我看："我们所以要建设社会主义经济，归根结底，是为了最大限度地满足整个社会经常增长的物质和文化的需要，而为了达到这个目的，就必须不断地发展社会生产力，不断地提高劳动生产率，就必须在高度技术的基础上，使社会主义生产不断地增长，不断地改善。因此，在社会主义时代，比以前任何时代都更加需要充分地提高生产技术，更加需要充分地发展科学和利用科学知识。因此，我们要又多、又快、又好、又省地发展社会主义建设，除了必须依靠工人阶级和广大农民的积极劳动以外，还必须依靠知识分子的积极劳动，也就是说，必须依靠体力劳动和脑力劳动的密切合作，依靠工人、农民、知识分子的兄弟联盟。"

1962年3月2日，在全国科学工作会议和文化部戏剧创作座谈会联席会议上，周恩来作了题为"论知识分子问题"的报告，再次提出知识分子问题。但是因有1958年的检讨一事，周恩来此次讲话十分谨慎，他说："我也是知识分子出身……现在尽我的能力作个初步解释，不能担保今天讲的都是成熟的，如讲得不恰当就改正。"

在分析中国现代知识分子的发展过程和特点时，周恩来大量引用列宁、毛泽东和刘少奇的讲话。他说："知识分子不是独立的阶级，而是脑力劳动者构成的社会阶层。一般地说，这个阶层的绝大部分人在一定的社会条件下是附属于当时的统治

◎ 1963年11月6日，周恩来（前排右四）等党和国家领导人接见中国科学院社会科学部委员

阶级并为其服务的。……在剥削阶级占统治地位时，知识分子多数是剥削阶级家庭出身的，出身于劳动人民的很少；只有剥削阶级才有条件求得知识，求得更高的知识。……在旧社会，也会有一小部分知识分子能预见到真理，敢于反抗当时反动阶级的黑暗统治和压迫，为新兴的进步的阶级说话，成为革命的知识分子。马克思、恩格斯、列宁生长在资本主义社会，他们都是知识分子，敢于反抗当时的统治阶级，投入到新的阶级队伍中来，为新的阶级说话。他们背叛了原来的阶级，投靠了进步的阶级。欧洲文艺复兴时期，中国从鸦片战争到辛亥革命，都有一部分进步知识分子传播新的思想、新的学说。这些知识分子同样也遭到反动统治阶级的迫害，遭受反动知识分子的歧视和压迫。只有在社会主义制度下，劳动人民已经处在统治地位，知识分子才转变到为广大人民服务。……所以毛主席再三地说，我们要团结世界上百分之九十以上的人来反对帝国主义。百分之九十以上的人，具体地说，是指工人、农民、进步的知识分子、进步的民族资产阶级分子和进步的民主人士（有一些还是封建阶级出身的）。”[1]

---

[1] 中共中央统战部政策理论研究室、中央社会主义学院编《统一战线教学学习文献》，开明出版社，1999，第512—514页。

2002年11月，我当选为中共十六大代表，赴京参加党代会议。我去看望赵炜秘书时，她送了我一本《周恩来自述》，其中也引用了《知识分子的出路》中的内容："应该看到中国绝大多数知识分子受帝国主义、封建主义、官僚资本主义的统治和压迫，因而有一部分人参加了革命，一部分人同情革命，多数人开始时对革命观望、中立，以后逐渐靠近革命。反革命的知识分子是极少数。直接为清朝、北洋军阀、国民党反动派服务，真正成为他们的工具压迫人民的只是少数。从鸦片战争到辛亥革命是如此，从旧民主主义革命到新民主主义革命也是如此。从鸦片战争到现在一百二十多年的历史事实证明，为帝国主义、封建主义、官僚资产阶级服务的知识分子，都是没有前途的。溥杰过去到日本留学过，有什么作为？还是新中国改造了他，才有了用。他的叔父载涛过去做过军咨大臣，不如现在当人大代表，可以为人民服务。在我们这里有不同等第的人，沈衡老是进士公，黄任老是举人公，董老是秀才公，还有翰林公。秀才、举人、进士、翰林都有。过去想做点事业，可是做不成，有什么办法？北洋军阀时代的李根源是我的'同行'，当过国务总理，能为国家民族做什么有益的事？国民党时代的行政院长翁文灏回来了，也是高级知识分子，当时跟他们走有什么出路？死心塌地为美帝国主义服务的胡适，直到了结生命，还是没有出路，反过来，历史的发展证明，知识分子只有同无产阶级，同劳动人民，同共产党一道前进才有出路。革命时期和社会主义建设时期都证明了这一点。"

中国经济学家陈平教授讲述新科技发展奇迹时说："新中国刚成立时，中国钢产量不到美国十分之一，比甲午战争时的日本还落后。西方遗留给中国的只有面粉厂、纺织厂、火柴厂，做罐头的材料、做痰盂用的马口铁，中国都要进口。但是中国科技进步有两件标志性的事。第一，是中国现有的高科技，从原子能、半导体到激光，你可想到的所有高科技前沿技术，都是在1957年至1958年间开始建立的。中国科技带头人，也就是十几位。因为战争条件下缺乏人才，而科研所的人才是解放后留苏的学生，有的是非专业。他们是特别人才，在不到十年的时间范围内，十几位从国外归来的一流科学家，培养数以千计的大学生，培养数以十万计的工程师。中国发展原子弹、导弹的速度，超过美国、苏联、法国、英国，从一穷二白基础起步。原子弹研发有钱三强和周光召。而氢弹的设计，是没有出国的、北大物理学家于敏做的。高科技军事工程，很多人是没有博士、副博士资质的，都是业余旁听的本科生。因为对生产力发展的敏锐观察，周恩来高度关注现代科技革命的新动向。正如他指出：如果说过去是十年一变化，那么现在可能是五年、三年一变。第二次世界大战以后的十七年中，原子、电子、超音速等，发展速度比过去任何时候都快，比过去一个世纪还快，可以说是日新月异。前三十年，所有学科配套齐全，这得益于周总理的人才谋略。第二，是改革开放后，中国派数以十万计的学生留学，回来的人大幅缩短与世界的科技距离。老牌资本主义国家，没有中国独立自主的核武器、完备的先进导航系统、中国的通信和控制系统……第二次世界大战后，一旦门户开放，苏联、东欧培养的科学家纷纷流向西方，不愿留在自己国家过清贫日子。但中国知识分子希望民族复兴，如周总理信任的那样，在朝鲜战争阴云密布的日子里，像钱学森、华罗庚等一流科学家毅然回国，牺牲个人研究成果，创建国家科技事业的这一种现象，在世界上是没有的。特别是经过许多挫折后，他们矢志不移，默默无闻，成为扛起中国民族复兴的脊梁。中国之所以迅速发展，是因为知识分子把以天下为己任的文化传统转为进军的力量。他们没有变成精神贵族，没有成为西方资本雇佣的奴隶，而是与工农大众相结合，兼容并蓄，具体解决中国问题。他们的成就和价值，不是以西方颁发诺贝尔奖可以衡量的。”

重走广州会议旧址，党史专家陈弘君对我说：“此后的20年间，在如何对待知识分子问题上，出现了反复。为了排除错误倾向的干扰，周恩来殚精竭虑，耗尽了毕生的心血，我国终于取得了以‘两弹一星’为代表的尖端科学技术的重大突破。”

1962年的广州会议，为知识分子撑起了一个精神的春天，广州会议也因此被载入史册。2017年3月4日，习近平总书记说:“中国共产党历来高度重视知识分子。我国广大知识分子是社会的精英、国家的栋梁、人民的骄傲，也是国家的宝贵财富……我国广大知识分子要以时不我待的紧迫感、舍我其谁的责任感，主动担当，积极作为，刻苦钻研，勤奋工作，为全面建成小康社会、建设世界科技强国作出更大贡献。”

第十九章

保护广交会 | 广州珠江宾馆

1967年，中央文革小组纵容造反派冲击军区、抢枪支、阻碍广交会举行，周恩来几次赴广州『救火』，三次座谈均从零点谈到翌日上午。其中4月之行，是周恩来停留时间最长，谈判最艰难的一次！

化解广州危局：虑远防微乃不倾

1967年1月10日，江青授意关锋、王力起草《关于〈解放军报〉宣传方针问题的建议》，抛出彻底揭穿“军内一小撮资本主义当权派”的纲领和措施。林彪批示：“完全同意。”1月11日，寒风凛冽。人民大会堂正在召开中央政治局会议。周恩来参加，毛泽东委托林彪召集，中央文化革命小组（简称“中央文革小组”）江青、王力、关锋等列席。改组全军文革小组，徐向前任组长。会上，徐向前表示：“军队里不能搞任何战斗组织，军队要绝对保证党的领导……军队是拿枪的，不同于学校、工厂、农村，飞机每天几百架起飞，搞起来就乱了。……我已经67岁了，长征老干部最小

的也快60岁的人了，都身体不好。这个揪，那个揪，都斗争，无休止地斗争，这样斗下去，不斗死也斗垮了。过不了多久，老干部都会垮下去。”❶

这一年，我和弟弟在广州八一小学读书，每天去上课必经广州军区司令部警卫营大门。一天，造反派冲击军区，黑压压的人群一片，连上学的路都被截断了。不久，广州市公安局被造反派夺权，双方壁垒分明。混乱中，广州实行了军管。

4月13日晚，周恩来在人民大会堂召开会议，解决内蒙古问题。造反派欲冲内蒙古军区，大楼上架起机关枪。这时，秘书送来广东省军管会急电。广州的造反组织，对交易会领导没有以其为主而生怨恨，将大字报贴在陈列馆玻璃柜子上，反对工艺品展出。卫士成元功后来回忆说：“过度的劳累，难言的愠怒，使周恩来心脏隐隐作痛，拿铅笔的右手，不由得微微颤抖。”

4月14日凌晨2时30分，周恩来解决内蒙古问题后，又找外贸部和广州造反派谈话，说服他们立即派员前往广州协助化解矛盾。回到西花厅，周恩来给毛泽东和林彪写一封信：“对广州交易会虽有五点指示发出，但据黄永胜报告，情况较紧，而军管会又难于控制。……考虑到目前各院校和机关造反派多忙于内争，因而影响了广州交易会各公司、各馆的内部领导，并与各地方造反派形成派别”“如不立即劝阻，对明（十五日）开幕，极为不利。我现定今晨七时同黄永胜同志飞广州，亲往解决此事。”❷

周恩来工作台历记载：4月13日上午12时，约赵毅敏、孙正、黄树则谈问题。下午1时，会见罗马尼亚驻华大使。下午3时45分，约见黄永胜、郑维山、傅崇碧等谈广交会。下午4时，军委扩大会议。下午8时，到钓鱼台16楼办公。下午9时，见内蒙古代表。14日凌晨2时30分，见外贸部和广州造反派并谈话。

4月14日上午7时30分，周恩来和黄永胜飞往广州。上午11时15分，他们抵达广州。11时30分召开省军管会、军区负责人会议，黄永胜、刘兴元、陈德、温玉成等参加。周恩来下榻在军区大院留园七号。与广州军区和军管会研究后，周恩来决定，从4月15日晚上开始，连续三天召开群众组织座谈会。

---

❶ 陈扬勇：《苦撑危局——周恩来在1967》，中央文献出版社，1999，第148页。

❷ 中共中央文献研究室编《周恩来年谱（1949—1976）》（下），中央文献出版社，2007，第144—145页。

周恩来力保广交会：经济安民心不晦

我父亲周保常曾在广州军区“文革”第一秘书组工作，亲历了这次周总理的广州之行。

这天下午，一位年轻军官到解放新村（原广州军区司令部宿舍大院）找我父亲。他受广州军区副司令员温玉成之命，专程来告知，座谈会之后，周总理约见我父亲。下午，父亲一身军装，骑车赶去珠江宾馆大楼，在走廊遇见周恩来卫士成元功。成元功说：“保常，总理会后找你。”父亲顺着卫士的指引上了二楼，渐渐靠近会议室，听到周总理熟悉的声音，他正在和两派组织负责人说话，父亲停住脚步，静静地在外面等候。

在珠江宾馆大楼二楼会议室，周总理正接见参加春季广交会的各方负责人。他讲解中央开好春季广交会五点指示后，语重心长地说：“明天（1967年4月15日）开幕的交易会，应该看成是一个新的战役，要保证把这个会开好。对解放军这个集体要尊重、信任，不能把批评解放军的大字报贴到外面去。干部是党和国家的财富，他们的丰富经验也是我们需要的，要让他们站出来，不然我们的工作就难以继续。”

时间逝去，天色已黑，周总理结束座谈。父亲迎上前去，百感交集：上一次见面于省委珠岛，总理还谈笑风生；时隔不久，总理却消瘦许多。

我父亲回忆：“这天晚上，七伯告诉我，晚9点半要去中山纪念堂接见各群众组织代表。从珠江宾馆到中山纪念堂，有30分钟路程。沿途车少，司机放慢车速，我和成元功陪在身旁，让他能短暂地休息一会儿。上台做报告之前，七伯拉住我的手说：‘保常，我太忙了，这样见面就行了。代问淑清和孩子们好。’他的声音有些哑，我感到他身心疲倦，心里涌起一阵酸楚。这时，台下响起了掌声。我不敢耽误七伯作报告的时间，松开他的手，很多想说的话，只能留在心里。”

当晚，广州地区各群众组织代表大会，一万多人参加。中山纪念堂是主会场，广州市体育馆是分会场。周恩来先到分会场与群众见面，然后回到主会场发表讲话。这时，离广交会开幕不到10个小时。群众不知周恩来到广州，当看到身着绿色军装的他出现时，会场顿时沸腾起来。人们站立热烈鼓掌，高呼口号。周恩来不断地摆手，请大家坐下。

全场肃静。周总理说："明天，在广州就要举行春季商品交易会，中央很关心这件事。今天，以党中央、国务院、中央军委、中央文革小组的名义，给广东军管会，并通过他们向你们传达了五点通知。这个通知，中央很重视。……我来广州，就是来加以说明。这个交易会设在广州，许多外国商人和侨商都要来。港澳的人也要进来。他们有一部分人不是为了来进行贸易的，而是要到广州来看看我们中国南方最大的门户，看看'文化大革命'运动的形势，看看生产情况。从一个广州也就反映了中国的情形。所以，明天开幕的交易会，应该看成是一个新战役。"[1] 他逐条讲解开好交易会的五点指示，并语重心长地提示在交易会期间不进行串联，陈列馆、宾馆、旅馆、剧场不要贴大字报。报告结束，已过午夜。周恩来又驱车直奔海珠广场，检查交易会新旧展馆，每一个展厅都留意看。

作家叶曙明对我说，20世纪90年代，他到广州军区司令部办公室原副主任迟泽厚家采访。迟泽厚追忆：当时问题最多的是工艺品展厅。参展团中的造反派硬说有些展品是"封、资、修"的东西，有损中国形象，不能展出，更不能出口毒害世界人民。他们甚至在一些展橱贴上了封条。周恩来耐心地说："越南人民正在流血牺牲，抗击美帝国主义的侵略，我们除了在武器装备和物质上给予支援外，还需提供一部分自由外汇。购买这些工艺品的是西方商人，你怎能要求人家和我们有同样的审美观？这里并不存在毒害世界人民的问题。"造反派终于同意当场扯下封条。此时，离广交会开幕仅剩几个小时。当周恩来等人离开展馆，返回军区留园七号时，天已破晓。就这样，周恩来到广州的第一天，连续工作了20多个小时。

4月15日早上，交易会如期开幕。

几次座谈：调和鼎鼐施霖雨

1967年4月15日至4月18日，周恩来与广州军区负责人谈话，接见中央文革小组

---

[1] 陈扬勇：《苦撑危局——周恩来在1967》，中央文献出版社，1999，第403页。

派驻工作的四名记者，听取他们的意见，细看广东“文化大革命”的材料，阅读群众组织出版的小报。

周恩来还三次与两派座谈，均从午夜谈至次日清晨。座谈过程中，造反派一味指责广东军管，情绪激动，对此，周恩来不仅严格剖析自己，还举出南昌起义和广州起义最终失败的教训，要求各群众组织停止打派仗。

经过几番座谈，听取相关汇报和阅读相关材料后，周恩来比较详细地了解了广州的情况。他说：“我14日到广州来，本来是处理交易会的问题，准备处理完了就走的。但是主席觉得我既然来了，还是帮助军区、帮助黄永胜同志把一些问题推动解决一下。解决问题主要依靠你们，你们是群众中奋斗出来的代表，同时也依靠军区的领导同志。我只是提些建议。”

我看到迟泽厚主任当时的笔记，钢笔所写，字迹依然清晰：“1967年4月18日19时30分，总理做了一个很长的总结讲话：一、国际国内形势；二、广东的地位和情况；三、对广东实行军管的必要性及其任务；四、广州的‘文化大革命’如何掌握斗争大方向；五、如何实行大批判、大联合和‘三结合’；六、若干具体问题……”

周恩来批评运动中的极左思潮。他反对捕风捉影、怀疑一切、打倒一切。他告诫造反派不能以势压人，用暴力手段对待对立面组织。他神色严肃地批评打砸抢行为。他问道：“打砸抢还有革命的？人民内部矛盾为什么要打砸抢呢？这个造势就是不对。”1976年4月14日至18日，周恩来与广州群众组织代表座谈时强调，对军队在支左工作中的错误，不能无限上纲上线，对解放军这个集体要信任尊重。

当时广东正实行军管，全省经济工作瘫痪。座谈会上，中央文革小组说广州冷冷清清。周恩来说：“我不同意说广东好像落后了，冷冷清清了，恐怕事实并非如此。有些看来好像是冷冷清清，其实是在埋头苦干。”接着，他谈到广州地区的运动情况。当时，一些红卫兵代表对静坐事件提出究竟是革命还是反革命的疑问，有代表讲：“毛主席说，不是革命就是反革命。”周总理笑着说：“那是民族危亡时期，毛主席针对抗日民族统一战线问题说的。赞同抗日民族统一战线是革命的，反之就是不革命或者反革命的。你们两派斗争，能说是民族危亡，你死我活的大是大非问题吗？”红卫兵代表答：“都不算。”周总理依然笑着问：“好，我再问你，

◎ 1968年2月，周恩来在国务院工交、财贸、农林和直属单位大会上讲话

你和朋友上街买衣服，你说红色好看，他说黑色好看，买黑色的衣服？还是买红色的衣服？”红卫兵代表答：“都不能说。”最后，周总理语重心长地说：“回去告诉你的同学你的朋友，做自己该做的事，不要再争，不要再闹了，好吗？”周总理轻轻的一句“好吗？”何等诚恳，何等真切！这是总理的嘱托，他敞开心扉，对群众关怀备至。

会上，造反派的两派组织代表争论激烈，很想听到周恩来对他们组织的评价。对此，周恩来讲，左派不是永恒，右派也可进步的。他还联系自己的革命实践，说虽然犯了不少错误，但是革命精神永不老。坚持干到老，学到老，改造到老。他这种胸怀坦荡、严于律己的精神，令在场许多人动容。他多次提到早年在广东的革命活动，表达了对南粤人民的深厚感情。结束讲话时，周恩来大声喊口号：“具有光荣革命传统的广东人民万岁！”

我采访周总理的保健医生张佐良，他回忆说：“周总理到广州后上午、下午连同晚上，不停地开会，屋子里的电灯总是亮着，室内温度比较高，几个电扇不停地转，依旧很热，许多人不停地挥动手里的折叠纸扇。总理在礼堂内开会，我们不敢离开会场到户外散步，所以经常连白天还是黑夜也搞不清楚，也不记得一天吃几顿饭。因为睡眠太少，实在没有胃口吃东西。接待部门特意为我们煮面条，面条吃得多了，大家觉得每天只是吃夜宵，没有吃正餐。我们担心周总理太疲倦，怕他累垮了，曾多次给周总理递纸条，劝他早点儿散会或是休息一会儿。我们的纸条不管用，又将纸条递给主席台上其他领导同志，请他们说服总理，但这些努力都无济于事……周总理吃的东西比我们少，可以看得出来，他的气色有点儿不对头，肯定是疲惫不堪。他起身去卫生间时，双手叉着腰，走得比较慢。他这是硬撑着，没有人能来代替他的工作。”

4月19日，春雨正浓。空军调度室报告：气象条件差，难以起飞。周恩来天亮前返京计划被迫推迟。他带着几名工作人员，冒雨去海珠广场看“破四旧展览”，表情严肃，沉默寡言。

回到驻地，天近拂晓，周恩来卧床休息。这时，空军调度室突然来电：“天气好转，可以起飞。”周恩来立即启程，特别交代：“军区领导这几天疲劳，谁也不要通知。”值班的广州军区保卫部部长赵国楠对中央警卫局副局长杨德中说：“总理就这样走了，我没法向军区首长交代呀！”杨德中说：“你没有责任，总理怎么指示你怎么办。”总理与送行者一一握手告别时，忽然问：“怎么没见赵国楠同志？”杨德中赶紧招呼赵国楠过来。周恩来握着他的手，说了几句感谢的话。

飞机腾空而起，消失在薄雾之中……

1974年10月，我们全家到北京看望病重的七爷爷。我父亲特别伤心，对我说：“1967年广州谈判时，七伯昼夜连续工作84小时。他是69岁的老人啊，这样长期超负荷的工作，对身体伤害可想而知。”

在广州的五昼夜，周恩来仅出席群众大会的时间就占了40小时，经广州军区和省军管会整理后的讲话稿达12万字。参加小会和找个别人谈话的次数，难以统计。通过几天的接触，许多人亲身感受到了周恩来的作风。

在广州的这五个昼夜，七爷爷周恩来与我们近在咫尺。1967年4月14日，自温玉成副司令员秘书捎信约见后，父亲嘱咐我和弟弟请假，在家等信息。直到凌晨3点，父亲从中山纪念堂开会回来，我才知道七爷爷忙于国事，没有时间见我们。

纵观广州“文化大革命”历史，无论同全国多数地方，还是中南五省各个省会、首府相比较，广州动乱和损失较小。两派群众组织实现大联合最早，未发生重大涉外事件，能够出现这样稳定的局面有多方面原因，而周恩来1967年4月广州之行，无疑起了重要作用。

迟泽厚说：“试想，如果由中央文革小组来处理广州的‘文化大革命’问题，将会出现什么局面？特别是考虑周恩来当时的艰难处境，他的废寝忘食和努力，就愈加难能可贵，他的道德风范就更加令人肃然起敬，永远怀念！”

和周总理一起工作的副总理谷牧说：“敬爱的周总理晚年，不正是在‘苦海’中度过的吗？他自己被迫入苦海，心里仍然惦记同入‘苦海’的广大干部和亿万同胞，日日夜夜操劳着，为这些人分忧解难。”

第二十章

保护文物 | 广州六榕路87号

『文革』期间，佛教寺院受到冲击，数以万计的僧人被迫还俗，佛寺建筑及佛像遭到不同程度的破坏。周恩来写下一纸明令：『凡文物铜像不能销毁。』

2014年，周恩来逝世38周年。为解“文革”期间周恩来保护文物之谜，我约访了六榕寺的住持法量。

我穿过喧闹的中山六路，右拐入一街巷，寻到六榕路87号，便见一座佛教寺庙。寺庙门上悬挂着木匾“六榕”，此字乃苏东坡所题。六榕寺离马路近，门庭朴素，灰砖绿瓦。山门没有阶梯，给人一种抬脚可及、迈步即入的亲近感。一抬头，我便见到9级花塔（舍利塔）。花塔内有一大铜柱，柱上刻着1023尊佛像。铜柱连同塔刹，重达5吨。

我和法量住持均是广东省政协委员。在一次广东省政协文史调研中，他对我们说，六榕寺大雄宝殿的三世大铜佛有6米高、6吨重，均为清初所铸，是古存南粤最高的铜佛。“文革”时期，大佛被红卫兵截成十几段，差点当作“四旧”送进熔炉炼烧，幸得周总理及时保护。现存于六榕寺的三尊铜佛像，是拨乱反正后焊接起来的。

约时未到，天起小雨，滋润林木。我雨中撑伞，徘徊花园。六榕寺在北宋端拱二年（989）重建后称净慧寺，当时的规模相当宏大，占地甚广，山门朝南，横直绵亘实逾二里。寺址的东面，是如今的广东迎宾馆和将军东、将军西、六榕路，北面是如今的仓前街、稻谷仓、石马槽，西至福泉街、福泉二巷、三巷、净慧街，南达中山六路。明朝洪武六年（1373年），六榕寺的寺院大部分被明廷割去，改建成永丰谷仓。而原本在寺内的六株古榕，因此被划到寺外。六榕寺如今的面积，仅为明朝时期的五分之一。桂树、榕树、木棉树、菩提树郁郁葱葱，六榕寺右侧的藏经阁悬匾“空谷回音”为关山月所题。楹联为：“王文苏墨双辉，祥云涌现；塔影榕荫一色，空谷回音。”

上午9时，法量住持健步向我走来。近50岁的法量住持，眼光明澈，声音洪亮，一身驼色袈裟，脚穿六孔布鞋。他领我走进藏经楼的一间方丈室，堂内灯光明亮，台上敬放着观音菩萨瓷像，旁边有一个八寸镜框，内镶黑白照片，照片上是一位长者，慈眉善目。我问：“这位大师是谁？”法量住持答：“正是我师父云峰大和尚，83岁圆寂，就在2003年，抗击非典（传染性非典型肺炎）那年。”

我递上一张黑白照片，问法量住持：“您可见过这张照片？”照片上，寺门口的挂匾“六榕”已被砸，只有白纸黑毛笔字写着：“破四旧立四新”；大门上，原有的一副对联（民国初年文人岑学侣所写）“一塔有碑留博士，六榕无树记东坡”，已换成左边是“破坏一个旧世界，建设一个新世界”，右边是“向革命小将学习致敬”；一群红卫兵宣传队手舞足蹈，左手叉腰，右手挥舞，跳着“红色舞”；照片底下记录着“中国·广州·1967”。

法量住持仔细辨认照片，确认红卫兵跳舞和烧经书处，正是六榕寺肃穆的山门。他翻开云峰长老组织编写的《六榕寺志》，说起这一段历史。

上百名军官开班：闻说诸天与护持

1926年3月20日，“中山舰事件”发生。时任中共广东区委军委书记的周恩来，被蒋介石软禁在卫戍司令部。蒋介石提出两个条件：第一，共产党员退出第一军；第二，不退出的要交名单。在不明真相的情况下，周恩来保持克制，坚定地说：“不管‘中山舰事件’真相如何，但有一点可以肯定，就是与中共无关。”身临险境的周恩来打通蒋介石的电话，要求释放被扣押的40多名中共党员。危难时刻，周恩来带领众人躲避腥风血雨。

1926年5月初，军事委员会政治训练部在广州大佛寺举办了一个特别的政治训练班，组织被迫撤离国民革命军第一军、黄埔军校的200多名军队干部和政治工作人员学习。周恩来担任这个班的主任，并先后向学员作了《反吴（佩孚）与反帝国主义》《中国政治军事的观察》《政治工作的设施及运用》等演讲。

政治训练班开班首日，周恩来就严肃宣布纪律，明令“不得损坏寺庙的物件”。当年，寺院里传出琅琅书声，上百名军官，正襟危坐。一缕缕阳光，照在他们背负使命的身上；一级级石阶，留下他们卧薪尝胆的足迹。这批历经磨难、曾被扣押的黄埔军校军官，在高级政治训练班上，聆听周恩来的谆谆训寻。在现实与理想、危难与担当中，他们重整旗鼓。为使队伍兵强马壮，周恩来把大部分政治训练班的毕业生输送到叶挺率领的第四军独立团。到了1926年7月，在广州东较场，国民革命军誓师北伐，喊声震天！这批青年才俊怀揣理想，凝聚成北伐先遣团，秣马厉兵，呼啸北上！

保护文物：一念须臾圆万德

1966年6月1日，陈伯达在《横扫一切牛鬼蛇神》的社论中提出：“要彻底破除几千年来，一切剥削阶级所造成的毒害人民的旧思想、旧文化、旧风俗、旧习惯。”佛教、佛经、寺庙和寺内文物均被视为“封建迷信”，“破四旧”运动由此兴起。当时，打砸抢横行，造反派砸路牌、烧横匾，六榕寺成为广东被打砸的14个寺庙之一。1966年8月，该寺的法事偃旗息鼓，千年藏经书，一夜化灰烬。

云门寺、大佛寺等也未能幸免。云门寺的佛像被毁，经书被焚，僧人被逐出山门，梵宇变“五七”干校，殿堂荒废。大佛寺内的三尊青铜佛像及一尊观音菩萨像，也被造反派清除出寺。由于四尊佛像又高又重，造反派搬不动，便将大佛拆割成十几段。法量住持说“文革”前云峰老和尚任广州市佛教协会副主任，主持佛协工作。当时，他和文物部门都在尽力保护佛像。后来，四尊佛像被运到西村南岸五金厂仓库，藏身在废品堆积处。

我跟法量住持核实细节：“这个五金厂仓库，是准备冶炼的啊？”法量住持一字一句地说：“云峰老和尚生前亲口跟我说四尊大铜佛是周总理下令保护下来的，不然，早当成一堆废铁熔掉了。”

此时，法量住持伤感地继续对我说：“那一天，造反派冲进六榕寺，直扑六祖堂。榕荫院内，供奉禅宗第六代祖师惠能的铜像，为宋代所铸，是寺内一件珍贵的文物。铜像高1.8米，重约1吨。几名造反派抡锤砸击铜像。但是，六祖铜像岿然不动，造反派无可奈何，悻悻离去。”

这时，法量住持站了起来，指着寺院说：“六榕寺内的文物，无一幸免。当时寺庙内除六祖铜像外，观音菩萨、地藏菩萨等佛像，全部被毁！寺中有不少殊胜文物啊！”六祖堂前曾有近人柳桥金保泰撰书长联道：“胜迹数名山，达摩履，东坡展，王勃碑，当年蛮海寻幽，三百钟声留过客；仔肩担大法，舍利塔，南宗像，太湖石，此时格亭得古，五千弟子有传人。”但如今石牌坊被砸！太湖石被毁！有六百年历史的觉皇殿被毁！大部分经书被焚，光绪皇帝御笔牌匾也遗失……

辞别了法量住持，我采访到80岁的李瀚（原广州材料管理小组成员），印证了佛像被拆割的事件。他说当时造反派内发生两派争斗，就“是否割断三尊青铜大佛和观音菩萨像”产生分歧，一派要毁，一派要保。

后来，我采访大佛寺的住持耀智大和尚，现任广州佛教协会会长，他也确认说，当时周恩来总理曾发了一个电示：“凡文物铜像不能销毁。”这几尊铜像才侥幸被保护下来。

在广东文史专家黄勇所著的《大美广州》其中一章“珍藏佛牙舍利的千年古刹——六榕寺”中，也提到了这段往事：1966年8月，在“破四旧”的口号鼓动下，部分群众和红卫兵冲击佛寺，僧人被逐，殿宇被占，文物被毁，大铜佛像也被分割数截，送到某单位金属废品仓库待熔。后得周恩来总理电示“凡文物铜像不能销毁”，佛像才免入熔炉。

1972年，中国迎来美国总统尼克松访华，六榕寺是尼克松原计划参观的广州景点之一。当时，广州市革委会慌了手脚，僧走殿空，连个佛像也没有，他们忙找佛教协会的人应付窘局。深更半夜，佛教协会全力以赴寻找佛铜像。东找西寻，他们最后从废品堆中，找到了被拆解的四尊佛铜像，便把佛铜像奉供至六榕寺。

采访中，李瀚告诉我：“一天，广州佛教协会有一人来找我，让我交代四尊佛铜像的去处。对方拿出一张白纸批条，我在上面签了字，叫运输公司属下的公司经办，出动大板车、吊机，把又高又重的四尊佛铜像从西村（五金厂）仓库运到六榕寺。”

年迈的“文艺创作学员班”学员陈超平，也跟我印证了此事。他告诉我，那天是大晴天，六榕寺的旁门被砸开，几辆卡车、吊车、起重车开入寺内。庞然大物，轰轰烈烈，六榕寺从未来过这么多车，小院子挤得满满的！当时看门口的霍跃（粤剧团吹笛手）和街坊们围观大呼：“哇，这么大的几尊佛！还有一个坐莲花的菩萨！”工人中有的指挥，有的起吊，应接不暇。菩提树下，铜佛安住。陈超平赶快往芳草街跑，把喜讯告诉了正在街道糊纸盒的云峰长老。听闻大佛运到，云峰长老喜出望外，二话不说，朝六榕寺疾步跑去。

周恩来保护佛教文化：长养县华劫外春

周恩来不仅保住了南粤最古老的铜佛像，也保住了150年的金陵刻经处。

“文革”初期，南京白下区红卫兵司令部进驻金陵刻经处，他们象征性地保留了几块经版，其余经版则要销毁。中国佛教协会遂将此事迅速报到国务院，周总理办公室从北京发来加急电报：“金陵刻经处所藏经版，是祖国珍贵的文化遗产，希望红卫兵小将们妥善保管好。”由此，12万多块经版才免遭劫难。

周恩来更是三次保护了灵隐寺。1949年初，一场大雨过后，灵隐寺的大雄宝殿全部倒塌，佛像被毁。为了落实宗教政策，保护文物古迹，周恩来批准政府有关部

◎ 1973年9月，周恩来在大同华严寺观看经书

门拿出款项，用三年时间修复大雄宝殿。1956年秋，灵隐寺大雄宝殿内24.8米高的佛像被白蚁蛀空，报告送到国务院，周恩来批示拨款进行修复。1966年8月26日深夜，浙江省委的急电传到西花厅。原来，几日前，杭州几百名红卫兵手持棍棒，打砸灵隐寺。浙江省委急电请示周恩来，周恩来明确指示："灵隐寺不是'四旧'，是国家的重要文物，是世界闻名的宗教圣地。灵隐寺不能砸。可将灵隐寺暂加封闭。"

周恩来还保护了十世班禅。

1951年4月27日，十世班禅率领堪布厅僧俗官员一行前往北京，与中央人民政府共商和平解放西藏大计。第一次抵达首都北京，见到敬仰已久的周总理，十世班禅说："我见到周总理，第一个印象是他穿一身藏青色中山服，浓眉大眼，英俊潇洒，慈祥和蔼，有一股极强的感染力吸引着我。我当即向他献了一条洁白的哈达，按藏族的习惯表示对他的崇敬。"在周恩来的指导下，和平谈判顺利进行，达成了

《中央人民政府和西藏地方政府关于和平解放西藏办法的协议》。

“文革”期间，十世班禅受到冲击。面对残酷的肉体折磨和精神侮辱，十世班禅预感自己的生命危在旦夕。在这生死关头，周恩来总理将十世班禅转移到北京卫戍区，严加保护。一位军官对十世班禅说：“首长，是周总理指示我们要好好保护您。”十世班禅听后热泪夺眶而出。每每回想此事，十世班禅总感叹地说：“在这个军营里，我住了两个多月……一日三餐由战士送到我的房中，伙食比指战员们都好。我在这里住到寒冬来临，还是那位年轻的领导找我谈话，说：‘红卫兵运动过去了，首都现在平静了，首长可以回家了。’当天夜里，他们派出吉普车，把我送回我在东城东总布胡同的寓所。……如果没有周总理的关怀，没有解放军同志的保护，还有我班禅活在世上吗？”[1]

周总理也保护了时任中国佛教协会会长赵朴初。

六榕寺大殿正门悬挂着写有“万德庄严”四个大字的金字匾额，这几个字笔力雄健，是中国佛教协会原会长赵朴初写的。1949年3月，巨赞法师就改革中国佛教一事，征求赵朴初的意见。他们酝酿了一个多月，然后上书毛泽东、周恩来。改革中国佛教，呼之欲出。参加第一届中国人民政治协商会议的人员名单，是由周恩来一手拟定的，宗教界作为其中的一个参会代表，赵朴初和巨赞法师名列其中。

1954年，赵朴初举家迁往北京，担当中国佛教协会重任，常被周总理召至西花厅，面授机宜。当时，《赵城金藏》转交至北京图书馆，各处百废待兴：建设杭州灵隐寺大殿、修复雍和宫、维修山西玄中寺、重建陕西兴教寺、建设十三层佛牙塔、抢救加固敦煌石窟等。新中国成立初期，周恩来便拨款对这些寺庙的修复予以支持，并派赵朴初协助执行。“文革”期间，赵朴初被关进“牛棚”，每天搓煤球，进行“改造”，造反派的大字报也贴到了赵朴初家里。驻会高僧成了“黑五类”，被监管于广济寺。幸亏得到周恩来的及时保护，赵朴初及一些高僧才得以逃离困境。

1972年，中日邦交正常化，日本佛教界各宗派欲来中国朝拜佛教祖庭。这时，赵朴初写信向周总理提出：保护浙江天台山国清寺，还有南京、扬州、山西、广东

---

[1] 汪东林：《民主人士》，当代中国出版社，2012，第24页。

等地与鉴真和尚、玄奘法师等有关的寺院。赵朴初会长在信中这样写道：

总理：

谨将当前对外活动中有关佛教方面的几个紧要问题和意见报告如下：

（一）浙江天台山国清寺，不仅是日本天台宗的祖庭，而且是日本佛教所有宗派的总祖庭。组织公明党的创价学会也以中国天台山为其祖庭……最近听到一个在天台山插队的知识青年说，该寺在“文化大革命”初期保护得很完整，到1968年下半年工宣队进入后，受到陈伯达的欺骗，佛像被打毁，佛教文物受到相当损失，僧尼大多数被遣散。预料中日关系正常化以后，日本佛教徒定会纷纷要求去朝拜。我认为这个地方，是对日本佛教徒和人民进行友好工作的一个重要阵地。如果上述情况属实，似应迅速恢复寺貌（房屋可能不需修缮，但佛像及宗教陈设则须恢复），是否可请浙江省委责成有关部门查明办理。……

（二）日本文化界及佛教界送给我们的鉴真像（唐代去日本的我国僧人，日本人称之为“文化之父”，1962—1963年，曾举行全国性纪念活动，中岛健藏等均参加），安置在南京栖霞山寺。又玄奘顶骨的主要部分也保存在那里，也是日本人很关心的。又扬州平山堂有鉴真纪念堂，广东肇庆有唐代来华日本僧人荣睿纪念碑，山西有日本净土宗的祖庭玄中寺，均希望予以保护，并准备接待日本人前去参观朝拜。……并致敬礼！

赵朴初

1972年9月12日

周总理对赵朴初反映的这些问题都予以解决。

1979年3月，六榕寺重新开放。美国中华佛教协会会长、法王寺妙峰长老刚好在上海讲学，后组团朝拜六榕寺。当时，六榕寺被广州文物管理部门接管，原有的大殿、功德堂、客堂被毁，接待厅、学习厅部分僧舍被损坏。那天，妙峰长老来广州看望师兄云峰住持。一进门，看到千年古刹殿堂破旧，墙壁透风，瓦砾满地，他眉头紧锁。走到花塔西边时，妙峰长老见四尊铜佛日晒雨淋，心添悲凉。返回美国后，他立即写了一封信给中国佛教协会会长赵朴初，疾呼“几尊佛露天，有碍观瞻”。赵朴初立即呈文给当时的国务院副总理邓小平。信中写道：

邓副主席：

我接到美国中华佛教会会长妙峰写给您的一封信，嘱我转交，内容是对广州著名古刹六榕寺当前被文管部门占有及破坏情况提出意见，恳祈能适当解决。兹将来信和他给我的信一并呈上。

广州是外宾云集的祖国南大门，六榕寺是六朝萧梁时代大同三年（537年）创建的寺庙，为我国唐代高僧佛教禅宗六祖惠能道场。“文革”前一直为重点开放的宗教活动场所，并为当地佛教协会所在地。1972年曰广州文管处占有，现寺内殿堂基本上被折光（仅存花塔一座），修建了文管处办公楼及宿舍。几尊佛像因无处安置，数年以来，放置院内地上，有的甚至如妙峰来信所说身首异处。中外佛教徒朝礼六榕寺，见六榕寺面目全非，有塔无寺，有佛像而无殿堂的破坏情况，意见很大，对说明我宗教政策，极为不利。

以上问题，不仅这次妙峰来信，去年印尼侨领李荣坤亦曾为此事专函提出意见。数年来，国内佛教界也不断反映，要求解决。但迄今情况并无改善，特别是该寺应交宗教工作部门领导但由佛教徒管理的问题，一直得不到解决，观瞻所系影响所及，似急需抓紧处理。敬请考虑，并望给予指示。

专此，衷心敬祝

您身体健康。

赵朴初

1982年6月8日

在赵朴初的信上，有中央领导的圈阅，这件事交由时任广东省委书记任仲夷办理。1982年，政府出资修复六榕寺。

1984年6月，大雄宝殿落成后，四尊铜佛安置入殿。

采访结束后，我站在新建的殿堂前，菩提树叶随风颤动，我眼前出现了周恩来、邓小平、赵朴初的亲切面容……保护佛教和历史文物，他们心心相印，承前启后。

我想起1973年9月中旬，枫林尽染，周总理抱病陪同时任法国总统蓬皮杜参观云冈石窟。看到一些破损残缺的佛像时，周总理说："云冈石窟艺术我们一定要想办法保护下来。"他心疼地问文物工作人员："何时能全面修好？"答曰："恐怕得10年工夫。"周总理摇摇头说："不行，日子太长了，我看不见了……"

赵朴初有感于周总理的知遇之恩，曾写下了《感遇》："忍辱负重，艰难劳止，回首丘山，折齿孺子。食草一江，鞠躬尽瘁，无怨无尤，钦至哉！"为了人民，为了国家，周恩来"鞠躬尽瘁，无怨无尤"。在那个动乱的年代，周恩来竭尽全力保护传统文化和文物，他对宗教问题的论述，是中国共产党的宗教理论和政策的一个源头，穿越时空而源源不竭，越久越弥足珍贵。

第二十二章

最后视察 | 广州天河岑村

THE STORY OF ZHOU ENLAI IN LINGNAN

一个为人民鞠躬尽瘁的人和政党，或如漂石于激水之疾，或如圆石于千仞之山。他们汇成信仰的力量，就能『无穷如天地，不竭如江海』。

周恩来到岑村：陇亩丰盈满家喜

58岁的黄荣耀，为岑村股份合作经济联社党总支书记。他接受我的采访时，说起周恩来总理来岑村一事。

1972年4月7日，广州郊区，岑村。

那天，周总理陪同马耳他总理一行，从南京乘专机抵达广州。上午11点多，岑村大队稻田前的土路上，驶来几辆汽车。有村民激动地喊："来了！来了！周总理来了！"只见周恩来总理和马耳他时任总理明托夫的轿车稳稳地停在了村口的大榕树下。"欢迎，欢迎，热烈欢迎！"300名岑村的小学生站立在大队部门口，列队敬礼。

黄荣耀回忆说："他们一路走来，周总理频频向大家招手。他还在一名学生面前躬下身摸摸他的头说：'小朋友好！小朋友好！'我当时上小学三年级，我也跑上去，和许多村民一样，和周总理握手，有了终生难忘的一次握手！"

岑村的大队部设在黄氏祠堂。当年18岁的陆苏女、黄永瑶、罗转玉、黄爱清负责迎嘉宾、添茶水的接待工作。大队长黄治华负责陪同嘉宾，黄平根等负责安保工作。

陆苏女接受我的采访时说："听到一阵阵欢呼声，我和接待员们急忙摆好座位，备好茶水。这时，周总理陪明托夫总理进祠堂了，但周总理并不急于入座，而是先和我们逐一握手。总理身材清瘦，不过，看他精神很好，脸上笑容亲切、平和，没有一点架子。和农民聊天，就像和家里人聊天。"

何周是当时的岑村大队党支部书记，有着在朝鲜战场上生死拼搏的传奇经历。得知何周曾是一名抗美援朝志愿军，周总理亲切地握着他的手，问："你是哪年从部队回家的？还有写信给同志们吗？"脱下军装的何周，穿着开襟盘扣的粗布衣裤，用不大标准的普通话回答，并向周总理等人介绍了大队的生产情况。何周对我

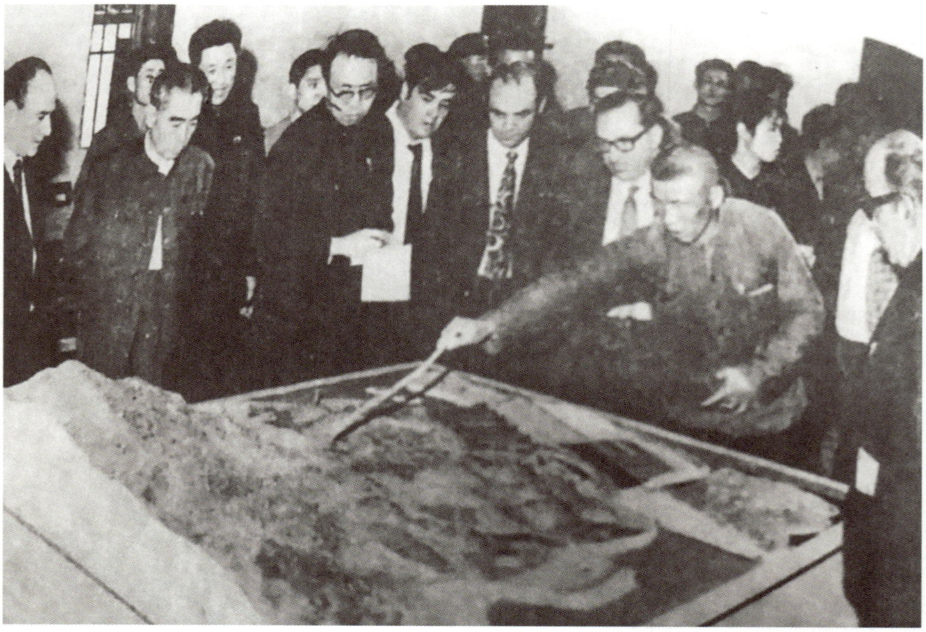

◎ 1972年，周恩来（左二）在广州岑村听取岑村大队党支部书记何周介绍岑村大队的规划

说："我的战友最后一批回国时，周总理亲自到火车站迎接，并在人民大会堂设庆功宴。在岑村路口，我见到日夜想念的周总理时，激动得连话都说不出来。"

在祠堂里，周总理和明托夫总理等围看着岑村大队规划沙盘。书记何周一边拿竹杈指着沙盘，一边解释说："岑村距广州市中心15公里，地形北高南低，背靠风景秀美的火炉山，一道山岩水潺潺而下，从村边向东南流去。祠堂对面有一个40亩的大鱼塘。岑村有2000多人口，生产以农业为主，3819亩耕地里，有山地1600亩、蔬菜地425亩、果地584亩。"周总理关切地问何周："你负伤治疗后，有参加劳动吗？大队一个劳动日多少钱？男女有差别吗？"何周一一回答。周总理和旁边的几位农民拉家常："你是哪里人？工作和劳动情况怎么样？"周总理和蔼可亲，话语温暖贴心。

村口人声沸腾，贫农黄沛洪全然不知。他抱着两岁的儿子黄豪伟，在家门前溜达。这时，何周陪着周总理和明托夫总理走进小巷口。黄沛洪一转身，见到了一群人，前面的一位眼熟，定睛一看，是周总理！他激动得一愣。"这是新闻纪录片里的周总理呀！"正在黄沛洪不知所措时，周总理走了过来，抱了抱他手中的孩子，和他一起走进他的家中。黄沛洪的妻子黄惠嫦快人快语，在接受我的采访时说："70年代困难啊，我们家十几口人，除了我们夫妻，上有公公和婆婆，下有五个孩子。当时，周总理走进我们家，仔细看我家的旧砖瓦房。厨房里放着从山上打的柴，有自留地摘的南瓜、黄瓜、豆角。总理问：'你们生活怎么样？吃不吃得饱？'我们就答：'一天吃两顿饭，夫妻俩出工，干一天一块钱，没有多余的钱。要是家里养了猪，卖了可以换肉票。要是家穷的，就吃不上猪肉啰。'"周总理到过他家喝茶，整村人都羡慕黄家。黄惠嫦逢人便说："真没想到共产党的大官，对人这么和气，这么关心农民。"

周总理熟悉广东农居。1925年，他东征时住过客家的房屋，农民住的是稻草顶、黄泥墙；1927年，南昌起义部队进入海陆丰地区，潮汕渔民为了防台风，住在用珊瑚石抹泥的房子里。周总理留意到火炉山下的广府民房多用红砖瓦建造，村支书何周便跟他解释，岑村内的石矿多、磁性大，许多地方是雷区。一到雷雨天，雷击人和牲畜的事故时有发生，用红砖瓦造房子，能有效避雷。

随后，周总理走进了农民黄提的家。黄家新盖了一间60平方米的屋子，两间房住一家7口人。在屋子里，黄提的妻子江银问周总理喝不喝水，顺手倒了一杯茶水递上，周总理接过后，一饮而尽。当时，大队部接待周总理的开水是有专人负责的，但没想到，江银随手盛的水，周总理接过来就喝了。周总理问黄提：“你们家几个劳动力？一个月收入怎么样？”黄提回答：“家里有五个孩子，加我有五个劳动力。年终评工分，一个月平均有30元。”黄提的儿子黄功伟会打算盘，在队里当会计。在岑村的几百户里，黄提的家境算是好的。随后，周总理和外宾们看了黄提家里的自留地，那里种了豆角、青瓜、西红柿、茄子等，还养了一头猪、七八只鸡。地上箩筐里，堆着几乎一年的粮食。

黄功伟对我说：“我那年18岁，周总理走进我们家，他和我父母握手，记者抓拍了一张照片。你看，这是我母亲江银，她双手握着总理的手，他们笑得好开心。”我注意到这张照片中，农妇江银正面对镜头，成为画面的主角。周总理仅拍到左侧面，在照片不起眼的位置。我想起1958年7月总理视察广东新会时，他对摄影记者说要多拍群众，不用突出他，这次他又是如此交代记者的。

当周总理一行人走到岑村小学时，广播里传来了悦耳的音乐。看到学生们在做广播操，周总理高兴极了！他跟在孩子后面，做了两个广播操的动作，引得孩子们开心地笑了。当时，周总理视察岑村的路线虽然提前定下，但周总理具体看什么，却是个未知数。途中，周总理突然提出要去看岑村大队的卫生站。仔细观察了一会儿后，周总理问卫生站的司徒医生：“社员容易生哪些病？一般的中药是不是都有？哪些中药比较缺？从卫生站送大医院及不及时？”司徒医生回答：“我们坚决贯彻总理的指示，把医疗卫生工作的重点放到农村去。”周总理连连摇头说：“不要说是我，是毛主席的指示。”随后周总理嘱咐：“赤脚医生也要坚持参加集体生产劳动。”

周总理还想看看大田的生产。当时，水稻刚引进良种，雨过山村清明秧，田田流水望稻香。看着稻田，周总理感慨良多！这时正是甜桃挂果季节，何周又带周总理一行人走到了花果山。漫山遍野，郁郁葱葱，白核甜桃，丰收在望。甜桃树中，有一棵高大的凤凰木，根深叶茂。站在古树下，周总理看着百亩桃林说：“这儿是个好地方，将来会建设得更好。”

周总理一行人视察了岑村小学、花果山、水田、鱼塘、农机站……当路过岑村

◎ 1972年4月，周恩来（左四）陪同马耳他总理明托夫一行视察广州岑村，走上花果山

沙河粉厂时，周总理一行人走了进去。周总理听说岑村的水很清，做出来的沙河粉质量很好。在沙河粉厂，周总理用手捏了捏一点沙河粉，微笑着点了点头。

我在周总理参观沙河粉厂的照片中，发现了一位短发、穿格子衣、戴着毛主席纪念章站在总理身边的女性。黄荣耀告诉我，她是沙河粉厂原党支部副书记罗肖芳，当时周总理亲切地问她："你打赤脚能挑多少斤重？男女同工同酬解决得好不好？"那时流行"农业学大寨"，男女体力有差别，工分也略有不同。周总理在新会农村调查时，曾提醒村干部要照顾妇女的生理特点，给妇女放产假，适时安排劳动。而在岑村视察时，他关心妇女同工同酬，提出要消除性别歧视。

周总理和外宾要离开岑村了，村民们恋恋不舍。周总理一边走，一边和大家握手，亲切地说："好好听毛主席的话，好好学习。"岑村，虽是广东"农业学大寨"的先进典型，但村民却没见过大寨的真模样。告别的那一刻，周总理对何周等人说："你们辛苦了！有机会去大寨看一下。"

视察岑村后的4月9日，周总理还有一件重要的事：在广州接见了广东省党政军负责人，接见参加广州中国出口商品交易会有关部门、单位的代表，就出口产品质量等问题发表讲话。

飞机缓缓起飞，周总理凭窗而坐，他深情地俯瞰岭南大地：长洲岛，文德楼，农讲所，六二三路，江门侨乡，梅州山岭，海陆丰老区，珠海万山群岛，湛江的雷州半岛，海南的崖城、万宁、琼海、文昌……这片土地是他和许多战友奋斗的地方。

1972年7月的岑村，是周总理最后一次来广东的视察地。

周恩来回延安：体生疾苦心憯凄

岑村农民住上了红瓦房，解决了温饱问题，周总理感到一丝欣慰。但是一想到延安的农民还住着条件简陋的窑洞，连苞谷都吃不饱，周总理就寝食难安。

1973年6月9日，周总理回到了阔别26年的延安。陕西省的领导特意为周总理准备了好酒好菜，但周总理没有喝酒，仅吃了一碗小米饭，喝了一碗南瓜汤。周总理想起他过去住在延安时的邻居，于是前去探访。当年周总理的随行摄影师杜修贤回忆说："走进这位老邻居的窑洞，总理沉默了。老百姓的生活苦啊！虽然老乡一再说他们的日子比以前好多了，可是总理还是无法松开紧皱的眉头。总理离开窑洞时，一定要请老乡到他住的地方吃饭。黄澄澄、香喷喷的小米饭端上来了，总理的眼眶却红了，他吃不下饭，默默注视着一旁的老乡大口大口地咀嚼香甜的小米饭。一颗泪珠从总理消瘦的脸颊上滚落了下来，滴在饭桌上……老乡恐慌不安，不敢再添饭了，总理却坚持要为他添饭，让他再多吃一点儿。老乡几乎是含着眼泪吃完了总理为他添的这碗饭。"

之后，周总理找陕西省和延安地区的负责人谈话。他问当地干部土金璋："你来延安快10年了，据你了解，延安人民生活到底怎么样？"土金璋回答："总理，延安地区14个县，130万人口，南边7个县还可以，北边7个县群众生活很贫苦。最近，我到子长县李家岔村去看了一下，那里的群众连苞谷面都吃不饱，其中一家5口人合盖一床被子。"周总理很震惊："战争年代都没有这么苦，这是为什么？"土金璋答道："这可能和政策有关系，老百姓在院子里种几棵南瓜、苞谷也都被铲掉。""你们为什么不阻止？铲掉是错误的，要让群众吃饱饭啊！"周总理心疼地说，“无论如何，延安要争取3年改变面貌，5年实现粮食翻一番。否则，我们对不起延安人民啊！”他独坐在沙发上，呆呆地坐了很久，杜修贤摄影机快门的咔嚓声，也没有惊动他。一个已经身患绝症的古稀老人，把他那颗忧国忧民的心，系在了延安人民的身上。

早些年，周总理去广东江门和海南三亚视察时，身体健朗，能走两个多小时的山路，能顶着烈日，攀登高山哨所去看望战士们。但后来周总理疾病缠身，身体每况愈下。在西花厅，周总理一早出门，凌晨两三点回来，办公室总有批不完的文件。为了让周总理有充足的休息时间，工作人员你一句我一语，给周总理写了一张大字报。他们上街买了一张粉红色的纸，照着总理办公室门的尺寸裁好。秘书赵茂峰用毛笔把大字报写好，签名的有邓颖超、秘书、卫士、医护人员等20多人。大字报贴在总理办公室的门上：

> 周恩来同志：
>
> 我们要造你一点反，就是请求你改变现在的工作方式和生活习惯，才能适应你的身体情况。从而，你才能够为党工作得更长久一些，更多一些。这是我们从党和革命最高的长远利益出发，所以强烈请求你接受我们的请求……

在大字报的最后，工作人员还按邓颖超的口述加了五点建议。周总理回来认真读完大字报后，笑了笑，在大字报上批了八个字“诚恳接受，要看实践”。后来赵炜秘书在回忆录里说：“虽然这张大字报代表了全国人民的心意，但对周总理的‘威慑’却一点不大，他依旧不分白天黑夜地开会、接见、找红卫兵谈话，回来后还要面对那一摞摞待批的文件。后来周总理跟我们解释说：‘我不能休息呀，你们看，这么多的文件都等着我批，这么多的事都等着我办，我能休息吗？’”[1]

---

[1] 赵炜：《西花厅岁月——我在周恩来邓颖超身边三十七年》，中央文献出版社，2004，第205页。

周总理在人民心中：敬仰濂溪日月名

1976年1月8日，周总理病逝。岑村大喇叭响起哀乐，举办了追悼会。旧祠堂门口扎起白花，男女老少一脸悲痛。从早到晚，群众络绎不绝，深情地悼念敬爱的周总理。

敬始与慎终，周恩来初心不变，念念不忘农民。在南开学校读书时，他以中华之崛起为己任，在作文中写道："踯躅途中，睹乞丐成群也，则思推己及人，视天下饥如己饥，溺如己溺。"1925年，他支持彭湃在广东开展农民运动，提出"工农群众为国民革命的中坚"。东征时，他要求对群众不拉夫、不筹饷、不强占民房、不强行买卖。长征时，他重申纪律，不能损害群众利益。抗日战争时，他提出："不怕战争失利，最怕战争失了人心。失掉民众，这是万劫不复的。"1958年视察新会农村时，他调查杂交水稻生产情况，为农民育种专家让座、送空气电池灯。1959年，他视察从化公社，捐款给农民建温泉澡堂。在海南南林胶园，他看望老人，看了看房顶，关怀地问："冬天冷不冷，房子漏不漏雨？"

1972年8月，周总理看到《广东省偷渡外逃情况和采取措施的报告》，批示说："劝回来的，自动逃出又复回的可以教育，千万不要斗争……而要好好地做工作，解决他们的困难，不要什么问题都提到路线斗争上来。"1973年3月，周总理在公安部的一份材料上看到，广东省宝安、珠海二县一些社队征购任务逐年增加，甚至强行征购社员口粮，取消或减少必需供应品等。周恩来批示："这如何能行？交了过头粮，减了口粮，交了库存量，这笔账怎么算？"

无论是在中南海办公，还是登延安、来岑村，无论是接见外宾，还是走进灾区的群众当中，周恩来的胸前始终戴着一枚"为人民服务"的徽章。他曾说过"下山不忘山，进城不忘乡"，"如果忘了，就是忘本"。他说的这个"本"，就是人民群众。他说："我们是从人民中来的，我们过去的胜利都是在人民的支援下取得的，不能忘本。"

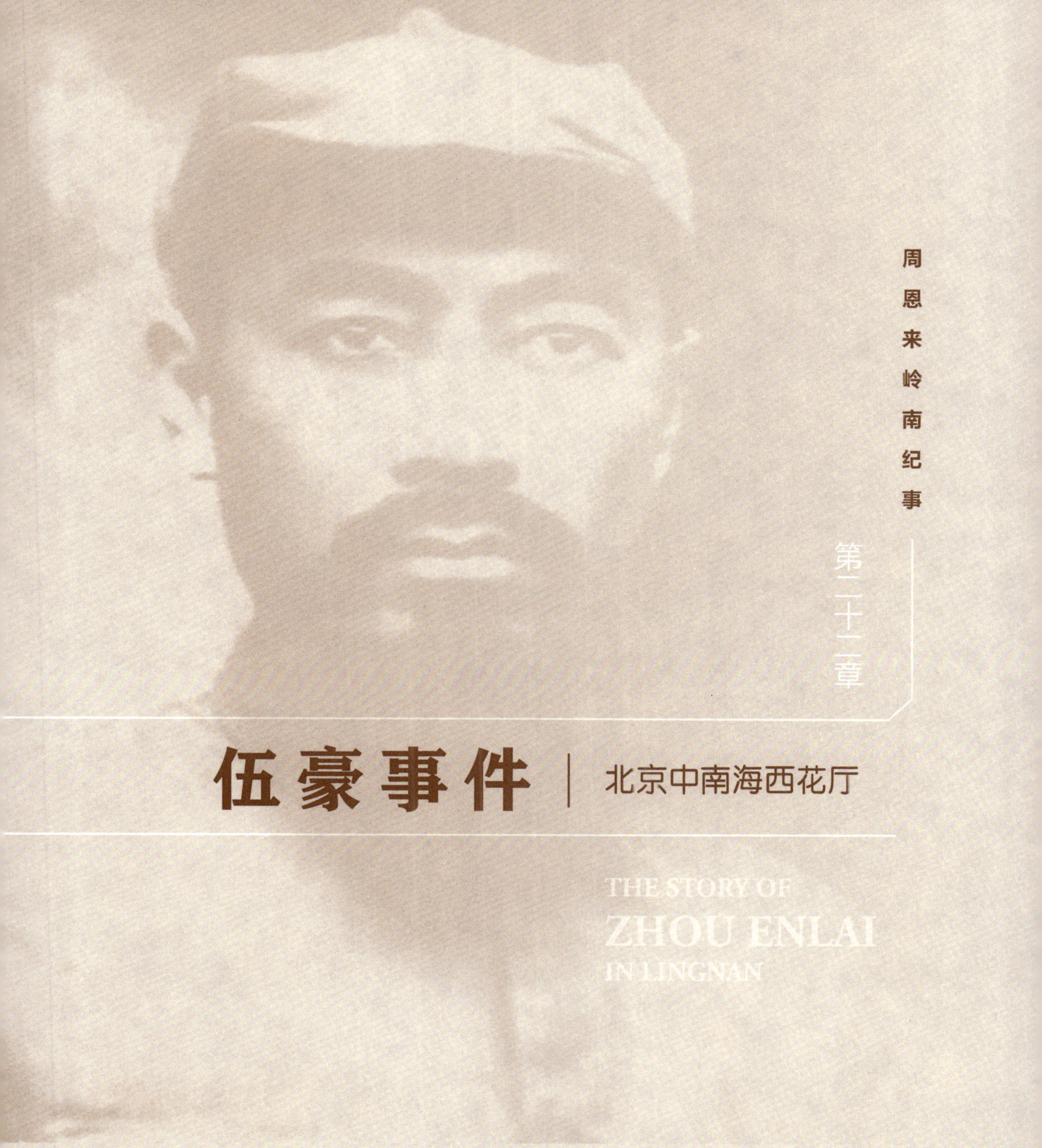

周恩来岭南纪事

第二十二章

伍豪事件

北京中南海西花厅

THE STORY OF
ZHOU ENLAI
IN LINGNAN

在最后一次上手术台前，周恩来竭力大声说道：『我是忠于党，忠于人民的！我不是投降派！』在生命最后一刻，周恩来要做的竟然是为了一个不应该让他承受的冤案申辩，为保护自己清白的政治名誉，不惜耗尽最后一丝精力！

“伍豪脱党事件”：周公被诬流言日

2013年底，我去参观“你是这样的人——纪念周恩来诞辰115周年珍品展”。在展览中，我看着一组“文革”时期的照片，感到特别揪心！

第一张照片中，周总理穿着浅色中山服，因为消瘦，衣不合体，他十分疲倦地靠在沙发上，精神明显不佳。照片的注解是“1974年5月重病中的周恩来”。

第二张照片中，周总理站在人民大会堂主席台抬头讲话，手拿着《政府工作报告》，面容憔悴。照片的注解是“1975年1月，周总理在四届人大作报告”。

我采访了周总理当时的保健医生张佐良，他说：“周总理长期心力交瘁。1965年发现心脏病。1972年发现膀胱癌，因尿血疼痛难忍，向上请示，答复是‘保守治疗’。大家都哭了。后终于批准手术，先后做了十多次手术，这过程中他仍然坚持为国操劳。1974年10月，叶帅问总理身体情况怎么样，我们说大便有血，肠道还有问题。叶帅说现在不能提，有重要任务还得总理去完成。原来四届人大人事安排，要总理去长沙同毛主席商量决定，这也是总理最后一次乘坐飞机。”

这个展览还展出了一段戏文“不公与不干（西厢记）”，这是周恩来在1970年8月用铅笔在便条上写的。

做天难做二月天，
蚕要暖和麦要寒。
种菜哥哥要落雨，
采桑娘子要晴干。

我采访过周恩来的秘书纪东。“文革”期间，他在整理办公桌文件时，无意中发现周总理在一张便条上，写下的一段戏文。这段戏文，反映了周总理当时顾全大局、忍辱负重的复杂心情！

我也保存了一张周总理在“文革”时期来广州留下的照片。1967年4月14日，周总理在广州珠江宾馆接见广州地区群众组织代表，周围的代表笑着鼓掌，身穿军装的周总理也一边走一边鼓掌。尽管工作了七天七夜，但周总理精神矍铄。那年他69岁，依然殚精竭虑地工作，为人民群众赴汤蹈火，更要面对中央文革小组的明枪暗箭。

与1967年周总理在广州的照片相比，1974年在四届人大作报告的周总理精神远不如前。两张照片的拍摄时间仅相距8年，是什么伤害到了周总理的健康？

赵炜秘书告诉我：1967年5月，就在周恩来从广州谈判回京不久，南开大学造反派“揪叛徒”的大字报和反周标语，贴到了西花厅的墙上。5月18日，南开大学造反派在1932年2月国民党报纸上，翻出一则伪造的消息“伍豪等二百四十三人脱离共产党启事”。江青将启事材料发给林彪、周恩来、康生，并附信说“他们查到了一个反共启事，为首的是伍豪（周××），要求同我面谈”。中央文革小组的王力、关锋、戚本禹如获至宝，将这所谓的“变节”证据，寄给了毛泽东。

这与祸及全国的“揪叛徒”运动是有关联的。当时在江青、康生的授意下，全国各地成立“揪叛徒”组织，几百个专案组，行程150万里。仅在“揪叛徒”运动中被迫害的领导，12级以上的干部就有1200多人。其中一宗重大的冤案，是“六十一人叛徒集团案”。1931年，薄一波、刘澜涛、安子文等我党的一批干部不幸被捕。之后，日本侵略者攻进北平，为避免这些同志惨遭杀害，刘少奇、柯庆施代表北方局党组织向中共中央报告，以假自首方式出狱。中共中央批准北方局建议，这在中共党史上，已盖棺定论。但是，1966年，康生指使南开大学造反派，揪出所谓的“六十一人叛徒集团”，揪住老干部不依不饶。紧接着，江青又翻冤案，向周恩来射出一支毒箭。借着南开大学红卫兵翻出的假消息“伍豪等二百四十三人脱离共产党启事”，他们想把“叛徒”的套索伸向周恩来。

沪上惊魂：当年忠贞为国酬

1931年春，在上海的党中央处于危急时刻。4月24日，顾顺章在武汉被捕，旋即叛变。因为他任中共中央政治局候补委员，负责中央情报工作，对中共地下组织机密了如指掌。他向国民党建议：以迅雷不及掩耳的袭击，一网打尽中共中央机关，逮捕中共领导人。这个机密而重要的情报，被中共地下党员钱壮飞截获。在陈云等人的配合下，周恩来以惊人的冷静、睿智和速度，抢在敌人袭击党中央之前，销毁大量机密文件，转移党的负责人，废止顾顺章熟悉的秘密工作方法，避免了一场灭顶之灾。当特务凶狠地扑向中共中央机关和领导人住址时，他们看到的是一幢幢空楼和一堆堆灰烬。

1931年6月22日，中共中央总书记向忠发不听周恩来的叮嘱，擅自外出过夜，被敌人逮捕。向忠发叛变后，供出了周恩来在小沙渡路的住处。特务遂派人去小沙渡路搜查，尽管周恩来和邓颖超都已撤离，但敌人仍不死心，派人在那儿守候。周恩来迅速隐蔽，停止一切联系，准备撤离上海。

9月1日，国民党特务下令两万五千元悬赏缉拿周恩来。11月，特务在上海各报刊登顾顺章悬赏缉拿周恩来等紧急启事。他们利用周恩来早期革命活动的化名“伍豪”，散布谣言，瓦解党组织。

12月上旬的一个夜晚，借助暗夜的掩护，当时的中共地下交通员黄平陪同周恩来转移。周恩来头戴鸭舌帽，身穿藏青色哔叽对襟短衫，下身穿一条蓝裤，脚蹬一双皮鞋，扮成普通工人，在黄平的护送下，乘坐一辆人力车，撤离上海。

1932年2月16—21日，国民党伪造所谓的“伍豪等二百四十三人脱离共产党启事”，在《新闻报》《申报》等相继刊登。他们意在陷害周恩来，瓦解中共队伍，蛊惑人心，借刀杀人。登报时，周恩来已离开上海，沿红色交通线，从汕头出发，越过大埔封锁线，经长汀转往赣南，进入中央苏区。

在陈云的组织下，上海临时党组织当机立断，予以反击。1932年2月20日，中共江苏省委宣传部在上海广发传单，题为“反对国民党的无耻造谣”。文章指出：“最近，《时报》《新闻报》各反对派报纸堆中所刊载的伍豪等二百四十三人脱离共产党的广告，就是帝国主义走狗国民党无耻造谣的一例。”

2月27日，中共中央党报《实报》登出“伍豪启事”，说明事件真相。《实报》登：

> 最近在各报上看到，“伍豪等脱离共党启事”一则，说了许多国民党走狗所常说的话，这当然又是国民党造谣诬蔑的新把戏。

同时，在中央革命根据地，党中央以中华苏维埃临时中央政府主席毛泽东的名义，发布了《中华苏维埃临时中央政府布告》，郑重宣告：

> 事实上，伍豪同志正在苏维埃中央政府担任军委会的职务，不但绝对没有脱离共产党的事实，而且更不会发表那个启事里的荒谬反动的言论，这显然是屠杀工农兵士而出卖中国于帝国主义的国民党党徒的造谣诬蔑。[1]

中共地下党员黄慕兰让陈志皋以周少山的名义辟此谣言。1932年3月4日，《申

---

[1] 金冲及主编《周恩来传》（一），中央文献出版社，1998，第306页。

报》登出“巴和律师代表周少山紧要启事”。启事中写道：

> 兹据周少山君来所声称：渠撰投文稿曾用别名伍豪二字。近日报载伍豪等二百四十三人脱离共党启事一则，辱劳国内外亲戚友好函电存问。惟渠伍豪之名除撰述文字外绝未用作对外活动，是该伍豪君定系另有其人，所谓二百四十三人同时脱离共党之事，实与渠无关，事关个人名誉，易滋误会，更恐有不肖之徒颠倒是非，藉端生事，用特委请贵律师代为声明，并答谢戚友之函电存问者云云前来。据此，合行代为登报如左。
>
> 事务所
>
> 法大马路四十一号六楼五号
>
> 电话一万三千二百三十九号

这则启事设计严密，在法律上无懈可击，说明“伍豪”只是周少山的别名。这个巧妙的处理使人们清楚地辨别，之前刊登的所谓“伍豪等脱离共党启事”是伪造的谎言。

对此造谣诽谤，周恩来义正词严地说：“伍豪等脱离共党启事，纯系敌人伪造。”“一切国民党对共产国际中国共产党与我个人自己的造谣诬蔑，绝对不能挽救国民党于灭亡。”[1]

四人帮污蔑周恩来：盛毁何能日月伤

后来，我问周恩来邓颖超纪念馆原副馆长李爱华：“谁是‘伍豪事件’的始作俑者？”李馆长回答：“黄凯和张冲。”新中国成立后，国民党中央党部调查科驻沪调查员、国民党中统特务黄凯供称，这个所谓的“伍豪等脱离共党启事”，是他和国民党中央党部调查科情报股总干事张冲合谋伪造的。而我也在马雨农所著的《张冲传》中找到《伍豪事件的始作俑者》一节，当中详细叙述了张冲炮制这则

---

[1] 中共中央文献研究室编《周恩来年谱（1898—1949）》，中央文献出版社，1989，第218页。

“启事”的内情。蒋介石认为伪造这个“伍豪等脱离共党启事”一石二鸟，不但可以借手杀害周恩来，还可瓦解中共党员的意志和信仰。

中央文献研究室的陈扬勇老师说：“如果说红卫兵不知道特务伪造伍豪启事的真相，那么作为从延安过来又长期在领袖身边生活的江青，是很清楚这一事件真相的。1943年延安整风审干时，周恩来做过汇报和说明。作为当年上海中央特科负责人的康生，对伪造‘伍豪等脱离共党启事’事件的前后，是一清二楚的。1962年10月31日、1963年12月27日，康生在两个提到‘伍豪等脱离共党启事’的材料上批过：‘这完全是造谣污蔑……实际上，当时周恩来早已到苏区，根本不存在这样的事。’‘当时上海的同志都知道这件事。’但是，到了1967年，康生深知江青居心险恶，欲置周恩来于绝境，竟然装聋作哑。”[1]

当周恩来收到江青这封用心险恶的信后，百感交集！悲愤交集！“六十一人叛徒集团”冤案、刘少奇冤案、邓小平冤案、陶铸冤案、陈毅冤案……思维缜密的周恩来感到，江青和康生正在清除贤臣良将！当时，周恩来正忙于处理内蒙古军队和红卫兵的矛盾问题，不分昼夜，劳心竭力。然而，当面对江青的诬陷时，周恩来断然放下手头上的琐事，调阅1932年上海的各种旧报，翻找否认谣言的证据。

赵炜秘书告诉我：“这件事在1942年延安整风时虽已澄清，做过结论，但没有文件材料留存。这天，周总理委托邓大姐，邓大姐便让我把西花厅的工作人员都召集到一起，包括秘书、卫士、司机和厨师，让赵茂峰去北京图书馆借来1931年和1932年在上海出版的《申报》《新闻报》《时报》等报纸。我们大家不分昼夜地找起来。报纸摞在一起有两个人高，而且因为排版是竖版，找一条一二百字的信息挺困难的。但是我们没有灰心，还是坚持一张一张地翻，终于查到那则‘启事’是在1932年2月20日的《申报》上登出的。”

卫士长高振普对我说：“经过几天的查找，司机杨金明查到了。张树迎先拿给邓大姐看，邓大姐叫赵炜马上送到周总理处。”

赵炜秘书对我说：“周总理很认真地阅读了这则启事，然后说‘再查，还有一条消息是当时在上海的党中央反驳国民党的’。于是我们回来又查，但查遍了其他

[1] 陈扬勇：《苦撑危局——周恩来在1967》，中央文献出版社，1999，第297页。

报纸，都没有看到那条反驳的消息，我们感到很奇怪。当时我们恰恰是忘了再查一查《申报》。有的同志开始怀疑有没有这条消息，因为当年周总理和邓大姐也没见到过。可是，周总理肯定地说：‘会有的，陈云同志在延安的时候说过，是登了报的，不会错。’周总理这么一说，我们又接着查，结果真在2月22日的《申报》广告栏里查到了。那则消息是这样写的：‘伍豪先生鉴：承于本月十八日送来广告启事一则，因福昌床公司否认担保，手续不合，致未刊出。申报馆广告处启。’看到这条消息，周总理坦然地说：‘这就清楚了。’他让我请来新华社的摄影师钱嗣杰把这两则消息，认真地拍下来，还嘱咐把图书馆的报纸保存好，暂不退回。”

1967年5月19日，周恩来在江青的信上批示：“伍豪等脱离共党启事，纯属敌人伪造。只举出二百四十三人，无另一姓名一事，便知为伪装无疑。我当时已在中央苏区，在上海的康生、陈云同志均知为敌人所为，故采取了措施。详情另报。”

周恩来非常认真地对待此事，将1931年至1932年的有关事件编为大事记，还亲自写了一封信给毛泽东。

主席：

连日因忙于四川和内蒙古问题，并同内蒙古军区请愿战士分批谈话，直至今天才抽出一天工夫翻阅上海各报，江青同志也于昨日转来各件，现在弄清楚了所谓“伍豪等启事”，就是1932年2月20日的伪造启事，它先在《新闻报》2月20日登出的。登后，同天，上海临时中央方面就向申报馆设法，结果，《申报》20日、21日登出伪造的启事，22日登了广告处给伍豪先生另一广告启事的拒登回答，大概这是当时所能做到的公开否认伪造启事的办法。我在记忆中，有通过申报馆设法否认的处置，但结果不明。16日午间，已向主席这样说过了。不过我原来将伪造的伍豪启事记在通缉杀人犯周恩来、赵容（即康生）之前，现在证明是我记错了，查遍1931年顾顺章、向忠发相继叛变后的上海各报，并无另一个所谓伍豪启事，而红卫兵也未发现另一启事。可见，在我记忆中的伪造启事和通过申报馆设法的处置，均在我到江西以后发生的。所以我只能从电报和来信中知道，也就不全了然了。

现在，把四中全会后与此有关的编为大事记送阅，同时，送上报道最详的上海《时报》1931年11月12日合订本1册，《申报》1932年1月2月合订本两册，请翻阅。

此事需否专写一报告，待主席、林彪、康生、江青各同志传阅送上各件后，请再约谈一次，好作定夺。敬礼！

周恩来

5月19日夜[1]

毛泽东看了周恩来的信及所附的材料后，批示："交文革小组各同志阅，存。"毛泽东特意在"存"字下画了两道粗杠。这个"存"字，在当时的含义很清楚，就是指不声张、不扩散、不追查的意思。显然，毛泽东并没有搭理江青的无事生非。

关于"伍豪事件"，毛泽东后来又做过两次批示。1967年5月29日，"毛泽东在王海容、唐闻生反映最近社会上有一股攻击周恩来之风的来信上批示：林彪、恩来同志，文革各同志：此件请阅。极左派的观点是错误的，请文革同志向他们做说服工作。"[2]1968年，北京一位大学生又写信反映"伍豪启事"，毛泽东批示："此事早已弄清，是国民党造谣污蔑。"从两次批示中，可看出毛泽东的态度是明确的，对周恩来是信任的。

周恩来的秘书赵炜回忆说："'伍豪事件'直到四年后才算暂时告一段落。那是在1972年6月23日中央召开的批林批孔整风汇报会上，毛主席要周总理讲一讲'伍豪事件'，周总理就做了一个题为《关于国民党造谣诬蔑地登载所谓"伍豪事件"的真相》的报告，这个报告由中央办公厅秘书局会议处录音记录，然后根据录音整理出一份文字记录。根据毛主席和中央政治局的决定，这个报告记录要由周总理签字后把录音、文字记录稿和所有相关资料存入中央档案馆，并发给各省市自治区和

---

❶ 中共中央文献研究室、中共四川省委编著《周恩来画传》，四川人民出版社，2006，第72页。

❷ 中共中央文献研究室编《周恩来年谱（1949—1976）》（上），中央文献出版社，2007，第157页。

各大军区党委存档，以防将来有人再旧事重提。但当时不知为什么，周总理看过录音记录稿后一直没有签字，这份记录稿就一直放在总理办公室保存起来。”[1]

周恩来保护老友：天地无私草木春

江青、康生不仅用“伍豪事件”故意制造事端，栽赃周恩来，还在全国开展批林批孔运动，企图借机打倒周恩来。造反派逼死煤炭工业部部长张霖之，揪斗第一机械工业部部长段君毅、商业部副部长王磊……对此，周恩来冷静地说：“戴高帽、挂黑牌、搞喷气式，并把照片登报纸、传单，给外国记者。我想起这些就心里难过。我是不会流眼泪的，任何时候我都能挺下去。”[2]

在蒙冤的日子里，周恩来还竭力保护陶铸、陈毅、贺龙、李富春、谭震林、李先念、叶剑英、聂荣臻、徐向前等老战友。

1966年12月16日，由江青一伙策动，在工人体育场召开“北京市中学生批判资产阶级反动路线誓师大会”。当时，周恩来也到会参加接见。会上，江青在事先没通知周恩来的情况下，当众点名批判周荣鑫，并逼他到前台低头认罪。江青尖声恶气地说：“周荣鑫就是‘西纠’的后台！你们认不认识他？让他站出来，大家看看！”在当时，谁被江青在大会上点名批判，就等于宣布被打倒了。

在会议现场的穆欣回忆说：“面对江青的突然袭击，周恩来异常震怒，但仍然尽力克制。人们看到从来不抽烟的周恩来，伸手拿起一支香烟，默默地扣着，神色十分严峻。主持会议的同学都觉察到会场上的紧张气氛，感受到总理的愤慨。”

1967年1月5日，中南海西门人头攒动，数千人在此集中，用高音喇叭反复高喊：“打倒陶铸！”陶铸的女儿陶斯亮接受我的采访时说：“凌晨5时，周伯伯打电话把我父亲召到西花厅，心情沉重地告知我们江青状告陶铸‘镇压群众’。在我

[1] 赵炜：《西花厅岁月——我在周恩来邓颖超身边三十七年》，中央文献出版社，2004，第211页。
[2] 陈扬勇：《苦撑危局——周恩来在1967》，中央文献出版社，1999，第17页。

父亲被打倒的最初日子，周伯伯接连三次接见揪斗我父亲的代表，尽力保护我父亲。”

当时，陈毅、谭震林、李先念等来到中央政治局常委李富春的家。这四位副总理，互相看着，心知肚明。他们气愤地议论：“这些家伙把老干部打倒，把几个副总理打倒，下一步就要打倒周总理了。”

果不其然，陶铸被打倒的第三天，江青在一份情况反映上写道：“总理，群众要斗争周荣鑫和童小鹏，应随传随到。”周恩来一看就明白，江青的矛头奔着自己来了。周荣鑫是国务院秘书长，童小鹏曾是国务院副秘书长兼总理办公室主任，刚调任中共中央办公厅第一副主任，他们两个人是周恩来的左膀右臂，协助周恩来处理中央、国务院的繁重工作。江青讽刺周恩来是“灭火队长”，而他们两个是“救火队”的主要队员。清除周恩来身边的能人，孤立他为“光杆司令”，这是江青一伙打倒周恩来的阴谋。

江青一伙知道周荣鑫被周恩来保护在中南海，又唆使大批造反派聚集在中南海西门、西北门、北门，叫嚷让周荣鑫出来，接受群众的批判，交代问题。

赵炜秘书对我说：“当时7月酷暑，因为有中央文革小组撑腰，造反派把棚子搭到中南海西北门外，安上高音喇叭和多个扩音器，整天对中南海连呼带叫。之后，他们得知毛泽东去了南方后，更加肆无忌惮，甚至对着西花厅的外墙用高音喇叭大吵大闹，要周总理交出刘少奇、王光美、邓小平等领导人。总理居住的西花厅本来就临街，窗户是普通单层玻璃。造反派在墙外制造高分贝噪音，不分昼夜，吵得总理根本无法休息。没有办法，他只好加大安眠药剂量，维持每天仅有的一点点睡眠。看到总理憔悴的面容，西花厅的工作人员都很着急。有人建议暂时搬出去。周总理说：‘这里是中央所在地，我怎么能随便离开呢？’”[1]造反派整整围了一个月，闹得乌烟瘴气，周恩来身心交瘁，不得安宁。

周荣鑫被隐藏起来，童小鹏被下放到江西的“五七”干校当“猪倌”，另一位秘书周家鼎被整，隐姓埋名改叫“贾汀”。事已至此，但江青仍不甘心，突然对周恩来身边的人发难。1968年3月，江青诬蔑卫士长成元功为“特务”“叛徒”。周总

---

[1] 赵炜：《西花厅岁月——我在周恩来邓颖超身边三十七年》，中央文献出版社，2004，第213页。

理耐着性子，一再给江青解释，但她充耳不闻，吵闹了半个小时。后来，成元功含泪离开北京，前往江西进贤的“五七”干校。当时，中办机关一共有1600多人去了“五七”干校，在这浩浩荡荡的队伍里，有不少人是被江青等迫害的……

撤销总理值班室，也是江青的“得意之作”。童小鹏的儿子童丹宁接受我的采访时说，当时总理办公室改称为总理值班室，只剩下两个秘书、三个干事。江青等人还变着法儿，想累垮周恩来。一份中央文革小组的文件，周家鼎秘书迟一点送过来，江青就大发雷霆。赵茂峰秘书按惯例写开会通知，发送给中央文革小组成员，因没有发给办公室，江青又来兴师问罪。最后，周恩来被迫把总理值班室撤了，自己的得力助手也被江青一伙赶走了。

忠诚卫士成元功含冤被逼走，几位秘书有的被下放到乡，有的隐姓埋名……仅剩下一个秘书来协助周总理。周恩来表面平静，内心却波涛汹涌。他昼夜操劳，超负荷运转。

周恩来与贺龙：君子执之心如结

1967年1月11日凌晨，一辆轿车悄然驶出中南海小北门。它在市区兜了几圈，确认无跟踪车辆后，突然拐进万寿路新六所停下。这里是周恩来为贺龙夫妇安排的临时住所。但是不久，这里也被造反派发现了。造反派甚至占据了东交民巷贺龙的家。林彪诬陷贺龙谋“二月兵变”，导致贺龙大祸临头，有家难归。

在避难途中路过中南海时，贺龙临时决定前往西花厅。赵茂峰秘书回忆说：“贺龙与周总理见面后的第一句话是：‘总理，贺龙今日有难，我这次是来求你来了！’”在此期间，周恩来夫妇对贺龙夫妇关怀备至，嘘寒问暖。

周恩来与贺龙生死相依，情同手足。周恩来与贺龙第一次见面，是在1927年7月28日的傍晚。那天，在周逸群的陪同下，周恩来到贺龙的驻地。当时，贺龙是国民革命军第20军军长。在谈话中，周恩来分析了当前的形势，谈了共产党对政局的看法和主张，他的精辟见解，使贺龙豁然开朗。当周恩来和盘托出南昌起义的计划，提议贺龙担任起义军总指挥时，贺龙激动地表示：“组织上叫我干啥我干啥，我一切服从党的决定。”

南昌起义后，贺龙在瑞金的一所学校里，加入了中国共产党。周恩来说，贺龙一个贫苦农民，经过斗争变成国民革命军第20军的军长，他是经过考验的，是信得过的！贺龙入党后，和周恩来等一起率领起义部队共3个师，一直打到广东流沙，但最后因敌强我弱，寡不敌众，弹药缺乏，部队被打散了。危急之时，在流沙教堂，周恩来主持会议，决定将贺龙等迅速转移到上海。贺龙与刘伯承、林伯渠、彭湃等包了一只小船先到香港，随后辗转到了上海。在党中央工作时，贺龙一见到周恩来同志就感到非常亲切，话哽心头！想到自己带的部队被敌人打散，只剩孤身一人，贺龙心情沉痛。周恩来语气温和地对他说："贺龙，你的头很值钱嘞，国民党可悬赏十万大洋捉你。"

贺龙是南昌起义的总指挥、中国人民解放军缔造者之一。如今，战友贺龙的家被抄，周恩来心急如焚。此时，周恩来顶住外界的压力，把贺龙暂时收留在自己的家中。赵炜秘书接受我的采访时说："因为安排的机密，邓大姐起初都不知道。第二天，邓大姐悄悄说贺老总就住在前客厅里。除了他，还有他的夫人薛明、儿子和警卫。"

卫士长高振普曾亲历现场，他也告诉我，贺龙在西花厅一见到周总理就说："我家实在住不下去了，只好到你这里来了。"周总理用双手握住贺龙的手说："我懂你的意思，你大概一夜没睡吧？我也没睡，咱们先休息。住在我这里你可以放心了。"说着，周总理马上把电话接到东交民巷贺家，严厉地对造反派说："找你们的头头，我是周恩来。我是总理。你们到贺龙家里去，待在那里，这不好吧？这不像样子嘛！你们赶快搬出来！有什么事跟我说，今晚7点钟，我在大会堂接见你们！"周总理说完后，造反派马上从贺龙家撤走了。

周恩来每天的工作都紧张而繁忙，但他还是会抽时间去看望贺龙夫妇。贺龙的妻子薛明后来回忆说："总理每次来后都会对贺总说：'你就安心住着吧。'有一次，总理坐着坐着，就说：'我就在这儿吃饭吧。'我便告诉服务员，把饭给总理端过来。总理的饭也很简单，两个菜。总理边吃边说：'我实在没时间。'接着又说：'薛明，你给我念念报纸吧，我连看报纸都来不及。你给我念念报道，或当天的社论。'"

1967年1月19日，形势恶化。周恩来和李富春一起找贺龙谈话。周恩来紧紧握着贺龙的手，难舍难分地说："你先走吧，到秋天时我去接你。"稍停了停，周恩来又说："家里的事，我顶着。你就别管了，我已安排好了。你不要着急，杨德中护送你，夜间再走。"贺龙没有想到，此去道路坎坷，荆棘满途。他更没想到，这次分手竟是他和周恩来最后的诀别！

1967年9月，贺龙被列为专案审查对象，落入林彪一伙的魔掌。在政治、生活和医疗等方面，林彪一伙加紧对贺龙一家的迫害。

薛明后来也提起："在临离西花厅时，我悄悄地把西花厅的电话号码记在了手心里，以备日后有急事时和总理取得联系。到象鼻子沟后，开始杨德中常去，还没感到没电话的困难。自和总理断了联系后，才感到没电话的困难。贺龙曾叫我悄悄地去看看哨兵的电话，能不能趁他们不注意时，把电话拨出去。一看才知，哨兵使用的是手摇电话，我们连电话也拨不出去了，和总理再也联系不上了，心里真难受啊！在此，我们一直住到1969年6月9日贺总被迫害致死。贺总去世后，没有哀乐，没有花圈，没有党旗，没有同志和战友，只有一条白色的床单覆盖着他那魁梧的身躯。"[1] 约在1971年10月的一天，北京来了两个人，专程来找薛明。其中一个人问："你是不是薛明啊？"另外一个人也说话了："你别紧张，我们不是他们那伙的。林彪和叶群叛国出逃，已摔死在蒙古了。"听到这里，薛明赶紧拉着他们的手。他们亲切地说："周总理让我们来找你的。为寻找你，我们四处查访，几乎跑遍了整个中国。"一听是周总理派他们找自己，薛明顿时流下了眼泪。

1975年6月9日，在贺龙逝世6周年的时候，中央举行了"贺龙骨灰安放仪式"。那天，周总理抱病去参加了。薛明和儿女们刚进休息室不久，就听到休息室外总理的声音。他大声喊："薛明，薛明啊！"门被推开了，总理走进来，薛明急忙迎上去。总理紧紧地搂着薛明，声音颤抖地说："薛明，我没有保住他啊！都6年了，老总的骨灰没能移到八宝山公墓，我很难过啊！"说着，眼泪簌簌地流了下来。薛明望着总理那被病痛折磨得消瘦的脸颊，激动地只说了一声："总理，我感谢你对我们全家的关怀……"她就再也说不出话来了。这时，薛明的女儿晓菲走过去，

---

[1] 薛明：《周恩来与贺龙》，载中央文献出版社编《不尽的思念》，中央文献出版社，1987，第615—616页。

说："周伯伯，你要保重身体呀！"总理抬起头来，缓缓地说："我的时间也不长了！"顿时，整个休息室里一片哭声。

这是周恩来生前最后一次参加悼念活动。被病痛折磨的他，站在贺龙同志的骨灰盒前，连续鞠了7个躬……

在那些跟造反派周旋的日子里，周恩来的身体每况愈下。高振普在接受我的采访时说："'文革'之前，总理走路一阵风。我跟在后面，若不小跑，难以跟上。1965年3月，总理去罗马尼亚参加工人党中央第一书记乔治乌-德治的葬礼。在刺骨的风雪中，他没有穿大衣、没有戴帽子，甚至连毛衣毛裤都没穿，竟然步行和站立了5个小时。但是，到了1967年，在人民大会堂，从这个厅走到另一个厅，他中途都要停下来，歇歇，喘一口气……"

1967年4月，造反派扬言砸烂广交会。4月14日至19日，周恩来前往广州，有三个晚上通宵达旦工作，连续84个小时没有休息……

8月26日，在外交部举行的批判会遭到了外语学院造反派的冲击。他们冲入外交部院内，把陈毅的汽车轮胎放了气，包围办公大楼，威胁要揪斗陈毅。陈毅被困在外交部好几个小时。27日凌晨，已经连续工作了18个小时的周恩来严正警告造反派："谁要在路上拦截陈毅同志的汽车，我马上挺身而出；你们要揪走陈毅同志，我就站在人民大会堂门口，让你们从我身上踏过去！"[1] 27日上午，造反派采取轮番战术批斗陈毅，周恩来心脏隐隐作痛，服两次药后疼痛仍未能缓解，于是医生扶周恩来离开会场。离开前，周恩来怒斥造反派："你们采取轮流战术，从昨天下午到现在，整整18个钟头了，我一分钟都没有休息，我的身体不能再忍受了！你们这完全是在向我施加压力，是在整我了！"[2]

1972年夏，周恩来的尿液被发现含有血，经过化验，确诊为膀胱癌。

1974年6月1日，周恩来再次进医院做手术。卫士长高振普对我说："1975年1月13日，消瘦、憔悴的周总理，在第四届人大会议上，发表他最后一次讲演。那天晚上，他小便几乎全是血……从1975年1月13日到1976年1月，他几乎都是在医院度

[1] 李琦主编《在周恩来身边的日子——西花厅工作人员的回忆》，中央文献出版社，1998，第104页。

[2] 费虹寰、赵春生、刘春秀：《风雨同舟路——周恩来邓颖超爱情书简解读》，中央文献出版社，2001，第191页。

过的。”赵炜秘书如诉如泣：“1975年的春天来了，西花厅院内的海棠花开了。可是，周总理却没有和我们一起欣赏，此时，他躺在305医院的病床上，而且已经接受了十三次大小手术，他每天都忍受着癌症的折磨……”

临终签名：昭昭心莹玉壶冰

1975年9月20日，周恩来最后一次动大手术。邓小平、张春桥、李先念、汪东兴和邓颖超等在医院守候。手术前，吴阶平向中央领导人报告，周恩来的膀胱癌已到了晚期，已成为恶性程度很高的“鳞癌”，不能再进行手术切除治疗，经医疗组研究，只能做内科保守治疗。

周恩来清楚，实施这次手术的后果很难预测。进入手术室前，他要工作人员找来1972年6月他在中央批林批孔整风会上所作的《关于国民党造谣诬蔑地登载所谓“伍豪事件”的真相》的报告的录音记录稿，他用颤抖的手签上名字，并注明签字的环境和时间：“于进入手术室（前），一九七五、九、二十。”

在去手术室的走廊里，躺在推车上的周总理问：“小平同志来了吗？”邓小平、叶剑英、张春桥闻声从休息室里走出来。邓小平来到推车前，周总理紧握着他的手，高声地说：“小平同志，你这一年干得比我强得多。”在临进手术室前，周恩来突然大声喊道：“我是忠于党，忠于人民的！我不是投降派！”手术过程中，医生发现癌细胞已经扩散至全身，无法医治了。邓小平当即指示医疗组尽一切努力，帮助周恩来“减少痛苦，延

◎ 1975年，周恩来与毛泽东、邓小平在中南海毛泽东书房

长生命”。

周恩来要为自己40多年前的一段历史做最后的申辩，澄清国民党编造的所谓“伍豪启事”的事实！周恩来一生忍辱负重，不计个人得失，唯独不能忍受别人对他政治生命的践踏。在生命最后一刻，周恩来要做的竟然是为了一个不应该让他承受的冤案申辩，为保护自己清白的政治名誉，不惜耗尽最后一丝精力！

从1974年6月1日住院到1976年病逝，周恩来共接受了六次大手术、八次小手术。当中，他忍受了巨大的痛苦。然而，工作人员没有听到他叫一声痛，没有听他说过一句失去信心的话……

冤屈之晚年周恩来：冰霜历尽心不移

周恩来病逝后，秘书将他的日程表整理成27本台历交给党中央。这27本台历上，密密麻麻地记录了周恩来的日程安排，几乎没有什么时间是属于他自己的。

每当翻看周总理晚年时期的照片，我总会泣不成声，想起那句话：“‘文化大革命’对周恩来身体和精神的摧残是难以想象的，可以肯定，如果不是‘文化大革命’，凭周恩来身体的底子，他的生命历程绝对不止78岁。”[1]

1980年8月，邓小平曾对意大利记者法拉奇描述了周恩来的工作状况：“周总理是一生勤勤恳恳、任劳任怨工作的人。他一天的工作时间总超过12小时，有时在16小时以上，一生如此。”据周恩来秘书纪东回忆：“‘文化大革命中’，凌晨或深夜他回来，有时候累得不成样子，看他走的步履非常地艰难，拖着两条腿，非常地疲劳。我在给他开车门的同时，他就把整个身体，趴在了我的身上，我右手揽着他的腰，左手牵着他的左手，那么一步一步地把他拖回到办公室里，还得坐下来，在那里继续批我们给他放下来的那么厚厚的一大摞的文件。”

我又会想起韩素音所说过的话：“为了写这部传记，我与许许多多的人交谈过，他们认识周总理或者和他在一起工作过。我有意寻找周恩来身上的弱点、缺点，甚至像发脾气这种小过失也不放过。我觉得人都是血肉之躯，有七情六欲。作家应该

[1] 陈扬勇：《苦撑危局——周恩来在1967》，中央文献出版社，1999，第409页。

写人而不是写神。但是，在所有认识他或与他一起工作过的人中，我发现他们都对周恩来怀着深切的爱和敬佩的心情。这是永恒的怀念，具有不朽的力量……我的美国出版商曾问过我：‘难道你就找不出他的一点毛病吗？’我回答说：‘我找过，而且花了很大力气找过，可我找不到任何周恩来的东西，譬如不为人知的恶习、贪婪……他全都没有。他从来不谋私利。他是一个名副其实的有彻底献身精神的革命者。’”

在纪念周恩来同志诞辰120周年座谈会上，习近平总书记发表重要讲话，指出在“文化大革命”极端复杂的特殊环境中，周恩来同志作出了常人难以想象的努力，忍辱负重，苦撑危局，维护党和国家正常工作运转，尽一切可能减少损失。周恩来同志保护了一大批党的领导骨干、民主人士和知识分子；协助毛泽东同志粉碎了林彪反革命集团妄图夺取最高权力的阴谋，同江青反革命集团进行了坚决斗争。“九一三”事件后，周恩来同志主持中央日常工作，批判和纠正极左思潮的错误，使各方面工作有了转机。他全力支持邓小平同志领导对各方面工作进行整顿，这不仅深深影响了当时中国的政局，而且为后来中国的改革和发展准备了条件；他在第四届全国人大一次会议上重申实现四个现代化的宏伟目标，极大鼓舞了全党全国各族人民。

第二十三章

生死相守 | 北京305医院

周恩来与叶剑英相识52年，肝胆相照，生死之交，周恩来评价叶剑英：疾风知劲草，板荡识诚臣。

周恩来和叶剑英：同道相益乃君子

1924年5月，叶剑英任黄埔军校教授部副主任。9月下旬，周恩来从法国启程回国，到黄埔军校任政治教官。在这里，叶剑英与周恩来相识。叶剑英比周恩来大1岁，周恩来直呼叶剑英为“剑英”“参座”，而叶剑英也直呼他为“恩来”。叶剑英深受周恩来的感染，请求加入中国共产党。但当时中共党内有人认为，叶剑英身为国民党高级将领，不能接收他入党。故叶剑英第一次入党申请未能如愿。

1927年4月，蒋介石发动四一二反革命政变，大肆屠杀共产党人。当时，叶剑英虽深受蒋介石器重，却放弃高官厚禄，离开蒋系部队，奔赴武汉国民政府。

叶剑英为何与蒋介石背道而驰？周恩来接受美国记者斯诺采访时曾说："在南昌，蒋介石又重复了那种错误。他袭击了孙传芳防守的那个城市，并拒绝等待增援而用了他的第1师。孙传芳撤退，让蒋介石进入部分城区，然后反击，把蒋军赶入城墙和河流之间的陷阱。蒋的军队被消灭了。蒋介石拥有第1师、第2师和第21师三个师，但他只用了第1师。叶剑英那时统率第21师。蒋的愚蠢使叶厌恶，不久就离开了他的指挥部。"❶

1927年7月，叶剑英再次申请加入中国共产党。他的同乡、中共党员李世安向周恩来汇报此事，周恩来说："他的底子我知道，是好的，我们应当表示欢迎。"7月上旬，经周恩来同意，中共中央批准，叶剑英加入中国共产党。

汪精卫叛变革命后，与张发奎密谋加害贺龙、叶挺。汪精卫让张发奎以第二方面军总指挥名义通知贺龙、叶挺上庐山开会，命令贺、叶的部队前往九江和南昌之间的德安集合，企图歼灭贺龙、叶挺的部队。获悉此讯后，时任第二方面军第四军参谋长的叶剑英换上便装，连夜找到叶挺，舍命相救，将汪精卫和张发奎的阴谋报告党组织。后来在一次会议上，周恩来说："剑英同志加入共产党的头一个见面礼，是向党密报了汪精卫、张发奎的一个阴谋，挽救了我党的重要武装，促发了'八一'起义，这个功劳值得大书特书啊！"❷

周恩来和叶剑英作为生死战友，曾经多次互救性命。1934年11月，长征途中，红军抢渡湘江，突破敌人第四道封锁线时，部队伤亡惨重。当叶剑英率部队渡湘江时，他的臀部和大腿被敌机炸弹炸伤。周恩来闻讯后，立即命总卫生部部长贺诚赶去救治叶剑英。遵义会议召开前后，叶剑英协助周恩来、朱德指挥作战。长征途中，红军到达毛儿盖时，周恩来患肝脓疡，突发高烧，昏迷不醒。叶剑英立即找来一位医术较高的医生，帮周恩来治病。

1937年12月，中共中央长江局和中共代表团成立，周恩来为副书记，叶剑英

---

❶ ［美］埃德加·斯诺：《周恩来谈第一次国共合作与蒋介石》，张芩华译，《党史研究资料》1980年第1期。

❷ 童小鹏：《风雨四十年》，中央文献出版社，1996，第565页。

◎ 1938年春，周恩来（左一）、郭沫若（右二）、叶剑英（右一）同八路军副总指挥彭德怀（左二）在武汉

任参谋处参谋长。抗日战争时期，他们在南京、长沙、重庆等地风雨同舟，肝胆相照，成为“中共外交骑士”。叶剑英的警卫范希贤对我说：“1938年11月12日，蒋介石决定采取‘焦土抗战’政策，火烧长沙城。当晚，周恩来、叶剑英夜宿长沙八路军办事处。当办事处驻房着火时，我叫醒叶剑英。危急时刻，叶剑英不顾个人生命安全，跑上二楼，连拖带拉，把周恩来拽出火海。”皖南事变爆发，为保护干部以减少损失，周恩来要叶剑英先撤回延安，他自己留在重庆坚持斗争。叶剑英劝说周恩来先撤回延安，自己留在重庆与蒋介石周旋。两人互让，最后毛泽东电报批示：“董（必武）去渝，叶（剑英）回。”

周恩来关爱“红色公主”：正心端欲似耘苗

2014年1月19日晚，北京气温骤降，风沙四起。为了寻访周总理和叶剑英元帅的往事，我和弟弟周伟兵来到北京西山脚下的叶剑英家，采访他的二女儿叶向真。我们刚踏进大院，就见叶向真迎面走来，气质文雅。72岁的她依然精力充沛。安坐之后，我跟她说："在北京广播学院读书时，看过你导演的电影《原野》。"叶向真笑了，平静而温和。

出生于延安的叶向真，对周恩来夫妇有着特殊情感，她说："我母亲吴博就是周总理的机要秘书。那时我父母结婚是周总理牵的线。"1939年周恩来到安徽云岭新四军军部视察后，选出两位速记员，带回重庆红岩办事处。其中一位速记员就是吴博。当时叶剑英任南方局常委。

叶向真说："母亲怀我时，有一次从重庆到延安，眼看快要到了，半路却遇上一股国民党残匪。匪多我寡，情况危急。母亲被赶下马来。那时有'国共双方协议'，残匪掠走钱物，释放了我母亲和战士。如果母亲在当时遭遇不幸，就没有我了。"叶向真淡然一笑。

叶向真出生在1941年秋天，叶剑英为她取名"向真"，意为"向往真理"。当时的延安，被国民党经济封锁，生活艰难。叶向真对我说："那时，延安没有什么文化生活，邓妈妈和康妈妈特别喜欢孩子，我们这群孩子就成了'稀罕娃娃'。我4岁，小不点，大眼睛，正好玩呢！周恩来夫妇没有儿女，喜欢和孩子在一起，我管邓颖超叫'邓妈妈'，见周恩来叫'周爸爸'。有一次，在邓妈妈的窑洞里，康妈妈朝我点头说：'妞妞，哪个妈妈最好？'我望着她说：'康妈妈最好！'邓妈妈赶紧抱起我，说：'来，看看到底哪个妈妈最好？'我笑着说：'邓妈妈最好！'她们不服气，哪个妈妈最好啊？我站在中间，不知所措。"

"我在草垛席上长大。延安解放区大生产时期，每天母亲去大生产，背着我到一地头，就把我放在一张席子上，任由我独坐晒太阳。劳动完了，她再把我背回去。"说着，叶向真找出一张黑白照片，指着照片中的一个小女孩，说："看，这个女孩就是我！"那是一张周恩来和一群孩子的合影，周恩来拥着孩子们，孩子们无拘无束地笑着。在那个贫瘠饥饿的年代，在孩子们的心中，周恩来的慈爱，如绿意盎然，春暖花开。

周恩来保护叶帅家：纵横逸气走风雷

1966年，叶剑英遭到造反派的围攻，被迫在军校大会上作检讨。之后，造反派数次酝酿，揪斗陈毅和叶剑英。中央文革小组扇动红卫兵四处闹事。12月底的一个晚上，两辆载满红卫兵的汽车停在位于台基厂7号的彭真住处。他们把一封信交给了门卫，趁门卫进屋看信之机，冲入大门，带走了彭真，摆脱了追来的警卫人员。

对于这件往事，叶向真说："中央文革小组的康生、江青、张春桥等到各校动员，讲彭真、罗瑞卿、陆定一、杨尚昆等人都是反党的。江青很会利用我们这些热血青年，绑走了彭真、罗瑞卿等领导。这件事惊动了周伯伯。周伯伯说：'你们开完会，把他们交给我好不好？'我痛快地答应。后来，周伯伯保护了彭真等四位领导。"

1967年2月16日，中央在中南海怀仁堂召开碰头会议。会上，谭震林、陈毅、叶剑英、李先念、余秋里等人拍案而起。叶剑英猛击桌子责问中央文革小组："你们把党搞乱了，把政府搞乱了，把工厂、农村搞乱了，你们还嫌不够，还一定要把军队搞乱！这样搞，你们想干什么……"

"二月逆流"后，遭受陷害的叶剑英不再担任军队要职。"四人帮"想打倒叶剑英，于是从他的亲属身上下手。1967年，叶向真和丈夫刘诗昆首先被逮捕。之后，叶剑英的长子叶选平、次子叶选宁、长女叶楚梅、长婿邹家华连同一个保姆，分别被关押在北京功德林监狱。

叶向真对我说："在我父亲毫不知情之下，江青批示由公安部部长谢富治执行，突然把我家6个子女和保姆都关进了监狱，为的是从子女口中，弄出整我父亲的材料。我坐了4年监狱，被关押在9平方米的单人牢房里，一切与外界隔绝。两三个月后，他们好像整不倒我父亲，就开始整我们。监狱环境非常恶劣，隆冬时牢房冷得结冰，水都不给喝够，两碗白菜汤，四个窝头，就是一天。我姐夫邹家华，最后没有盛水器喝水，就把胶鞋洗干净，用鞋装水喝。一次，狱医给犯人看病时，无意落下两根针。从此，我开始钻研中医，练习针灸。"

1969年春节，72岁的叶剑英被下放到新华印刷厂劳动。其间，周恩来专门派杨德中去看望叶剑英，嘱咐他保重身体。1969年10月，林彪一伙以“紧急战备”的需要为由，迫使叶剑英等离开北京，流放到长沙，再辗转到岳阳、湘潭、广州等地。身在北京的周恩来，心系战友。1971年9月13日，林彪叛国外逃，葬身蒙古温都尔汗。周恩来及时向毛泽东建议，让叶剑英主持中央军委日常工作。

叶向真说：“有一天，周总理跟毛主席说，叶帅一个女儿还在监狱里关着，就是延安出生的那个妞妞。毛主席说：‘一个孩子关她做什么，放了！’就这一句话，我才重见光明！”

叶帅忧急总理病：忧国沉疴竟莫痊

1972年5月19日，周恩来在一次尿常规化验中，发现红细胞异常。吴阶平请来上海、天津老专家会诊，确诊周恩来患上了膀胱癌。几天后，吴阶平、卞志强、张佐良在怀仁堂见到了“中央领导小组”代表（江青、张春桥等）。“中央领导小组”代表说已看了报告，并传达三项指示：一、不检查；二、不开刀；三、要向周恩来、邓颖超同志保密。当时，医疗组的医生们一致认为，周恩来的病一定要及早检查、治疗，必要时动手术。于是，吴阶平代表医疗组向中央写了报告。医疗小组的卞志强焦急不安，因为他知道周总理如果错过治疗时机，后果不堪设想。

父亲周保常对我说：“多年后，七妈讲七伯去世的真正原因，一是‘文革’期间，包括副总理在内的国家领导人，相继遭迫害……处理国家政务的担子主要落在总理身上。长期过度身心疲劳，严重损伤他的健康。二是没有得到及时治疗。在他确诊为膀胱癌的时候，成立了一个治疗组，王洪文是组长，他们的意见是暂时不向你七伯透露病情，进行保守治疗。”

1973年1月5日一早，周总理已伏案工作20多个小时，刚回卧室休息。保健医生张佐良被叫醒，只见警卫秘书张树迎哆嗦着嘴：“尿，都是红的……全是血。”他手里端着盛满鲜血的尿壶。张佐良跑进总理卫生间，抽水马桶里鲜红鲜红的。他目测了一下，总理的流血量不下500毫升。他想说几句宽慰周总理的话：“总理……”他刚开口，周总理扭头朝他摆了摆手。张佐良医生说：“从化验尿中有红细胞，到后来总理尿血都快一年时间了，没有确诊癌症。我们心理准备是有的。他照样工作，什么话也没讲，也没说吃饭吃不好，睡不着觉，或者问我们‘嘀咕什么？’”

周总理争分夺秒，用自己的血肉之躯与“四人帮”抢时间。此时此刻，向谁去求救？张佐良医生们想呼唤老将帅们。可是，他们多被打倒，难以自保。找叶剑英！医生们驱车，到北京西山求援！一见叶剑英，他们长久压抑的感情爆发，未开口，却先哭出声来！叶剑英见医生们哭得这般伤心，料到总理身体出现不测。他控制自己的感情，对张佐良等人说：“别着急，我想办法报告主席，向主席说明情况。”

此时，“四人帮”对周总理频频发难，进行精神折磨。1973年11月21日，周恩来去人民大会堂开政治局扩大会议。会议开了五六个小时，卫士长高振普说总理的饭请服务员送进去，却原样被退出来。几个小时后，会散了，总理第一个出来，脸色很难看，人很疲倦。而江青、姚文元、张春桥出来，有说有笑，趾高气扬。会议不停地开，气氛更加紧张。其间，一位服务员进去送水，听到他们指名批周恩来，她惊呆了，把几杯水倒翻在地，哭着跑出来。又一次，高振普把药交给另一位服务员，让她送给总理。还空药瓶时，她用手擦着眼泪说：“他们还在批总理。”在“四人帮”高压之下，高振普看到，总理的血尿越来越多，病情也越来越重。

对医生送来的周恩来血尿试管、化验单，叶剑英仔细地看并默默地收好。叶向真说：“陪同毛泽东接见外宾后，我父亲当场拿出周伯伯的一瓶血尿标本，给毛主席看。得知周恩来病情严重，毛主席当即指示抓紧治疗。”第二天，中央批准了医疗组的报告。1974年周恩来住院后，中央成立周恩来医疗领导小组，由中央政治局四人小组王洪文、叶剑英、张春桥、汪东兴领导，负责治疗周恩来的癌症。

叶向真说：“为治好周伯伯的病，我父亲苦想许多办法，耗费不少的心血，他到处搜集治疗膀胱癌的民间秘方，一旦发现，就指示解放军总医院检验采用。”但是，周恩来在医疗方案上做详细阅改和批注：“根据目前情况，病者倾向这次不做手术切除。”当天，叶剑英看后批注：“我和卞（志强）张（佐良）关于周恩来的病情，两大夫共同阅看一遍，我赞成这一方案。”根据政治局批准的治疗方案，3月11日至15日，周恩来在305医院做检查，确诊癌症有新的发展。

1974年3月11日：再做电烧手术。

4月：大量尿血，尿潴留。

4月28日，5月19、23、25日：出现缺氧病状。

5月初：出现癌症扩散。

政治局内部斗争激烈。其间，政治局会议、报告和军委事情，由叶剑英处理。此时，周恩来置个人身体于不顾，每天靠输血等其他治疗，坚强地支撑着工作。叶剑英亲自到医院，通过仪器，直接观察治疗效果。1974年8月7—8日，周总理尿血增加，病情反复，诊断为癌症转移。经与医疗组商定，中央政治局同意，实施膀胱局部切除手术。吴阶平接到指示：观察和治疗要分“两步走”。吴阶平心里清楚：真要分“两步走”，很可能就永远没有“第二步”了。怎么办呢？再请示，依然无果。30天又过去了，吴阶平急得寝食难安，他去找邓颖超：“邓大姐，现在毛主席说了，分‘两步走’。那么我们进去看看，什么也没有，那也无所谓分‘两步走’。可是如果看见一块小石头，是不是顺便把它拿出来就好了？还是要留着等着走‘第二步’？”邓颖超说：“看见那个小石头，拿出来就算了。”吴阶平心里有了底。

周恩来的病情拖至后期时，经常尿血，最多时一天的尿血量（除去水分）约200毫升。眼看着周总理一天天地消瘦下去，工作量却没有减少，叶剑英坐卧不安。1975年3月26日，周恩来进行第三次大手术，切除结肠瘤。经病理检查，是结肠癌。专家诊断：这不是膀胱癌细胞转移，而是新生的。叶剑英心情愈加沉重。为治疗周总理的疾病，他倾注心血。叶向真说：“每当周恩来做重要手术时，父亲总是守候在手术室门外，牵肠挂肚。直到手术结束，问清情况，才缓缓离开。即使出差在外地，他的电话也常打到医院，殷切询问，挂念总理病情。”

周总理被确诊癌症后，著名泌尿外科专家李炎唐，接受叶剑英交给的任务，并研究治疗膀胱癌的有效药物。这一年，叶向真被分配到301医院，李炎唐教授是301医院泌尿外科主任，叶向真是他的实习生，一同参与一个中西医结合的实验小组，专门研究治疗膀胱癌。此组是奉叶剑英之命成立的。叶向真说：“当时是想用中西医结合，治疗周总理的膀胱癌。父亲让我和研究组在301医院的特殊病区，研究用中西医结合法治疗膀胱癌患者。我和医疗组经常向父亲汇报。”她告诉我，笃信中医的叶剑英，尝试以中西医结合抢救周总理。

一天晚上，研究小组的领导突然接到通知，要向上级领导汇报研究情况。叶剑

◎ 周恩来、叶剑英与美国代表团谈判

英问："能否采用中西药结合的方法？你们年轻人脑子活，也说说。"李炎唐教授汇报说，与中医科陈主任一起，从枯痔液注射可治痔疮得到注射治肿瘤的启示。他们认为痔内有血管，痔在注射后坏死，肿瘤也可注射，已经开始试验。李炎唐一口气讲完想法，叶剑英很满意："好嘛，你们要继续搞下去，要抓紧。"

因为受到叶剑英的高度关注，研究小组夜以继日进行实验。李炎唐说："我们用塑料管注射针头，通过膀胱镜，在肿瘤根部和肿瘤内注射，最初选的都是2公分以内肿瘤，为防渗漏的液体损坏膀胱正常黏膜部位，注射后立即用水冲洗膀胱。两周后复查，肿瘤坏死部分已经脱落。这一效果，让我们欣喜若狂。于是，我们告诉吴阶平院长。白天观察，晚上加班，一遍一遍地察看，一次一次地做记录，几乎到了废寝忘食的程度。""膀胱镜的检查，也证实结果有效。研究人员立刻将好消息报告吴院长和叶剑英。"叶向真说到此，眼圈红了，"其实，我发现使用中药后，有的病人炎症慢慢地消退。但遗憾的是，一是当时总理的治疗小组不接受中医，二是当时周恩来伯伯的病情，已经发展到无法使用这一新疗法。”

1975年8月，周恩来又做了一次电灼治疗，疗效较好。8月13日，叶剑英离京到外地视察工作前，特意亲笔致信周恩来：“此次电灼，又取得一场大家庆祝的胜利，至为欣慰！惟对多发的顽疾，必须乘胜进剿，加以歼灭，否则任其循环往复，对体质消耗太大。”“继续革命，国步艰难，千万为党珍重，为国珍重。敬祝早日康复！”“今天得到301医院送来的药方一份，请参阅。听说吴阶平同志正在研究。”

一封短信，寥寥数语，包含叶剑英的深情和渴望！

周总理最后岁月：但欲有言扶国是

著名作家梁衡在《大无大有周恩来》一文中写道：“第四次（挽救党），林彪事件之后，总理威信已到绝高之境，但‘四人帮’的篡权阴谋，也到了剑拔弩张的境地。这时已经不是拯救党的分裂，而是拯救党的危亡了，总理自知身染绝症，一病难起，于是他在抓紧寻找接班人，寻找可以接替他与‘四人帮’抗衡的人物，他找到了邓小平。”

1973年3月9日：邓小平复出。

1973年4月12日：邓小平亮相人民大会堂。

1974年10月25日：周恩来与叶剑英长谈。

1974年12月23日：最后一次抱病远行，与毛泽东作出“长沙决策”。

保健医生张佐良接受我的采访时说：“周总理住在305医院期间，叶剑英几乎每天都亲自打电话了解病情，即使他出差海南岛，也不例外。”12月一个晚上，叶剑英来电话问：“今天总理情况怎么样？”张佐良答：“没有新情况，还算稳定。”叶剑英用相当慎重的语气说：“下个礼拜，你要陪总理去长沙，见主席。”他叮嘱再三，要严守机密，千方百计照顾好总理。

出行前，医生发现周总理便中有潜血，需立即检查治疗。周总理对医生说：“既然把我推上历史舞台，我就得完成历史任务。”叶剑英再三叮嘱随行医护人员：“为了党和人民的最高利益，现在不能提及此事。要想尽一切办法，保证周恩

◎ 1963年10月，周恩来和邓小平在天安门城楼上

来安全回来。”叶剑英与总理身边的工作人员、医生谈起周恩来病情时，常常禁不住热泪盈眶，有时竟痛哭失声。

卫士长高振普著《陪伴病中周恩来的日日夜夜》，他对我说：“当时，总理住院已有大半年之久，肩负事关国家最高利益的政治使命，保证总理不出意外，尤为重要。”我问：“医生最担心是膀胱癌出血吧？”高振普说：“也怕总理过度操劳，诱发心脏病或其他不舒服。泌尿专家吴德诚、普外专家吴蔚然和保健医生张佐良、护士许奉生组成一个医疗组。张树迎和我从安全等方面做了周密安排。出门的时候，邓大姐更是语重心长：‘总理回来还有中央全会、四届人大会议等工作等着他做。’”

12月23日晚7时，周总理去毛主席在长沙的住地“九所”，与王洪文一起，向毛主席汇报有关召开四届人大会议事宜。主要谈了以下几点：

一、批评江青为首的“四人帮”，要王洪文不要搞“四人帮”，不要搞宗派，指出江青有野心。

二、高度评价邓小平，强调“邓小平政治思想强，人才难得”。建议由邓小平任国务院第一副总理，中央军委副主席兼总参谋长。

三、指出“总理还是我们的总理”，对总理说，你身体不好，四届人大之后，国务院工作由邓小平掌管。

…………

高振普说：“这次汇报，约进行2个小时。总理走出来，我迎上去接过他手里的皮包。轻声问：‘累吗？’总理说：‘不累。’上车后，保健医生张佐良大夫数了数总理的脉搏，稍快一点。总理说：‘当然会快一点。’护士许奉生量了血压也正常。总理对我们说，主席留他在长沙多住几天。

“总理这次见了主席后，情绪很好。我们后来才知道，主席同意了政治局的意见，对几个悬而未决的人事安排，作了历史性决定。”这次具有深远意义的“长沙决策”，使“四人帮”组阁的阴谋破产。高振普说：“12月26日夜2时（27日凌晨），我接到张玉凤同志打的电话，说主席请总理来一下。我叫醒熟睡的总理，乘车去了主席住地。毛主席和周总理单独谈话长达4个多小时。”“按照医疗方案规定，周总理应该4小时服一次药，如今他重病缠身，我考虑加服第五次药。”保健医生张佐良说，“大约到凌晨3点，想起叶帅的‘无论如何不能发生意外’‘要安全返回北京’的嘱托……最后，我只能把周总理服的药，请毛主席处的工作人员送进去，请他服用。这才稍微放心了一点。”

1974年12月27日晚，周总理飞回北京，住305医院。

1975年3月15日，周总理与叶剑英谈话。

1975年下半年，周恩来病重卧床后，叶剑英天天来探望他。

起初，叶剑英常与周恩来一谈就3个小时，在处理重大问题的前后，必来汇报；几个月之后，他俩的谈话，减到两个小时；日复一日，周恩来的声音越来越微弱，叶剑英越坐越贴近，谈话的时间也越来越短……临终的日子，周恩来难以再说出声了。这时，叶剑英仍然风雨无阻，天天坚持，紧贴周恩来坐下，轻轻握住周恩来的手，两位战友，你望着我，我望着你，嘴唇同样颤抖，同样说不出话，就这么深情地望着……

这时，“四人帮”加快了夺权步伐。叶剑英既巧妙地与“四人帮”周旋，又念念不忘照顾周恩来的病情。根据中央决定，由王洪文、叶剑英、张春桥等组成医疗组，负责周恩来的治疗。这时，78岁的叶剑英，每天早晚，念念相继，致电医院，询问病情。体恤周恩来做手术消耗体力，在繁忙的工作中，他亲自钓鱼，嘱咐身边的工作人员，做好送到医院，让周恩来尝鲜。

卫士长高振普对我说："周恩来病重最后时光，叶剑英常陪伴在床边。"癌症晚期是十分痛苦的。每当痛苦难忍时，周恩来就紧紧地握住医务人员的手，一声不吭，大颗的汗珠从额头上滚落下来。为了党和国家的大局，他顽强地活下去，哪怕坚持一天都好。每吃一口饭，他要付出极大的努力。卫士长高振普记录："总理说：'我要多吃一口饭，来，给我数数。'当费力咽下一口后，他念叫着一！又咽下一口，二！总理吃一口，自己数一下，就这样连续吃到第八口，实在没有气力来再吃了。八口饭，足足用了半小时。他说：'我是为了治病，才多吃几口饭。'"

1975年11月后，周总理再也没有离开病床。1975年12月中旬，周恩来不能进食，靠鼻饲和输液维持生命。癌细胞已扩散，剧烈的疼痛，常使他晕厥。有时痛得浑身战栗，眉头紧锁，但他始终不吭一声。为了减少疼痛，医生动用安眠药和止痛针。即使周恩来难以说话，叶剑英仍然来到床榻旁，轻轻地握着他的手，默默地陪伴着他，这给周恩来莫大的安慰。

这时，在生死与共的战友中，还没有被打倒的，只有叶剑英了。"眼见总理已是一日三厥，气若游丝，而'四人帮'又乘危乱国，叶帅心乱如麻，老泪纵横。"[1]其间，无论白天黑夜，叶剑英与吴阶平医生保持联系，他一再指示："要想办法，能延长一天就延长一天，哪怕是多延长一小时一分钟，只要可能，就要尽到医疗方面的一切努力和责任。"

叶剑英和周恩来最后一次谈话时，叶剑英请周围的人退出房间，无论是送水送药，不按铃不许进。叶剑英向总理汇报有关中央、有关"四人帮"等重大问题。卫士长高振普回忆，叶剑英从病房出来后，严肃地说："你们俩都准备好纸和笔，24小时在总理身边，一刻也不能没有人。"一日，叶剑英取来一叠白纸，对卫士们说："总理一生顾全大局，严守机密，肚子里装着很多东西，死前肯定有话要说，

---

[1] 梁衡：《大无大有周恩来》，载《觅渡》，中国人民大学出版社，2004，第26页。

你们要随时记下。”周总理去世后，卫士长高振普泪流满面，交到叶剑英手里的，仍然是一叠白纸。叶剑英望着这叠白纸，眼里陡地涌起泪花……

童小鹏主任说：“叶剑英在关键的时刻总是挺身而出，历史又一次到了紧要关头，显然周恩来与老战友是有所交代的。但是，周恩来与叶剑英谈了些什么，现在已不得而知。可是有一点是无疑的，就是商谈如何对付‘四人帮’。这是后来叶剑英提到的。当时叶剑英是党中央的副主席、军委副主席，周恩来和许多人一样，寄希望于他再立新功。1975年12月底，周恩来曾对叶剑英切切嘱咐说要注意斗争方法，无论如何不能把权落到‘四人帮’手里。”

这是一份珍贵的临终嘱托。在毛泽东逝世后，“四人帮”加紧篡党夺权，危急关头，尽管叶剑英已被宣布“生病”休养，但他又一次站出来，为党为人民再立一次大功！

即将辞别叶向真，我仰望叶家客厅的一张合影照片：1939年在重庆八路军办事处，周恩来和叶剑英肩并肩地微笑，心有灵犀。

第二十四章

教诲 | 广东省委小岛招待所

周保常回忆说：『七伯周恩来告诉我，中国历代执政者包括许多出色的农民起义领袖在内，他们走入「人亡政息」周期律的第一步，都是从任人唯亲开始的。执政的共产党要否定「一人做官，全家享福」的封建关系，过好亲属关。』

周恩来和子侄们：威严霜肃德春阳

广东毗邻港澳，战略地位特殊。因为广州每年举办春秋两季中国出口商品交易会，所以周总理常陪外宾来广东参观。1954年6月底，周恩来出访缅甸归来时途经广州；1972年4月7—8日，周恩来陪同由明托夫总理率领的马耳他政府代表团，参观广州市沙河公社岑村大队……新中国成立后，周恩来来过广东二十多次。

我的父母是随解放军第四野战军南下的军人，居住在广州，多次与周恩来夫妇相聚，聆听教诲，我们如沐春风。

父亲说："亲属关系从属于周恩来的信仰。"记得我上幼儿园的时候，父母常带我去见七爷爷和七奶奶，却从不跟我讲还我们家

的这层亲属关系。周总理百年诞辰时，《党风》约我写怀念文章，我问父亲：“为什么你叫周恩来夫妇做七伯和七妈？”父亲周保常告诉我：“周家是个大家庭，在‘恩’字辈分里，周恩来排七，我父亲周恩彦排十三，所以我们叫周恩来为七伯，叫邓颖超七妈。”当时，父亲周保常讲起了一段往事：

“1937年秋，我第一次见七伯，还是个5岁多的孩子。西安事变后，中共在汉口建立八路军办事处。一个星期天早上，我和弟弟、妹妹在汉口二沿小路（日本租界）的家门口玩。这时，七伯、七妈来了！七伯周恩来穿着中山装，七妈邓颖超穿着旗袍和外套。七妈一见我们，就弯下腰一个个地抱。七伯摸摸我的头，俯身送给我们几个玩具：一种塑料做的小车、船儿。七伯拿着小车装作往前开，一下子把我们逗乐了。我父亲周恩彦陪他们上了家里的阁楼。阁楼有20平方米，住着23岁的童小鹏。临上楼前，父亲周恩彦一脸严肃，挨个拍我们几个孩子的头说：‘谁都不能上楼，三保（周保常的乳名）你负责！’后来1956年，我在西花厅见到童小鹏主任时，才恍然大悟，我家阁楼的那间房里架有一个秘密的电台，担负着八路军办事处与中共中央的密切联系。父亲冒着被砍头的危险，保护着一段段‘永不消逝的电波’。”

1938年秋的一天，由周恩来的南开同学、时任国民政府湖北省教育厅厅长的赵光宸出面提议，把周恩彦的小儿子周保章、小女儿周保庄过继给周恩来、邓颖超做嗣子女。在汉口八路军办事处阳台上，邓颖超和周恩彦的妻子葛少文、几个孩子，照了几张合影留念。我父亲周保常说：“其中一张七妈左手搂着弟弟保章，右手揽着妹妹保庄，保庄东张西望，我和弟弟保章怯怯的，七妈和我母亲葛少文微笑地看着镜头。其间，七伯的父亲周贻能和他的岳母杨振德，也在我们家居住。日本军机猛烈地轰炸中国，

◎ 1938年，在八路军驻汉口办事处顶楼阳台，邓颖超（二排右一）与周保章兄妹等在一起

◎ 1938年，在八路军驻汉口办事处顶楼阳台，邓颖超（后排左三）与葛少文及孩子们在一起

我们从汉口逃难至湖南衡阳。一天早上，敌机来了，男女老少夺路而逃。父亲周恩彦就职的铁路办公处被日本轰炸机炸毁。我们一家人走投无路，母亲葛少文带着我们几兄妹逃亡到桂林。谁料，桂林也难逃日本飞机的轰炸，尸横遍野。父亲周恩彦护送一家人去桂林八路军办事处寻找周恩来。他先见到身材魁梧的叶剑英。叶剑英把我们安排在八路军在乡间的驻地。一天下午，我和弟弟妹妹在玩，七伯周恩来和警卫走进了矮小的草房。他对我母亲说：'少文，你带孩子们来了。'母亲回答：'恩彦送我们到桂林避难，他又回衡阳处理公务了。'我抬头望七伯：哇，他真帅！刮掉了胡子的七伯，穿着笔挺的军服。七伯一边抚摸我的头，一边和母亲聊天。我见七伯腰里别着一个匕首，忍不住去摸了一下，七伯笑了笑，做了个模样逗我和弟弟。那时，国共第二次合作，他担任国民政府军事委员会政治部副部长，来去匆匆，没有时间陪我们玩啊！"

周恩来律己待人：廉俭温良身自在

虽然，周恩来对亲人们关爱有加，但他的家规是："一人做官，全家清廉。"周保常说："1949年10月14日，广州解放。逃难到衡阳的我的父亲，跟随铁路系统进入广州。这时，我和保章已参军，家里剩下老弱病残。父亲周恩彦想到七哥周恩来当了政务院总理，自己总能得到照顾，让我哥哥保昌（残疾人）给七伯发去一份电报，请他为我们在政府内谋求一份差事，解决温饱。七伯日理万机，没有忘记这位曾掩护八路军电台的十三弟。但是七伯绝不会因为亲属关系，就给周恩彦特殊照顾。很快，我父亲就接到七伯的回电，但电文却是：'请到原单位报到。'接到七伯的电报后，当时我们简直傻眼了。冷静想一想，这七个字说明什么？中国共产党取得政权了，虽然我们有七伯这棵‘大树’，却不能得到什么荫庇。”荫任制，源于汉代任子制，即高级官员可以保任其子弟为官。宋代“恩荫”，如遇朝廷重要庆典时，官员子孙承恩特许入国学读书并入仕。父亲周保常对我说，总理的电报告诉我们，在周恩来的亲属字典里有亲属，但没有特殊照顾。“一人得道，鸡犬升天”的封建亲属关系结束了。

夫荣妻贵，是千百年来官场的规律。周保常说：“可七伯和七妈却有一个约定：只要他当一天总理，妻子就不能进国务院工作。”邓颖超在党内资历不凡，1925年入党，是出席共产国际在莫斯科召开的第七次代表大会的代表、瑞金时期的中央机要局局长，参加过艰苦的长征，是第二次国共合作时的六位中共参政代表之一。论资格，新中国成立初期组阁时，她任一个正部长绰绰有余。但是，邓颖超却无缘政府任何职务。烈士彭干臣的妻子问周总理：“为什么不让邓颖超到政府担任职务？”周总理说：“她当部长，我当总理。那么，我这个总理和她那个部长就分不清了。人家会把她那个部长的话，当成我这个总理的话……这样，家庭关系、夫妻关系、政治关系就混到一起去了，这样不利于我们党的事业，不利于我们的工作。”后来，邓颖超一直在全国妇联工作。

周保常说：“七伯、七妈的简朴生活，出乎我的意料。1956年4月下旬，我从解放军特科学校坐车去长春预校学习。车辆途经北京，我在火车上给西花厅的七伯、七妈写了一封信：

七伯七妈：

很想念你们。我这次去长春预校学习，返时会在北京停留，很想见你们。不知可否？

侄儿保常

“5月6日下午，我去了西花厅，成元功卫士带我进了一间屋里，给我倒了一杯茶。我忐忑不安地坐着，环顾四周，客厅大概20平方米，有一张旧的茶几和木头沙发，旧沙发套洗得干干净净，可看出七伯、七妈俭朴的生活作风。过了一会儿，我听见在门口的七妈叫我，我连忙迎上去。七妈穿着浅蓝色干部服，十年不见，她依旧充满慈爱。我汇报说：‘在军校当文化教员，入了党，还立了两个三等功。缺点呢，有点骄傲自满情绪。’我们正聊着，七伯周恩来刚视察唐山回来了，我赶快站起来，端正行军礼。七伯慈祥地端详了我半天，说：‘像，像，像周家人。长这么大了，有没有我高？’七妈当裁判，比量两人的身高后宣布：‘保常高了一公分。’我们都开怀地笑起来。吃饭时，七妈对工作人员说：‘今天来了小客人，加一个菜，炒鸡蛋吧！’我原以为国家总理的伙食一定很好，其实很一般，只有一碟两指宽的鱼，一盘蔬菜，一小碗蚕豆汤，加了一盘炒鸡蛋。因为平常就他们两人吃饭，碗和碟都比平常百姓家的要小。桌上有两碗蒸的米饭，七伯和七妈分一碗，给我一碗。看我快吃完了，七妈对霍爱梅说：‘小客人不够，到国务院饭堂打两个窝窝头来。’很快，我又吃完了。七妈问：‘够不够？’我笑了笑，只能说够了。在吃饭时，七妈对七伯说：‘老头子，你这个侄儿有点骄傲自满情绪，你得好好地教育教育他。’七伯温和地说：‘我们年轻时不也是这个样。’然后，他亲切又严肃地对我说：‘保常啊，你应该清楚，我们党历史上因三次骄傲自满，犯了三次路线错误，不要小看了这个缺点。’‘明白了，我一定改，努力改。’饭后，七伯带我看梅兰芳剧目《天女散花》，梅先生请七伯提意见。看到七伯这样忙，我悄悄地对成元功卫士说：‘七伯需要休息，我该回去了。’成元功说：‘别啊，总理找你谈话呢！’我乖乖跟着七伯回到西花厅时，已经是夜里11点了。七伯就坐在我对面，跟我讲周家的历史：‘我的祖父叫周起魁，生在浙江绍兴，按籍贯从祖代算起，我算是浙江绍兴人。我们家庭几代祖先是绍兴师爷。后来到了我爷爷那代，两家搬到江苏淮安当县官。我1898年生在淮安，比你爸爸周恩彦大7岁……你的爷爷周贻谦，我叫三伯父，因为他的妻哥钱能训（民国总理）的关系，他在铁岭税捐局任主任，后来他带我到铁岭银冈学堂读书……’

“一直聊到凌晨3时左右，我有些扛不住了，一边听七伯讲，一边打起瞌睡。现在想起来，我真感到羞愧难当！不过，七伯一点也不疲倦，喝一口水，又接着讲，滔滔不绝……他记忆力好，哪年、哪个地方、发生了什么，他都记得一清二楚。他讲得非常认真，因为时间跨度太长，有的细节讲错了，他马上更正，还亲切地说：‘保常，应该是这样的……’他这种充沛的精力和实事求是的精神，留给我的印象非常深刻。”

周恩来立不染亭：海棠枝上月犹明

20世纪70年代，有一次，邓颖超在西花厅接见了我们一家。之后，父亲周保常牵着我和伟兵的手，来到了西花厅水榭的东北侧，那有一座简朴的凉亭，亭匾端写着“不染亭”。为什么这个亭叫作“不染亭”呢？我父亲说：“七伯是北宋名儒理学奠基人周敦颐的后代。周敦颐老先生的《爱莲说》有‘予独爱莲之出淤泥而不染，濯清涟而不妖’，可能七伯从中获得了灵感吧。”在不染亭前，父亲继续说：“中南海西花厅是七伯为自己办公室‘号’的房子。他是国家的‘大总管’。七妈告诉我，他们搬过三次家。1949年北平和平解放后，党中央从西柏坡迁至北平，首选落脚地是香山。当时，新中国百废待兴，有时一天内，七伯要数次往返西山与北京之间，当时路途颠簸，劳累又耗时。于是，他选中的院子是丰泽园三进院。不久，毛主席的家属也进城了，七伯第二次迁居，搬到丰泽园外院的东厢房。1949年11月，七伯、七妈第三次搬家，搬进他们自己选中的西花厅，在这里居住和办公。当年为什么会选中西花厅办公？七妈说：‘因为恩来在4月份时来过这个小院一次。当时，他一下就喜爱上了这里的海棠花，也爱上了这个小院……后来，我们就搬到这个有海棠花的小院居住。’”

西花厅位于中南海的西北角，原是清朝末代皇帝溥仪的父亲摄政王载沣所居住的西花园。北洋政府时，西花厅是国务院的所在地。因年代久远，西花厅那青砖灰瓦的屋宇、暗红廊柱已陈旧，雕梁画栋已褪色。周总理住进西花厅后，没有进行维修。西边的房子冬冷夏热，光线偏暗，可他们一住就是26年。周总理去世后，邓颖超在这里继续居住了16年。

七奶奶邓颖超去世后，我和父亲周保常、叔叔周保章前去悼念。在西花厅前庭，我们遇到了何谦秘书和他的妻子林玉华，我们拍了一张合影。随后，父亲跟我讲起周恩来检讨之事：“1956年春，我进西花厅见七伯和七妈，看到清朝的老式平房油漆剥落，比我们军区办公室还陈旧。西花厅前面的大厅，为七伯会见外宾及重要客人之用；后面有总理办公室，七妈邓颖超（全国妇联副主席）的办公室，还有一个合用的内厅，兼做餐厅、卧室。因为屋顶梁柱朽坏、地砖破损潮湿，中央警卫局管房建的副局长毛维中提出修缮西花厅，但七伯周恩来执意不肯。秘书何谦发现七伯膝关节经常疼痛，下决心修理一下房子。1959年底，趁七伯和七妈出差到广东学习，何谦简单维修了西花厅。结果七伯为这事做了三次检讨。”

2018年，我参加江苏淮安纪念周恩来120周年诞辰活动时，又偶遇何谦秘书的妻子林玉华、女儿何淅淅。当时，何谦秘书已经逝世。我向林玉华问及当年何谦秘书维修西花厅的事。满头白发的林玉华说，丈夫何谦曾在《我们的一面镜子》一文中记录了当时情况。在何淅淅发给我的材料中，何谦写道：

> 这次修缮，把地砖换成了地板，把腐朽的小梁柱换了下来，把已经脱漆的柱子油漆了一下，粉刷墙壁……为了解决办公室光线暗的问题，加了一个吊灯和一个白窗帘，换了一个大点的浴池，在墙上加了个把手。我看到总理用的床太旧了，正好钓鱼台国宾馆有不用的床，就给换了一个。我原以为一切本着适用、安全、节约原则办的，没想到还是违背周总理的要求。为此，我受到跟随周总理20多年来的第一次批评。

之后，林玉华母女又给我提供了何谦秘书的日记：

> 1960年3月20—23日
>
> 总理说：“你把房子修得这么好，造成浪费，影响多不好，我怎回来住啊？……你在我身边工作20多年，我的一切要求，我的习惯你都了解的。国务院办公室都没有修。”
>
> 总理问我：“咱们银行还有多少钱？”我说：“你那点工资，什么都从那里出，哪里还有什么钱？”总理叹口气说：“赔又赔不起，这样吧，你把我的旧床换回来，把吊灯拿下来，把白窗帘摘下来，我回去住。不然吧，我不回去住，大家不放心。我回去住吧，我不安心。”

后来何谦回忆：“总理自责地说：‘这次修房子，那样一个修法我不知道，责任在你。但是，在修缮过程中我没回去看看，这是我的错。’”[1]最后，按照周总理的要求，工作人员撤换掉地毯、沙发、窗帘、吊灯等。周总理还说：“我身为总理，带一个好头，影响一大片；带一个坏头，也影响一大片。所以，我必须严格要求自己。”事后，对这次修房风波，周总理在国务院会议上做了三次检讨。他向副总理和部长们说：“我住的房子修了，你们去看看，我要求勤俭节约，自己没做到，你们千万不要重复我的这个错误。”

父亲周保常对我说：“七伯周恩来对住房是这样，对自己乘坐的轿车，也没有什么特殊要求。后来，他经常乘坐的专车是红旗轿车。他说：‘别人不坐我坐，我喜欢国产车。’国家进口了一批高级奔驰车后，有关部门想给他换一辆。他不同意，严肃地说：‘那个奔驰车谁喜欢谁坐去，我不喜欢，我就坐红旗。’”

在用车问题上，周总理是公私分明的。周保常对我说：“七伯私事用车自费制度，雷打不动。他跟身边的工作人员打招呼‘我的任何亲属来京都不派车’。我去西花厅看两位老人时，是自己坐公共汽车的。1958年，你母亲去西花厅看望七伯，也是自己坐公共汽车的。这在周家约定俗成。在新中国成立初期，就连淮安老家唯一的长者八婶母两次进京探望他，他也没有派车子接送过一次。”

周恩来把去理发、医院看病、探亲访友、看戏等都算作私人用车。周保常说：“有一天，七伯和七妈外出。晚上，来京探望他们的两位晚辈要去工人俱乐部看戏。当时已是晚上7点多了，他们焦急地说：‘七点半开演，来不及了。’一位秘书叫司机开车送他们去俱乐部。七伯发现后，批评晚辈和身边的工作人员。他说：‘这是搞特殊化！破坏了家规。晚到几分钟，少看一段有什么了不起！’他交代秘书：‘记上账，今晚用车交双倍车费，扣我工资。’”戒一儆百，周家的“十条家规”的红线，让我们这些后辈引以为戒。

父亲周保常唠叨最多的是：“七伯要我注重学习，力戒骄傲。”长征会师大会后，张国焘问周恩来，一方面军有多少人。当张国焘知道一方面军只剩下1万多人时，脸色就变了。两个方面军会合后总兵力10万人，80%以上都是四方面军的人。

---

[1] 章何谦：《我们的一面镜子》，载李琦主编《在周恩来身边的日子——西花厅工作人员的回忆》，中央文献出版社，1998，第196页。

张国焘思考如何把这个比例，带进中央革命军事委员会（简称“中革军委”），然后再带入政治局。他提出当中革军委主席。毛主席认为军权不能让张国焘抓去，与担任红军总政委的周恩来商量。张闻天的妻子刘英说：“恩来一点也不计较个人的地位，觉得这么安排好，表示赞同。”《菜根谭》曰：“鹤立鸡群，可谓超然无侣矣；然进而观之大海之鹏，则渺然自小；又进而求之于九霄之凤，则巍乎莫及。所以至人常若无若虚，而盛德多不矜不伐也。”所以，修养好和德行高的人总是谦虚的。

周恩来有句名言：“单独从事隐蔽之事的行为，最能看出一个人的品质；对待细微之事的态度，最能看出一个人的灵魂。”我参观驸马巷七号周家故居时，看到周家室内挂着一副对联：“未熟黄粱弹指光阴经富贵，无欺暗室居心忠厚即神仙。”我站在对联前，细细品味。童年的周恩来，每天出入厅堂，抬头必见这副对联。其中的自律道德，深刻影响着他的一生。1943年3月18日，是周恩来的（农历）45岁生日，他写下一份《我的修养要则》：

一、加紧学习，抓住中心，宁精勿杂，宁专勿多。

二、努力工作，要有计划、有重点、有条理。

三、习作合一，要注意时间、空间和条件，使之配合适当，要注意检讨和整理，要有发现和创造。

四、要与自己的、他人的一切不正确的思想意识作原则上坚决的斗争。

五、适当地发扬自己的长处，具体地纠正自己的短处。

六、永远不与群众脱离，向群众学习，并帮助他们。过集体生活，注意调研，遵守纪律。

七、健全自己身体，保持合理的规律生活，这是自我修养的物质基础。

周恩来特别告诫亲属要摆正物质与精神的关系。他对我父母和周荣庆说“布衣暖，菜根香，读书滋味长”，对物质需求，满足于“布衣暖，菜根香”；对精神追求，要“读书滋味长”。1963年，在中共中央和国务院直属机关负责干部会议上，周总理作报告时说：“物质生活方面，我们领导干部应该知足常乐，要觉得自己的物质待遇够了，甚至于过了，觉得少一点好，人家分给我们的多了就应该居之不安。要使艰苦朴素成为我们的美德。这样我们就会心情舒畅……精神生活方面，我们应该把整个身心放在共产主义事业上，以人民的疾苦为忧，以世界的前途为念。这样，我们的政治责任感就会加强，精神境界就会高尚。”周恩来更是教育亲属要过好生活关。1964年8月10日，总理对晚辈说：“这是最难过的，在生活实践中要劳动，就可锻炼自己。我为什么痛恨旧社会封建家庭？没落的封建家庭，什么都败坏了，贪污、腐化，有许多坏东西，我们小时候都见过。铺张、虚荣、说假话，完全是虚伪，我最痛恨这些。对这种生活方式不痛恨，就改变不了它。你们年轻一代，不要学老一代的旧的生活习惯，穿衣服要朴素。要一心一意为人民服务。”[1]

就周总理的廉洁风范，我请教资深党史专家李海文老师。我问：“《周恩来家世》新版附录中的大事记，为何要提前到周恩来太祖母出生的1766年？”李海文老师答：“因为史学家认为，乾隆盛世是从1775年后，才走向衰败的。那么1775年发生什么事？这年乾隆65岁，重用26岁的和珅。和珅从这年起，到乾隆1799年病逝，掌权25年间，大肆侵吞财物，祸害朝纲，将高达8亿两白银占为己有。由于和珅的把持和影响，朝廷上下贪污成风，旗人变得放荡不羁……西方帝国主义向中国贩卖鸦片，造成白银外流，财政困难，体弱的国人完全不能抵抗帝国主义的侵略。”听了这段历史，我理解七爷爷的苦心了，写下一句话：“不染亭”以史为镜，共产党人不染封建官吏贪污之习，有信仰者摒弃国民党裙带腐败之风。

祖孙三辈聚从化：慈颜一笑如春温

1958年4月底的一天，我的母亲蔡淑清正在参加省政府干部劳动，挖修东湖。正午时分，一身汗泥的母亲赶回广州军区宿舍。刚走到八一新村4号楼一楼门口，母亲就见到邓颖超从车内走出来。母亲回忆说：“七妈坐在木凳上，和我拉起家常。当

[1] 李海文主编《周恩来家世》，九州出版社，2017，第313页。

时，物质匮乏，牛奶、鸡蛋紧俏，我身体瘦弱，打着赤脚劳动，还要回家喂孩子。七妈脱下身上的羊毛背心，让我穿上。七妈轻声地问：‘穿上好点吧，暖和点了吧？’当时，我穿上羊毛背心，感觉暖和许多。”这件浅蓝色的羊毛背心，胸前织着波浪花，配上透明扣子，十分雅致。我母亲对它爱惜有加，舍不得穿。

又到花开花落、阳桃挂果的时候，父亲周保常接到通知，邓颖超在从化约见我们全家。不久，我们等来了广州军区的一辆电影放映车。车内装满了放映设备，我们一家挤坐在车内有限的空间里。

那时看电影是难得的娱乐，邓颖超让放映队带来了一部电影，放给招待所的工作人员、附近的农民看。大家聊了一会儿，邓颖超说我们看电影吧。一个多小时的电影，父母最担心我，怕我情绪难控。我长大后，父亲周保常说起，那天我似有心灵感应，看电影不吵不闹的。当时和我们一起看影片的，还有卫士长成元功。他说：“在中南海西花厅，每逢周末都会放电影，影片是周总理夫妇出钱租来的，请全体工作人员和家属们观看。”

我曾经问父亲，为什么那天在从化没见到七爷爷周恩来？父亲说1958年是煎熬的一年，周总理内心愁苦不已。原来，1956年下半年，全国出现冒进的苗头。掌国家经济之舵的周恩来提出反冒进，结果受到批判。1958年初南宁会议、3月成都会议，他都受到批评，并做检讨。周恩来的经济秘书顾明回忆说：“恩来同志在某市郊区亲自看了一块挂牌亩产十万斤的‘卫星田’；田亩上空，电灯通明，像灯光球场一样，这是为了加强光照，旁边用鼓风机通风。实际上把几十亩快成熟的稻子移到一亩田里。恩来同志看了以后心情沉重，因有外宾在场，没有直接批评。”[1]当时，很多人都看不到违反经济规律的“大跃进”将会带来的恶果。

1958年的7月1—7日，周恩来去广东新会县做调查研究。当时，广东天气持续高温，滴雨未下，酷暑难耐。考察期间，周恩来早去晚归，去试验田、林场……后来卫士长成元功发现，周恩来身上、背上、腿上长满了红红的痱子，很是难受。但周恩来仍要坚持去看农民专家周汉华的试验田，下试验田亲自数一数水稻。周恩来问周汉华有没有亩产超千斤的水稻，周汉华肯定地说没有。周恩来回到广州后，立刻召集一些

---

[1] 顾明：《历尽艰辛创四化》，载程华主编《周恩来和他的秘书们》，中国广播电视出版社，1992，第18页。

县的负责人了解情况，要求他们报粮食产量时，不能弄虚作假，要保证社员口粮。李岩当过周总理的经济秘书，他说：“‘大跃进’年代，周总理处在一个特殊的位置，一方面，他要尊重毛主席党中央的决定，不能给群众运动泼冷水。另一方面，他对一些过头的做法，又不能不管，不能看着国家和人民的利益遭受损失。他有自己的想法和看法，又不便于公开表露……总理处在这样的位置，他唯一能够做到的就是根据实际情况，把主席和中央做的决定加以变通，尽可能采用灵活机动方法，尽量减少实际的损失，并尽可能地采用灵活方式纠正一些‘左’的做法。”

小岛教歌：溪山依旧有清音

邓颖超很体贴丈夫的处境，总希望用亲人的笑声给他多带来一些欢乐。1960年春，广州军区营门挂起大红灯笼。这天下午，我父母接到广东省委办公厅的通知，周恩来到广州处理公务，会在工作之余约见我们。

广东省委所在的新河浦路，道路两旁绿树成荫。我和弟弟周伟兵分别坐在父母亲单车的小竹椅上。我们绕过达道路，进了省委大院，直奔里面的“小岛”。“小岛”现在叫作珠岛宾馆，在省委主楼对面的东湖上，依水而立，朴素而雅致。七奶奶邓颖超出来了！她笑逐颜开，身着披肩，我一下就扑在她的怀里，伟兵眼睛水灵灵的，举手投足呆萌，惹人欢喜。七奶奶平时见到“小不点”就开心，她总喜欢探着头，眯着双眼和孩子们玩捉迷藏，逗得孩子轮个儿亲她。我们赶紧搬个凳子来，请七奶奶坐下。七奶奶教我们要有礼貌，谁有礼貌，就奖一个苹果或一个橘子。那天晚饭后，在军区礼堂里，忙完公务的周总理也来了！我母亲蔡淑清说：“那晚看的是歌剧《五朵红云》，我们坐在七伯、七妈身旁，牵着七妈的手，和他们一起看歌剧。”

我问：“为什么七奶奶那么香？”母亲说：“她和爷爷住在中南海西花厅啊，那里呢，开着许多美丽的海棠花。一棵接着一棵，一朵牵着一朵，一簇拥着一簇。”哇！那不是动画片里的美丽景色吗？从那时候起，我就向往西花厅。当时我想：快快长大吧，我要变成一只小鸟，飞啊飞，飞去西花厅；飞啊飞，飞去西花厅鲜花盛开的地方，看望七爷爷和七奶奶！

◎ 1962年，周晓瑾一家合影

1963年9月下旬的一天傍晚，父母亲骑着单车带我和弟弟，去省委小岛招待所。母亲给我系上头花结，套上外婆织的红毛衣，将我打扮得漂漂亮亮。那晚，省委小岛招待所一个小会议室里，灯光明亮。我和弟弟周伟兵一看见七奶奶邓颖超，就朝她跑过去，一左一右，搂着她的脖子，亲亲她。七奶奶可高兴呢，又挨个地亲我们。七奶奶让我们等一会儿，说七爷爷正在里面谈事情。那时，父亲看到解放军总参谋长罗瑞卿、西藏军区司令员张国华也在等着周总理会见，会议室外厅有一张乒乓球桌，两位首长拿着球拍，正在对打。父亲便陪两位首长打乒乓球，慢慢等候。

晚上8点半，内庭的木门缓开，周总理微笑着走出来。他跟罗瑞卿、张国华交代完事情后，就和我的父母聊天。孩子就是“开心果”，七奶奶见缝插针，让我和弟弟逗七爷爷开心。七爷爷看着我，说：“小瑾子，上幼儿园了吧？来让爷爷看看你长多高？”我跑过去，踮着脚，亲亲七爷爷，再亲亲七奶奶。七奶奶问我：“小瑾子，幼儿园教唱歌吗？会不会唱《洪湖水浪打浪》？”我回答说：“我会唱啊，这首歌爸爸也教过我。”不过，在一圈的大人面前唱，我还没有试过呢。我紧张地看着父母。父亲说：“《洪湖水浪打浪》，我们经常唱的。”我转头看着七爷爷，他正笑着鼓励我呢！他们都喜欢这首歌！大家鼓起掌来，我一步一步走向七爷爷。他双手抱住我，轻轻地起个头：“洪湖水呀，预备起！”我牵着七爷爷，胆子大起来，扬起童音，亮着嗓子：

洪湖水呀浪呀嘛浪打浪啊，

洪湖岸边是呀嘛是家乡啊，
清早船儿去呀去撒网，
晚上回来鱼满舱……

唱着唱着，我不记得词了，慢慢地没声了。我抬头向七爷爷“求援”。七爷爷牵着我的小手，领着我唱：

四处野鸭和菱藕啊，
秋收满畈稻谷香……

在七爷爷的怀里，跟着他唱，我就来劲了！

人人都说天堂美，
怎比我洪湖鱼米乡……

接着，七奶奶也唱起来了，父母也唱起来了，在场的人们都唱起来了：

洪湖水呀长呀嘛长又长啊，
太阳一出闪呀么闪金光啊，
共产党的恩情比那东海深，
渔民的光景一年更比一年强……

那一晚，歌声传出省委小岛招待所，回响在东湖上空。直到今天，一听到这优美熟悉的旋律，我都会想起七爷爷周恩来的欢喜和笑容，那是多么美好的情景！

我去淮安祭祖时，好友叶晓峰、夏红莲带我去寻找白马湖，它位于高邮湖之北，洪泽湖之南。叶晓峰说：“这湖水，流经周恩来家的门口。童年的周恩来常和弟弟们划小船，去采莲，去看鱼，去戏水追逐。1960年，周恩来跟淮安的领导说：‘文渠没有堵塞吧？小时候，我和小伙伴们常去那儿划船打水仗。’那里也有野鸭翻飞，莲花出水，有秋收菱藕，满畈稻谷香。”《洪湖水浪打浪》歌词里的“渔民的光景一年更比一年强”，就是周恩来“愿相会于中华腾飞世界时”的理想，唱出了他孜孜以求的信仰，抒发了他深厚的家国情怀。这是他最喜欢的革命抒情歌曲之一。

多年之后，病重住院的七爷爷周恩来跟我通话时，还亲切地问：“小瑾子，还记得你小时候，我教你唱《洪湖水浪打浪》吗？”

至今想起，我泪水涟涟。

失之交臂：民事艰难谁复论

1967年4月14日中午，省委警卫处通知我的父亲说，下午周总理在中山纪念堂做报告后，约见我们一面。全家喜出望外！下午两点半，我和弟弟周伟兵向班级请假，戴着红领巾，静静等候。等啊，等啊，直到4月19日凌晨，父亲接到通知：“天气好转，总理已坐上飞机，飞往北京了。”

我们与总理爷爷终究擦肩而过。我常常想，如果当年我和弟弟周伟兵不是坐在军区大院的石凳上，而是跑到中山纪念堂的草坪上，或许我们能见到七爷爷，能和他说上几句话啊！

中央文革小组不断诬陷周恩来。叔叔周保章对我说：“七伯周恩来在‘文革’中处于非常困难的地位，好多人因此受到牵连。为了保护一些人，七伯、七妈就采取了‘三不主义’，即不接见、不联系、不写材料。1967年11月，我也收到了七妈秘书赵炜同志的来信。”

周保章同志：

你好。

你最近给你七伯七妈的来信及寄来的材料均已收到。但由于文化大革命期间，他们规定：对任何亲属同志之间的关系（非工作关系）均不来往。因此，你也不例外，这一点你可以理解的。在国庆节前，周保常因公来京，也没有见他。国庆节时，周保昌同志及妻、子女来看望，你七伯七妈也未见……

代问淑梅同志好

致以

无产阶级文化大革命的敬礼！

赵炜

1967年11月18日

1968年，叔叔周保章出差到北京，也没有机会见到周总理。他回忆说：“在中南海西北门，七伯、七妈身边的工作人员霍爱梅同志出来见我。她郑重地递给我一枚像章，说是七伯和七妈给我的。我双手捧着这枚像章，‘为人民服务’五个大字跃入眼帘。这不是他们对我最好的叮嘱吗？在这样大动乱的日子里，行事要处处从人民的利益出发啊！”周恩来夫妇采取“三不主义”，目的就是要保护战友，保护烈士遗孤，保护周家的亲属。

七爷爷最后岁月：丹心未死惟忧国

晴天霹雳！七爷爷周恩来患病了。当李炎唐把这个消息告诉我父亲后，我们密切关注着总理的病情。

高振普回忆说：“1972年5月11日，一次在为周总理做尿样化验时，发现了异常细胞。北京医院、协和医院、301医院的几位专家初步认为是癌细胞。因为是出现在周总理身上，为谨慎起见，谁也没有最后确诊，派专人带着尿样去天津和上海，请那里的专家验证。最后，北京、天津和上海三个方面的意见一致，确诊为癌细胞。这种细胞不常见，只是尿里的红细胞时多时少。

“直到1973年1月总理开始尿血，说明病情在发展。只好动员总理做进一步检查。3月，第一次膀胱镜检查，在膀胱内发现三个绿豆大小的病灶，当即做了膀胱镜切除手术，送病理化验，证实了原来的诊断——膀胱癌。根据临床经验，这种病易于复发，必须三个月进行一次复查，灌药治疗。这中间，还要口服一些药。最后，总理同意了这个治疗方案。到7月，总理接受了病灶切除后的第一次灌药治疗。医疗小组看到总理工作太忙，想借这次检查的机会让总理休养一下，规定用药后需休息两个星期。总理接受了医生们的建议，住进玉泉山五号楼。灌药后，总理照样批阅文件，只是没下山开会。就这样整整地‘休息’了两个星期。在这以后，应该10月份进行第二次灌药治疗。因总理工作太忙，抽不出时间按计划专门用药，医生们担心治疗不及时，难以见效。医疗小组放弃了灌药后休息两周的规定，改在家里用药，只要求灌药后，在床上躺两个小时就可以了。邓大姐让出卧室，安上一张治疗床，就这样又为总理灌了第二次药。总理只在床上躺了两个小时，就起来工作了。总理的工作实在太多，连每隔三个月一次的检查灌药的规定，也不能落实。他的病在发展，越拖越严重。小便的颜色开始变深，有时已成血色。为了减少出血，就用止血药。这药同时也使尿中的血变浓，造成小便困难。实在是不能再拖了！”[1]

周总理即使病重，仍不忘国事。后来，我采访李海文老师，了解到那个时期周总理的困境。她说：“1973年11月10日，美国国务卿基辛格来中国访问。这是基辛格一年之内的第二次访华，会谈进行得相当艰苦。周恩来以重病之躯，连续地与基辛格昼夜会谈。这次的会谈取得很大成果。但是，同年11月21日到12月初，江青等人对周恩来和叶剑英进行围攻，斥责这次中美会谈是‘丧权辱国’‘投降主义’。周恩来违心地做了检讨。……对江青所提增补常委的意见，毛泽东表示：‘增补常委，不要。’”

军旅作家顾保孜曾采访证实了这段历史，她说：“会上，江青、姚文元攻击周恩来是‘右倾投降主义’，周恩来忍无可忍，当场予以反驳。11月18日后，周恩来开始挨批写检讨。王洪文得到主持批判周恩来会议的大权。此时此刻的周恩来每隔几天，就要做一次化疗。可是，化疗才进行几次，他又一次被推上风口浪尖。面临精神重压，他一边拖着重病的身躯为邓小平‘上道’，一边要为刚解放出来的老同志挡‘枪炮’，还要用政治智慧和勇气，与江青一伙斗智斗勇……”身边的工作人员看到，这十几天里，一到晚上周恩来就把自己关在房子里，不见客、不开会、不化疗。一向注重仪表的他，拒绝刮胡子，日夜趴在桌子上长书万言，写了撕，撕了又写。因为老低着头，他的眼肿了，腿也肿了，最后全身都肿了。卫士张树迎看着哭了几次，保健医生张佐良急得一筹莫展。他心疼地想，忍受心灵煎熬的总理，怎

---

[1] 高振普：《周恩来卫士回忆录》，上海人民出版社，2000，第212—213页。

么有心情来治病啊?

高振普卫士亲历了这段艰难，他对我说：“1973年11月21日晚8时，周总理去人民大会堂参加政治局会议，会场设在东大厅。东大厅这个地方不止一次地召开过重要会议。和往常一样，我们把总理送至会场门口，把文件包交给他，就守候在会议室外面。会议时间很长，这并不奇怪，因为政治局开会哪一次也得五六个小时。照以往的做法，参会的人到了该吃饭的时候，服务员会把饭送进会场，他们边吃饭边开会。那天，我们把总理的饭准备好，请服务员送进去。时间不太长，饭一点没吃，原样退了回来。我很纳闷地问服务员怎么回事？服务员摇摇头说不知道。我说先把饭端回厨房，等一小时再送一次。我并没有多想，总理不按时吃饭是常事，可今天不同的是，他没说等一下再吃，而是把饭退回来。

“一小时过去了，送去的饭又退了回来。服务员传话说，总理说不吃饭，也不叫再送吃的。我有点坐不住了，为什么？我们想不出原因，只是等在外面干着急。我与大夫商量，不吃饭该吃的药不能误时，于是请服务员准时把药送去。总理把药吃了，我们稍微放松了一下。

“几个小时过后，散会了。我跑到会场门口，等待着。总理第一个走出来，他的脸色难看，人显得很疲劳。我接过文件包，在回家的路上，不放心地问总理：‘您有什么不舒服？’

“‘没有。’他的语气很低沉。

“‘饿吗？’

“‘不饿。’

…………

“再去开会，总理装文件的皮包轻了许多。临进会场，总理回头对我说：‘开会中间不吃饭。’我马上说：‘药还是按时吃吧？’总理让我们掌握。

“这是怎么回事呢？以往开会不是这样，不吃饭，还让送杯玉米粥，今天什么也不让送了。到底发生了什么事？多年来的习惯，散会时，总理多数是最后走出会场，而且往往是几个人一边走出会场一边交谈。这几天，情况有点反常：总理都是第一个走出来，而且是一个人，情绪又是那样的不好。”[1]

---

[1] 高振普：《周恩来卫士回忆录》，上海人民出版社，2000，第176—177页。

张佐良医生接受我的采访时说："人民大会堂的服务员说：'这哪里是什么帮总理啊？他们分明是在整总理！'周恩来以令人难以想象的毅力，肩扛着行将倾倒的大厦。长年的超负荷工作与抵挡明枪暗箭，终于把他整垮、累倒了。"

这一年，周总理的身体每况愈下。"在医疗小组的反复劝说下，总理才决定住院做手术。1974年6月1日，总理住进了中国人民解放军305医院……总理住院的当天即进行了第一次膀胱手术。手术非常顺利。按计划也要三个月再做膀胱检查，出乎人们意料，没等到三个月，总理小便又大量出血。于是8月10日，又做第二次膀胱手术。这次手术后效果较好，止住了出血，结合其他预防性治疗，总理的病情比较稳定。"[1]

但是，"四人帮"对周恩来的攻击并没有消停。周恩来的保健医生张佐良说，"四人帮"不让总理休息，甚至在他们给总理输血的时候，江青也打来电话，命令医生在她和总理谈话时停止输血，净扯些无聊的话。有时，总理刚躺下休息，或正在输血，王洪文一个"通知"，总理只能拔掉输血管，摇晃着身体去开会。张佐良医生对我说："从治病的角度，像总理这个年龄，第一，应该继续休息；第二，要做灌注治疗，总理应该是做五六次，但总理做了一两次就不肯做了。第一次手术之后，他的工作量也没有减少，完全恢复到平常一样，而且一大堆留在那儿的事情，还没处理完……1974年初，由于周总理病情加重，医生建议他进行第三次手术，周总理却没有同意，他在批示中说'此事不予考虑'。正是这些忙碌的工作，加速了周总理病情的恶化。""四人帮"对周总理实施车轮战术。邓颖超伤心地说："他（总理）每天出血这么厉害，这么多，他们还要他往返机场迎宾送客，他正在输血，他们（'四人帮'）就叫他去开会，其实会议的内容并不重要。总理拔了针就去开会。这叫什么事啊？！"

举家北上：忧勤悬祷通精诚

在周恩来的家规里，第一条是：晚辈不准丢下工作专程来看望他。总理病重是

---

❶ 高振普：《周恩来卫士回忆录》，上海人民出版社，2000，第212—213页。

天大的事！我父母明知违反家规，却义无反顾。1974年9月的一天下午，我们一家叩响了西花厅的大门，赵炜秘书闻声出来。不一会儿，只见七奶奶邓颖超从会客室走了出来，父母迎了上去，握住老人家的手。我上前抱住七奶奶邓颖超，她的手有些凉。虽然几年未见，但七奶奶还是那么慈祥。我们话未出口，泪已夺眶，一切不言而喻，一切如鲠在喉。

七奶奶第一次见到我小弟周卫东，张开手臂，把他揽入怀里，亲了亲。坐下以后，七奶奶和我父母轻声谈话，从他们的神色中，我观察到一种不祥之兆。当时在“批林批孔”的政治环境下，邓颖超不希望亲戚们来京。她每天探望总理的时间，也被“四人帮”限制为一个小时。由此可知，亲戚们想见总理，真是举步维艰。我望着那深秋的京城，心情压抑，真想痛哭一场！

按照七奶奶的吩咐，我们一家住进中央警卫局的招待所。这个位于西安门大街127号的四合院，和西花厅一样简朴。院子方正，房屋相围，内有一棵树。我们住在中间的屋子，共30多平方米，水泥墙，土砖地板。房屋里家具陈设简单，油漆尽褪，没有电视机。公共厕所在后院，卫生自己打扫，用水自己担。在这里住宿的，多是警卫战士的父母或军官的妻子。

晚上，房顶的一个吊灯，晃晃悠悠。入睡之前，父亲给我们讲起了周家的规矩：“外地亲属进京看七伯，一律住在中央警卫局招待所，住宿费呢，有工作的自己付，没工作的，由七伯支付。简朴是周家的家风。今天来到西花厅，七伯病重住院了，一切听七妈的安排。”第二天一早，窗外传来一阵喧哗。原来，离我们房间不远处有一间10平方米的饭堂，一些警卫战士的亲属，正排队打早餐。他们带着碗，有的装着馒头，有的装着黄稠糊，一路冒热气。我问父亲他们碗里那稀糊糊叫什么，父亲说是玉米磨成粉，叫“棒子面粥”。父亲还说：“周家的亲戚，那些大伯、伯母、叔叔、婶婶，谁来都一样，住这样的房屋，吃这样的饭。”

等待的时光，度日如年。四合院的太阳每天从东边升起，由西边落下。我们痴痴地数，痴痴地等，渴望着能见七爷爷。他病情怎么样了？医疗小组能不能批准见？然而，每天黄昏，夕阳总是带着我们的失望，郁郁而落。西花厅近在咫尺，七爷爷近在咫尺，我们却只能梦里相见。我在日记里写道：

孤灯四合院，
树静风在摇。
亲人近咫尺，
相见梦难圆。

国庆之夜：一樽聊共此时心

等着，盼着，国庆节到了！天安门挂起灯笼，广场飘起红旗，广场鲜花盛开。收音机里常播放着《北京颂歌》，李光羲的男高音穿透着时空：火红的太阳，照耀在中南海上。伟大的首都，你是毛主席居住的地方！……

我们家第一次在北京欢度国庆，西长安街的过节气氛飘进了四合院。9月29日晚上，赵炜秘书兴冲冲进来了！她拿出一个用油纸卷着的包，对我父母亲说："邓大姐叫我带来给你们的。"她先打开了纸包，香喷喷的熏鱼味随即飘了出来。接着，她又打开一个信封，里面有五颜六色的票，有几张是中山公园的游园票，有几张是电影票。眼尖心细的弟弟周伟兵叫道："姐姐，这张票的号码是0001号。"我眼睛亮了，但心情又沉重下来：这可是给七爷爷周恩来的国庆游园票啊，他却因病不能出席……我对伟兵说："我们和七爷爷一起过国庆呢！"伟兵说："他没有在我们身边啊？""他和我们同在一个空间，同听一首歌，七爷爷躺在医院聆听，我们也在聆听；天安门城楼悬挂的灯笼，七爷爷看到，我们也眺望；还有这些游园票，七爷爷隔着中南海也能看到群众联欢呢。"

国庆前夕，到处都喜气洋洋，但我却寝食难安。我问赵炜秘书："往年的国庆，七爷爷周恩来会登上天安门，他今天还会出现吗？"赵炜秘书说："今年9月30日的国庆招待会，周总理还能不能出席，要由他的身体状况来定。"

周总理"露面"了！后来，我们在报纸上看到了。我们一家围着报纸上的照片，父亲说："七伯消瘦多了，衣服不太合体，但是他气色不错！"我说："看！这是在国庆25周年招待会上，爷爷在讲话呢！他一定会好起来的！"

卫士长高振普当时就守护在总理身旁，他回忆说："到9月30日那天，总理要参加国庆招待会了，他穿上了那套人们很熟悉的深灰色中山装，人已消瘦了很多，衣服显得不太合体，但是看上去气色不错。临走之前，他吃了点心（他不准备在宴会上吃东西），晚上7点钟就到了人民大会堂北京厅。7点30分宴会开始，与往年一样，总理率先向宴会厅走去。他出现在入口处。周总理来了！这消息如一声惊雷，激起全场暴风雨般的掌声！几千人忽地站起来！大家使劲鼓掌，情不自禁地喊道：‘周总理！周总理！’他一边走，一边向大家亲切招手。他站在宴会厅席位旁，向大家举手示意，请大家坐下。人们总想离周总理再近点。很多领导和老同志久不见总理了！情绪激动，都走到总理面前，握手问候，嘘寒问暖。只见，前排的中外宾客，涌向总理身旁；后排的人们，急得站在凳子上，争睹总理风采。人们流着热泪呼唤：‘周总理！周总理！’他感动得站起来，一再示意，人们才渐渐平静。大家交头接耳，以为总理的病可能好了。他回来了！他回来了！尽管人们没有说一句话，但是可以听到，每个人心中的呼唤！”

◎ 1974年国庆，周晓瑾全家在京合影

主持人宣布：国庆25周年招待会开始，请周总理致辞。掌声又一次雷鸣般响起。周总理走上台：“同志们，大家好！”他那亲切的江苏口音普通话，人们已耳熟能详。每听完一段祝酒词，人们都要鼓一次掌。他的讲话，被不时响起的掌声打断十多次。那种发自内心的掌声，催人泪下……卫士高振普说：“此时此刻，我们百感交集，热泪盈眶。谁不为这热烈的场面所感动呢？”

高振普对我说：“几周前，我们和医护人员不赞成周总理主持这次招待会。他却不容置疑地说：‘我要出席这次招待会。’”医疗小组几经商量，做出几个方案。大意都是如果必须讲话，他只讲前面几句，后面的由别人代讲，提前退席。可是，周总理一进宴会厅，就忘了“约法三章”，从头讲起，直到最后一句。他嗓音颤抖地说：“我们向全世界人民和各国朋友表示由衷的感谢，感谢你们给予我们的支持。请大家举杯，为中国各族人民大团结、为世界各国人民大团结干杯！”祝酒后，周总理向身旁的宾客握手告别，提前退场。哗地一下，许多人涌上来，要和他握手。卫士和医生善意地劝阻：“不能让周总理过分劳累，希望大家理解。”从北京厅出来，他在东大厅站住了脚，恋恋不舍地环顾四周。他和围过来的工作人员挥手告别。

掌声远去，人们没有意识到，这是周总理最后一次在国庆招待会上致辞；人们没有意识到，这是他最后参加的国庆节纪念活动；人们没有意识到，这也是他们最后一次与他见面和握手。

最后的通话：悠悠梦里无寻处

在招待所四合院的房子里，我把七爷爷周恩来的照片，贴在日记本上，盼望他的身体早日康复。精诚所至，金石为开。就在我们以为看不到总理，准备返程时，我们接到了周总理的电话。一天黄昏，招待所的老张急唤周保常接电话，我父亲急跑，捧起电话，叫了声“七伯”！泪水涌出来了，看着父亲激动的样子，我知道电话的那边，正是亲爱的七爷爷！父亲跟总理说完话后，把话筒递给我，我就一口气喊：“爷爷！爷爷！我在报纸上看到您了！”七爷爷说：“小瑾子，爷爷记得你，上高中了吧？等我病好了，一起唱《洪湖水浪打浪》啊！”我说：“爷爷，等您病好了，我陪您打乒乓球，我在沅江县得了女子单打冠军呢！”七爷爷笑着说：“不错啊，等病好以后，我们一起比比乒乓球！”周总理通话中的声音虽然疲倦，却话语清晰，连教我唱歌的事，都记忆犹新。当知道我高中毕业将下放农村当知青后，他说：“孩子，要好好接受贫下中农再教育，在农村努力锻炼自己！”这是七爷爷病中对我的教诲，每当回想起，我都不能自抑，热泪潸潸……

1975年1月13日，消瘦、憔悴、穿着宽松灰制服的周恩来，在第四届人大会上，读完了他最后一次《政府工作报告》。为了这个报告和人事安排，他特意在1974年

12月，前往毛泽东所在的长沙进行汇报。周恩来入党革命几十年，经历了无数次枪林弹雨。对于生死，他早已看透。1975年3月26日，周恩来做了结肠癌手术。4月19日，朝鲜金日成主席访华，跟周恩来在医院会面。卫士长高振普接受我采访时说："这次会见在总理做完结肠癌手术24天后进行，当时总理身体未恢复，双脚浮肿得厉害，原有的皮鞋和布鞋都穿不下，只好赶做一双布鞋。我们找到专做布鞋的韩师傅，他接过旧鞋，看了看说：'这鞋是我做的，你不用说了，我全明白。'他边说边流下眼泪。"

1975年9月，周总理病情急转直下。全身癌细胞继续扩散，免疫力下降，取消所有接待活动，也取消每天仅有的几分钟散步。

这一年国庆节，周总理没有再出现。

生病的后期，化疗导致胃口不好，周总理吃饭难咽。有时吃一次饭，要花几十分钟。身边的高振普不忍心看他累得满身汗，吃饭比吃药还辛苦。有一次，高振普和护士喂他有营养的汤，卫士一边喂，护士一边帮他擦汗。周总理吃一口，自己数一下，这样连续吃到第八口，这八口饭，足足用了30分钟。到后来，周总理实在没有力气再吃了。到他生命最后一个月，吃饭无法吞咽，改成鼻饲。高振普卫士难过地说，从这以后，总理再也没有尝过饭菜的滋味。在生命的最后时刻，他已经瘦成皮包骨，靠打止痛药才能入睡。我一边采访，一边流泪。

10月24日，周恩来又做了一次手术。这次手术后，周恩来再也没能从病床上下来。

作为周恩来医疗小组的组长，吴阶平曾经担负周恩来晚年疾病的治疗工作。吴阶平说："在漫长的治疗中，他承受很大的压力，但是，他必须把这一切埋入心里……他要保持清醒、客观地来指挥一切。然而，没有把痛苦写在脸上的他，健康却出现一些问题，在工作中晕倒了两次。"

1975年11月：身体极度虚弱。

12月7日深夜：因黏痰堵住呼吸道，突然昏厥。

12月中下旬：病势危重，靠鼻饲、输液、输血维系生命。

12月31日：与秘书们告别。

弥留之际，周恩来以极大毅力与病痛做斗争，时常进入昏睡状态。病危时，需吸引器吸痰和加压吸氧，他才恢复知觉。在病痛中，他和守在身边的邓颖超，低声吟唱《国际歌》。病重期间，周恩来曾专门交代医务人员，死后要他们彻底解剖检查一下，好好研究，希望能为国家医学做出一点贡献。

和守在总理身边的医生张佐良谈到此，我已泣不成声。张佐良医生说："我想他是想明白了，因为他的人生观，他的世界观，他的生死观、疾病观非常明确了，'因为人总是有生就有死，是自然规律，谁也阻挡不了'这一句话，他跟我们随口说的。他说在过去几十年里，有那么多同志都牺牲了，我们是幸存下来的，所以也到了这个年纪了，又发生一点意外，没有死的人感到意外，死掉的人没什么意外。所以，我觉得他已经把所有的问题都想清楚了，他是真正的唯物主义者。"

离别之夜：木坏山颓万古悲

1976年1月7日，周恩来的病情继续恶化。

深夜11点，他从昏迷中苏醒，微睁双眼，辨认面前的吴阶平，用微弱的声音说："吴大夫，我这里没有什么事了，你还是去照顾别的生病同志，那里更需要你们……"这是他生前说的最后一句话。

1月8日不堪回首。赵炜秘书对我说："1月8日早上8点半，邓大姐让我打电话给医院那边问问周总理的情况。值班同志告诉我说情况还好，就是晚上我们走后不久，总理也不说什么，眼睛来回看，就像在找什么似的。问他有什么事吗？他不吱声，摇摇头；让他休息，也不闭眼睛。我们也都感到奇怪，但看样子精神还可以，今天早上病情也平稳。我告诉他们邓大姐说今天上午不去了，等总理找她时再过去。谁知前后不过半小时，高振普在电话里急促地说：'快！快！快来，情况不好，马上来！'我放下电话时腿都软了，说话声音也发颤。我急忙去找邓大姐。这时，邓大姐正在卫生间刷牙，我说：'小高来电话啦，让马上去医院，车已经准备好啦，咱们快点去吧！'快要到医院时，我对邓大姐说：'小高讲了，情况不太好。'邓大姐听了紧咬双唇，没说一句话。一下汽车，一路小跑。当我们走到病房门口时，就看到两边站满了医护人员和工作人员。再仔细看看，整个病房都变样了……病房旁全是抢救用具，医生在那里尽力进行抢救，但看样子是希望渺茫了。

邓大姐走到周总理的床边一看：来迟了！邓大姐一下子扑倒在周总理的身上，边哭边喊：‘恩来！恩来！我来晚了……’医生还在想尽一切办法抢救，我的两眼已被泪水模糊了视线。但此时，我的重要任务是扶好邓大姐，我紧紧拉着她的手，生怕她因悲伤过度而昏倒。”

1976年1月8日9时57分，病房里的心脏监护仪上画出了一条直线，敬爱的周总理真的走了。吴阶平宣布停止抢救，撤掉总理身上各种输液管、引流管等。没等吴医生说完，突然有人大声呼喊：“总理！总理！你醒醒啊！”顿时，病房里痛哭声一片。

赵炜秘书说：“邓大姐用哆嗦的双手，摸着周总理的面颊，用嘴亲吻着周总理的额头。她边哭边喊：‘恩来！你走了……’邓大姐喊着，哭着，悲痛欲绝，她的哭声特别让人揪心……护士走过来，把一块洁白的床单，盖在周总理身上。”

当日下午5点，讣告尚未发布，我的父母亲把电话打到沅江县草尾区星火公社。我疾跑到公社长途电话前，父亲已泣不成声：“孩子，七奶奶下午4点发来电报：‘听消息后不要来京，坚守岗位，化悲痛为力量。’”我忍住悲痛，问：“是七爷爷吗？”父亲回答：“他离开我们了！”爷爷啊，爷爷！我失声痛哭！父亲在电话那头抽泣着说：“孩子，忍一忍，别大声哭，新闻还没有公布……”我放下电话，泣不成声，雪花从天而降，像一朵朵小白花，铺满大地。我跪在洞庭湖区雪地里，朝着西花厅的方向，呼喊着：“七爷爷！七爷爷，您不要走啊！您说再教我唱《洪湖水浪打浪》，您说和我一起打乒乓球……我舍不得您啊！”七爷爷周恩来病重时对我说的话，如今成了他的遗嘱。漫天雪花簌簌而下，和我的泪水交融在一起……

翌日凌晨，中央电视台《新闻联播》播放了周恩来逝世的消息，哀乐回荡在洞庭湖，回荡在中国的山川、海洋，震撼亿万人的心灵……我健步如飞朝码头跑去，一边跑一边哭，搭最快时间的一班船！我要回家！我要央求七奶奶，让我们见七爷爷最后一面！

讣告公布前，我的父亲周保常强压悲痛，致电报给邓颖超表达深切的哀悼和慰问。周恩来夫妇的严格家教，我父亲深受熏陶，平时从不炫耀，低调处事。那天，哭成泪人的他把鲜花敬献在总理的照片前，给我们每个人的手臂戴上黑布。擦拭眼泪后，他一字一句地说：“听七伯遗嘱，遵守七妈嘱咐，坚持工作岗位是最好的哀悼和孝顺。”

风雪守灵夜：一度魂归一断肠

叔叔周保章赴京为总理守灵。

阴差阳错，他与加急电报失之交臂。1976年1月9日凌晨，听到周总理逝世讣告后，悲痛欲绝的他，哭着跑进车站。青岛工厂的工友接到电报，跑到火车站，在大喇叭里不断呼喊：“周保章，请来广播室，不要去北京！”我想，那一刻，人们还没听到讣告。如果听到噩耗，即刻会泪崩！我可以想象，此时此刻，叔叔保章蜷缩在列车的某个座位上，他已泪流满面，滴水不进。火车启动，车轮辗在铁轨上，也沉沉地辗在他的心上。他告诉我：“在去京的列车上没有多少人，偌大的车厢里，就坐着二三十人。我自己就坐了一排座，孤孤单单，缩成一团。眼前都是伯伯的形象，伯伯的声音……悲痛的情绪，越发使人觉得寒冷，从身上一直凉到心底！”

1月10日，叔叔周保章椎心泣血地赶到北京。他匆匆迈进西花厅的门，啊，树上扎满白色的花。赵炜秘书问：“你怎么来了？”保章撕心裂肺地哭着说：“伯伯过世了，我能不来吗？”

“不是给你发去电报吗？你七妈不让你们来。”

“什么电报？我没有收到啊？”

“你哥哥周保常（在湖南）不仅收了电报，还发来唁电。”

“我确实没有收到电报。”

当日，叔叔周保章和周家其他外地来京的亲属，被安排在中央警卫局招待所住下。当晚，他打长途电话告诉我父亲周保常，所有外地亲属接到加急电报又到北京奔丧的，都受到邓颖超严厉的批评。

后来，我到西花厅看望七奶奶邓颖超，她强忍悲痛说：“临终前，你七爷爷担心病逝后，他的亲属：侄儿侄女、侄孙儿、侄孙女们离开工作岗位，赴京参加告别仪式，他特意规定：‘谁也不许离开自己的工作岗位，一天也不许。’”这又是一条红线，叫停了我们奔丧的脚步；这又是一条教诲，留下生命最暖的遗训。我抱着七奶奶，哭成一个泪人……

按照邓颖超的要求，到京亲属每家派一位代表参加葬礼。周保章代表三伯父周贻谦这一支，为七伯守灵！他说："赵炜秘书告诉我们，伯伯是死于癌症，大家要化悲痛为力量。随后，我们一行19人，由周总理秘书赵茂峰同志照应，我和北京亲属们坐着一辆大客车，驶离中南海，开进北京医院。七伯患病住院直至病逝，都在中国人民解放军305医院。遗体告别仪式，在北京医院进行。大客车载着周家亲属们，驶进北京医院后门，在后门院内停下。灵堂就设在后门左边的一间平房内。大轿车一驶进后门，周保章的心当时咯噔一下，心想：怎么走后门？"再看看这间房子吧，孤零零的，仅几十平方米，没有窗户。这是一间什么房子？是医院的太平间，还是医院的汽车库？

其实，有一点周保章不知道。北京医院副院长韩宗琦，负责总理遗体解剖、整容、穿衣和灵堂布置，并一直守灵。他的父辈和周恩来夫妇有着深厚的情谊。选寿衣时，卫士张树迎、高振普等把准备好的衣服，用一个使用多年的紫色布包好，送到北京医院太平间。韩宗琦打开一看，衣服竟然没有一件是新的，衬衣除了领子和袖子，其他地方已经发黄。他生气地冲着卫士们喊："你们想干什么？怎么拿这样的衣服？我自己出钱给总理做行不行啊，你们跟总理这么多年，你们对得起他吗？"卫士张树迎和高振普真是委屈！邓颖超嘱咐他们，不要做新衣服，选总理平时最喜欢穿、现在最好的衣服。一件旧衬衣，已穿过多年，换了领子和袖口；一套周总理已穿过的灰色中山装。高振普选好衣服给邓颖超过目时，邓大姐含泪点点头说："这是恩来的作风。平时为他添一件衣服很难，他死后，咱们要尊重他，不要为他浪费钱了，新的旧的都一样……"

"外面下雪，屋内飘雪花。这就是共和国总理的灵堂所在地？！"

我听着叔叔周保章回忆这段悲怆往事，泪水夺眶而出。

"大客车一停下，赵茂峰同志就说，'快下，要抓紧时间'。他带领我们，急急地进入灵堂。前面没有过道，一扇门直通户外，来到室内，更是令人寒心。七伯伯周恩来的遗体，停放在屋子中间，四周围着松柏，贴墙四壁放着几层花圈。他的脚前放着一个很小的花圈，直径比胸稍大，两条缎带上款写着'悼念恩来战友'，下款落'小超哀献'。朴素的四个字，饱含他们夫妇多少深情啊！这个小花圈，是七妈和西花厅工作人员一针一线缝制的。七伯称七妈'挚友兼爱妻'，七妈信里倾诉：‘一日不见，如三秋兮，三日不见，又当如何？’如今将与丈夫诀别，七妈是世界上最悲伤的人！”

从周恩来逝世的那天起，邓颖超用独特的方式，默默地怀念丈夫。每天换一个鲜花编制的花圈，放在他的遗体前。周恩来生前喜欢鲜花。

当时北京正值隆冬，花店里鲜花品种稀少。赵炜秘书说：“邓大姐让我通过花店，从广州空运一些鲜花，每天更换总理灵前的鲜花。当广州交际处得知这批鲜花是为周总理献的，坚决不收费。广州是总理建立中共广东区委军委的地方。但是，邓大姐不肯。她含着眼泪说：‘赵炜，这笔钱，你一定要为我付的。’从周总理病逝到追悼会结束，换了七次花圈，共花费480元，邓大姐亲自看鲜花的发票，分毫不差。她才肯放心。”

周保章继续哭诉：“屋内简朴，没有遗像，没有挽幛，没有悼幅……这间房屋光线昏暗、潮湿，不到100平方米，所剩的空间，仅供吊唁者排成单行绕圈……我心情沉重地走进门，一见伯伯的遗体，就号啕大哭：‘伯伯！伯伯！’他平静地仰躺着，被疾病折磨得瘦骨嶙峋，颧骨高凸着，眼窝深陷，白发稀疏，显得疲惫而苍老……三年半啊，其中将近600天苦卧病榻，十几次大小手术，忍常人所不能忍啊，我的伯伯啊！他那曾健壮而匀称的身体，现在只有60斤左右。我伯父的身体一向很好，他身体的正常值是身高170公分，体重68公斤，而在他生命结束前约九个月，即1975年3月26日，他的身体已被疾病严重损害，体重还剩下不到一半，只有30.5公斤。在与他遗体告别时，我趴在水晶玻璃上，看见躺在灵柩里面容枯槁的伯伯，放声痛哭，怎么不令人心碎！伯伯身着旧的灰色中山装，他神态安详，仰躺在白布床上。虽然带着生病的样子，但是，面容依然自信、庄严，不容侵犯。他的身上覆盖着中国共产党的党旗，这是他一生的荣耀！由于光线暗、距离远，我围着伯伯的遗体，转了好几个圈，步子放得慢些，再慢些，眼睛睁大些，看伯伯清楚些……可是，泪流满面，模糊了视线……”

采访到这里，我满脸是泪，打湿了记录本！

周保章说：“伯伯逝世前一个月，全身浮肿，还违反医嘱，病危之际，最后一次乘飞机去长沙，向毛主席汇报四届人大的工作。他老人家实在太累了，一生超负荷运转。我站在他身边，看着他的面容，默默说道：‘伯伯，您老人家安息吧！’30分钟，稍纵即逝，赵茂峰秘书劝慰我们离去，我站在那怎愿离去？就在此时，群众告别队伍一涌而来，哭声一片……我们这才一边哭，一边忍痛离别。

“向七伯遗体告别后，周家亲属回到中南海西花厅。赵炜秘书告知，今天下午总理遗体告别仪式结束后，七伯的遗体即送八宝山火化。参加火化仪式的亲属，七妈指定了八人，即秉德夫妇、秉钧夫妇、尔辉、尔鎏、华章和我。下午3点，来到中南海西北门时，见到小六秉建也在。这样，我们亲属一行几人，仍然由赵炜秘书照应，乘坐一辆半旧的面包车，再次进入北京医院后院。这时，群众向总理的遗体告别仪式，还没有结束，队伍接踵而至。天人感应，雪花纷纷，如泪倾盆。赵炜秘书怕我们冻着，让我们坐在车里等候。

“北京医院告别室内，无数群众在等候，红旗牌小轿车不断开到，我们见到了许多中央首长。下午4时，七妈邓颖超也来了，这是我们在治丧活动中，第一次见到她老人家。她一下车，院内的人都哭了，我们也哭了。哭声震天动地！但我们在车上无法接近她。我们见到老人家很坚强，反而健步走向人群，她是在安抚人们啊！”

十里长街：相顾无言惟泣血

周保章继续回忆：“当天下午4时许，群众告别仪式结束。少许，七伯的遗体，被安置在一个乳白色灵柩里抬了出来。灵柩的上面，是一整块玻璃，能很清楚地见到伯伯安卧其中。灵柩被抬上灵车，这是一辆专用大轿车，从后面开门的。车的前面和两侧，都装饰着黑黄两色绸布扎成的挽幛，并佩有大白花。下午4时45分，车子启动，编队出发。

“送葬车队领头，是一辆黑色小轿车，作为前导车。第二辆就是灵车，第三辆是一位中共中央副主席的车，第四辆是中共中央政治局常委、中共中央办公厅主任汪东兴的车。第五辆原是七妈的车，但七妈的车未动，却叫另一辆车开上去。七妈的车成了第六辆。我们乘坐的面包车，紧跟着七妈的车开上去，是第七辆。在面包车的后面，是一长串红旗牌小轿车，乘坐的是中央首长们。

“为何七妈让第五辆小轿车到前面？后来我才知道，第五辆车是七伯生前乘坐的车，仍由杨叔叔开着，一切依旧。而唯独，车上没有了它的主人，这是一辆空车。但它并非空运转。它的重要使命，是要接回伯伯的骨灰，最后一次为周总理服务。

“七妈的用心我们明白了，车队缓缓向前行驶。七妈紧跟在七伯的后面，我们紧跟在七妈后面，缓缓前进。车队一驶上长安街，路上满是熙熙攘攘的人群。顿时，车队都停了下来，无形中有人指挥似的，人们自觉地排成队伍，灵车再静静地驶过人群，哭喊声一阵阵传来……

“这是一个特别寒冷的日子，凛冽的北风呼啸着，像刀子一样割着人们的脸，疯狂地撕扯着人们的上衣……然而，透过摇曳的灯光，我们看到人们一动不动地、密密地站在两侧。长安街两旁的人行道上，挤满了男女老少。路那样长，人那样多，向东望不见头，向西望不见尾。人们臂上都缠着黑纱，胸前都佩戴着白花，眼睛都望着周总理的灵车将要开来的方向。

“从长安街一直排到八宝山。灵车所到之处，人们目光随着灵车移动，老人、青年、孩子，不约而同地摘掉帽子，向灵车致敬，仿佛形成了一股绵延不断的浪潮。人们哭泣着、呼喊着，有的追着灵车跑，向自己的总理送别。人们多么希望车子能停下来，希望时间能停下来！可是灵车渐渐地远去了，最后消失在苍茫的夜色中了。

“见此情景，我们都泪如雨下，深深沉浸在悲哀中。突然，秉德喊道：‘七妈在招呼我们！’大家才惊醒过来，一齐向前探身。果然，七妈在她的小车后窗，直向我们摆手，握握拳头又招招手。她老人家摆摆手，叫我们不要哭泣；握握拳，叫我们化悲痛为力量；招招手，叫我们跟上，学习伯伯的革命精神，跟上时代的步伐！我们看得清清楚楚，心底明白。大家都噙着泪水，朝七妈乘坐的小车后窗，频频点头。

“下午6时5分，车队到达八宝山。10余里的长安街，行车80分钟。我们乘坐的面包车，一进入八宝山大门，就被民警支到一边。在中央首长的红旗牌车队里，夹杂着这辆旧面包车，他们搞不清楚是怎么回事。幸好，七妈及时发现，她派赵茂峰把我们领了回来。七妈叫我们快下车，站成一队，贴身排在她身后。在台阶下，我们这一排在左侧，以七妈为首共10人。另一排在右侧，是以一位副主席为首的中央首长们。他们的队伍很长。在我的右手边，站着外交部部长乔冠华。两排肃然并进，迈着沉重的步伐走上台阶。

“走进一个告别小厅，伯伯的灵柩，已被安置在小厅的中间。这是第二告别室，没有任何陈设和布置，这是火化前，让人们向伯伯遗体做最后的告别。我们进了八宝山，现场秩序混乱，赵炜秘书一下车，就紧紧地拉住七妈，扶着七妈下车后，向周总理的灵棺走去，她叮嘱我们，一个抱着一个的腰，不然会被冲散。于是，大家一边流泪，一边抱着腰结成一串，结果还是被冲开了。

“默哀后，七妈单独走向灵柩，她一下扑伏在玻璃板上，端详了好一阵子。人们没有动，都在默默地注视着她……静极了，小厅里一根针掉在地上的声音，都能听得到。只见，一向坚强的七妈用低沉而缓缓的声音，凄凄地说：‘恩来同志永别了……’突然，她提高了声调，大声喊道：‘我再也看不到你了，让我再看你一眼……让我痛痛快快地大哭一场！’说完，就号啕大哭。再过几分钟，再也看不到和她相伴50年的亲人了！她嘴里喊着：‘恩来，恩来，我再也见不到你了。我们永别了！让我最后看你一眼，恩来啊！’她老人家撕心裂肺的哭声，揪痛人们的心！医疗小组、警卫、秘书、服务员、亲属们、治丧委员会，一二百人一起痛哭，真是感天动地，痛彻心扉。这时，玻璃灵柩前，被挤得水泄不通。大家拼命往前挤，每个人都想看总理一眼，痛苦声和悲怆的呼喊，此起彼伏……

“赵炜秘书在七妈身边照料，劝七妈节哀，并挽着她向前走。七妈一动，人群也动了起来。大家一齐向前争挤，扑向灵柩。本来我们亲属的位置靠前，很快就靠近了灵柩，但在人群一乱的时候，我们亲属几乎都被挤到了后面。尽管七妈异常悲痛，但她却很是清醒，她一不见了我们，就估计到了我们的处境。于是，老人家边哭边走，边回过头来叫着：‘让孩子们来，让孩子们来……’并频频招手，人群被她的举止怔住了，我们亲属在她的呼唤下，才重新挤回到前面。赵炜秘书看后面的人，还是向前挤，就向后传话：‘你们一个抱着一个的腰，不然一会儿非冲乱不可。’十几个周家侄儿侄女，紧跟赵炜身后，像糖葫芦串似的，一个抱着一个，人群向前挤，我们被迫紧贴着灵柩。身体趴在玻璃板上，环绕灵柩一周，向伯伯遗体做诀别。但是，人们都想看总理，我和亲属们还是被冲散了。

“趴在玻璃板上，我与安卧灵柩中伯伯的遗体，仅一尺距离。这回看得真切，发现伯伯的嘴没有闭拢。听说是在整容时，向嘴旦填了东西，使过于塌陷的面颊能够饱满些。但这仍掩盖不住他那异常消瘦的面庞，令人心痛啊！为了能够多停留点时间，我就不向前移动，反而向后靠，但后面的人，为瞻仰遗容，就拼命向前挤。我再使劲向后靠，也无济于事，我被一步步推着向前。眼看着就要被挤离开灵柩了，我意识到再也见不到伯伯了，就号啕大哭……

“殡葬人员劝告众人，火化时间到了。最后一刻，人们一下拥到棺前，使劲按住棺盖，不准殡葬人员过来，生死离别啊！人们喊哑嗓子，使劲叫：‘总理醒醒吧，你不能走，不能走啊！’

“赵茂峰秘书叫我们快出来，说七妈在等！在台阶下，七妈见我们出来，逐个和我们握手，边握边说：‘化悲痛为力量！’这是在治丧活动中，七妈第一次和我们说话。赵炜站在她身边，催她赶快上车。这时，七妈很是迟疑。我看到她面部表情很复杂，停止脚步嘴里喃喃道：‘我还得去看他一眼……’当时，七妈已是古稀之年，体弱多病。赵炜怕她悲痛伤身，一再催她早点离去。但是，七妈内心难以割舍，她不愿走啊。赵炜也无可奈何。情急之中，赵炜突然冒出一句：‘没看见人家负责同志不让嘛。’听到这句话，七妈的表情立即改变了，她的面容，变得严肃和刚毅。尽管，还是那样的依依不舍，她老人家却跨进了车门。

“七妈和七伯是共产党人。他们党性极强，一切行动听指挥。七妈告别后，中央首长也陆续离去。我们不肯走，要求护送伯伯的骨灰一起回去。但是不行。赵茂峰噙着泪水哽咽道：‘不是叔叔心狠，没有这个安排。叔叔没有这个权利，你们走吧。’伯伯作为国家总理，他的丧事，由中央专门成立的治丧委员会领导；伯伯作为一名共产党员，他的丧事，由西花厅党支部来执行。这个道理我们明白，我们不再坚持。但我们问：‘伯伯的骨灰？’赵茂峰立刻明白，马上说：‘保证安全，安全地送回去。’他担心我们不放心，连说了两遍。

“这时，七伯的灵柩被抬出小厅。走在最前面的是张树迎同志，是西花厅党支部书记，周恩来身前最后一任卫士长，手里捧着七妈亲手制作的那个小花圈，缓缓而行。灵柩后面，两人一排的队伍，有二十多人。这是西花厅党支部，被指定参加火化仪式的人。赵茂峰也在队伍里。

“七伯的灵柩从我身边走过，我使劲踮起脚，伸长脖子，想再看看伯伯的遗容。近景、中景、远景……我们哭喊着，目送灵柩远去，直到他进入火化间。看不到了……我的两眼，仍紧紧盯着火化间的大门，一动不动。灵柩的消失，使我突感沮丧、失落……一阵寒风掠过，我打了个冷颤，如梦初醒。‘啊？伯伯他走了，伯伯走了！’‘伯伯！您一路走好啊！’

“回来路上车辆稀疏，行车较快。周家亲属惊异地发现，两边的人群没有散，零下12摄氏度，滴水成冰，两个小时过去，人们仍在苦苦等候，等候运回骨灰的车队。人们要再送送自己敬爱的总理啊！他们没有看到灵车，依然站在寒冷的冬夜里。”

高振普对我说：“这天深夜11点，张树迎、乔金旺和我三个警卫，依次捧着周总理的骨灰盒、遗像和邓颖超的花圈，由治丧委员会护送，乘车离开八宝山。灵车驶出西门，大家被惊住了：昏暗路灯下人们没有散去，凄冷的街道两旁，人行道上挤满人，臂上戴黑纱，胸插白花，望着灵车的方向，静静地站着、站着，好像在等待周总理回来。年迈的老人和被父母抱着的孩子，守候在风雪的寒夜中，见到灵车前的总理遗像，哭声一片。司机放慢速度，让他们再看一眼总理的车队。数百万悼念的群众，像送别自己的亲人一样，送别周总理，把数十里长安街，变成一条充满哀痛的河流。”

迪克·威尔逊这样报道：“没有仪仗队，没有哀乐，只有默默不作声的市民——有人说多达150万人——他们是闻讯而来等待已故总理从这里过去。在摄氏零下12度严寒的冬日气候里，在那个悲恸的夜晚，他们默默地等待着。”[1]

这世界上，

有一个国度的人们永远等着您。

不管什么时候，

不管什么地方，

反正您知道，

总有这样一个崛起的民族……

---

[1] ［英］迪克·威尔逊：《周恩来传（1898—1976）》，封长虹译，解放军出版社，1989，第305页。

第二十五章

家风 | 北京信箱1702号

THE STORY OF
ZHOU ENLAI
IN LINGNAN

周恩来和邓颖超都是有信仰的人，他们对后辈的教育，就像一朵白云拥抱一朵白云，一棵绿树依偎一棵绿树，一个灵魂感化一个灵魂……

西花厅第一课：从心所欲不逾矩

1977年，全国高考制度恢复。我参加了首届统考，并被北京广播学院新闻系录取。1978年，21岁的我离开了湖南知青落户的地方，去北京求学。

那年，满城迎春时正好，长安街头飞桃花。我办妥入学手续后，兴冲冲地往中南海跑，一口气跑到西花厅——周恩来夫妇居住的地方！

西花厅庭院一片寂静，海棠花悄然开放，看花的人却不在了。我想起七爷爷病床前给我的电话，悲从心起；想到七爷爷在临终前，曾握住秘书赵炜的手说："你一定要照顾好邓大姐啊！"泪湿眼眶。

我和奶奶缘分很深。我一岁多时，在广东从化就被她抱在怀里，60年代困难时期，她寄钱让妈妈给黄嫂和我买营养品。我迫切想见七奶奶，给七奶奶拨了一个电话，电话里传来赵炜秘书的声音："是小瑾子吗？你爸爸已写信告诉我们你来了。你奶奶让我去北京广播学院了解过，知道你是自己靠本事考来的，不是托关系'走后门'的呢。"我听了一愣，心想：我可是在生产队打着赤脚，点着煤油灯考上大学的呢！再一会儿，我听到软软的声音："小瑾子啊！我是奶奶。"想到现在西花厅空空落落，只剩下她和工作人员，我鼻子一酸，泪水涌出。三年前走进此地时，七爷爷还在医院，可现在……我止不住哭声，说："奶奶，我是小瑾子，在洞庭湖下乡三年，挑过百多斤的担子，现在终于考到您身边来读书了。"七奶奶邓颖超说："孩子，别哭，别哭。你爷爷去世后不久，我就搬到东交民巷这边住了，西花厅的家正在维修呢。你下乡受了锻炼，现在又考来读大学，可不容易，你要好好珍惜啊。"她叮嘱我北京气候干燥，注意预防感冒，又说："孩子，你是周家的后代，奶奶对你有要求：一是每天写好日记；二是每周写信给我汇报情况。"我抹着泪水说："奶奶放心啊，我每周一定向您汇报。"

邓颖超为何要搬到东交民巷15号大院？卫士长高振普后来跟我说："1976年7月唐山大地震，波及北京地区。震事减缓后，警卫局为邓大姐在院内搭了一个临时防震房。"赵炜秘书立即向国务院管理局报告实情。西花厅的老式平房是在清朝乾隆年间修建的，周恩来生前不让装修。然而为了安全，邓颖超和赵炜等工作人员暂时搬进东交民巷15号大院2号楼，西花厅迎来了大检修。

晚上，我在日记里反思白天的事情。今天为何没有见到七奶奶呢？除了西花厅维修的原因，还是我事先没有跟七奶奶约好。我为何去西花厅？学校里有不少高干子弟，我的优越感是：奶奶在西花厅。记得上赴京火车时，父亲周保常曾叮嘱我："谦虚是第一美德。爷爷和奶奶等革命前辈流血打天下，又不是我们流血打天下，我们有什么可骄傲的？七妈曾告诫我们不能因为她和伯伯是中央委员，我们就搞特殊。如果有特殊的话，我们之中有人犯错误的话，她知道就要加重处理。"周家有周家的规矩，不任性，不特殊，从心所欲不逾矩。

长立志谨立身：面壁十年图破壁

七奶奶邓颖超对我说："恩来16岁在南开学校时，作文里写着'求学贵勤，勤则一生之计足矣。人人能勤，则一国之事定矣'。他19岁就开始写日记，一天不缺。"

后来，我找到了七爷爷周恩来的日记，他在1918年1月1日写：

> 今日是阳历的一月一日，中华民国七年也，我的日记就从今日记起。但愿自今日往后，一天不缺，留个纪念。等着老年的时候想起幼时的光景，翻一翻这本日记，想着或者有点儿趣味。若是说留着事迹给人家看，这个我是万万的不敢想，亦不愿真够儿有这个事。我今年已经十九岁了，想起从小儿到今，真是一无所成，光阴白过。既无脸见死去的父母于地下，又对不起现在爱我、教我、照顾我的几位伯父、师长、朋友。若大着说，什么国家、社会，更是没有尽一点力了。佛说报恩为无上，我连恩还未报，又怎么能够成佛呢？俗语说得好："人要有志气。"我如今要着这句话，立个报恩的志气，做一番事业，以安他们的心，也不枉人生一世。有生以来沾着这个"情"字，至于赤子之心……[1]

我翻开《周恩来1918年旅日日记》，2月6日他写道："人总要有个志向，平常的人不过是吃饱了穿足了，便以为了事；有大志向的人，便想去救国，尽力社会。"

提到立志向，七奶奶也曾对我说："平常的人，吃饱了穿足了，就以为是满足，像你七爷爷和其他革命烈士，是有大志向的，想去救国，想去为社会尽力。"周恩来童年坎坷，未满周岁嗣父病逝，9岁生母病亡，10岁嗣母溘逝，11岁当家，照

---

[1] 中共中央文献研究室二部编《周恩来自述》，解放军文艺出版社，2002，第42—43页。

管柴米油盐，备尝艰辛。1917年，他在南开学校读书时，由于家境窘迫，买不起食堂的饭菜，常在校门外的街头小摊买一点豆腐汤或一碗粥水。他想买书时，饿着肚子不吃饭，把钱省下。《南开学校第十次第二组毕业同学录》提到周恩来："君家贫，处境最艰，学费时不济，而独能于万苦千难中，多才多艺，造成斯绩，殆所谓天将降任于是人，必先苦其心志，劳其筋骨者欤。"

如今，我立了读书报国的志气吗？我在北京广播学院读书，饥饿时有热饭吃，天冷时有暖气享……想着七爷爷读书时处境最艰，我的泪水流了出来。"大江歌罢掉头东，邃密群科济世穷。面壁十年图破壁，难酬蹈海亦英雄。"七爷爷的这首诗在我脑海里萦绕。读书的时候，我想到他的孜孜不倦；排队买饭的时候，我想到他以豆腐汤充饥；收到父母亲寄来的30元生活费时，我想他读书的拮据，勤工俭学；在暖气室里衣食无忧时，我想他在寒冬里饭粥果腹、旧衣御寒。我在日记本上，公公正正地写上"为中华之崛起而读书"。人之有志，如树之有根；立定此志，须念念自励，处处勤奋。报效家国必先苦其心志，劳其筋骨。亲爱的七爷爷，我以您为榜样，立报恩志向，不枉此生。

见贤思齐：十思三省无荒豫

七奶奶邓颖超对我说："每一周你给我写信，做哪些好事？哪些不好的？记下来，不好的要检讨，要改过。写下一封信时，看看你的缺点改了没有？优点保持了没有？你表现好了，就能见奶奶了。"

为什么七奶奶每个星期都要我写信？起初，我不懂七奶奶的用意，但我还是多读了一些七爷爷的文章，好向奶奶汇报。一天，我意外找到七爷爷18岁时写的《诚能动物论》，这是他参加南开学校作文比赛的获奖作文。当时，南开学校校长张伯苓先生认为此文"用笔之遒劲，布局之绵密，尤征功候之纯。冠冕群英，断推此种"。《诚能动物论》论述执政者要以"诚"立身，一心为公，心系苍生。我理解这篇文章，大浪淘沙出人杰，有三个人影响历史进步，即孔子、耶稣、释迦牟尼。他们不是大富大贵、权高位重的人，但感人以诚，诚能动物。这个"诚"，一是外在言行与内心活动一致，二是言语与行动一致，三是所知与事实一致。执政者以诚立身，一心为公，“大之垂举后世，小之造福一身”。诚能动万物，如果国家以诚相守，那么万邦协之。由此推理，诚是天道，人类无诚不灵；诚是人道，人无诚不立；诚是正道，官无诚不威；诚是国道，世界无诚不宁。

诚，不生骄傲心；诚，不生攀比心；诚，不生宵怠心。见贤思齐，让人懂得自我反思。《了凡四训》说：济一人饥是功，散钱粟衣济人是功，还人遗物是功，不取不义之财是功……所谓的功过格就是：你做一件好事的时候，你都记在这个上面，但如果你做了一件坏事，就要去掉一件好事！七爷爷在《我的修养要则》曾说：“适当地发扬自己的长处，具体地纠正自己的短处。”曾子言：“吾日三省吾身：为人谋而不忠乎？与朋友交而不信乎？传不习乎？”七爷爷说：“因为中国这个社会极其复杂，我们还有改造社会的任务。在这个社会里，封建的资本主义的习惯势力，很容易影响你，沾染你，侵蚀你，如果失去警惕，这些东西就会乘虚而入。”[1]此时，我恍然大悟，原来七奶奶让我通过写日记，养成内观和反思的习惯，学会独立思考，不被外界事物所迷惑。久而久之，我心里升起一种敬畏，敬畏周家的十条家规，敬畏因果。

每周，我都按照奶奶的要求，写一封信寄给她。这是第一封信：

亲爱的奶奶：

您好。

我今天考来北京，考来您身边读书，昨天我还住简陋的生产队祠堂，真像做梦一样！

高考改变命运之前，我下乡在洞庭湖边的一个生产队。但见湘江滔滔北去，长江滚滚东逝，水天一色，百舸争流。每逢雨季，洞庭湖二月，寒风刺骨，大雨倾盆。我登上大堤一看：堤外，浩荡八百里洞庭水；堤内，茅草接毗皆农舍。惊蛰一到，万亩良田施肥忙，油菜如金翻波浪。

我插队在农民薛伯家，一桌12人，祖孙三代，加上我和另一个女知青，凳子不够坐。扒饭动作慢点，人就夹不上菜了。每顿吃萝卜干、辣

[1] 周恩来：《周恩来选集》（下），人民出版社，1980，第425页。

椒、腊八豆、腌菜和青菜，放点棉油，褐色的，口感很涩。一出工，这没有油水的菜，吃下去没多久，我就饥肠辘辘。

大雨后，长堤上泥泞路烂，拖拉车一碾，高低凹凸，灌着泥水。那是什么路啊，简直是玻璃上抹油，我穿着雨靴，时常摔倒。上午出工，像滑冰一样，“啪”地摔一跤，父亲给我的军衣裤，溅满泥浆；刚到湖边洗完脏衣服，“扑通”一声又滑倒，刚换的衣裤，又是一层泥；抱着一盆衣服，呆坐在堤上，望着“嘭嘭”南去的客船，我的泪水簌簌直淌。

奶奶，你们长征时用油灯吧？1975年的潇湘农村，夜晚无路灯，家家煤油灯。我住在大堤路边的旧祠堂，百年旧屋，飞檐房顶，无天花板。一眼望去，黑洞洞的瓦片挂着蜘蛛网。洞庭湖大雨，铺天盖地，来势凶猛，外面下暴雨，祠里下小雨。深更半夜，我们被雨淋醒。“滴答滴答”，蚊帐顶上，放盆接水，无可奈何。顶着脸盆，坐到天亮。

更惊心！这老屋没有墙壁，是个牛棚。农民用芦苇秆捆着，两边糊上牛屎和黄泥，就把我们的“卧室”围起来了。可生产队的三头水牛（不知雄雌），就拴在我们隔壁的木柱上，每天夜里，它们弄得铁链哗哗响，我和女伴英杰常被惊醒。

最怕的是狗和蛇。农村的狗，家家户户都养。夜晚，湖区黑漆漆，一家狗叫，全村狗应。还有蛇，竹树上挂着，菜园里卷着，稻田里追着，竟然有一条大白蛇，盘在我枕头的凉席之下。八月“双抢”期间，暑天热烫床板，我躲在牛棚午睡。忽听枕头底下，哗哗作响。以为老鼠在咬稻草残壳，拍两下，又歇。怎么起伏个没完？揭开凉席，一条白身粉肚、水管粗的蛇，盘着有脸盆那么大。我猛地跳下床，镇定地拿起扁担，把蛇挑出门外。换上别的女孩，早就吓得哇哇大哭。

奶奶，宿舍的同学关灯了，明天接着说给您听吧……

致礼

想念您的小瑾子

1979年8月18日，暑假的一天晚上，同学说我有信。我接过来一看，褐黄色的信封上写着“北京邮政1702信箱”，是七奶奶秘书赵炜的笔迹！

小瑾：

你的来信已收到。我打电话没人接，只好去信约你。这个星期天（8月20日）上午9点，到反帝路17号来。（具体地点：你在王府井南口下车或在常厂下车都行）反帝路原叫东交民巷。如果你感冒，不要来，以免传给奶奶，可以再约具体时间。我想你会收到信的。

赵炜

1979年8月18日

看着这封信，我眼睛潮湿了。东交民巷在何地？我打开地图赶紧寻找。东交民巷，红卫兵曾把它改称成“反帝路”，东起崇文门内大街，西至天安门广场东侧。

8月20日，我起得很早，梳整头发，换了洁净衣裳，背着军书包，来到反帝路17号。在传达室，赵炜阿姨呼唤我说：“孩子，进来吧，奶奶正吃早餐呢。”我匆匆穿过花丛，走进客厅，一边叫“奶奶”，一边跑过去抱住她老人家。奶奶放下勺子看着我，慈祥地笑着：“小瑾子吃早餐吗？”“吃过了，奶奶您慢慢吃。”七奶奶穿着白衬衣，胸前系着一个干净围兜。我看见她喝的是一小碗金黄色的棒子面粥。我趴在她身边说：“您吃饭的碗好小，像茶杯那样。”七奶奶笑了：“你吃多大碗？”“我吃饭用装半斤米的饭盆。”七奶奶又问：“吃得惯吗？”我回答：“刚来时喝不惯棒子面粥，肠胃有些胀。现在每天早上都喝，热乎乎的，一边吃馒头，一边拌果酱或咸菜。”

我从军书包里掏出食堂的餐票，摊在餐桌边，跟七奶奶说：“这个褐色的票，是每月7斤的粗粮，可以换窝窝头和玉米面。这黄颜色的票，有12斤定量面食，换馒头饺子。我最爱的白颜色的米票，可惜一个月才3斤，白米饭不够吃呢！”我噘了噘嘴。七奶奶语重心长地说：“粗粮有营养，多吃些。你爷爷在东北读书时，吃高粱米呢。南方长大的孩子就爱吃大米。你当过知青，也能吃点苦吧？”我答：“当知青吃饭没油水，但米饭管饱呀。现在吃不完的面票，我拿去跟农民换花生、换鸡蛋。晚上自习饿了，可以顶顶饿。奶奶，北京的花生好吃呢，饱满个大，嚼起来香脆。我有一个小电杯，如果误了食堂的饭，我就泡方便面。除了上课，每周还有训练。我是广院乒乓球队的队员，左撇子直板，当二主力，和一些北京名校比过赛。”

一听到“乒乓球”三个字，七奶奶说:“要是早来几年，你能陪爷爷打球多好……”我哽咽起来：“爷爷说病好了，和我一起比赛的。”想起七爷爷和我打电话时的约定，我忍不住流泪。奶奶拿起纸巾帮我拭泪。总理在家办公时，偶尔也到院里散散步，但他最喜爱的还是打乒乓球，工作人员常陪他打球。1972年生病后，他还时常打上一会儿，直到住进305医院。

七奶奶帮我剥了一颗广东新会的陈皮梅，关心地问：“暑假在学院怎么过？食堂开伙吗？”我答：“食堂和图书馆照常开，米饭、饺子、馅饼、炸酱面，我都喜欢吃。”七奶奶问我学校的安全情况，我有些紧张说：“学院人稀少，女生集中住，互相照应。附近有个叫‘飞毛腿’的流氓时来骚扰我们。”七奶奶说当年她在女子师范学校读书时，曾和女同学用了一招来对付流氓：“宿舍里的女同学每天准备一盆水，流氓来敲门时，趁势从门顶上倒下去，‘哗啦啦’，泼成落汤鸡一样，流氓再也不敢来了。”听完后我和七奶奶笑成一团，我有办法保护女同学了。

七奶奶说：“你信里说下乡当广播员？一个人住大队部，还不怕房子里出现的老鼠、枕头下的蛇？”我说：“开始怕，后来应对自如，因为农民教我晚上外出时要带扁担，遇到蛇用扁担挑开；遇到狗，高喊一声，扁担落地。”我站起来，做了喇叭的手势，喊道：“社员同志们起床了！在听了一曲嘹亮的《东方红》后，新的一天战斗又打响了！”看着我朝气蓬勃的劲儿，七奶奶很是高兴。我接着说：“‘双抢’高温时，打赤脚满田里跑，满身都是热痱子。我每天采访割禾进度，写好人好事，就在广播里播。严冬，学大寨搞围湖造田，我拿个喇叭，一边采访一边唱呢！奶奶，我给您学唱一句花鼓戏：朝霞映在洞庭湖上……”我挺胸昂首，亮嗓门一唱，七奶奶的服务员霍爱梅就问:“这是谁呀？”奶奶笑了：“是小瑾子，当过知青，在洞庭湖下过乡，给我表演广播呢！”霍爱梅笑了，说：“就是在从化宾馆您抱过的那个小不点。”瞧我当知青又播又唱，七奶奶和她都会意地笑了。

奶奶教我做记者：铁肩担道义

七奶奶又问："你信中说学新闻编采专业？"我答："对，广院招生停顿10年，好些老师从'五七'干校回来教课。我们现在学的广播史教材，有一段讲延安新华广播电台。因为是恢复高考第一届，毕业分配到各省电视台、电台当记者！"奶奶说："当一个好记者不容易。1955年4月，台湾特务筹划'万隆暗杀计划'，制造'克什米尔公主号'飞机爆炸事故。在那架飞机上牺牲的8位工作人员中，就有随行的记者。后来，你爷爷冒着生命危险，毅然出席万隆会议，在大会发言，被国内外记者及时报道，拨乱反正。美国记者鲍大可报道说：'这篇发言最惊人之处就在于它没有闪电惊雷。周恩来用经过仔细挑选的措辞简单说明了共产党中国对这次会议通情达理、心平气和的态度。他也回答了在他之前发表的演说中，对共产党所做的许多直接间接的攻击。'"

周恩来年轻的时候，当过《敬业》《天津学生联合会报》《觉悟》杂志主编，评论写得好。1914年3月，16岁的周恩来在《敬业》杂志任主编。1915年，周恩来参加反袁运动，反对"二十一条"卖国条约，并在《敬业》创刊词中郑重指出："吾辈生于二十世纪竞争之时代，生于积弱不振之中国，生于外侮日逼、自顾不暇之危急时间。吾人既生于是时矣，生于是国矣，安忍坐视而不一救耶！……天下兴亡，匹夫有责。"在《敬业》上，周恩来发表许多论文、时评、随笔、纪事和文艺作品，抒发忧国忧民情怀，呼吁反封建反军阀。他更在《敬业》杂志创刊号，发表他最早的诗作《春日偶成》："极目青郊外，烟霾布正浓。中原方逐鹿，博浪踵相踪。"1916年初，他创作《送蓬仙兄返里有感》："相逢萍水亦前缘，负笈津门岂偶然。扪虱倾谈惊四座，持螯下酒话当年。险夷不变应尝胆，道义争担敢息肩。待得归农功满日，他年预卜买邻钱。"1919年，周恩来回国参加五四运动，主编《天津学生联合会报》。1919年9月16日，周恩来领着20名进步青年组成了革命团体觉悟社。1920年1月20日，周恩来主编的社刊《觉悟》创刊。在五四运动时期，《觉悟》是影响较大的著名刊物之一。

邓颖超也做过编辑，演过话剧。1923年，邓颖超和同学编辑《女星》刊物，写下“推动妇女解放发展，为那些受侮辱的姐妹呐喊”。在直隶第一女子师范学校读书时，邓颖超在话剧里扮过男记者。五四运动时期，学校流行白话剧，因为女校缺少男生，邓颖超总是女扮男装。在《木兰从军》《亡国恨》《新闻记者》三个话剧里，她都演主角。反帝爱国运动在天津兴起时，她作为演讲队队长，跳上台阶，眼里闪烁着激情，高喊：“同胞们，当亡国奴的惨痛我们可不能忘！只要民众奋起，中国就有希望！”她曾回忆说：“当时我们这些青年都是爱国的，热情高涨，不顾一切。为反对政府在《凡尔赛条约》上签字，为实现中国的改造，流血牺牲，被捕坐牢，以至付出生命也在所不惜。”[1]

在西花厅客厅墙的中央，挂着一张《沉思中的周恩来》的照片。我看得入了神。照片中的周恩来身躯微微左侧，表情坦然，眉宇间凝聚着意志和信心。我好奇地问七奶奶：“这是谁拍的啊？”奶奶说：“是一个意大利记者给你爷爷拍的，你回去可以查一查，写信告诉我。”这是奶奶布置给我的一道作业。后来我查到了，这位摄影师叫焦尔乔·洛迪。

1973年1月6日，作为意大利《时代》周刊的记者，焦尔乔·洛迪随意大利外长朱塞佩·梅迪奇访华。在人民大会堂，周总理会见该访华代表团，洛迪是随行记者。当轮到洛迪被周总理接见时，他说：“总理先生，如果可能的话，请您给我一小会儿时间，让我为您照一张相。”周总理笑着说：“对有白头发人的请求，我是不会拒绝的。”时机难逢！洛迪请周总理坐在沙发上，用一款德国小型相机，没用闪光灯和测光表，利用现场的自然光，抓拍了这幅经典之作。1974年，这张照片荣获美国最有名的新闻照片奖。1978年，周总理逝世两周年时，这张照片首次在国内发行。

七奶奶深情地看着这张照片，对我说：“一张新闻照片深受人们喜爱，做一个正直、敏锐的记者不容易啊！”我默默地记住了七奶奶的这句话。

忠厚家风：俭诚不奢以养德

《周氏家训》告诫子孙：治家以省俭为第一要义。周家祖先认为：俭，美德

[1] 周恩来邓颖超研究中心、周恩来思想生平研究会编著《邓颖超画传》，辽宁人民出版社，2014，第16页。

也；俭，可养廉，可养德，可惜福。

七奶奶邓颖超很关心我的大学生活，她问我："在广院读书家里给你寄多少钱？每月用多少？"我说："父母需赡养老人、养育两个儿子，加上保姆，并不宽裕。我是知青，不带工薪，每月父母寄给我30元生活费，勉强够用。一半钱买饭票，一半钱买书。"当时那些被解封的书，如《安娜·卡列尼娜》《复活》《九三年》《人间喜剧》等一上市，我和同学都排队去买。买一本经典名著，我就少吃些荤菜，多啃一次馒头。听罢，七奶奶说："每月父母寄30元，比你当时插队当知青的生活强。这些钱，普通工人能过一个月啊。"

当时，新闻系里家庭富裕的同学买卡式录音机，听歌曲、学英语。我跟奶奶说："他们用卡式的录音机听英语，我也很想有。"奶奶懂得我的心思，让我看一张黑白照片，说："这是我和母亲杨振德的合影，1925年拍的。"照片上，邓颖超和她母亲衣着简朴，神情安然和自信。七奶奶继续说："我小时叫邓文淑，三岁后父亲就离开了我。母亲杨振德牵着我，从广西来到广州。几个月后，我们又辗转到了上海。母亲在同乡的帮助下，在长芦盐业一个育婴堂行医。除了供给我们食宿外，育婴堂每月还给我们10元零用钱。那里收养孤女，办了一个编织所。我和这些孤儿就一起学习编织，挣钱补贴家用。1913年，母亲杨振德在北京一所小学教书，我9岁也在那里读小学。在学校被反动当局查封后，我和母亲颠沛流离，去了天津。在我读高小第一年时，我母亲失业了。那时正放暑假，母亲用身上仅有的30元买了一台编织机，我和母亲俩织毛巾，勉强维持生活。暑假快结束了，我着急啊！学费没有着落，我就上不了学。母亲的一位朋友的女儿考上了直隶第一女子师范。这个学校是天津的名校，分本科和预科。预科一年要收学费和住宿费。只有考试中前三名的考生，学校才免收学费和住宿费。这间学校还规定高小毕业才能投考预科，规定年龄最小13岁。可我当年11岁，我对母亲说让我试一试吧，考取了最好，考不取，我在家织毛巾，补习功课，明年再去考。后来，我考了直隶第一女子师范第三名，学费和住宿费全免。我可以继续上学了。你们现在的条件，比我在天津女师念书时，好了多少倍啊！"

我如梦初醒！坐在我面前的七奶奶，在家庭贫困的情况下，凭借自己的能力升入女子师范预科，令许多富家子弟望尘莫及啊！她用自己的经历说明"衣贵洁，不贵华”。她还亲切地教导我，物质需求是一种欲念，永远不可能被满足。读书人不以物使，不为物役。当年她们在育婴堂每月仅靠10元度日，而我每月有30元，还觉得不够用，真是羞愧啊！刘禹锡在《陋室铭》中说：“山不在高，有仙则名。水不在深，有龙则灵。斯是陋室，惟吾德馨。”身居陋室而坚强不息，七奶奶的高尚精神品质，是我学习的榜样啊！

七奶奶邓颖超和我聊了一会儿后，转身进书房，拿出几本书给我。她说：“孩子，前些天我参加老舍先生的追悼会。这是《老舍传》，送这两本书给你，假期好好读读吧。”我点点头。她还用钢笔在扉页上写了字：

送给小瑾子，祝好好读书。

奶奶邓颖超

原来在1978年6月，邓颖超出席了老舍先生的骨灰安放仪式。我打开老舍先生的《正红旗下》：

二百多年积下的历史尘垢，使一般的旗人既忘了自谴，也忘了自励。我们创造了一种独具风格的生活方式：有钱的真讲究，没钱的穷讲究。生命就这么浮沉在有讲究的一汪死水里。……他们老爷儿俩都聪明、有能力、细心，但都用在从微不足道的事物中得到享受与刺激。他们在蛐蛐罐子、鸽铃、干炸丸子等上提高了文化，可是对天下大事一无所知。他们的一生像做着个细巧的、明白而有点糊涂的梦。

…………

这类人物去当什么“参领”“佐领”以至什么名义上更大的官儿，自然没有办法不把事情弄糟。当年帝国主义军舰，开到中国沿海耀武扬威，初次见到那些艨艟时，扬言“此妖术也，当以乌鸡白狗血破之”的，不就是官阶虽然比他们高得多，但无知和胡混的程度和此辈也在伯仲之间的八旗王爷将军一类的人物吗！

我还在想老舍这段话的意义，七奶奶问我："你听说过清末'八旗子弟'吗？你爷爷这么说过，晚清的时候，生下来就享俸禄的八旗子弟，都抽大烟、玩蛐蛐，无所事事，他们当什么'参领''佐领'或更大的官儿，把国家都败了。最后，人民一起来就推倒了。"我说："我瞧不起那些纨绔子弟！自己窝囊，却靠爹妈关系。"她说："一人得道，鸡犬升天。这种封建的亲属关系，损害群众利益，我们不能学，也不能做。"

一时劝人以口，百世劝人以书。我捧着七奶奶邓颖超送的书，掂出了沉重的分量。儒家主张"俭以养德""廉者，清不滥浊也"。像周恩来、邓颖超这样的共产党人，远见卓识，看透封建亲属关系的危害。周恩来认为，共产党执政前中国历史上的执政者，包括许多出色的农民起义领袖在内，他们走入"人亡政息"周期律的第一步，都是从人事上的"任人唯亲"开始的。

七奶奶打量我的衣裤，草绿色底衬着白碎花的短袖衣。我说："进北京读书前，母亲花几个夜晚用脚踩缝纫机，修补好我四季穿的衣服。家里的木箱有一件女式军大衣，虽然发黄，有点掐腰，但我最喜欢。那是1974年的冬天，我母亲和卫东弟弟在京住院，您用50元买了军大衣，给我母亲御寒。这件军大衣是传家之宝，我穿上可精神了！"七奶奶说："我们喜欢生活俭朴，我和你爷爷的衣服也是补了再穿！想帮你爷爷添一件衣服都很难。"我不由得想起了七爷爷的教诲：生活分两种，物质生活和精神生活。物质生活方面，我们领导干部应该知足常乐，要觉着自己的物质待遇够了，甚至于过了……要使艰苦朴素，成为我们的美德。

邓颖超革命生涯：九死一生赴汤蹈火

我和七奶奶在西花厅聊了一会儿，七奶奶要起身，我忙上前搀扶。她说受疾病所累，不能坐太久。七奶奶身体上的顽疾，是当年难产时落下的。

蒋介石在广州发动四一五反革命政变后，经历难产的邓颖超，为躲开国民党特务追捕，冒风雨乘船去香港。痛失骨肉，风餐露宿，使邓颖超患上了肺结核。1935年，中央红军实施战略转移，离开瑞金。虽然当时邓颖超患有严重的肺病，身体虚弱，但她仍然坚持走完了长征之路。赵炜秘书说："长征跋涉中，红军饥寒交迫，异常艰苦。四川西北部的若尔盖草原，是一望无际的腐草污泥，人一旦陷入泥潭，便万劫不复。这天，暴雨夹着冰雹，阻断了行军队伍。邓大姐的马一惊，砰地扑倒，她被甩在沼泽泥潭里。马越挣扎，越陷得快，仅仅几分钟，身躯高大的马就不见了，令人毛骨悚然！她一动不动，尽量减慢身体的下降速度。等了很久，后续部队终于来了！战士们用皮带系绳，拼命拉扯，终于将她拉出泥潭。第二天，她发起高烧，连续几天几夜粒米未进。此时，天上敌机轰炸，地上围兵堵截，红军饿着肚子，顽强地过天险要道。雪山草地，昼夜兼程，部队伤亡数字与日俱增。她咬紧牙关忍着病痛，苦熬七天，终于看见一座房屋。她真想进去歇一会儿，喝上一口热水。但是部队前行，她必须咬牙坚持！等走到一个少数民族家门口，还没跨上台阶，她就一头栽下，倒在房前牲口粪中，一动不动。这一倒，她睡了两个小时。事后，蔡畅抱着她哭：'你躺在那儿，三分像活人，七分像死人。大家认为你活不成，都哭了，没想到你却挺过来，真算是一个奇迹啊！'"

七奶奶喝了一口水，问我母亲蔡淑清身体怎么样。七奶奶对我说："我是北京医院所有科的病人，从五官到四肢，算起来大大小小的病有17种。在治疗和休养的过程中，我与疾病进行了坚决顽强的斗争，结果，有的病已经痊愈了，有的病也基本好了。我写过一篇文章'以革命者的坚强意志战胜疾病'，你有空看看。我就是想让大家知道：人的身体有自我痊愈的倾向，病人的本能，就是自己最好的医生。"

我们聊了一上午，赵炜秘书进来，说："小瑾子，陪奶奶到院里走一走。"我牵着奶奶慢步走出客厅。阳光柔和，秋风拂面。她步子稳健，走得自信。她认真地问："和我们这层亲属关系，有没有跟别人说？"我说："会有人问，有老师说，不过，没有公开。"她看着我，轻声地说："孩子，不是奶奶严格要求你，你爷爷生前就定了规矩，不炫耀，不搞特殊，不让你们有优越感。"我说："没有特殊啊。从小到大，我跟军区大院孩子一样，结伴上课，排队放学。下乡当知青住牛棚，吃农民家大锅饭。和姑娘们比赛，挑百斤重担，吃了不少苦……"她轻声地交代："如果别人问你，你也不要说我们的这种关系啊。"我点了点头。她温柔地把我的左手放在她手心里，目光炯炯地看着我，说："孩子，如果人家知道你是总理的后代，就会特殊地照顾你啊，你自己就陶醉，学习不专心，工作不努力，什么都容易得到。时间久了，优越感越来越强，能力越来越弱，没什么本事，反而耽误自己的进步，你说对吧？”我目不转睛地看着她充满智慧的眼睛。她的目光很柔和，她的手很柔软，她的话语让我心服。

阳光照进院内，偶有树叶飘落。我牵着七奶奶的手说：“西花厅的海棠结果会是什么样子的呢？”七奶奶深情地说：“秋后海棠成熟的时候，大家有的把它摘下来吃，有的把它做成果酱，很好吃。”七奶奶拉着我的手，行走于花丛里。我们一边欣赏秋色，一边聊天。她跟我说：“我视力越来越弱，看报吧，小的字越来越模糊，你眼睛好，以后帮我念念报吧。”我点头说：“行啊，我视力好，小广播声音还行呢。”她又问：“周末或节假日你去哪儿？”我说：“节假日我常去秉德姑家。”最后，她叮嘱我多去照顾士琴奶奶（周恩来弟媳），我忙点头答应。

道别时，我拉住七奶奶的手不放，眼泪欲出。七奶奶逗我说：“刚刚还小喇叭嗽嗽地，怎么一会儿就哭鼻子了。下次见面，我们就回西花厅了。”她又加重语气说：“你要记住，要有平常心，做平常事，当平常人。”当时，我第一次听到这话语，似懂非懂地点点头。

中午的太阳，直照在梧桐树上。望着七奶奶和赵炜阿姨的背影，直到她们进了客厅，我才依依不舍地离开。

周氏家族情：孝悌俭勤植根柢

七奶奶除了送我书，还叮嘱我把一张照片转交给我父亲。

一天，我和周同宇爷爷喝茶聊天时，他让妻子王士琴取照片。他说：“有一张老照片物归原主，我三伯父周贻谦（济渠）参加儿子周恩彦结婚的照片，是大嫂（邓颖超）转交给我们的，本想寄给你父亲，这次你来北京读书了，开学时你又去过西花厅，你七奶奶说托你转交保常好了。”士琴奶奶翻出一张四寸的老照片，说：“孩子，来认认坐在第一排的长辈们？”我捧过照片，一下懵了，相片里有六位长辈，我都不认识。第一排坐着三位长者，他们身穿长袍马褂。坐在前排的两位奶奶，缠着小脚。同宇爷爷说：“看，第一排，坐着的是你曾祖父和曾祖母，就是周贻谦夫妻。三伯父周贻谦当年带我大哥去东北读的书。”坐在前排最右边的周贻

◎ 周恩来五伯母万十三姑、三伯母钱馥兰、三伯父周贻谦，周恩彦和葛少文等人合影

谦穿着马褂，留着八字胡子，满眼慈祥。同宇爷爷告诉我："坐中间的是三伯父周贻谦的妻子钱馥兰，我们叫三伯母。她的哥哥就是内阁总理钱能训。坐在三伯母旁边的是我们的五伯母万十三姑，她是我母亲万冬儿的妹妹。她嫁给我们的五伯父周贻鼎。"士琴奶奶说："大哥（周恩来）说过，1910年周贻谦来接他去东北前，万十三姑怕他去铁岭受冻，还为他赶做一件棉背心。"后来，我将这张珍贵照片捧回家。父亲周保常一见黑白照片，一脸惊诧。他说七妈邓颖超给保章写信并寄来四张照片，一张是周贻谦单人照片，一张是周恩彦和葛少文合影，一张是邓颖超和葛少文等人合影，另一张是邓颖超和他们四兄妹合影。父亲说："七妈邓颖超保留的这四张照片，她在寄照片时，特意亲笔附录一张小纸条，注明照片拍摄的时间、地点、人物，并对照片上的人物，做了标记说明。嘱咐保章翻拍，并寄给我和妹妹保庄各一套。"[1]我看着这些保存清晰的老照片，问父亲："经过战火岁月，爷爷和奶奶能保存这些照片至今，太不容易了。"父亲说："这些照片传承周家传统，大家族血浓于水，有互相抱团的精神。七伯不忘早年抚养过他，甚至冒着风险掩护过他和八路军办事处电台的亲友们。1964年8月，他和周家亲属专门谈过一次话。他说：'我们共产党是唯物主义者，我们要承认家族之间的关系。问题是不能依赖它。我们不能像国民党那样搞裙带风。

[1] 中共中央文献研究室第二编研部编《亲情的记录》，青岛出版社，2014，第13页。

想靠我给你找个好差事，这点我做不到。’”

李海文老师说：“血缘关系是维系社会的纽带，在周氏大家庭里，共一个曾祖父，每一代都是一个大排行。即使分了家，也要互相帮助，互相提携。周贻谦的大舅子是钱能训，1907年朝廷任命徐世昌到东北任总督，钱能训为奉天右参赞……在这种情况下，周家几兄弟才有机会在东北做事。周贻谦安排七弟周贻能在铁岭县衙做师爷，安排侄儿周恩来在铁岭和奉天上学，后两位伯父迁往天津谋职，周恩来迁到天津考上南开中学。周恩来先后到日本、欧洲留学，也靠了叔伯长辈们的资助。”李老师向我推荐作家顾保孜，说：“她写了《周恩来最后600天》，也采访过周恩来身边的工作人员和亲属。”后来，我采访了顾保孜，她对我说：“在江苏人的人文意识中，大家族的文化很强，彼此抱团，互相提携，忠孝友悌。你想，总理10岁失去母亲后，三伯父周贻谦不远千里，顶风冒雪，把他带到东北读书和生活，又跟四伯父到天津，周恩来说：‘伯父对我恩重如山。’他们把侄子当亲生儿子爱护，这种大家族文化，影响和扶助他成长。所以当他成为国务院总理后，他把全国各民族也看成‘大家庭’，他负重、忍让、含辛茹苦，他的智慧和心血，都贡献给中华民族这个‘大家庭’。”

我记得保章叔叔跟我说，他曾于1961年在西花厅过春节，感受到西花厅“大家庭”的温暖。保章叔叔说：“年三十，按中国人的习俗，七伯周恩来请了身边工作人员和亲属，足足摆了三大桌，把西花厅挤得满满的。除夕饭开始了，一阵掌声过后，七伯笑着向大家问好，感谢同志们一年来的辛勤劳动。接着，七妈笑着说：‘为什么今天请大家来吃小米稀饭和包子呢？是因为中国革命是靠小米加步枪打出来的！为什么吃包子呢？是因为共产党和毛主席领导我们推翻了三座大山，建立了新中国，人民生活有了改变，所以我们今天能够吃到肉包子。我们不能忘了共产党和毛主席的恩情！’这是我有生以来，吃过的最特别的一次除夕饭。而大年初一吃饭时桌上的碟子里盛着窝窝头。过年第一天吃粗粮，奇怪！我坐下后就伸手拿窝窝头，七妈却将我的手拨开，说：‘保章，这是我和你伯伯吃的，你是客人，去盛大米饭吃！’我亲眼见到国家总理也是那样勤俭度日、严于律己，我心里很受震动。”

我的堂姐周国盛曾在西花厅居住一年多，她说：“当时棉厂里有一种国产涤棉布，手感特别软，七奶奶托我买布给七爷爷做过一套睡衣。七爷爷穿了好久，衣服破洞了、开线了，让公务员高云秀补了又补、缝了又缝。那件衣服摸上去都磨融了，已经不能再穿了，但七爷爷就是不肯换新的。后来，七爷爷病重在床，手术后皮肤很敏感，穿什么布料都不舒服，只有穿着这套睡衣，他才感到舒服。”

西花厅一粥一饭：道是无情胜有情

在北京念大学时，由于食堂油水少，我就想去西花厅改善伙食。然而，事与愿违，每次七奶奶邓颖超会给我吃水果、小点心，却没留我吃过中饭。有一次，赵炜阿姨送我出门口时说：“你奶奶的粮票和工资是定量的，虽然一个人，可她总是照顾身边的工作人员。他们有的家乡在河南、河北、山东农村，家里遇灾或有经济困难时，邓大姐总是拿出粮票，掏出钱补助他们。”

在西花厅做了23年饭的安振常也跟我说：“你爷爷、奶奶的工资常帮助亲友和有困难的同志。他们自己用钱很节省，我们也帮他们计划着花，避免浪费。每次买菜，东西不能多拿，一样一点。猪肉或二三两或半斤，够用就行。买菜用现金，从不赊账。你爷爷在的时候，对吃的从不说什么，都是你奶奶去安排的，她常说菜别做的太多，够吃就行，不能浪费。如果做丸子或者鱼，他们吃不了，就剩一半，下顿再吃。”

七奶奶是一个充满慈爱的人。赵炜秘书说：“有一位工作人员家里闹灾，亏欠147元，西花厅的党支部开会讨论怎么弥补。邓大姐推门进去说不用讨论了，这个钱她来交。147块钱，是她当时每月工资的一半。夏季炎热，她看警卫班没有汽水喝或饭票不够，立即掏出500元送去。钟步云是总理的司机，在‘克什米尔公主号’事件中遇难。他女儿结婚时，邓大姐惦记着，特送去300元。当时总理夫妇加起来的工资，才700多元。”

周恩来在世时，每月工资为404.80元，邓颖超每月工资为342.70元。他们每月工资总和是747.50元。从1958年到1976年，他们收入共16万多元。但是他们仅帮助有困难的亲朋好友、工作人员的花费就4万多元，占了工资的四分之一。以下是周恩来的支出记录：

周同宇一家，14101.06元；

王兰芳，9635.48元；

周尔辉，9354.88元；

周尔萃，465.87元；

周国盛，1336元；

周国镇，340.78元；

周保常，200元；

周保庄，200元；

周保章，60.23元；

周保昌，30元；

周华章，135元；

周尔鎏，156.78元；

家属，630元。

另外：补助一些同志和朋友，共计10218.67元。

七奶奶为什么寄给我父亲200元？原来，1959年春季的一天，我母亲怀有身孕，下班途中，差点被大卡车撞倒。大卡车离我母亲仅5厘米，幸好人没事，但母亲的自行车却被绞成废铁。我家住郊区，母亲上班全靠它代步。当时自行车是稀缺商品，买车价格贵，我父母亲每月工资总和都不够再买一辆。七爷爷和七奶奶获悉后，寄钱给我家解难。我曾发现一封七奶奶补助我父母的信件：

保常、淑清：

你们好。

日前复保常的信了，想已收到。我于近日来广州，先送给你们人民币200元，除买自行车费用外，余20元，分给小瑾10元，请代我买东西送黄嫂（10元），聊表对她为你一家辛苦的慰问之意。来广州后人感疲倦，过数日当约你们来一谈。时间另告。

即祝

双健

七妈

1959年3月15日

当时的这笔钱，相当于我父亲几个月的工资啊！1959年我两岁时，国内物质匮乏，七奶奶却惦记着我，拿出有限的工资疼爱我；1979年我22岁时，她赠书题字勉励我自强不息。我唯有勤奋向上，才能报答她的教育之恩啊！

一别八年：几度忆君相共语

1982年春，我即将大学毕业，国家分配工作。班上的同学大部分留在北京，或回到家乡的省会电视台。但是我却被分到湖北，我的男朋友被分到西藏，我父母当时在广东。看到这个分配方案时，我瞬间就哭了，我要找七奶奶去！情急之下，我打电话去西花厅。赵炜阿姨劝我冷静一点，按照周家的家规，要自己服务自己，要服从学校的分配。她劝慰我，两人只是暂时分开，只要双方有感情，最终还会在一起的。我哭着要见七奶奶。赵炜秘书说邓大姐刚做完胆结石手术，身体很虚弱！我心一惊，立即控制自己的情绪，止语！

后来，七奶奶知道了我和恋人分配两地的事，她嘱咐我：一是，周家的孩子膝下有黄金，做人要有骨气，不去随便求人。二是，顾全大局，经得住考验，大学生应该到国家需要的地方去，读书是为了报国啊！三是，学会自己服务自己，自己的选择自己承担，凡个人生活上能做的事，不要别人代办。如果暂时分居两地，也可以用来检验感情，相信总会团聚。

在那艰难的革命岁月里，为工作需要，周恩来夫妇常离别、苦相思，从广州文德楼到南京梅园新村，从重庆曾家岩到西柏坡。每一次转身，每一次分手，可能就是生离死别。相比之下，生长在和平年代的我遇到暂时困难，又算什么？听着七奶奶的教诲，我的心安静下来。

1982年春节前，我离开北京那天，下了一场大雪。气温零下25摄氏度的长安街两旁滴水结冰。火车启程，当我路过西华门时，华灯初上，红门围墙上堆着冰雪。七奶奶的话在我耳边响起："不要认为你爷爷是总理，就有什么特殊。""既然学校分配了，别人能去，你也能去。只有经磨难，你才会成长。”泪水淌在脸上，我默默地说：“奶奶，我去湖北电台报到了！前路曲折，别人能去，我也能去！我要做一个中国的名记者，再回北京来看您！”车笛长鸣，我擦去泪水。飞雪茫茫，有志则刚。

一别北京，沉寂八年，磨砺八年。1990年4月23日，我事业有成，被中央电视台邀请，赴京参加中日电视社教节目学术研讨会，并作发言。八年我皆沉默，没给七奶奶写信。如今，再次回京，一见西华门，我就想念她老人家！她身体怎样？她有空见我吗？于是我给赵炜阿姨打了电话，她告诉我：“奶奶同意见你。”我兴奋极了，说：“我能给奶奶带点什么礼物？”赵炜阿姨说：“奶奶脚上一双拖鞋旧了，你帮选一双吧。”那天上午，我跑到商场仔细挑选了一双驼色羊毛拖鞋，暖和厚实，鞋底防滑。

4月25日上午，我走进了西花厅。八年不见，海棠树长高了，开得更灿烂了，数朵簇生，像伞似的在风中摇曳……我想起了七奶奶邓颖超写的《从西花厅海棠花忆起》：“你不在了，可是每到海棠花开放的时候，常常有爱花的人来看花。在花下树前，大家一边赏花，一边缅怀你，想念你，仿佛你仍在我们中间。”推开西花厅左侧的一扇门，我看到客厅依旧，四张半旧的沙发上放着浅灰色的布垫子，那张《沉思中的周恩来》的照片依旧挂在墙上，沙发、茶几依旧如初。

“谁来了？”屋里传出了七奶奶的声音，我连忙说：“是我，小瑾子。”赵炜阿姨说：“大声讲，奶奶听不到啊。”七奶奶听力下降，不能走路了，这是我没有想到的。这时，坐着轮椅的七奶奶被霍爱梅从卧室推出来。“奶奶！奶奶！”我热泪哗哗地流，弯下身子抱住她，靠在她耳边说：“奶奶！我是小瑾子。从广州来看您了！”86岁的七奶奶第一个动作，就是抱着我亲。在她面前，我永远都是孩子。我蹲在她的面前，闻到一阵熟悉的清香。她一边亲我的脸，一边说：“孩子，你也戴眼镜了？”原来，七奶奶不仅听力和腿力衰退，视力也模糊了。

七奶奶轻轻地问：“孩子你多大了？”我答：“33岁，成家了，丈夫是毕业分到西藏的同学，就是当年跟您哭鼻子想分配在一起没成的那个，有一个女儿叫张楠。”她问：“你丈夫现在从西藏调回来了吗？”“团聚在一起了。”我答道。这时，我低头看见七奶奶脚上的一双布拖鞋，颜色旧了，被缝补过。我赶快从包里捧

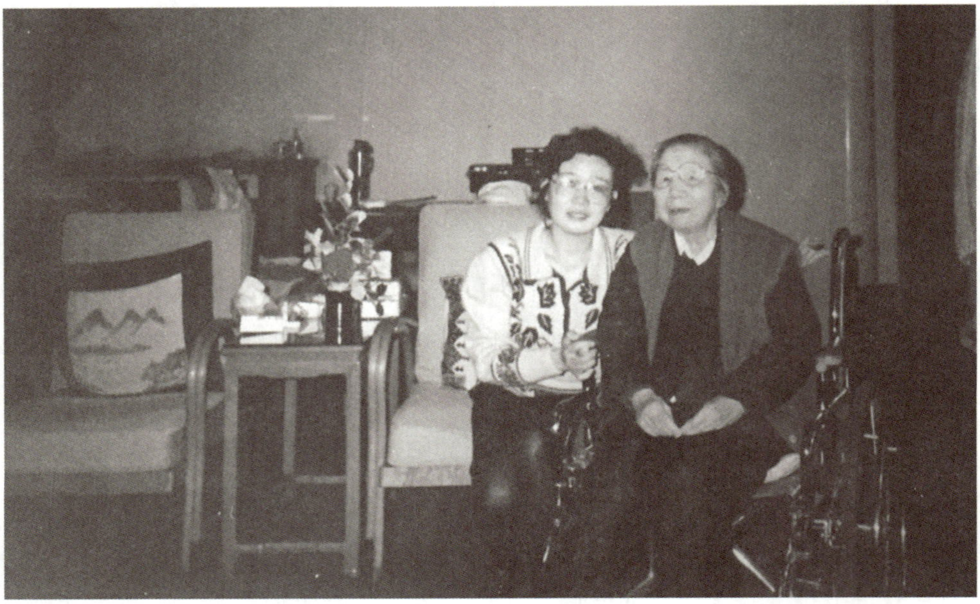

◎ 1990年4月，邓颖超和侄孙女周晓瑾在西花厅

出精心挑选的羊毛拖鞋，轻轻帮她换上。七奶奶转头问赵炜："小瑾子怎么知道拖鞋旧了？"她用手抚摸着新鞋，弯腰先摸摸右脚，再摸摸左脚。我问："合适吗？暖和吗？"七奶奶一边打量，一边笑着说："柔软，挺舒服，这双还真合适。"

赵炜阿姨提醒我说："快跟奶奶说工作情况。"我伏在奶奶耳旁说："我分配到湖北电台政文组当记者。结婚后，丈夫在拉萨，我在武汉。1985年我们在武汉团聚，然后调到广东电视台。我采制的电视专题作品《青少年犯罪警示录》《毒祸》等在全国社教优秀节目获奖，这次被邀请参加中日社教节目研讨。"七奶奶听着，微笑地点了点头，说："你这样做，就是好孩子。周家的孩子，就要靠自己艰苦奋斗，在逆境中磨炼自己。奶奶严格对你，总有道理，你现在该知道了吧？"唯德学，当自励。八年之后，我才理解七奶奶家教的哲思：道是无情却有情。

四月，阳光照进西花厅。聊天中，我发现一个趣事，问道："咦，奶奶您的眼镜能包住眉毛，我还是头一次见到呢。"她圆圆的眼镜片擦得明净，我轻轻地抚摸她的镜片，抚摸她的头发。看我童心未泯，七奶奶慈祥地笑了。因为记者职业的习惯，我随身带了相机。我说："奶奶，爸爸妈妈和弟弟关心您，我想照几张合影回家给他们看，好吗？”七奶奶同意了。这时，我双手抚着她的手，赵炜阿姨拿起相机，抓拍了多张我和她聊天的照片。

七奶奶的休息时间到了。霍爱梅动作温柔地推着轮椅上的邓颖超，回卧室休息，奶奶让赵炜秘书带我去看海棠花。我走出西花厅，去拍海棠花。哇！一片又一片，海棠花开似锦！“谁来了？噢，是小瑾子！”高振普叔叔笑着走来。高振普叔叔是山东大个子，曾是爷爷周恩来的卫士，现为七奶奶的警卫秘书。1974年秋我随父母上京看爷爷，跟他见过面呢。七爷爷逝世后，他和西花厅工作人员像儿女一样陪伴邓颖超，他们是七奶奶最亲近的人，也是我最崇敬的人！这时，赵炜阿姨提议我们合影，在海棠花前，留下我和高振普叔叔、赵炜阿姨的笑脸。

临别时，赵炜阿姨突然唤我，她拿了一个包装精致的盒子递给我，说：“奶奶给你的，这是日本朋友送给奶奶的蛋糕，她怕你路上饿了，让你带着吃啊！”我双手接过来，捧着一闻，好香啊！在北京读书四年，我每次到西花厅，都会回校就餐。今天，捧着奶奶送的蛋糕，我反而不知所措。我捧的是奶奶的爱心啊！

我磨蹭着，不愿道别。可是，我答应过父亲不给七奶奶添麻烦。我站在海棠花这一端，悄悄地看着门口，恋恋不舍……我真想跑回去，再拥抱亲爱的七奶奶！直看到她的背影渐渐消失……

送别奶奶：未说别离魂已断

人生最悲伤的，是不告而别。

1992年7月11日晚7时，中央电视台《新闻联播》报道邓颖超辞世的消息。我心一惊，不愿相信！但看到荧屏上出现奶奶邓颖超的黑白照片，我顿时泪如雨下。我父亲周保常立即赴京奔丧。

7月12日，我接任务抵粤西信宜，采访警方解救的被拐卖妇女。我一路戴黑纱，一路思念。1976年七爷爷周恩来病逝时，七奶奶给我父母发来电报：“坚守岗位，化悲痛为力量。”如今，我坚守采访工作岗位，应该是她的遗愿吧。13日下午，父亲周保常把急电打到信宜公安局。在电话里，听到赵炜阿姨急切的声音：“小瑾子，快来！快来给奶奶守灵！”放下电话，我即刻启程！

◎ 1992年7月，周晓瑾（右一）、周保章（右二）、赵炜（右三）、高振普（右四）、周保常（右五）等人在西花厅合影

15日下午5点左右，我抵达北京。一到府右街门，我老远就看见西花厅门外挂着黑纱。“奶奶！我的奶奶啊！”我一路寻找，一路哭喊，终于跪在七奶奶遗像前。西花厅前厅变成偌大的灵堂，黑纱围绕着七奶奶的遗像，相框边有三个黑色的扎花。白缎黑字的挽联悬挂，四处铺满了素花，哀伤笼罩整个大厅，黄白菊花编织的花篮八字摆开。我扑过去，抱着奶奶遗像，放声大哭：“奶奶啊，您不是说还让我帮您读报，让我陪您散步，带我到文德楼走走啊……”

赵炜阿姨双眼哭肿，声音沙哑地说：“7月9日中午，邓大姐对我说：‘赵炜，我同你见最后一面。’10日早晨7时40分，邓大姐呼吸变慢，脉搏加快。医生马上采取急救措施。11日凌晨5时多，护士叫邓大姐，但她没有任何反应，医务人员立即尽全力进行抢救。11日6时55分，医生无力回天，我们敬爱的邓大姐安详地长眠了。邓大姐是一位幸福的人，最后没有任何痛苦地走了，永远地走了。我望着大姐的遗体，止不住眼泪……大姐生前对我们说：‘我虽然无儿无女，但我晚年很幸福，中央关心我，你们照顾我，医院想尽办法请专家会诊，医生、护士为我治病，护理我。你们比儿女还好，不是儿女胜似儿女，我不幸福吗？我感谢党中央，也感谢你们！’”听着赵炜阿姨的含泪叙述，我们拥抱在了一起。

西花厅灵堂正上方的挽幅上写着“沉痛悼念邓颖超同志”，黑绒布上白字醒目，两侧摆满花篮，中间的花篮挽联写着“邓颖超同志千古——邓大姐身边工作人员”。右边有江泽民总书记和其他中央领导送的花篮。其中有一个特别的花篮，我走近细看，上面写着“邓大姐颖超千古，张学良赵一荻敬挽”。这是身居美国的张学良先生，委托来京的侄女送上的。

15日晚6点，我们亲属走进西花厅，再陪陪七奶奶。黄昏时刻，西花厅客厅的灯亮起来了，花园的灯也亮起来了！在灯下，我仿佛看见七爷爷和七奶奶的身影，他们在这里生活、办公……海棠树下不见君，别时容易见时难。花庭青青柳色新，亲人西去泪湿衫。7点后，厨师安振常给每一位亲属端来一碗面。热腾腾的面条上，有一个荷包蛋，几片青瓜……我颤颤地把它捧在手里，泪水滴在碗里，我咽不下碗里的面。这是一个难忘的悲伤之夜！这是西花厅最后一次的晚餐！

16日上午，我们在西花厅，再陪陪七奶奶。这时保健医生季建华跟我们详述七奶奶的病情。季建华说："前不久，邓大姐感冒发烧，引起身体多器官衰竭，最后心脏衰竭。"赵炜阿姨说："邓大姐还吩咐我们：'死后火化，把骨灰撒向海河，那是我学习、生活、革命的地方。不要惊动什么人，让赵炜、振普坐上我的汽车，到天津找个地方，撒到海河就行了。'"

邓颖超还让杨德中、李琦、赵炜、张佐良、高振普、周秉德组成小组，杨德中同志负责主持，赵炜同志协助，帮她办理几项事情：

一、在我患病急救时，万勿采取抢救，避免延长病患的痛苦，以及有关党组织、医疗人员和有关同志的负担；

二、未用完的工资，全部交党费；

三、我和周恩来同志共住的房子，原由公家分配，应仍交公处理，周恩来同志和我历来反对搞我们的故居；

四、所有图书、出版物，除由中办给恩来的大字理论和历史书籍，仍退还原机关外，其他的交由共青团中央酌分给青少年集中阅读的单位用；

五、我的文件，来往通讯、文书之类的文件交中央文献办公室清理酌处，我和周恩来同志所有的照片，也交中央文献办公室保存或酌处，关于我的讲话、谈话录音交中央文献办公室存储；

六、有些遗物均交公或交有关单位使用；

七、我个人的遗物、服装杂件，交给分配合用的及身边工作同志、有来往的一部分亲属留念使用。

以上诸事，向委托办理的同志，先此表示谢意！在以上范围以外的其他物品统由小组同志酌处。

邓颖超

1982.11.15

高振普卫士说：“每次听到邓大姐这么讲，我都很难过。因为1976年寒冬，受到‘四人帮’的压制，总理的骨灰是背着公众，悄然无息地撒掉的啊！我们向邓大姐保证：‘有一条我们一定做到，向中央汇报，把骨灰撒到海河。’至于什么形式，我们建议一切从简。”邓颖超的临终遗言，是对全体中国共产党人的殷殷忠告。我们每个人听完后，都热泪盈眶。

7月17日，七奶奶邓颖超的遗体，送往八宝山火化。上午8时，在北京医院举行送别仪式。中央领导江泽民、李鹏、乔石、杨尚昆、万里、李瑞环、姚依林等出席。8名礼兵神情肃穆，抬着邓颖超的灵柩送上灵车，护送去八宝山革命公墓。国旗半悬，长街低吟。我们乘坐一辆中巴车，紧跟在七奶奶的灵车之后。此时，保章叔叔最感伤。在这同一条路上，16年前，他曾和七妈护送七伯周恩来的遗体去八宝山革命公墓火化；今天，他护送七妈邓颖超去同一个地方，悲从心涌。我透过窗向外望去，长安街两旁站满了为她送行的人们。七月酷暑，路过天安门广场时，数不清的群众肃立默哀，为邓颖超送别。“谁说他们没有儿女，他们有儿孙好几亿！”

魂归山河：化作春泥更护花

9时15分，在八宝山革命公墓，告别仪式开始。身穿一身深色西装，肩披一条丝巾的七奶奶素雅而端庄。她静卧在鲜花丛中，面容安详，身上覆盖着中国共产党党旗。后来赵炜阿姨跟我们说：“这套旧衣服是邓大姐生前选好的，这一条丝巾也是她生前最喜欢的。1976年1月8日，邓大姐穿着这套衣服为周总理送别。总理去世后，邓大姐不再穿这套衣服。她对我说：‘这套衣服你帮我收好，去时你给我穿上，我喜欢。’”

轮到我们告别，我放慢脚步，跟在父亲身后。我心情悲痛，一边走一边哭着说："奶奶，您醒醒，我们来了！您看看我们啊，我们舍不得您走啊……"我放声大哭，欲跪在奶奶身边。我知道，这是最后一面，生死离别！

下午4时30分，告别仪式结束，邓颖超的遗体被送去火化。两个小时后，赵炜秘书和高振普卫士庄重地捧回一个骨灰盒，当晚她老人家的骨灰，被我们护送回到了西花厅。这是一个特殊的骨灰盒，它曾盛过周恩来的骨灰，现在装着邓颖超的骨灰。为何他们共用一个骨灰盒？1976年1月15日晚，撒掉周恩来的骨灰后，邓颖超对赵炜和高振普说："你们把这个骨灰盒保存好，等我到那一天的时候，还用这个骨灰盒，装我的骨灰。"当时赵炜和高振普一脸惊讶，邓颖超继续说："我和周恩来共用一个骨灰盒没什么，人死了，骨灰撒了，要那么多骨灰盒干嘛，还是节约点好。"于是，存放周总理骨灰的木盒，被他们精心地保存在西花厅。16年后的今天，这个特别的骨灰盒被取出时，还像新的一样。这个特殊的骨灰盒，后来被珍藏在天津周恩来邓颖超纪念馆里。

7月18日上午，西花厅举行最后的吊唁。上午7时20分，中央领导人宋平、温家宝、陈慕华、洪学智、杨德中等迈着沉重的脚步，来到邓颖超灵前，向安放在西花厅前厅的邓颖超骨灰盒三鞠躬，与她做最后的告别。送行的人接踵而来，把整个西花厅挤得满满的。随后，卫士高振普手捧邓颖超的遗像，赵炜秘书手捧邓颖超骨灰盒走出西花厅，准备前往天津。

由于前来悼念邓颖超的亲属过百，赵炜秘书和我的父辈们商量，各支只派代表乘车去天津。我和周家第三代无缘前去，只能眼巴巴地看着他们护送七奶奶的骨灰。七奶奶生前乘坐的小车启动了，缓缓地沿着他们曾走过的小路，绕着他们喜欢的海棠树丛，离开西花厅了！几百名中央警卫局干部、战士手托军帽，列队目送。

七奶奶真的要走了！我挤出人群，哭喊着："奶奶！奶奶！"我的情感难以抑制，边跑边喊，跑出府右街，追着七奶奶的灵车，消失在长安街上……事后，父亲对我说："七妈生前交代用她平时坐的车送骨灰到天津，千万不要惊动天津的人民，要我们不声不响地，把骨灰撒到海河里就回来。然而，当灵车进入天津时，许多群众已等候在马路两旁，他们神情悲戚，戴着白花，手举悼幅，默默肃立，只为了送七妈最后一程。"

天津，是邓颖超少年时代生活之地，她前后在这里生活了15年。6岁时，她随母亲迁到天津；15岁时，她在天津投身革命。天津，是她与周恩来相逢相识的地方。在五四爱国主义运动中，他们点燃理想，志趣相投，邓颖超曾和21位同学要求换出坐牢的周恩来……

7月18日9时50分，邓颖超的灵车驶入天津，回到她眷念的第二故乡。在庙纬路口，天津觉悟社纪念馆全体工作者戴着白花，手撑怀念的横幅；南开中学上千师生，臂戴黑纱，守候在西北角，含泪为邓颖超送行。11时40分，车队来到海河码头，“新海门号”轮船早已守候多时。周家亲属每人手捧一个竹盘，里面盛有邓颖超的骨灰和西花厅的花瓣。12时15分，“新海门号”汽笛长鸣，海河上所有的轮船拉响悲哀的汽笛！此时此刻，邓颖超的骨灰正伴着一朵朵花瓣，漂入海河。

西花厅身后事：悠然花下悟真机

邓颖超逝世后，西花厅党支部遵照她的嘱托，把她所有的积蓄包括国库券550元，共计11146.95元，全部交了党费。这就是周家的家风，一点一滴，一生为公。这令我想起七爷爷周恩来的诗：

种子撒在人间，
血儿滴在地上。
本是别离的，
以后更会永别！
生死参透了，
努力为生，
还要努力为死，
便永别了，又算什么？

我们即将告别西花厅了。在西花厅七奶奶的遗像下，静放着她的骨灰盒。我一步步走上去，双膝跪地，用手轻轻抚摸这个骨灰盒。七奶奶真的不在了啊！我把脸贴在骨灰盒上，两行热泪，簌簌淌下……

我缓缓走进七奶奶的书房、卧室。卧室里挂着1925年邓颖超和她母亲杨振德的合影，照片中的邓颖超21岁，和母亲紧紧相拥。母亲锲而不舍的精神，激励着邓颖超改变命运。我想起了七奶奶生前跟我说的悄悄话，泪水像断了线的珠子一样往下掉……

周家治家格言："孔子儿孙不知骂，曾子儿孙不知怒，周家儿孙不知求。"在周恩来四伯父周贻赓家主堂屋中，常挂一副对联：事能知足心常泰；人到无求品自高。无求，就是不向外求，不向名利求。无求品自高，诠释了廉洁自律的家风精神。过去，我总觉得七奶奶教育严苛，在我最困难的时候让我去受苦，去磨炼。但此时我已懂得她的一番苦心：世间磨难，皆是砥砺；家贫出孝子，严教出人才！

我们临走前，新华社记者送给我们两张七奶奶邓颖超的照片。一张是央视《新闻联播》播放邓颖超讣告时登的那一张。照片中七奶奶穿着白衬衣，衣领别致地叠着。另一张是周恩来和邓颖超在西花厅海棠花前的合影。照片中两位老人并肩站着，七奶奶衣着简朴，站在丈夫的左边微笑着；七爷爷身穿中山装，右手曲肘在胸前，眼睛坚定地看着前方。这是他们最后一张合影，他们用一生演绎了什么是矢志不渝、生死相随。我把两张珍贵照片，紧紧地抱在怀里……

告别之时，我泪眼婆娑。

再见了西花厅，让我再看看七爷爷和七奶奶办公和居住的地方……

再见了西花厅，让我再看看每年四月盛开的海棠花，他们在花下散步，谈笑风生的地方……

再见了西花厅，让我再看看海棠树下，他为妻子系领扣，留下挚爱深情的地方……

西花厅，窗帘拉上了，大灯关闭了！

我捧着爷爷和奶奶的照片，再一次回眸那漆红色的西花厅，一步一回头，一步一鞠躬，泪水涟涟：永别了，我亲爱的七爷爷和七奶奶！

这时，七奶奶的声音在我脑海中回响："海棠花开的时候，叫人那么喜爱，但是花落的时候，它又是静悄悄的，落红不是无情物，化作春泥更护花……"

主要参考书目

1. ［美］ 埃德加·斯诺：《西行漫记》，三联书店，1979年版。

2. ［美］ 鲍大可著，弓乃文译：《周恩来在万隆——美记者鲍大可记亚非会议》，中国社会科学出版社，1985年版。

3. 曹应旺编著：《周恩来经历记述》，上海人民出版社，2006年版。

4. 陈汉初主编：《周恩来在潮汕》，中央文献出版社，2004年版。

5. 陈扬勇：《苦撑危局——周恩来在1967》，中央文献出版社，1999年版。

6. 陈宇：《中国黄埔军校》，解放军出版社，2007年版。

7. 成元功：《周恩来总理卫士长回忆录》，中央文献出版社，2009年版。

8. 程华：《周恩来和他的秘书们》，中国广播电视出版社，1992年版。

9. 程舒伟、郑瑞峰：《周恩来与黄埔军校》，中央文献出版社，2014年版。

10. ［英］ 迪克·威尔逊著，封长虹译：《周恩来传（1898—1976）》，解放军出版社，1990年版。

11. 高振普：《周恩来卫士回忆录》，上海人民出版社，2000年版。

12. 郭沫若：《革命春秋》，人民文学出版社，1979年版。

13. ［英］ 韩素音：《周恩来和他的世纪》，中央文献出版社，1992年版。

14. 纪东：《非常岁月——回忆周恩来总理的最后八年》，中央文献出版社，2012年版。

15. 金冲及主编：《周恩来传》，中央文献出版社，1998年版。

16. 金凤：《邓颖超传》，人民出版社，1993年版。

17. 金瑞英主编：《邓颖超——一代伟大的女性》，山西人民出版社，1989年版。

18. 李海文：《中共党史拐点中的人物与事件》，中国青年出版社，2014年版。

19. 李海文主编：《多棱镜下的周恩来》，当代中国出版社，2020年版。

20. 李琦主编：《在周恩来身边的日子——西花厅工作人员的回忆》，中央文献出版社，1998年版。

21. 《李运昌回忆录》编写组编：《李运昌回忆录》，法律出版社，2005年版。

22. 梁衡：《爱国四章》，中国人民大学出版社，2014年版。

23. 梁衡：《觅渡》，中国人民大学出版社，2004年版。

24. 刘伯承：《南昌暴动始末记》，中共党史资料出版社，1987年版。

25. 毛泽东：《建国以来毛泽东文稿》，中央文献出版社，1976年版。

26. 南方局党史资料编辑小组编：《南方局党史资料》，重庆出版社，1990年版。

27. 聂荣臻：《聂荣臻回忆录》，解放军出版社，1984年版。

28. 申伯纯：《西安事变纪实》，人民出版社，2008年版。

29. 童小鹏：《风雨四十年》，中央文献出版社，1996年版。

30. 萧克：《萧克回忆录》，解放军出版社，1997年版。

31. 杨奇：《惊天壮举——虎穴抢救文化精英与秘密护送民主名流》，广东人民出版社，2005年版。

32. 姚力、枫亚：《周恩来在万隆》，上海锦绣文章出版社，2007年版。

33. 叶佐能编：《彭湃研究史料》，中共中央党校出版社，2007年版。

34. 曾庆榴：《共产党人与黄埔军校》，广州出版社，2004年版。

35. 张笑天：《叶挺将军》，上海文艺出版社，2011年版。

36. 张治中：《张治中回忆录》，文史资料出版社，1985年版。

37. 章文晋、张颖：《走在西花厅的小路上——忆在恩来同志领导下工作的日子》，社会科学文献出版社，2013年版。

38. 赵炜：《西花厅岁月——我在周恩来邓颖超身边三十七年》，中央文献出版社，2004年版。

39. 中共广东省委党史研究室编：《周恩来与广东》，广东人民出版社，1998年版。

40. 中共中央党史研究室：《中国共产党的历史》，中共党史出版社，2011年版。

41. 中共中央党史研究室：《中国共产党的九十年》，中共党史出版社、党建读物出版社，2016年版。

42. 中共中央文献研究室编：《周恩来答问录》，人民出版社，2016年版。

43. 中共中央文献研究室编：《周恩来邓颖超通信选集》，中央文献出版社，1998年版。

44. 中共中央文献研究室编：《周恩来年谱（1898—1949）》，中央文献出版社、人民出版社，1989年版。

45. 中共中央文献研究室编：《周恩来年谱（1949—1976）》，中央文献出版社，2007年版。

46. 中共中央文献研究室编：《周恩来青年时代诗集》，中央文献出版社，2008年版。

47. 中共中央文献研究室第二编研部编：《邓颖超书信选集》，中央文献出版社，2000年版。

48. 中共中央文献研究室第二编研部编：《亲情的记录》，青岛出版社、人民出版社，2014年版。

49. 中共中央文献研究室二部编：《周恩来自述》，解放军文艺出版社，2002年版。

50. 中共中央文献研究室第二编研部、周恩来思想生平研究会编著：《邓颖超自述》，解放军出版社，2014年版。

51. 周恩来：《周恩来书信选集》，中央文献出版社，1988年版。

52. 周恩来：《周恩来选集》，人民出版社，1980年版。

53. 周太和、周凭栏、周冰洋：《周肃清传》，中共党史出版社，2014年版。

后记

《信仰——周恩来岭南纪事》这本书，我采用了周恩来在岭南革命的发生地做各章标题。作家梁凤莲理解我的构思，她说：“回溯周恩来岭南革命线路：长洲岛、文德楼、省港大罢工旧址、中山四路农讲所、陆丰黄厝寮村、新会螺山村……它像一条红色文化的丝带，串联起各地，成为周恩来岭南纪事的里程碑。”

因缘际会，恰逢中国共产党第二十次全国代表大会胜利召开，愿这本书就像一道文化的光束，照亮和聚焦广东红色文化根据地的一段珍贵历史。1921年后，南来北往的伟人，在广州，甚至岭南地区留下了大量的印记，留下了珍贵的精神财富。因为有了他们的革命实践，才造就了不同的广州，不同的岭南。追溯中国近代史和革命史，我想，《信仰——周恩来岭南纪事》的价值不言而喻。同时，这本书具有独特的地域价值，记录了周恩来在岭南大地的革命往事，可以让读者穿越历史的风烟，置身其中。

我原只想写一部散文集，但用什么照亮和凝聚全书的灵魂呢？在纪念周恩来同志诞辰120周年座谈会上，习近平总书记发表重要讲话：“周恩来同志是不忘初心，坚守信仰的杰出楷模。”我由此提炼出本书的书名：信仰。共产主义信仰，是共产党人的精神皈依。信仰的强大精神力量，融入周恩来的血脉，贯穿他的一生。周恩来是从血火中走出来的幸存者！在他备尝艰辛的革命生涯中，无论党的事业面临的挑战多么严峻，担负的责任多么艰巨，个人遇到的困难多么艰辛，受到的委屈多么大，他都坚定地说：“我认的主义一定是不变了，并且很坚决地要为他宣传奔走。”

《信仰——周恩来岭南纪事》一书，采用两条写作线索。第一条是时间线，描述周恩来从1924年到1972年，在岭南地区（包括中国香港、中国澳门）历经淬火的革命历史，采用“断代史+人物传记”的写法，将朴质的文字，注入笔端。

广东，是周恩来革命之摇篮。他与广东结下近50年深厚的情缘。1924年，周恩来从欧洲回国，担任中共广东区委委员长、军事部部长。他先后担任黄埔军校政治部主任，开创了中国军队政治工作的先河；成立起一支陆海军大元帅府铁甲车队。铁甲车队先后支援广宁农运、第一次东征、省港大罢工等斗争。在大革命时期，周恩来创建第一支中共武装力量。他发起南昌起义，率南下部队撤至海陆丰地区，是我党最早武装斗争和军事领导人之一。1925年11月，他主政东江，主持惠、潮、梅、海陆丰共25个县地方的行政工作。这是共产党人第一次领导地方政权。1931年4月中央特科负责人顾顺章叛变，6月中共中央总书记向忠发叛变，9月国民党特务机关登报“悬赏通缉周恩来”，年底周恩来从上海通过地下交通线，经香港、汕头、大埔，抵达江西中央苏区，途中多出险情，生死难料！

第二条是空间线，即我追寻周恩来在岭南地区的革命足迹，翻遍史料，寻找现场，采访亲历者。我运用影视记录手法，以“史实+现场”的方法，用蒙太奇的镜头语言，立体化、全景式呈现周恩来的岭南革命征程。

广州文德楼，是周恩来邓颖超新婚之地。1954年11月，周恩来到广州休养，路过他与邓颖超1925年住过的文德楼旧址，写信告诉在京养病的邓颖超，引起妻子的共鸣：“恩来——我亲爱的老伴：羊城，是多么值得纪念和易引起回忆的地方！它是我们曾和许多战友和烈士共同奋斗过的地方，又是你和我共同生活开始的地方。30年前你和我是天南地北害相思，这次我和你又是地北天南互想念。”1925年8月初，邓颖超来到广州文德楼时，周恩来专门买了两盆鲜花迎接她；周恩来病逝后，邓颖超特地从广州订购鲜花，陪伴他遗体旁……

周恩来从1924年到黄埔军校当政治部主任，到1972年最后一次视察广州岑村，跨越近半个世纪。六年前，我谋篇布局时，发现许多事件的亲历者和见证者，有的已骤然离世，有的住进医院。我要打捞抢救这段近50年的历史，遇到前所未有的困难。寻找，踏破鞋履：从长洲岛到海陆丰，从江门五邑到梅惠山林，从广东到北京、上海、江苏、广西、香港……寻找，如饥似渴：一个个遗址地找，一个个亲历者、见证者地找。找不到当事人，就找曾经的战友、幸存者；找不到幸存者，就找他们身边的卫士、秘书，找他们的子孙后代；找不到亲历者的口述，就找他们的回忆录，找他们的录像资料……

从一个个地标、一张张老照片里，我找到鲜活的历史和人物，挖掘出惊心动魄的史料。寻找谭天度之子谭霆，我问有关谭天度在天字码头迎接周恩来的事及参加南昌起义的始末；寻找王德馨、韩日修、陈铁军的后人，我问这些亲历者怎样帮助邓颖超在四一五反革命政变中逃出虎口；寻找黄秀文、杨石魂、范桂霞的后人，我问南昌起义后周恩来一行如何艰难渡海到香港；寻找近百岁的交通员杨奇，我问两次文化人大营救的亲历险途；寻找成元功，问“克什米尔公主号”爆炸始末；寻找烈士遗孤，其中有受周恩来照顾的彭湃的儿子彭士禄，收到周恩来寄来20元大洋而改变命运的曹渊的儿子曹云屏，自幼受周恩来夫妇关怀的张采真的女儿张清明……许多高龄的亲历者，未等本书出版，已相继离世。

我也是书中一些事件的亲历者、见证者。从1958年第一次见周恩来夫妇，到1992年赴京送别七奶奶邓颖超。其间，我见到周恩来、邓颖超身边的工作人员和许多元帅、将军。1962年4月某日，父母带我去看望七爷爷周恩来，殊不知宾馆里开的是全国话剧、歌剧、儿童剧座谈会（广州会议）；1967年4月，为保护广交会，周总理在中山纪念堂跟各界群众做报告时，我和弟弟在外面等候。

我更从沉睡的史料中，尝试挖掘宝贵的精神营养。本书原稿构思16章，之后加到30章，最后精练到25章，由60多万字缩减到50多万字。还有香港、澳门回归，华侨和归侨问题……我未及书写。这本书对周总理的记录，仅是冰山一角。在本书第24章和25章，我记述周家家风，记述我父母、我和弟弟们与周恩来夫妇相处的经历，亲属送别他们悲痛的经历。我永远难忘：1963年9月某日，七爷爷在广东省委小岛招待所教我唱《洪湖水浪打浪》；1974年国庆节后，在中央警卫局招待所，我和弟弟周伟兵接到病重住院的七爷爷的电话，他亲切地说：“等我病好了，一起唱《洪湖水浪打浪》啊……”他把一颗信仰的种子，早早地播种在我的心田。

我是事件的记录者，也是思考者。我弟弟周伟兵参与了这本书部分章节内容的采访。我和梁江南先生运用唐宋诗词，为大部分章节，提炼出富有诗意的小标题，凝聚哲学的思考。如第2章《婚约：广州文德路3号》的“何故钟情文德楼：海棠枝上月犹明”“津门初识：山河盟誓期终始”“邓颖超泪别丈夫：情长纸短，还吻你万千！”；第4章《难产：广州长寿西路5号》的“雨夜桨声：婴儿曾寄留鸿影”“痛失爱子：仰天俯地不忍言”；第22章《伍豪事件：北京中南海西花厅》的“临终签名：昭昭心莹玉壶冰”“冤屈之晚年周恩来：冰霜历尽心不移”等。诗理相映，升华主题内涵。

人生的价值与意义是什么？周恩来用他的人生，做了回答。他精神的最高快乐，是全心全意为人民服务。“我将无我，不负人民”，最根本宗旨，就是全心全意为人民服务。这是一种共产党人信仰和坚忍不拔的力量。他说：“生活分两种，物质生活和精神生活。物质生活方面，我们领导干部应该知足常乐，要觉着自己的物质待遇够了，甚至于过了，觉得少一点好，人家分给我们的多了就应该居之不安。要使艰苦朴素，成为我们的美德。这样，我们就会心情舒畅……”

周恩来信仰的力量，来自人民。他说过，“下山不忘山，进城不忘乡”，“如果忘了，就是忘本”。这个“本”就是人民群众。在广东乡村视察，他与群众有着亲近与和谐的关系。1927年，他身患重病，把自己的毯子送给了渔民郑仲兴母亲；1954年，他到天字码头看望水上居民，看到一些小孩背着浮水木块，看到一家大小挤在狭小艇上，要求帮助他们到岸上居住；1958年，他冒酷暑在新会调查7天7夜，找育种专家周汉华走村串户，就是想搞清楚水稻年亩产的产量……周恩来用实事求是的精神，树立了为人民服务的榜样。

周恩来信仰的力量，来自战友。周恩来说：“与有肝胆人共事，从无字句处读书。”本书记录了周恩来与罗亦农、赵世炎、彭湃、阮啸仙、陈延年、谭天度、贺龙、朱德、恽代英、张太雷、杨匏安、陈毅、萧楚女、徐向前、熊雄、孙炳文、杨殷、周文雍、陈铁军等诸多战友的友谊；记录了周恩来病重危难时刻，叶剑英、叶挺、聂荣臻、杨石魂、范桂霞、彭德怀、陈赓、杨立三、陈友才等战友的动人事迹。

在采访和写作中，我经常热泪盈眶。什么是幸存者？幸存者就是，你从死的人的生命中活出来，只有这样他们才没有白死，他们的牺牲才算值得。周恩来说：“在漫长的中国革命战争中，有许多同志都牺牲了，为了把牺牲了的同志的工作承担起来，我们活着的人更要加倍地工作。我每天都以此激励自己。”

青年需要榜样和偶像。周恩来是我的偶像，也是国际友人的偶像。1987年，英籍华裔作家韩素音邂逅美国前总统肯尼迪的遗孀杰奎琳，杰奎琳请她一定要写写“世界上最伟大的人物周恩来”。韩素音便调查研究，写下名著《周恩来和他的世纪》。1976年1月8日，周恩来逝世时，美国纽约联合国总部门前的联合国国旗降了半旗。

周恩来的骨灰，早已与岭南大地、祖国山河融为一体。时间越是久远，他的精神力量愈发强大。钱穆先生说：“任何一国之国民，尤其是自称知识在水平线以上之国民，对其本国已往历史，应该略有所知。……所谓对其本国已往历史略有所知者，尤必附随一种对其本国已往历史之温情与敬意。”对周恩来这位伟人，每个人都在他的信仰和伟岸人格面前，得到领悟，得到激励。所以，这本书是一种集体记忆。

感谢在本书写作过程中，接受我采访和为我提供资料、曾在周恩来夫妇身边工作的赵茂峰、赵炜、何谦、童小鹏、罗青长、成元功、高振普、姜贵春、纪东、郑淑芸、霍爱梅、张佐良、安振常等；感谢中共中央党史和文献研究院的专家李海文、廖心文、费虹寰等为本书提供了宝贵意见；感谢党史专家秦九凤、曾庆榴、陈弘君、黎显衡、杨琪、廖惠霞等对我的帮助；感谢中共广东省委宣传部、中共广州市委宣传部对本书的关心与支持；感谢广东省委组织部原副部长、省直机关工委原书记罗东凯；感谢广东省作家协会领导张培忠、陈昆、苏毅、谢石南、周西篱等；感谢作家梁衡、袁建华、刘汉升、梁凤莲等；感谢广东省红色文化研究会领导冯胜平、彭浩、蔡智森、黄硕忠、彭伟豪、彭伟杰、彭建元等；感谢江门市委组织部副部长张学东；感谢陈柏忠、黄隆朝、彭鑫、侯梅新、李佛保、黄文生、许学猛、谢波、胡作军、麦卫红、王爱侬、吴松茂、姚树权等；感谢广州新华出版发行集团领导刘炬培、杨斌、刘景明等；感谢广州出版社为本书的出版所付出的辛勤劳动；感谢所有帮助过我的老师和朋友们！

在本书编写过程中，尽管花费了大量时间与精力，但难免存在疏漏和谬误，敬请广大读者不吝赐教和指正，以便再版时更正和完善。谢谢！